普通高等教育"十一五"国家级规划教材

高等职业教育旅游类专业系列教材

旅行社经营管理（第3版）

LÜXINGSHE JINGYING GUANLI

◎ 主　编　王玉霞

◎ 副主编　丁国华

◎ 参　编　吴　祥

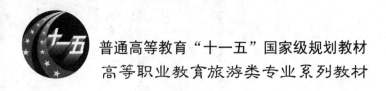

重庆大学出版社

内容提要

"旅行社经营管理"是高职高专旅游管理专业的专业基础课程。本书主要论述了旅行社经营管理的基本概念、旅行社的经营活动，并对旅行社业务管理、旅行社新的经营方式和内容进行了阐述。本书特别注意了以下内容的编写：一是在内容上提供了大量的案例分析，在每章前面增加了"本章导读"，这样既方便学生自学，又便于教师把握教学思路；二是增加了"补充阅读资料"，便于学生了解旅行社发展的前沿信息；三是增加了"实训题"和案例分析，方便教师改变教学方式，启迪学生思维。本书既可作为高职高专旅游专业用书，也可供旅游从业人员及广大的旅游爱好者学习和阅读。

图书在版编目（CIP）数据

旅行社经营管理 / 王玉霞主编. -- 3 版 . -- 重庆：
重庆大学出版社，2021.10
高等职业教育旅游类专业系列教材
ISBN 978-7-5689-0059-1

Ⅰ.①旅… Ⅱ.①王… Ⅲ.①旅行社－企业经营管理
－高等职业教育－教材 Ⅳ.①F590.654

中国版本图书馆 CIP 数据核字 (2021) 第118138 号

高等职业教育旅游类专业系列教材
旅行社经营管理
（第3版）
主 编 王玉霞
副主编 丁国华
参 编 吴 祥
策划编辑：沈 静

责任编辑：杨 敬 版式设计：沈 静
责任校对：王 倩 责任印制：张 策
*
重庆大学出版社出版发行
出版人：饶帮华
社址：重庆市沙坪坝区大学城西路21号
邮编：401331
电话：(023) 88617190 88617185（中小学）
传真：(023) 88617186 88617166
网址：http://www.cqup.com.cn
邮箱：fxk@cqup.com.cn（营销中心）
全国新华书店经销
重庆升光电力印务有限公司印刷
*
开本：787mm×1092mm 1/16 印张：20 字数：477千
2007年9月第1版 2021年10月第3版 2021年10月第4次印刷
印数：7 001—10 000
ISBN 978-7-5689-0059-1 定价：49.00元

第3版前言

　　旅游行业是一个由有着共同利益或彼此互惠的企业组成的产业群体。它也是一个以旅游资源为基础，以旅行社、旅游饭店、旅游交通为依托，利用先进的管理技术和优质完善的服务来推动现代旅游经济发展的综合性行业。从1845年托马斯·库克成立世界上第一家旅行社至今，全世界旅行社业规模得以迅速扩张。我国旅行社业从改革开放开始，经历了40多年的发展，不管是数量还是规模都得到了快速发展，成为旅游行业中的龙头产业。旅行社业的快速发展迫切需要具有一定专业知识和技能的经营管理人才，这给我们的旅游教育提出了更高的要求。

　　"旅行社经营管理"是高职高专旅游管理专业学生学习的专业核心课程之一。本书根据高职高专学生智力发展特点及学生就业趋势，结合目前国内外旅行社经营管理中出现的各种变化及旅行社业的发展趋势，遵循"知识够用、够新，技能全面、实用"的原则，力求针对教学重点、难点进行深入剖析，与案例分析和实践操作相结合，紧密联系行业实际，了解和分析旅行社经营管理中的成功经验和遭受挫折的原因，培养学生独立分析问题和解决问题的能力。同时，让学生能够及时了解和掌握行业发展动向，学习并掌握旅行社经营管理中的最新知识和技能，在毕业后进入旅行社工作时能够迅速适应岗位的需要，成为合格的旅行社经营管理人才。

　　本书着重以国内旅行社经营管理业务的操作流程为平台，对各平台所需知识和技能进行整合，让学生对旅行社经营管理一目了然，能够明确理解和掌握各业务部门的工作性质、知识和技能。同时，本书在编写中收入了大量的补充阅读资料、案例分析、小思考和实践题，以帮助学生获得更多的旅行社发展前沿的信息及旅行社实际经营和管理技巧。

　　本书主编王玉霞主持全书写作提纲的拟订、书稿的修改和审定工作。本书的编写分工如下：第1章至第4章由宜宾职业技术学院王玉霞编写，第5章、第6章、第7章和第10章由宜宾职业技术学院丁国华编写，第8章和第9章由宜宾导游协会会长吴祥编写。

　　本书在编写过程中，得到了宜宾康辉旅行社、宜宾青年旅行社、宜宾航空旅行社、宜宾金色旅行社等企业的大力协助，在此表示感谢。

编　者
2021年3月

目　录

第1章

导论

【本章导读】

　　本章主要内容包括旅行社的产生和发展、旅行社的概念和类别、旅行社的性质和职能，以及旅行社的基本业务。通过学习，要求学生全面了解旅行社的概念、性质、职能和基本业务等有关旅行社的基本问题，为本课程的学习奠定坚实的基础。

1.1　旅行社的产生和发展

　　综观世界旅游业发展历史，我们不难发现，旅游业发展实际上是人类社会发展的一个侧面，它是社会生产发展到一定水平的产物，是在旅游活动日益商品化的基础上产生的。可以说，旅行社是人类活动发展到一定阶段的必然结果。旅行社的产生，与当时商品经济、科学技术和社会分工的发展有着直接、密切的关系，是世界产业革命的产物。

1.1.1　旅行社的产生

1）国外旅行社的产生

（1）国外旅行社产生的背景

　　18世纪中叶发生在英国的工业革命，使整个世界的经济和社会结构发生了巨大的变化，同时也改变了世界范围内旅行和旅游的发展方向。工业革命为现代旅游业的产生创造了基本条件，其对旅游发展的影响表现在以下4个方面。

　　①随着生产力的迅速发展和社会财富的急剧增加，有产阶级的规模日趋扩大，他们具备了外出旅游的经济条件。工业革命以前，只有地主和贵族才有金钱从事非经济目的的消遣旅游活动。工业革命使财富大量流向新兴的工业资产阶级，使他们也具有了从事旅游的经济条件，从而扩大了外出旅游人数。

　　②科学技术的进步，特别是交通运输业的大力发展，提高了运输能力，缩短了运输时间，使大规模的人员流动成为可能。1769年，瓦特发明的蒸汽机技术很快应用于新的交通工具的制造。至18世纪末，蒸汽机轮船就已问世，但对近代旅游的诞生影响最大、最直接的还是铁路运输技术的发展。1825年，由在英国享有"铁路之父"之称的乔治·史蒂文森所建造的斯托克顿至达林顿的铁路正式投入运营，此后各地的铁路开始建设起来，并向更远的地区延伸。

　　③工业革命加速了城市化的进程，并使人们的工作和生活重心从农村转移到城市。这一变化最终导致人们需要适时逃避节奏紧张的城市生活和拥挤嘈杂的环境压力，产生了回

归自由、回归大自然的需求。

④工业革命改变了人们的工作性质。随着大量人口涌入城市，原先那种随农时变化而忙闲有致的多样性农业劳动开始被枯燥、重复的单一性大机器工业劳动取代，使人们产生了强烈的度假需求。

正是在这种历史背景下，旅游需求和旅游供应格局初步形成，进行旅游经济活动的条件得到充分的保障，旅行社产生的时机已经成熟。托马斯·库克（Thomas Cook）作为世界上第一位专职旅行代理商登上了历史舞台。

（2）国外旅行社的产生

英国人托马斯·库克在1841年7月5日采用包租火车的方式，组织570人从英国莱斯特前往拉夫巴勒参加禁酒大会活动。这次活动在旅游发展史上具有跨时代的意义，被视为世界近代旅游的开端。

托马斯·库克1808年出生于英格兰德尔比郡的一个贫寒家庭，10岁时辍学做工，先后做过帮工、木匠等，17岁时进入教会，教士生涯使他有机会游历许多地方。他在1841年组织并参加禁酒大会活动之后，应米德兰铁路公司和禁酒大会的要求，又在1842—1844年多次组织禁酒大会成员和学校的孩子们在假期或周末进行铁路旅游。1845年，库克在其家乡莱斯特成立了世界上第一家旅行社——托马斯·库克公司（Thomas Cook Company），托马斯·库克也成了世界上第一位专职旅行代理商。同年夏天，库克首次组织了纯消遣性的观光旅游活动，从莱斯特到利物浦，为期一周。库克对这次活动做了周密计划，不仅先期考察、确定沿途各参观游览点，还对当地住宿和餐饮做了安排，并沿途专门雇用了地方导游员，回来后又编写了一本《利物浦之行手册》发给游客。这次活动被视为托马斯·库克公司旅游业务的真正开端。1851年，托马斯·库克通过为旅客代办交通和食宿的方式，共组织了16.6万人去伦敦参加在水晶宫举办的"大博览会"。1855年，库克又创造性地以一揽子包价形式，组团开展从莱斯特到法国加莱再赴巴黎参加世界万国博览会的5日往返旅游活动。该活动包括食、宿、行、游在内，每人支付36先令。库克先后组织了50万人次参加此类活动，当时的《曼彻斯特卫报》称之为"铁路旅游史上的创举"。托马斯·库克公司的业务就此从英国拓展到了欧洲大陆，并初次尝试了出境旅游业务。1865年，托马斯·库克与儿子约翰·梅森·库克联合，在原有公司的基础上创建了托马斯·库克父子公司，将营业地点迁往伦敦，并先后在美洲、亚洲等地设立分公司。1872年，在成功地组织9人完成历时222天、途经10多个国家的环球旅游之后，托马斯·库克父子公司声名远播，托马斯·库克也成为旅游的代名词，享誉世界。考虑到游客在旅途中携带现金既不方便又不安全，托马斯·库克又于1874年推出了流通券，持券人凭券不仅可以在指定的运输公司和饭店中支付消费产生的费用，而且还可以在外国的一些银行兑取现金。后来的旅行支票即由这种流通券发展而来。1929年，托马斯·库克父子公司与欧洲国际卧车公司（Wagons Lits）合并，成为全球最大的旅行社之一。

托马斯·库克开创了旅行社经营模式的先河，诸如规模化组团出行、随团陪同照顾、提供导游服务、设立各地分社等业务均由其创造性地推出。因此，他是近代旅游业的鼻祖。

2）中国旅行社的产生

（1）中国旅行社产生的背景

我国旅行社产生的历史背景与西方旅行社产生的历史背景截然不同，它是在一种特定的社会经济制度下产生的。1840年，鸦片战争打开了中国闭关锁国的大门，使中国变成了半封建半殖民地社会，各领域发生了深刻的变化。西方列强在我国开辟通商口岸、办工厂、建铁路、修马路，在客观上为我国近代旅游业的发展和旅行社的产生提供了一定的物质条件。此时，西方的传教士、商人、学者和冒险家也纷纷踏上中国土地，在我国沿海和内陆腹地经商、传教和探险。与此同时，我国一些有识之士和爱国青年为寻求救国真理，出国求学和考察，国际往来由此日益增多。直至20世纪初，中国还没有一家专门从事国内外旅行接待业务的机构。因此，英国通济隆旅行社、美国运通银行上海分行旅行部等这些外国旅行社在我国设立的办事处，基本上包揽了各种旅行项目，瓜分了中国旅游市场。

（2）中国旅行社的产生

外国旅行社对中国旅行业务的控制，刺激了中国民族资本家，他们决定开办中国人自己的旅行社。1923年8月，当时主持上海商业储蓄银行工作的陈光甫先生在上海创办该行旅行部，本着"发扬国光，便利旅行，阐扬名胜，提倡游览，辅助工商，服务社会"的宗旨，开始为旅客办理代售车船票、预订旅馆、派遣导游、代管行李和发行旅行支票等事宜。1924年春，上海商业储蓄银行旅行部组织了首批国内旅行团，由上海赴杭州游览；随后，又成功地组织了秋季浙江海宁观潮旅行团；1925年春季，第一次组织出国旅游业务，由20多人组成旅行团，以赴日本观赏樱花为主要活动内容。1927年6月，上海商业储蓄银行旅行部从银行独立出来，更名为"中国旅行社"（现为香港中国旅行社股份有限公司）。1927—1937年，是中国旅行社业务大发展时期，在市场开拓、经营规模、经营实力、社会影响等各方面，中国旅行社都取得了辉煌的业绩，旅行社职工发展到900多人，分支机构达到66处，并且在马来西亚、印度、越南、缅甸、菲律宾、新加坡、美国、中国香港等国家和地区设有办事处。中国旅行社这些分支机构、办事处，基本上构建了近代中国体系较为完善、地区分布合理的国内外旅游服务网络。抗日战争爆发后，中国旅行社基本上停止了正常的旅游业务。

近代中国出现过不少类似的旅游中介机构，如中国汽车旅行社、萍踪旅行团等，但规模和影响都不及中国旅行社。作为近代中国旅游业的骨干，中国旅行社所开创的事业，足以使其成为中国近代旅游活动产生和旅游服务行业出现的标志。

1.1.2　旅行社的发展

1）国外旅行社的发展

托马斯·库克旅行社的成功示范和旅游需求的增加，使类似的旅游组织和代理机构在世界各地纷纷涌现出来。1850年，一个专门向游客提供旅游日程安排、车辆、食品及旅游用具的"旅游者组织"在英国出现。1890年，法国、德国成立了观光俱乐部。1893年，日本设立了专门接待外国游客的"喜宾会"（1926年更名为东亚交通公社）。成立于1850年以经营快递业务为主的美国运通公司，于1915年正式成立旅行部，之后通过大规模的旅游扩张，成为世界上最大的旅游公司之一。至20世纪20年代末，已有50多个国家和地区设立了专门的旅游公司经营旅行社业务。旅行社现象在世界范围内普遍渗透，旅行社行业已具规模。

第二次世界大战以后，随着大众旅游的兴起，旅行社进入一个高速发展时期，旅行社数量急剧扩增，旅行社的产业品质和地位大幅度提升，全球性旅行社组织成立。如1949年和1966年相继诞生的世界旅行社协会和世界旅行社协会联合会，有效地促进了旅行社的国际业务合作。

2）中国旅行社的发展

新中国的成立，为中国旅行社业的发展开辟了广阔的前景，中华人民共和国成立后的第一家旅行社是1949年11月在厦门成立的华侨服务社（现名厦门中国旅行社），当时是为满足华侨和侨眷出入探亲旅游等需要设立的。最初许多服务是免费的，不以营利为目的。出于对外事工作的考虑，经国务院同意，又成立了两个分属不同系统的旅行社：一是1954年成立的中国国际旅行社总社及分支社，由国务院及地方政府的外事办领导，负责接待外国自费旅游者，其机构性质为"在尚难做到自负盈亏和上缴利润的情况下，先实行企业化管理的事业机构"；二是1957年以各地的华侨服务社为基础组建成的华侨旅行服务社（1974年更名为中国旅行社）总社及其分支社，归政府侨务系统领导，以外籍华人、海外华侨、港澳同胞和台湾同胞为接待对象。1980年，隶属于共青团系统的中国青年旅行社总社及其分支社的成立，象征着我国旅行社业三大组织体系的最终联权，1980年，这三家旅行社接待的海外旅游者占到全国有组织接待旅游人数的80%。国家实施旅游外联权的保护政策，使我国旅行社经营在较长时期内形成了国旅、中旅、青旅三巨头的格局。

改革开放后，海外旅游者每年以20%的增长速度涌入我国。相对急剧膨胀的国际旅游需求，使我国旅游供给出现了严重短缺。旅游运行供不应求的状况，为我国旅行社发展创造了良好的经营环境。1984年，国务院作出了对我国旅行社未来走向具有重大意义的两项决策：一是打破垄断，下放旅游外联权，允许更多的企业经营国际旅游业务，并授予业务经营所需的签证通知权；二是规定旅行社应由行政事业单位改为企业单位。1985年，国务院颁布了我国旅游行业的第一部管理法规——《旅行社管理暂行条例》。《旅行社管理暂行条例》以法律形式再次对旅行社的企业性质作出规定："旅行社是依法设立并具有法人资格，从事招徕、接待旅游者，组织旅游活动，实行独立核算的企业。"同时按业务范围把我国的旅行社划分为一类旅行社、二类旅行社、三类旅行社3种类型。其中，一类旅行社和二类旅行社为国际旅行社，三类旅行社为国内旅行社。该条例还指出，只要符合条件并经旅游行政主管部门批准，中央和地方各部门均可开办旅行社。此后，我国旅行社数量迅速增长，作为一个独立的旅行社行业就此浮出水面。1987年，全国旅行社达1245家，其中一类旅行社17家，二类旅行社677家，三类旅行社551家。旅行社群雄逐鹿，少数几家旅行社的垄断经营风光不再。国旅、中旅、青旅3家旅行社接待旅游人数占全国有组织接待旅游人数的比例到1987年下降为39%，旅行社业由寡头垄断向垄断竞争过渡。

国内旅行社异军突起是20世纪80年代中后期我国旅行社发展的一大亮点。1985年11月，国家旅游局组织召开了全国国内旅游工作会议，提出要积极、稳妥地发展国内旅游的方针。国内旅游市场的激活，使我国旅行社国内旅游业务迅速增长。1993年，国内旅行社接待旅游人数 2140 万人次，旅游收入 10.8 亿元人民币。同时，诸多国际旅行社积极介入国内旅游，又提升了旅行社国内旅游经营品质。与此同时，为满足人民出境旅游的需求，我国政府在 1984 年批准了中国公民自费赴港澳两地的探亲旅游，1990 年又把范围扩展到新加坡、马来西亚和泰国 3 个国家，并规定此项业务归中国国际旅行社总社等 9 家旅行社经营。1992 年，中国公民出境总人数为 292.87 万人次，其中因私出境人数为 119.3 万人次，经旅行社组织的出境旅游人数为 86 万人次。出境旅游的开禁，不仅对改变我国旅行社同境外旅行社业务合作中的地位有重大影响，而且使我国旅行社开拓了新的客源市场，我国旅行社业已全面进入入境、出境、国内三大旅游领域。

进入 20 世纪 90 年代，我国旅游业运行环境风云突变，供求关系由原有的卖方市场转向供过于求的买方市场。旅行社数量的持续上升，进一步加剧了高层竞争。旅行社经营中暴露出的问题，如非法经营、恶性削价、违规、违约操作等，一度成为旅游行业关注的焦点。与此同时，规范旅行社市场运作的法规条例陆续出台，如 1995 年国家旅游局发布的《旅行社质量保证金暂行规定》、1996 年 10 月国务院颁布的新的《旅行社管理条例》（为适应我国旅游业对外开放的需要，《旅行社管理条例》已根据国务院的有关决定做了相应的修改，现名为《旅行社条例》）等，它们标志着国家对旅行社实施相对独立的行业管理。

到了 21 世纪，为拉动内需、刺激消费，旅游成为老百姓的一种基本消费方式。1999 年，国务院发布了新的《全国年节及纪念日放假办法》，将春节、五一、十一的休息时间与前后的双休日拼接，形成了"春节旅游黄金周""国庆旅游黄金周""五一旅游黄金周"时期旅游活动井喷的局面。到了 2008 年，国务院又增加清明节、端午节、中秋节为法定假日，形成数个"旅游小黄金周"。

截至 2019 年 12 月 31 日，全国旅行社一共有 38 943 家。为规范旅游市场，国务院在 2009 年 1 月 21 日颁布了《旅行社条例》，并于 2009 年 5 月 1 日起施行；2016 年 2 月和 2017 年 3 月，根据《国务院关于修改部分行政法规的决定》和《国务院关于修改和废止部分行政法规的决定》对其进行了两次修订。2013 年 4 月 25 日，第十二届全国人民代表大会常务委员会第二次会议通过了《中华人民共和国旅游法》，并于 2013 年 10 月 1 日起施行。2018 年 3 月 13 日，原中华人民共和国国家旅游局与原中华人民共和国文化部合并为中华人民共和国文化和旅游部，至此，国家从法律法规和行政职能上健全了对旅行社的管理，促进旅行社业上了一个新的台阶。

【补充阅读资料 1.1】

中国旅行社

中国旅行社始建于 1949 年 11 月，是新中国的第一家旅行社。中国旅行社总社作为全国旅行社的龙头企业，经过 60 多年的发展，由一家以接待华侨、外籍华人、港澳同胞、台湾同胞为主的旅行社，发展成为入境游、出境游、国内游三业并举，每年接待数十万中外游客的国际旅行社，先后加入并成为中国旅行社协会、亚洲及太平洋旅游协会、美国旅游批发商协会、美国旅游代理商协会、国际航空运输协会等国际旅游组织的正式会员，与国际上数百家旅行商建立了紧密的合作关系，拥有良好的资信。

中国旅行社总社是中国最大的旅行社之一，创造了中国旅游行业的多项第一：首家接待外国旅游者，首家接待台湾同胞，首家经营中国公民出境游。"CTS中旅"商标荣获中国"驰名商标"称号，2002年度荣获中国十大公众认知商标、《中国旅游报》中国旅游知名品牌等殊荣。中国旅行社总社还曾于2002年、2004年荣获Travel Weekly旅讯"中国最佳出境游旅行社"称号。2005年被"世界品牌实验室"评为"中国最具影响力品牌"，深得消费者的信赖。

目前，中国旅行社总社正在构建一个"以'CTS中旅''中旅'字号和'中国旅行社'名称为品牌，以覆盖全国、延伸海外为目标，以中旅总社为龙头，以参控股社为骨干，以众多特许加盟社为依托，以电子商务为平台，以现代化信息管理为手段，以统一标志、规范服务为标准，以批发、零售、代理为营销方式"的中旅旅游网络体系。

【补充阅读资料1.2】
《2019中国旅游业发展报告》发布　中国旅游综合贡献世界第二[1]
2019-12-19　13：50　来源：人民网－湖北频道

《2019中国旅游业发展报告》显示，中国旅游投资规模稳居世界第二，投资主体日渐多元；综合贡献保持世界第二，但增速有所放缓。根据世界旅游及旅行理事会的统计数据，2018年中国的旅游投资额为1 615亿美元，同比增加了4.40%，稳居世界第二。"十三五"以来，旅游投资规模保持年均6.82%的增速，在大多数行业投资增长减缓的背景下，文旅产业投资热潮涌动，成为社会投资热点和综合性开发的引擎性产业，吸引了包括政府投融资平台、民营企业、非旅企业等在内的多元资本进入。

"我国旅游业发展迅猛，产业规模持续扩大，产品体系日益完善，市场秩序不断优化。"文化和旅游部公布的数据显示，在国内贡献方面，2018年全年实现旅游总收入5.97万亿元，同比增长10.5%，增速较上年度同期下降3.6个百分点；旅游业对GDP的综合贡献为9.94万亿元，占GDP总量的11.04%。

在国际贡献方面，根据世界旅游及旅行理事会的统计数据，2018年中国旅游业对全球GDP的综合贡献高达10.356 6万亿元（15 090亿美元），综合贡献仍居世界第二位；从增速来看，同比增长了7.3%（上年度同期增速为37.22%），较上年度增速降幅较大。旅游业贡献的就业岗位数为7 991万个，与前一年度相比增加了1万个就业岗位，数量上近年来稳居世界第一，但增长幅度较小。

1.2　旅行社的概念和类别

1.2.1　旅行社的概念

从英国人托马斯·库克创办的世界上第一家旅行社问世至今已经有一个半世纪，然而

---

[1]　引用资料有删改，全书同。——编者注

关于旅行社的定义在各国旅行社行业中有着不同的说法。

在日本，人们习惯上把旅行社称为旅行业，《日本旅行业法》中规定所谓的旅行业，是指收取报酬，为旅客提供运输或住宿服务、代理签证等事务的行业。

在欧美地区，"旅行社是一个以持续盈利为目标，为旅客和游客提供有关旅行及逗留服务的企业。这些服务主要是出售或发放运输票证；租用公共车辆，如出租车、公共汽车；办理行李托运和车辆托运；提供旅馆服务、预订房间，发放旅馆凭证或牌证；组织参观游览，提供导游、翻译、陪同服务和邮递服务。它还提供租用剧场、影院服务；出售体育盛会、商业集会、艺术表演活动的入场券服务；提供旅客在旅行逗留期间的保障服务；代表其他国外旅行社或旅游组织提供服务"。

根据我国最新颁布施行的《旅行社条例》中第一章第二条规定，旅行社是指从事招徕、组织、接待旅游者等活动，为旅游者提供相关旅游服务，开展国内旅游业务、入境旅游业务或者出境旅游业务的企业法人。

这里所说的相关旅游服务，主要包括以下内容。

①安排交通服务。

②安排住宿服务。

③安排餐馆服务。

④安排观光游览、休闲度假等服务。

⑤导游、领队服务。

⑥旅游咨询、旅游活动设计服务。

旅行社还可以接受委托，提供下列旅游服务。

①接受旅游者的委托，代订交通客票、代订住宿和代办出境、入境、签证手续等。

②接受机关、事业单位和社会团体的委托，为其差旅、考察、会议、展览等公务活动，代办交通、住宿、餐饮、会务等事务。

③接受企业委托，为其各类商务活动、奖励旅游等，代办交通、住宿、餐饮、会务、观光游览、休闲度假等事务。

④其他旅游服务。

1.2.2 旅行社分类

由于各国和地区的政治经济制度和旅游业发展水平不同，各国各地区的旅行社在行业分工的形成机制及分工状况上存在着较大的差异，主要有垂直分工和水平分工两种类别，这决定了各国各地区旅行社的分类。

1）我国旅行社的分类

根据《旅行社条例》，我国的旅行社按经营业务范围分为经营国内旅游业务和入境旅游业务的旅行社，以及经营国内旅游业务、入境旅游业务和出境旅游业务的旅行社两种，属于典型的水平分工。

（1）经营国内旅游业务和入境旅游业务的旅行社

所谓国内旅游业务，是指旅行社招徕、组织和接待中国内地居民在境内旅游的业务。

所谓入境旅游业务，是指旅行社招徕、组织、接待外国旅游者来我国旅游，香港特别行政区、澳门特别行政区旅游者来内地旅游，台湾地区居民来大陆旅游，以及招徕、组织、接待在中国内地的外国人，在内地的香港特别行政区、澳门特别行政区居民和在大陆的台湾地区居民在境内旅游的业务。

（2）经营国内旅游业务、入境旅游业务和出境旅游业务的旅行社

旅行社取得国内旅游业务和入境旅游业务经营许可满两年，且未因侵害旅游者合法权益受到行政机关罚款以上处罚的，可以申请经营出境旅游业务。

所谓出境旅游业务，是指旅行社招徕、组织、接待中国内地居民出国旅游，赴香港特别行政区、澳门特别行政区和台湾地区旅游，以及招徕、组织、接待在中国内地的外国人、在内地的香港特别行政区、澳门特别行政区居民和在大陆的台湾地区居民出境旅游的业务。

2）欧美旅行社的分类

欧美等发达国家的旅行社，大都采用垂直分工体系。根据在向旅游者提供服务的流程中的职能，欧美国家的旅行社分为旅游经营商、旅游批发商和旅游零售商。也有的只分为旅游经营商和旅游零售商两类，忽略旅游经营商和旅游批发商的区别。

（1）旅游经营商

旅游经营商是指那些以组织和批发包价旅游产品作为主要经营业务，兼营旅游产品零售业务的旅行社。旅游经营商在旅游客源市场上就旅游者和潜在旅游者对旅游产品的爱好、需求和消费水平进行调查，从中发现和预测出旅游客源市场对旅游产品的需求及其发展趋势。旅游经营商同饭店、交通运输部门、旅游景点及涉及包价旅游的其他部门签订协议，以批量购买的价格向交通、住宿、餐饮、游览景点等旅游服务供应部门或企业采购各种单项旅游服务。然后，旅游经营商根据市场调查和市场预测的结果，按照旅游客源市场的需要将这些服务项目组装以不同的包价旅游产品及其他旅游产品，直接向旅游者销售或通过旅游零售商在旅游客源市场上进行销售。

（2）旅游零售商

旅游零售商又称旅游代理商，是旅游经营商与旅游者之间的联系纽带。它们的主要业务是代理旅游经营商招徕与组织旅游者、为旅游者提供旅游咨询和旅游接待服务，代理旅游者直接向旅游服务供应部门预订零散服务项目。旅游代理商的收入全部来自销售佣金。根据所提供的服务项目和内容，旅游代理商分为全面服务型旅游代理商、商务型旅游代理商、驻厂型旅游代理商和团体/奖励旅游代理商4个类型。

3）日本旅行社的分类

1996年4月1日，日本颁布实施新的《旅行业法》，以旅行社是否从事主催旅行业务为主要标准，将日本旅行社划分为第Ⅰ种旅行业、第Ⅱ种旅行业和第Ⅲ种旅行业3种。第Ⅰ种

和第Ⅱ种旅行业间的划分是水平分工，而第Ⅰ种、第Ⅱ种与第Ⅲ种旅行业之间则是垂直分工。所以，日本旅行社分工属于混合体系。其分工特征为：

①第Ⅰ种旅行业。可以实施海外和国内主催旅行业务的旅行社。

②第Ⅱ种旅行业。只能实施国内主催旅行业务的旅行社。

③第Ⅲ种旅行业。不能实施主催旅行业务，但可作为第Ⅰ种和第Ⅱ种旅行业的代理店。

所谓主催旅行，根据日本《旅行业法》的界定，是指"旅行业者事先确定旅游目的地及日程，旅游者能够获得的运送及住宿服务内容、旅游者应对旅行业支付的代价等有关事项的旅游计划，通过广告或其他方法募集旅游者而实施的旅行"。主催旅行相当于我们讲的包价旅游。

旅行社分类制度的实质是旅行社的专业分工问题。以欧美国家为代表的旅行社垂直分工，基本上是在旅行社的发展进程中自然形成的。这种源于市场经济内生力量，通过专业化分工，形成批发—零售这种协作与联盟的经营状态，最大限度地发挥了资源优化配置功能。相反，我国旅行社在政府行政管理部门主导下，以法律形式确定下来的水平分工体系，虽然能较好地实现国家旅游发展目标，但其对市场主体的差别歧视，导致了我国旅行社业市场的秩序混乱和低效率运转。

【小思考 1.1】

旅游零售代理商主要的业务特征是什么？

旅游零售代理商即指向旅游批发商及各有关旅游企业购买产品，出售给旅游者的商业组织或个人。其主要业务特征表现为如下 3 点：

1. 作为旅游者的决策顾问，帮助客人决定旅游的时间、地点和方式。

2. 作为旅游推销员，扩大销售面和加快销售速度。

3. 作为办事员，代客人预订机票、客房等。

【补充阅读资料 1.3】

2019 年末全国共有旅行社 38 943 家

2020-05-18　13：54　来源：中国旅游报

5 月 15 日，文化和旅游部发布的 2019 年第四季度全国旅行社统计调查报告显示，截至 2019 年 12 月 31 日，我国旅行社总数为 38 943 家。

在入境旅游方面，第四季度全国旅行社共接待入境游 487.77 万人次、1 724.81 万人天。其中，接待人次排名前十位的客源地国家或地区依次为中国香港地区、中国台湾地区、韩国、中国澳门地区、美国、马来西亚、泰国、新加坡、日本、俄罗斯。

在国内旅游方面，2019 年第四季度全国旅行社共接待国内游 5 073.36 万人次、11 971.84 万人天。其中，接待人次排名前十位的地区依次为江苏、浙江、福建、湖北、广东、安徽、上海、海南、云南、湖南。

在出境旅游方面，2019 年第四季度全国旅行社共组织出境游 1 461.99 万人次、7 612.56 万人天。其中，组织人次排名前 10 位的目的地国家或地区依次为泰国、日本、越南、中国台湾地区、马来西亚、中国澳门地区、新加坡、中国香港地区、韩国、印度尼西亚。

此外，报告显示，按照入境外联人次、国内组织人次、出境组织人次三项指标，入境旅游、国内旅游、出境旅游市场所占份额分别为 5%，73% 和 22%。

1.3 旅行社的性质和职能

1.3.1 旅行社的性质

旅行社作为专门为旅游者旅行提供服务的机构，其性质主要表现在以下两个方面。

1）旅行社是沟通旅游产品生产者和消费者的重要中间商

旅游产品是一个广泛的概念，它包括了食、住、行、游、购、娱等多方面的要素。毫无疑问，旅游者在外出旅游时会购买各种旅游服务产品，如预订一张飞机票、预订一间客房，或到其他国家作一次观光旅行，这些产品在旅行社都可以买到。但是这些产品，无论其简单还是复杂，都非旅行社自行生产，而是由不同的旅游供应商提供的，旅行社只不过根据旅游者的需求，将这些旅游产品经过重新设计或组合，转手销售。因此，旅行社是旅游服务供应者与消费者之间的媒介体，是连接旅游业各部门的纽带。

2）旅行社是销售旅游产品来获取利润的企业

旅行社作为一种企业在工商管理部门进行注册登记，是一个以营利为目的的独立法人。它依照国家和地方的有关法律进行合法经营，即向旅游者或其他从事旅游业务的企业、单位提供有偿的旅游服务，获得经营利润。在我国《旅行社条例》中规定，旅行社招徕、接待旅游者是指在业务范围内，在国内、国外开展宣传推销的业务，组织游客的工作，并根据旅游者的要求安排食宿、交通工具、活动日程和组织游览。一般情况下，旅行社转销其他旅游供应商生产的产品，要支付各种开支，所以它卖给旅游者的旅游产品在其成本上加了一定的手续费。正常情况下手续费收入扣除旅行社的各项开支后尚有剩余，这使旅行社获得一定的旅游收入，能满足其营利的经营目的，并在激烈的市场竞争中站稳脚跟。

旅行社作为独立的经济实体，具有旅游活动经营自主权。它自我约束、自我发展、自负盈亏、独立核算并承担民事责任。所以，旅行社的性质就是以营利为目的，从事旅游业务的企业法人。

1.3.2 旅行社的职能

旅行社最基本的职能是设法满足旅游者在旅行和游览方面的各种需要，同时协助交通、住宿、餐饮、游览景点、娱乐场所和商店等旅游服务供应部门与企业将其旅游服务产品销售给旅游者。具体来讲，旅行社的职能可分为以下 5 个方面。

1）生产职能

旅行社的生产职能是指旅行社设计和组装各种包价旅游产品的职能。旅行社好像工厂里的装配线，以批量购买的方式按照优惠价格从其他旅游服务供应部门和企业购进旅游产品的各种基本要素，然后根据旅游市场需求，将这些要素组装成不同的包价旅游产品。有时，旅游者能够不经过旅行社，直接向生产旅游产品要素的各旅游服务供应部门或企业购买，并组装成同样的包价旅游产品。然而，旅游者往往因购买数量较小而难以从旅游服务供应部门或企业那里获得优惠的价格，使旅游价格高于旅行社的报价。另外，就产品质量而言，由于旅行社长期从事旅游经营业务，积累了丰富的经验，享有较高的声誉，因此，它们能够向旅游者提供价格公道、旅行便利、接待质量好的高质量旅游产品。

2）销售职能

销售旅游产品是旅行社第二个基本职能。旅行社除了在旅游市场上销售本旅行社设计和生产的报价旅游产品外，还经常在旅游服务供应部门和企业与旅游者之间充当媒介，代旅游服务供应部门和企业向旅游者销售单项旅游服务项目。例如，旅行社代旅游者从某航空公司购买飞机票，为旅游者安排在市中心的某家饭店住宿，都是为旅游服务供应部门或企业代销其产品。由于旅行社沟通了旅游者与旅游服务供应部门和企业之间的联系，不仅使旅游服务产品能够更加顺利地进入旅游消费领域，还拓宽了旅游服务产品的销售渠道，因此，旅行社在旅游产品销售中起着十分重要的作用。

3）组织协调职能

旅行社的第三个基本职能是组织协调职能。旅游活动不仅涉及交通、住宿、餐饮、游览、娱乐、购物等旅游服务供应部门和企业，还涉及海关、边防检查、卫生检疫、外事、侨务、公安、交通管理、旅游行政管理等政府机关。为了确保旅游者旅游活动的顺利进行，旅行社必须在旅游业各部门和企业之间及旅游业与其他相关部门之间进行大量的组织和协调工作。例如，一些旅行社在组织或接待像来自日本的"友好之船""友好之翼"，来自欧美地区的海上游船等大型、超大型旅游团体时，或者承担大型旅游节目活动的组织和接待工作时，应当在确保合作各方实现各自利益的基础上，协同旅游业各有关部门、企业和其他相关行业保障旅游者旅游活动过程中每一个环节的衔接与落实。

4）分配职能

分配职能是旅行社的另一项重要职能。旅行社的分配职能主要体现在两个方面：一方面，旅行社为了尽量使旅游者对整个旅行过程最大限度地感到满意，必须在不同旅游服务项目之间合理分配旅游者付出的旅游费用，以维护旅游者的利益；另一方面，旅行社应该在旅游活动结束后，根据事先同各相关部门或企业签订的协议和各部门或企业提供服务的实际数量、质量合理分配旅游收入。

5）提供信息职能

旅行社的第五个基本职能是提供信息。作为旅游产品重要的销售渠道，旅行社始终处在旅游市场的最前沿，熟知旅游者的需求变化和市场动态及发展趋势。旅行社将这些信息及时提供给各有关部门和企业，有利于它们调整产品结构和改善经营管理。例如，旅行社将散客旅游日渐增多、旅游者对参与性旅游的兴趣增大，以及随着人均寿命延长导致老年人外出旅游率提高幅度较大等旅游市场上的重要信息传达给有关部门和企业，以引起它们的重视。这些部门和企业在接到信息后，及时采取相应对策，推出新的散客旅游产品、参与性旅游产品和老年旅游产品，以满足旅游者的需要，旅行社再从销售这些产品中获得经济收益。

【小思考 1.2】

旅游为什么要选择旅行社？

旅游选择旅行社的原因主要有 3 个。

1. 通过旅行社出游方便、省事

通过旅行社外出旅游，比自己直接去旅游更为方便、省事。

首先，通过旅行社去旅游，出游之前的大部分准备工作，以及为掌握所需知识、信息所要付出的劳动，都可以交旅行社去做。

其次，通过旅行社出游，行、游、住、食、购、娱等所有活动都由旅行社安排和组织，搬运、运输、分发、保管行李等事务也由旅行社及其员工负责。

2. 通过旅行社旅游质量更高

通过旅行社外出旅游，比自己直接去，质量会更有保证。

首先，由旅行社代为选择旅游路线，可避免旅游者掌握旅游知识、信息不充分、不全面的缺陷，可以减少因旅游者选择不合理而可能对旅游质量产生的消极影响，降低旅游风险。

其次，旅行社有专门机构和人员，即旅行社的计划部、外联（销售）部及计划、外联人员，从事采集信息、分析市场行情、编排和为旅游者选择路线等业务。

再次，旅行社有接待部及接待人员，专门为旅游者提供接待、导游等服务。

3. 通过旅行社旅游更省钱

旅行社是组织者和批发商。旅行社成批量地从航空公司、火车站、饭店、餐馆和旅游景点购入商品，组合后零售给旅游者。航空公司等卖给旅行社的商品的价格是批发价，低于其直接零售给旅游者的价格。

1.4　旅行社的基本业务

由于旅行社所属类型和企业规模方面存在的差异，因此旅行社经营的业务范围也各不相同。尽管如此，旅行社的基本业务却大致相同。一般说来，按照旅行社的操作流程，其基本业务有 5 个方面。

1.4.1 产品开发业务

按照旅行社业务操作流程，其第一项基本业务是产品开发。旅行社的产品开发业务包括产品设计、产品试产与试销、产品投放市场和产品效果检查评估 4 项内容。首先，旅行社在市场调查的基础上，根据对旅游市场需求的分析和预测，结合本旅行社的业务特点、经营实力及各种旅游服务供应的状况，设计出各种能够对旅游者产生吸引力的产品。其次，旅行社将设计出来的产品进行小批量的试产和试销，以考察产品的质量和旅游者对其喜爱的程度。再次，当产品试销成功后，旅行社便应将产品批量投放市场，以便扩大销路，加速产品投资的回收和赚取经营利润。最后，旅行社应定期对投放市场的各种产品进行检查和评价，并根据检查与评价的结果对产品作出相应的完善和改进。

1.4.2 产品销售业务

旅行社产品销售业务是旅行社的第二项基本业务，包括制定产品销售战略、选择产品销售渠道、制定产品销售价格和开展旅游促销 4 项内容。旅行社根据其所处的外部环境和企业内部条件，制定其产品销售战略，确定产品的目标市场并选择适当的产品销售渠道。在此基础上，旅行社根据其所确定的利润目标，综合考虑其产品的成本、市场的需求、竞争者状况等情况，制定出各项产品的销售价格。旅行社根据其经营实力和目标市场确定和实施旅行社的促销战略，并选择适当的促销手段将旅行社产品的信息传递到客源市场，引起旅游者的购买欲望，推销出更多的产品。

1.4.3 服务采购业务

旅行社的第三项基本业务是服务采购，又称为旅游采购。旅游采购业务是指旅行社为了生产旅游产品而向有关旅游服务供应部门或企业购买各种旅游服务项目的业务活动。旅行社的服务采购业务主要涉及交通、住宿、餐饮、景点游览、娱乐和保险等部门。另外，组团旅行社还需要向旅游路线沿途的各地接待旅行社采购接待服务。

1.4.4 团体旅游接待业务

团体旅游接待业务是旅行社的第四项基本业务。旅行社通过向旅游团队提供接待服务，最终实现包价旅游的生产与销售。团体旅游接待业务由生活接待服务和导游讲解服务构成。

1.4.5 散客旅游接待业务

旅行社的第五项基本业务是散客旅游业务，这是一项以散客旅游者为目标市场的旅游服务业务。散客旅游业务包括单项旅游服务业务、旅游咨询业务和选择性旅游服务业务。

【本章小结】

旅行社是旅游需求积累到一定阶段的历史产物，也是社会专业化分工的产物。由于政治经济制度和旅游业发展水平不同，各国各地区的旅行社有不同的分类。以欧美国家为代表的旅游发达国家是垂直分工体系，而我国则属于水平分工体系。尽管分类制度相异，但对旅行社是提供旅行游览中介服务的专门机构的认识却趋于一致。由于旅行社所属类型和企业规模方面存在的差异，因此旅行社经营的业务范围也各不相同。尽管如此，旅行社的基本业务却大致相同。一般说来，按照旅行社的操作流程，其基本业务有产品开发业务、产品销售业务、服务采购业务、团体旅游接待业务、散客旅游接待业务。

【复习思考题】

1. 试述托马斯·库克旅行社产生的意义。
2. 简述我国旅行社的发展历程。
3. 简要说明旅行社的性质、职能与基本业务。

【实训】

1. 与实习旅行社联系，分析所在旅行社有哪些业务。
2. 采访几位旅游者，请他们谈谈对旅行社的看法。
3. 与旅行社的导游或其他工作人员座谈，请他们谈谈在旅行社工作的感受。

【案例分析】

丽江完成 12 家旅行社集团化整合

发布日期：2019-01-10 来源：新华网

2019 年 8 日，丽江市完成集团化整合的丽江宝鼎旅游开发（集团）有限责任公司正式挂牌营业，这是该市首家挂牌经营的旅行社集团公司。它的正式运营，标志着丽江市旅行社行业在向走集团化、规范化、产业化经营模式的道路上迈出了坚实的一步。目前，丽江市已完成集团化整合的 12 家旅行社集团将陆续挂牌营运。

为进一步巩固丽江市旅游市场秩序整治成效和旅游转型升级成果，丽江市旅游发展委员会、丽江市旅游协会按照"政府引导、协会牵头、企业自愿、行业自律、市场化运作"的原则，通过加强行业自律的方式，加快对丽江市旅行社集团化整合；通过不断壮大旅行社实力和经营规模，进一步增强市场竞争力，做强、做大、做优旅行社企业。

截至目前，丽江市 203 家旅行社中有 144 家旅行社参与集团化整合工作，在 13 个拟组建的旅行社集团中，已完成工商注册的有 12 家，验收合格 12 家。

据介绍，旅行社集团化整合将切实解决丽江旅行社行业长期存在的"散、小、弱、差"状况和供大于求、产品单一、经营手段单一、抗风险能力低、不正当竞争等问题，实现旅行社行业管理规范有序、导游薪酬有保障等目标。

丽江宝鼎旅游开发（集团）有限责任公司董事长和珍宇表示，随着集团组建运营，实现了旅行社之间联手合作、资源共享、优势互补。集团正式运营后，隶属集团内的旅行社将实行统一采购、统一结算、统一分配、统一对外宣传营销的运营管理模式，构筑旅游"一体化"经营服务体系，不断丰富旅游产品、提升旅游服务品质、谋划更多的旅游增值空间。

此外，由丽江市旅发委牵头，丽江市旅游协会配合制定了《丽江市旅行社集团自律公约》《旅行社集团导游薪酬管理制度》《丽江市旅行社集团信誉保证金管理办法》等指导性文件，为整合工作提供了政策保障。

通过此案例，你认为旅行社集团化发展的优势有哪些？

第 2 章

旅行社的设立

【 本章导读 】

　　本章主要就旅行社的设立作了相关的阐述，内容包括影响旅行社设立的因素、旅行社的设立、旅行社的组织设计与组织管理和旅行社的行业管理。通过本章的学习，让学生熟悉与创立旅行社密切相关的设立程序、组织设计等内容，学会如何创办自己的旅行社。

2.1　影响旅行社设立的因素

2.1.1　旅行社的职业要求

1）旅行社工作的特点

　　任何行业都有其自身的特点，旅行社也不例外。旅行社工作的特点集中表现在服务的直接性、业务的时效性、工作的繁杂性、知识的广博性和联系的广泛性5个方面。

　　（1）服务的直接性

　　旅游产品是旅游者旅游活动过程中所需服务的总和。与一般的物质产品不同，旅游产品集中表现为旅游服务，具有生产与消费同步进行的特点。因此，旅行社向旅游者提供服务的过程恰是旅游者旅游消费的过程，即旅行社工作人员需要直接面对旅游者提供相关的旅游服务。

　　（2）业务的时效性

　　旅行社业务的时效性主要由3个方面的因素决定：第一，旅游产品大都具有很强的季节性，这就要求旅行社充分把握旅游旺季提供的市场机会，以弥补旅游淡季可能出现的业务萧条。第二，通行的国际惯例要求旅行社在每年规定的时间内呈报第二年的价格，并且要在24小时内答复询价。第三，旅游者旅游的过程在旅游业内部表现为各部门为旅游者提供流水线式服务，任何环节的拖延都会影响下一个服务流程。

　　（3）工作的繁杂性

　　旅行社的服务涉及行、住、食、游、购、娱各个方面，内容繁多复杂。同时，旅游者来自不同的国家和地区，他们在性别、年龄、种族、文化、职业、社会地位和文化程度等方面相差很大，而且性格各异，这就决定了他们在旅游需求方面的差别。这些因素共同作用，使旅行社工作变得极为繁杂。

　　（4）知识的广博性

　　旅行社业务的知识含量很高，一方面，它是旅游咨询机构，为旅游者提供旅游决策所需的各种旅游信息；另一方面，旅行社的导游人员是旅游目的地文化的传播者，他们必须具备渊博的知识，才能满足旅游者求知的愿望。

（5）联系的广泛性

旅行社工作内容的繁杂性决定了旅行社联系的广泛性。因为旅行社要满足旅游者旅游过程中的各种需要，就不可避免地要与旅游业各有关部门和其他相关行业发生业务联系，从而使旅行社与其他部门处于广泛的联系之中。

2）旅行社经理人员的素质要求

旅行社工作的特点对旅行社的从业人员，特别是经理人员的素质提出了具体的要求。根据旅行社工作的特点，旅行社经理人员应在从业动机、知识结构、自身能力和身心条件4个方面具备一定的基本素质。

（1）从业动机

动机是引起和维持个体活动，并使活动朝向某一目标前进的内部动力。人们的一切行动总是由一定的动机引发并指向一定目标的，动机的正确与否，往往影响人们对成功、胜利与成就的态度。

人们出于不同的目的经营旅行社，但现实生活中，许多人经营旅行社的动机产生于某些错误的结论，其中最具代表性的有两个：第一，旅行社是一个高利润的行业；第二，旅行社工作极富魅力。

西方旅行社的主要收入来源是其销售佣金，而旅行社对销售佣金比例的确定影响很小，在此情况下旅行社行业的平均利润率一般维持在10%。事实上，自1995年以来，欧美的航空公司已经多次下调机票销售佣金的比例和单笔佣金的最高限额，目前佣金比例已低至5%。这无疑使旅行社行业的利润率进一步下降，旅行社行业无论如何也不属于高利润的行业。

我国旅行社行业的平均利润率在20世纪80年代维持了较高的水平，但进入20世纪90年代以后开始接近旅游发达国家的水平，并在近年逐步成为微利行业。换言之，如果说我国的旅行社行业在20世纪80年代曾经是高利润行业的话，现在已经不再属于高利润行业。

如果为旅游的魅力所吸引而涉足旅行社，那么人们很快就会发现实际情况远非人们所想象的那样美好。在现实生活中，旅行社经理人员的工作极为艰苦复杂，压力很大，需要耗费很多的时间和精力，而他们因此获得的回报并不使人乐观。此外，作为企业家，如果仅仅为享受公费旅游而涉足旅行社行业，那么就需要三思而后行。事实上，这种机会多属于旅行社的导游人员，作为经理人员很少有机会周游列国，他们需要为管理自己的旅行社而日夜操劳。

端正的从业动机应当是通过对旅行社的理性投资，凭借高质量的专业化服务和有效的经营管理，追求企业长期的最大利润。

（2）知识结构

任何一个组织的领导者都应具有合理的知识结构，但不同组织的领导者所需要的结构却各不相同。作为旅行社的经理人员，其知识结构的主体包括广博的经营管理知识和丰富的旅游知识。这里的旅游知识是一个广义的概念，它既包括国家有关旅游发展的政策和法规，旅游业的发展状况与发展趋势，旅行社行业的规模、结构与竞争态势，旅游客源市场动向与旅游者需求状况，当地旅游资源与旅游服务设施供应状况等，也包括各种旅游常识。所有这些内容都同旅行社的生存息息相关，是旅行社经理人员知识结构中必不可少的组成部分。

（3）自身能力

合理的知识结构只是能力的基础和源泉，但并不等于能力，只有经过反复实践和不断总结，知识才会转化为现实的能力。旅行社经理人员的能力主要包括4种，即决策能力、业务开拓能力、应变能力和人际交往能力。

这些能力对于任何一个企业家来说都是必要的。作为企业的领导人，如果没有科学决策的能力，企业就不能正常运转，因为企业管理的过程，实际上就是不断决策的过程；如果没有业务上的开拓能力，企业就没有竞争力，因为只有不断开拓才能赢得市场；如果没有灵活的应变能力，企业就不会有发展，因为只有不断地妥善解决经营中的种种不测，企业才会有新的发展；如果没有很强的人际交往能力，管理就无从谈起，因为管理就是协调人际关系。旅行社经理人员需要有企业家的基本能力，但是其中的应变能力和人际交往能力对旅行社的经理人员具有特别重要的意义。

旅行社提供的服务受到许多外部因素的影响和制约，变化随时可能发生，如旅游者取消预订、协作单位违约、人力不可抗事故的发生等，都可能使旅行社的旅行计划无法顺利实施。如果旅行社的经理人员缺乏应变的能力，不仅无法指导工作人员在变化中最大限度地满足旅游者的要求，而且还会使旅行社陷入无法自救的困境。因为存在服务缺陷的旅游产品无法像物质产品那样更换或维修，更何况现在的旅游者比以往任何时候都清楚如何运用法律保护自己。

人际交往能力对于旅行社经理人员而言，更是至关重要，其根本原因在于管理者的根本任务就是协调人际关系。旅行社的服务对象是千差万别的旅游者，旅行社的服务又具有直接性，而旅行社又处于与其他部门错综复杂的关系之中。所有这些，都要求旅行社的经理人员能够理解人，并能愉快、成功地与各种类型的人交往。

（4）身心条件

旅行社的经理人员应当具有良好的心理品质和健康的身体。心理品质包括工作热情、耐心与决心、乐观的态度和自我控制能力。旅行社经理人员对工作的热情会直接感染其周围的人，从而使旅行社的工作人员热衷于自己所从事的事业；旅行社的经理人员有无耐心和决心，将直接导致成功和失败两种截然不同的结果；乐观的态度对于像旅行社这样充满变化、业务淡旺季反差巨大的行业来说，是必不可少的；自控能力是旅行社经理人员成功地指挥和激励下属的前提；健康的身体则是旅行社业务特点对从业人员的直接要求。

【补充阅读资料 2.1】

中国康辉旅行社集团有限责任公司

中国康辉旅行社集团有限责任公司（原中国康辉旅行社总社）创建于1984年，是全国大型旅行社集团企业之一，注册资金逾1亿元人民币。"中国康辉"是中国大型国际旅行社、国家特许经营中国公民出境旅游组团社，经营范围包括入境旅游、出境旅游及国内旅游。康辉总部设有总经理室、办公室、经营管理部、财务部、日韩部、欧洲部、东南亚部、亚洲部、澳非部、港澳商务订房部、国内部、省内接待部、自驾车部、前台、市场销售部、开发旅游部、拓展旅游部、观光旅游部、亚太旅游部、外联旅游部等部门。中国康辉以全国康辉系统的 80 多家兄弟旅行社为依托，与国内外同行有着广泛和友好的合作关系。日臻完善的全国网络和垂直管理模式形成康辉集团在全国旅行社业独特的优势。中国康辉以"网络化""规模化""品牌化"为发展目标，遍布全国及海外的网络及 2 300 余名优秀员工真诚为海内外旅游者提供全方位的优质服务。北起哈尔滨，南至海南，东起上海，西至新疆，"中国康辉"在全国各大城市设有 220 多家垂直管理的子公司连锁企业，其中 1999 年度及 2000 年度就有 8 个分社进入全国国际旅行社百强行列。2001 年和 2002 年，中国康辉在国家旅游局"全国国际旅行社百强企业"的业绩排名已进入前三名，企业实力不断发展壮大。2011 年，中国康辉在全国百强旅行社中排名第四。

2007 年，"康辉旅游"连续第 4 次入选世界品牌实验室评选的"中国最具品牌价值的 500 家企业"名录，品牌价值将近 12 亿元人民币。

2001—2011 年，中国康辉旅行社集团连续 9 年名列全国百强国际旅行社前三名。

2009 年，中国康辉旅行社集团有限责任公司在全国十强旅行社集团中排名第一，全国出境旅游十强旅行社排名第一，全国国内旅游十强旅行社排名第一，以及在全国入境旅游十强旅行社中排名第三。

2010 年 1 月，"康辉"被国家工商总局认定为"中国驰名商标"。

2010 年 6 月，"康辉"被北京市工商行政管理局认定为"北京市著名商标"，这是康辉集团"品牌化"发展的又一重要成果。

2.1.2 影响旅行社设立的外部因素

所谓外部因素，是指旅行社自身无法控制而又必须受其约束的那些因素。影响旅行社设立的外部因素主要有两个。

1）旅游业的发展状况

某个时期世界旅游业的发展水平和发展趋势，以及与之密切相关的某个地区旅游业的发展水平和发展趋势，会对该地区旅行社的设立产生至关重要的影响。如果旅游业发展水平高，而且有稳定发展或不断增长的趋势，旅游客源就有保障；与此同时，为旅游者提供服务的各部门、各行业也会得到发展，这就为旅行社建立旅游服务协作网络提供了方便。相反，如果旅游业发展水平低，或者有不断衰退的趋势，那么设立旅行社的外部环境便极为不利，即使勉强设立，也会因客源、协作网络等因素限制而无利可图，同时又丧失了在其他行业投资的机会，增大经营旅行社的机会成本。

2）国家有关政策和法律规定

任何一个企业都不能孤立于某个特定的社会环境之外，它要受国家和地方有关法律规定的限制，任何超越国家和地方政策及法律规定的行为都将受到制裁。因此，任何人或任何单位在设立旅行社之前，要仔细研究与旅行社的设立密切相关的政策和法律规定，在法律许可的范围内行事。

各国对旅行社的设立都有不同的规定，综合起来，主要包括申办者的从业经验、法定的注册资本、营业保证金和旅行社业务经营许可制度等管理制度。

2.1.3　影响旅行社设立的内部因素

内部因素是旅行社自身可以控制的因素。所谓可以控制，并非绝对的，有些内部因素必须具备相应的外部条件才能称为内部因素，但它又不完全类同于外部因素，这种因素我们姑且把它归入内部可控因素之列。影响旅行社设立的内部因素有 4 个方面。

1）资金的筹措

资金的筹措是旅行社可以自身控制的最主要和最关键的内部因素。在外部条件许可的前提下，要开设一家旅行社面临的首要问题就是资金问题，没有足够的资金，开设旅行社便成为一纸空谈。《旅行社条例》对各类旅行社的注册资本额提出了具体的要求，这是国家对各类旅行社注册资本的最低限额，在许多情况下，这一数额未必一定能满足旅行社业务发展的需要，这就要求各旅行社根据自己的实际情况确定资金的需要量，并通过多种渠道筹措资金。资金筹措的渠道主要有自有资金、合股资金和银行贷款 3 种。

2）营业场所

这是旅行社可以自我控制的另一因素。营业场所作为可控因素，主要是指旅行社的创办者是否拥有合乎法律规定的营业场所，或者能否以理想的租金租到理想的营业场所。旅行社的营业场所必须符合旅行社业务经营的要求。

①关于旅行社选址方面的研究成果目前较少。美国空中交通协会就旅行社的选址作了如下规定：

A. 旅行社不能设于家中，必须设在公众出入方便的商业区，并保证正常营业时间。

B. 旅行社不能与其业务部门合用办公室，而且必须有独立的出口。

C. 如果没有直接通街的通道，旅行社不能设于饭店内。

②美国旅游学者帕梅拉·弗里蒙特根据自己的实践经验，就旅行社的选址问题提出如下见解：

A. 旅行社应设在繁华的商业区，以便吸引过往行人。

B. 旅行社营业处应有足够的停车场地，便于公众停留。

C. 旅行社应选择中等收入家庭相对集中的地区，且附近有较大规模的企业，以便吸引人们参加旅游。

D. 旅行社营业场所以底楼为好，以方便顾客。

③旅行社在选择营业场所时应考虑以下因素：

A. 目标市场。旅行社产品的目标市场是选择营业场所的坐落地点时须首先考虑的因素，营业场所应设置在其目标客源群体最集中的地方或其附近的地点。

B. 方便顾客。方便顾客是旅行社选择营业场所地点时需要考虑的第二个因素。旅行社的营业场所应该设立在商业区、居民区、机关企业等较为集中的地方，而且一般都设在临街的门脸房或楼房的一楼。如果旅行社将营业场所设在饭店里，应设在前厅比较显眼的地方，最好能够有临街的单独出入的门，以方便旅游者进出。

C. 位置醒目。旅行社在选择营业场所的地点时，还要考虑所选择的地点是否容易被旅游者找到。通常，旅行社把营业场所设在交通要道上，而不会设在偏僻的小街小巷。

D. 相对集中。在旅行社相对集中的地区设立经营场所可以借鉴同行的经营经验，变压力为动力，以吸引更多的旅游者。同时，旅行社相对集中的地区本身就是吸引旅游者前来、咨询和购买旅行社产品的一个重要因素。

3）协作网络

在旅游业发展水平较高的情况下，旅行社能否联络各有关部门和行业形成为旅游者提供相关服务的网络，主要取决于旅行社自身的努力。因此，我们也将协作网络归为内部条件的构成因素。至于协作网络的组织形式和规模，则取决于旅行社的性质、业务范围和组织能力。

4）客源渠道

客源是旅行社的生命线，在外部条件具备之后，旅行社能否通过建立行之有效的销售网络，保证旅行社有稳定的客源，也是旅行社通过主观努力可以解决的。客源组织情况将最终决定旅行社的经营状况。

2.2　旅行社的设立

旅行社的设立被认为是旅行社经营管理的起点。相对于西方较宽松的市场准入环境，我国政府把旅行社和外贸、金融、交通、航空、医药、出版等行业一起列入实行许可证制度的行业，并且对旅行社的设立条件作出了明确的规定。

2.2.1　我国旅行社设立的条件

多数国家和地区往往把申办者的从业经验和注册资本视为旅行社设立的两个基本条件。根据《中华人民共和国旅游法》《旅行社条例》和《旅行社条例实施细则》的规定，我国旅行社的设立需要具备营业场所、营业设施、注册资本、必要的经营管理人员和导游，以及法律行政法规规定的其他条件。

1）营业场所

旅行社必须拥有与其旅游业务规模相适应的固定营业场所，即在较长的一段时间里能为旅行社所拥有或使用，而不是短期内频繁变动的营业场所。旅行社营业场所既可以是旅行社自己拥有的固定资产，也可以是旅行社从其他单位租用的营业用房，但租期不少于1年。营业用房应当满足申请者业务经营的需要。

2）营业设施

旅行社的营业设施应当至少包括下列设施、设备：两部以上的直线固定电话；传真机、复印机；具备与旅游行政管理部门及其他旅游经营者联网条件的计算机。这几种办公设备是旅行社开展旅游业务经营活动所必需的基本条件，没有这些现代化的办公设备，旅行社难以在竞争日益激烈的市场条件下生存下去。

3）注册资本

注册资本是指旅行社向政府企业登记主管部门时所填报的财产总额，包括流动资产和固定资产，是旅行社承担债务的一般担保财产。《旅行社条例》对旅行社的注册资本做了明确规定，要求有不少于30万元的注册资本。确定注册资本的目的有两个：一是在政府企业登记主管部门登记注册；二是在设立旅行社时公开申明其资本数额，以便让公众了解其目前和今后可能达到的规模，使债权人和社会公众正确决策与该旅行社的交往，以减少风险。

4）必要的经营管理人员和导游

旅行社在设立时应具备相应的经营管理人员，法定代表人应有相应的履历表，导游人员必须是参加导游资格考试成绩合格，与旅行社订立劳动合同或者在相关旅游行业组织注册并申请取得导游证的人员。

2.2.2 设立旅行社的基本程序

国务院在2014年8月19日下发文件，将"旅行社经营出境旅游业务资格审批""外商投资旅行社业务许可""旅行社业务经营许可证核发"等项目由工商登记前审批改为后置审批，其中，"旅行社业务经营许可证核发"由省级人民政府旅游行政主管部门或其委托的设区市级人民政府旅游行政主管部门实施。至此，我国实行已久的旅行社设立前置许可制度改为后置审批。

①向工商行政管理部门办理设立登记。

②递交设立申请。凡申请开办旅行社的单位，均应向旅游行政管理部门提交以下文件：

A.设立申请书。设立申请书的内容包括申请设立的旅行社的中英文名称及英文缩写，设立地址，企业形式、出资人、出资额和出资方式，申请人、受理申请部门的全称，申请书名称和申请的时间。

申请书应写明旅行社的名称，以区别其他旅行社。旅行社的中、英文名称必须一致，不应存在歧义。必须写明所设立旅行社的详细地址，以有利于旅游行政管理部门的审查或审批工作，有利于当地旅游行政管理部门的行业监督和管理。在申请书中，还应对旅行社的企业形式、出资人、出资额和出资方式加以说明。企业形式是指企业的构成方式，即全民所有、集体所有、个人所有、中外合资等形式；出资人有国家、地方、企业、集体、个人等；出资额指所投入设立旅行社的资金总额；出资方式分为现金、固定资产、无形资产等。

  B.法定代表人履历表及身份证明。

  C.企业章程。企业章程由申办人起草，其主要内容应当包括旅行社的名称、地址和联络办法，经济性质，宗旨和目的，业务经营范围，注册资本金额及资金来源，组织机构，财务管理制度，对旅游者承担的责任，其他应说明的问题。

  D.依法设立的验资机构出具的验资证明。

  E.经营场所的证明。

  F.营业设施、设备的证明或者说明。

  G.工商行政管理部门出具的《企业名称预先核准通知书》。

  ③接受许可审核。旅游行政管理部门在收到设立申请后，会根据旅游业发展规划和市场需要，以及对申办条件的实地验收情况进行审批，并在规定期限内予以答复。

  申请设立旅行社，经营国内旅游业务和入境旅游业务的，应当向所在地省、自治区、直辖市旅游行政管理部门或者其委托的设区的市级旅游行政管理部门提出申请，并提交符合规定的相关证明文件。受理申请的旅游行政管理部门可以对申请人的经营场所、营业设施、设备进行现场检查，或者委托下级旅游行政管理部门检查。

  受理申请的旅游行政管理部门应当自受理申请之日起20个工作日内作出许可或者不予许可的决定。予以许可的，向申请人颁发旅行社业务经营许可证；不予许可的，书面通知申请人并说明理由。

2.2.3 旅行社经营出境旅游业务的申请

  旅行社取得经营许可满两年，且未因侵害旅游者合法权益受到行政机关罚款以上处罚的，可以申请经营出境旅游业务。

  旅行社申请出境旅游业务的，应当向旅游行政主管部门提交原许可的旅游行政管理部门出具的、证明其经营旅行社业务满两年且连续两年未因侵害旅游者合法权益受到行政机关罚款以上处罚的文件。

  受理申请的旅游行政管理部门应当自受理申请之日起20个工作日内作出许可或者不予许可的决定。予以许可的，向申请人换发旅行社业务经营许可证；不予许可的，书面通知申请人并说明理由。

  申请经营边境旅游业务的，适用《边境旅游暂行管理办法》规定；申请经营赴台湾地区旅游业务的，适用《大陆居民赴台湾地区旅游管理办法》规定。

2.2.4 质量保证金

  我国《旅行社条例》规定，旅行社设立时，须在国务院旅游行政主管部门指定的银行开设专门的质量保证金账户，存入质量保证金，或者向作出许可的旅游行政管理部门提交依法取得的担保额度不低于相应质量保证金的银行担保。质量保证金是一种专用款项，用于赔偿在旅行社经营期间，因旅行社的过错或破产而造成的旅游者合法权益的损失。旅游行政管理部门不得将质量保证金据为己有，也不得擅自支取、挪用质量保证金。

质量保证金产生的利息属于旅行社所有。由于旅行社经营业务的不同，因此旅行社所应交纳的质量保证金数额也有一定的区别。

经营国内旅游业务和入境旅游业务的旅行社，应当自取得旅行社业务经营许可证之日起3个工作日内，在国务院旅游行政主管部门指定的银行开设专门的质量保证金账户，存入质量保证金，或者向作出许可的旅游行政管理部门提交依法取得的担保额度不低于相应质量保证金数额的银行担保。经营境内旅游业务和入境旅游业务的旅行社，应当存入质量保证金20万元；经营出境旅游业务的旅行社，应当增存质量保证金120万元。

旅行社自交纳或者补足质量保证金之日起3年内未因侵害旅游者合法权益受到行政机关罚款以上处罚的，旅游行政管理部门应当将旅行社质量保证金的交存数额降低50%，并向社会公告。旅行社可凭省、自治区、直辖市旅游行政管理部门出具的凭证减少其质量保证金。

2.2.5　设立旅行社分支机构的基本程序

旅行社根据业务经营和发展的需要，可以设立非法人分社和旅行社服务网点等分支机构，以设立分社、服务网点的旅行社的名义从事《旅行社条例》规定的经营活动，其经营活动的责任和后果，由设立社承担。

1）设立旅行社分社

（1）设立条件

①有固定的经营场所。《旅行社条例实施细则》规定，固定的经营场所必须符合下列要求：申请者拥有产权或者申请者租用的，租期不少于1年；应当满足申请者业务经营的需要。

②有必要的营业设施。《旅行社条例实施细则》规定，营业设施应当至少包括下列设施、设备：两部以上的直线固定电话；传真机和复印机；具备与旅游行政管理部门及其他经营者联网条件的计算机。

（2）设立程序

旅行社设立分社，应当持旅行社业务经营许可证副本等文件向分社所在地的工商行政管理部门办理设立登记，并持下列文件向分社所在地的旅游行政管理部门备案。没有同级旅游行政管理部门的，向上一级旅游行政管理部门备案。

①分社的营业执照。

②分社经理的履历表和身份证明。

③增存质量保证金的证明文件。

分社的名称中应当包含设立社名称、分社所在地地名和"分社"或者"分公司"字样。

旅行社分社的设立不受地域限制，旅行社每设立一个经营国内旅游业务和入境旅游业务的分社，应当向其质量保证金账户增存5万元；每设立一个经营出境旅游业务的分社，应当向其质量保证金账户增存 30 万元。

（3）分社经营要求

①分社的经营范围不得超出设立分社的旅行社的经营范围。

②设立社对分社实行统一的人事、财务、招徕和接待制度规范。

③将《旅行社业务经营许可证》《旅行社分社备案登记证明》与营业执照一起，悬挂在经营场所的显要位置。

2）设立旅行社服务网点

旅行社服务网点是指旅行社设立的，为旅行社招徕旅游者，并以旅行社的名义与旅游者签订旅游合同的门市部等机构。

（1）设立条件

设立社设立服务网点的区域范围，应当在设立社所在地的省、自治区、直辖市行政区划内；在此之外设有分社的，可在该分社所在地设区的市的行政区划内。分社不得设立服务网点。服务网点应设在方便旅游者认识和出入的公众场所，服务网点的名称、标牌应当包括设立社名称、服务网点所在地地名等，不得含有使消费者误解为是旅行社或者分社的内容，也不得有易使消费者误解的简称。

（2）设立程序

设立社向服务网点所在地工商行政管理部门办理服务网点设立登记后，应当在 3 个工作日内，持下列文件向服务网点所在地与工商登记同级的旅游行政管理部门备案。没有同级旅游行政管理部门的，向上一级旅游行政管理部门备案。

①服务网点的营业执照。

②服务网点经理的履历表和身份证明。

（3）服务网点的经营要求

服务网点应当在设立社的经营范围内，招徕旅游者、提供旅游咨询服务。服务网点应当将《旅行社业务经营许可证》《旅行社服务网点备案登记证明》与营业执照一起，悬挂在经营场所的显要位置。

（4）服务网点的管理

设立社应当与服务网点的员工订立劳动合同。设立社应当加强对服务网点的管理，对服务网点实行统一管理、统一财务、统一招徕和统一咨询服务规范。

2.2.6　设立外商投资旅行社的基本程序

第二次修改的《旅行社条例》对外商投资旅行社作了特别规定，指出外商投资旅行社包括中外合资经营旅行社、中外合作经营旅行社和外资旅行社。我国对外商投资旅行社已实行国民待遇，因此，现在外商投资旅行社设立条件与我国旅行社设立条件相同。

1）设立程序

国务院 2014 年 8 月 19 日印发的《关于取消和调整一批行政审批项目等事项的决定》中，

下放"外商投资旅行社业务许可"项目至省级人民政府旅游行政主管部门，并由工商登记前审批改为后置审批。至此，"外商投资旅行社业务许可"由省级人民政府旅游行政主管部门实施。设立外商投资旅行社，投资者向工商行政管理部门办理设立登记后向省级人民政府旅游行政管理部门提出申请。

2）经营范围

外商投资旅行社不得经营中国内地居民出国旅游业务以及赴香港特别行政区、澳门特别行政区和台湾地区旅游的业务，但是国务院决定或者我国签署的自由贸易协定和内地与香港特别行政区、澳门特别行政区关于建立更紧密经贸关系的安排另有规定的除外。另外，根据《中外合资经营旅行社试点出境旅游业务监管暂行办法》（国家旅游局和商务局于2010年8月发布并实施）取得试点资格的中外合资旅行社也除外。

【小思考 2.1】

外商投资旅行社不得经营哪些业务？

外商投资旅行社不得经营中国公民出国旅游业务，以及中国其他地区的人赴香港特别行政区、澳门特别行政区和台湾地区旅游的业务。

【补充阅读资料 2.2】

中华人民共和国文化和旅游部

为增强和彰显文化自信，统筹文化事业、文化产业发展和旅游资源开发，提高国家文化软实力和中华文化影响力，推动文化事业、文化产业和旅游业融合发展，十三届全国人大一次会议表决通过了关于国务院机构改革方案的决定，将文化部、国家旅游局的职责整合，组建文化和旅游部，作为国务院组成部门。不再保留文化部、国家旅游局，批准于2018年3月设立中华人民共和国文化和旅游部。

1. 文化和旅游部的主要职责

（1）贯彻落实党的文化工作方针政策，研究拟订文化和旅游政策措施，起草文化和旅游法律法规草案。

（2）统筹规划文化事业、文化产业和旅游业发展，拟订发展规划并组织实施，推进文化和旅游融合发展，推进文化和旅游体制机制改革。

（3）管理全国性重大文化活动，指导国家重点文化设施建设，组织国家旅游整体形象推广，促进文化产业和旅游产业对外合作和国际市场推广，制定旅游市场开发战略并组织实施，指导、推进全域旅游。

（4）指导、管理文艺事业，指导艺术创作生产，扶持体现社会主义核心价值观、具有导向性代表性示范性的文艺作品，推动各门类艺术、各艺术品种发展。

（5）负责公共文化事业发展，推进国家公共文化服务体系建设和旅游公共服务建设，深入实施文化惠民工程，统筹推进基本公共文化服务标准化、均等化。

（6）指导、推进文化和旅游科技创新发展，推进文化和旅游行业信息化、标准化建设。

（7）负责非物质文化遗产保护，推动非物质文化遗产的保护、传承、普及、弘扬和振兴。

（8）统筹规划文化产业和旅游产业，组织实施文化和旅游资源普查、挖掘、保护和利用工作，促进文化产业和旅游产业发展。

（9）指导文化和旅游市场发展，对文化和旅游市场经营进行行业监管，推进文化和旅游行业信用体系建设，依法规范文化和旅游市场。

（10）指导全国文化市场综合执法，组织查处全国性、跨区域文化、文物、出版、广播电视、电影、旅游等市场的违法行为，督查督办大案要案，维护市场秩序。

（11）指导、管理文化和旅游对外及对港澳台交流、合作和宣传、推广工作，指导驻外及驻港澳台文化和旅游机构工作，代表国家签订中外文化和旅游合作协定，组织大型文化和旅游对外及对港澳台交流活动，推动中华文化走出去。

（12）管理国家文物局。

（13）完成党中央、国务院交办的其他任务。

2. 文化和旅游部的主要机构

（1）办公厅

负责机关日常运转工作。组织协调机关和直属单位业务，督促重大事项的落实。承担新闻宣传、政务公开、机要保密、信访、安全工作。

（2）政策法规司

拟订文化和旅游方针政策，组织起草有关法律法规草案，协调重要政策调研工作。组织拟订文化和旅游发展规划并组织实施。承担文化和旅游领域体制机制改革工作。开展法律法规宣传教育。承担机关行政复议和行政应诉工作。

（3）人事司

拟订人才队伍建设规划并组织实施。负责机关、有关驻外文化和旅游机构、直属单位的人事管理、机构编制及队伍建设等工作。

（4）财务司

负责部门预算和相关财政资金管理工作。负责机关、有关驻外文化和旅游机构财务、资产管理。负责全国文化和旅游统计工作。负责机关和直属单位内部审计、政府采购工作。负责有关驻外文化和旅游机构设施建设工作。指导、监督直属单位财务、资产管理。指导国家重点及基层文化和旅游设施建设。

（5）艺术司

拟订音乐、舞蹈、戏曲、戏剧、美术等文艺事业发展规划和扶持政策并组织实施。扶持体现社会主义核心价值观、具有导向性代表性示范性的文艺作品和代表国家水准及民族特色的文艺院团。推动各门类艺术、各艺术品种发展。指导、协调全国性艺术展演、展览以及重大文艺活动。

（6）公共服务司

拟订文化和旅游公共服务政策及公共文化事业发展规划并组织实施。承担全国公共文化服务和旅游公共服务的指导、协调和推动工作。拟订文化和旅游公共服务标准并监督实施。指导群众文化、少数民族文化、未成年人文化和老年文化工作。指导图书馆、文化馆事业和基层综合性文化服务中心建设。指导公共数字文化和古籍保护工作。

（7）科技教育司

拟订文化和旅游科技创新发展规划和艺术科研规划并组织实施。组织开展文化和旅游科研工作及成果推广。组织协调文化和旅游行业信息化、标准化工作。指导文化和旅游装备技术提升。指导文化和旅游高等学校共建和行业职业教育工作。

（8）非物质文化遗产司

拟订非物质文化遗产保护政策和规划并组织实施。组织开展非物质文化遗产保护工作。指导非物质文化遗产调查、记录、确认和建立名录。组织非物质文化遗产研究、宣传和传播工作。

（9）产业发展司

拟订文化产业、旅游产业政策和发展规划并组织实施。指导、促进文化产业相关门类和旅游产业及新型业态发展。推动产业投融资体系建设。促进文化、旅游与相关产业融合发展。指导文化产业园区、基地建设。

（10）资源开发司

承担文化和旅游资源普查、规划、开发和保护。指导、推进全域旅游。指导重点旅游区域、目的地、线路的规划和乡村旅游、休闲度假旅游发展。指导文化和旅游产品创新及开发体系建设。指导国家文化公园建设。承担红色旅游相关工作。

（11）市场管理司

拟订文化市场和旅游市场政策和发展规划并组织实施。对文化和旅游市场经营进行行业监管。承担文化和旅游行业信用体系建设工作。组织拟订文化和旅游市场经营场所、设施、服务、产品等标准并监督实施。监管文化和旅游市场服务质量，指导服务质量提升。承担旅游经济运行监测、假日旅游市场、旅游安全综合协调和监督管理。

（12）文化市场综合执法监督局

拟订文化市场和旅游市场政策和发展规划并组织实施。对文化和旅游市场经营进行行业监管。承担文化和旅游行业信用体系建设工作。组织拟订文化和旅游市场经营场所、设施、服务、产品等标准并监督实施。监管文化和旅游市场服务质量，指导服务质量提升。承担旅游经济运行监测、假日旅游市场、旅游安全综合协调和监督管理。

（13）国际交流与合作局（港澳台办公室）

拟订文化和旅游对外及对港澳台交流合作政策。指导、管理文化和旅游对外及对港澳台交流、合作及宣传推广工作。指导、管理有关驻外文化和旅游机构，承担外国政府在华、港澳台在内地（大陆）文化和旅游机构的管理工作。承办文化和旅游中外合作协定及其他合作文件的商签工作。承担政府、民间及国际组织在文化和旅游领域交流合作相关事务。组织大型文化和旅游对外及对港澳台交流推广活动。

2.3 旅行社的组织设计与组织管理

2.3.1 旅行社组织设计的原则

旅行社组织设计原则是对旅行社组织设置提出的准则与要求。一般情况下，符合这些原则的，通常被认为旅行社的组织是合理的；不符合这些原则的，则意味着旅行社的组织需要调整。

1）目标原则

旅行社组织是为保证实现旅行社经营目标服务的。因此，必须围绕着旅行社的经营目标来构建组织。目标原则要求旅行社在进行组织设计时应该以事建机构，并明确其职能、任务和工作量，再配置必要的人员，而不是因人设岗、因岗找事。

作为独立经营、自负盈亏的旅游服务企业组织，旅行社的目标是在提供与旅游有关的服务的同时，实现利润最大化和企业长期价值最大化。为此，旅行社一般都相应地设立服务采购、市场销售、旅游接待等业务部门，以及配套的人力资源、财务会计、质量监督等职能部门。不同类型的旅行社，特别是经营业务范围不同的旅行社，其组织机构自然会有所不同。如国际旅行社可能设有中国公民出境旅游业务部，而国内旅行社则没有。旅行社业务发生变化时，其机构设置也要相应地做出调整。

2）分工协作原则

分工协作是社会化大生产的客观要求和必然结果。分工可以降低人们掌握知识和技能的难度，提高劳动的专业化水平，提高劳动效率，并且使责任更加明确。当然，分工粗细要恰当，分工过细会带来机构臃肿、效率低下、人浮于事、成本增加、工作单调乏味等缺点。旅行社是一个由多部门、多岗位及众多人员组成的整体，旅行社在实行分工时强调相互合作是必要的。尽管旅行社的基本业务有旅游产品开发、旅游服务采购、旅游产品的促销与销售、旅游接待等区分，但它们之间又是互相联系的；而且，任何一个部门业务哪怕出现细微的失误或疏忽，都会影响整体目标的实现。在旅行社为游客提供的服务中，几乎没有哪一项服务能够靠一个部门或一个岗位就可以完成。旅行社经营的成功是各部门互相协作的结果。

旅行社应根据自己的业务范围和工作性质，进行适当的部门划分和岗位设置。

3）集权与分权原则

旅行社组织中权力的集中与分散是通过统一领导与分级管理来实现的。为使旅行社业务活动能有秩序、按目标地进行，旅行社有必要建立管理者的权威，在组织中强调集中统一领导，坚决杜绝令出多头和管理盲区的现象。但是，权力过分集中会使决策质量降低，管理效能弱化，还有权力因失去必要监督控制而产生腐败的可能性。适当的分权不仅可以减轻高层管理者的工作压力，使之更集中精力于重大问题的研究和决断，还可以充分发挥、调动下属的聪明才智和工作积极性，是对下级的莫大激励。但权力的过度分散会诱发部门与个人的本位主义，增加集体行动的组织成本。

权力的集中与分散是辩证统一的。在旅行社组织中，权力集中的程度应以组织的决策是否有效，同时又能充分发挥下属的工作积极性为尺度；而权力的分散则以不失去有效控制为限。

4）管理跨度原则

旅行社组织管理层次设多少，每一层机构的管理范围有多大，是组织的管理跨度问题。所谓管理跨度是指一个管理者能够直接有效地指挥控制下属的人数。跨度的确定是以管理者的知识能力为背景、以处理与下属之间关系为依据的。从这个意义上讲，旅行社组织的管理层次多少是由企业拥有员工的情况决定的。一个管理者具体能领导多少人数取决于管理者的管理水平、工作的复杂性和标准化程度，以及下属的自我管理水平与素质等。在我国，由于大多数旅行社规模较小，业务并不复杂，加之从业人员素质较高，因此，旅行社组织机构的层次不多，管理跨度相对较大。

2.3.2　旅行社组织结构的基本模式

旅行社组织结构是旅行社组织的指挥系统，其基本模式有直线制组织机构、直线职能制组织机构和市场部门制组织机构 3 种。

1）直线制组织机构

直线制组织机构是从最高层到最低层按垂直系统建立的组织形式。在这种组织形式中，一个下属部门只接受一个上级领导的指挥，不存在管理职能的分工。旅行社直线制组织结构图如图 2.1 所示。

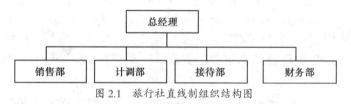

图 2.1　旅行社直线制组织结构图

直线制组织机构的优点：机构简单，权力集中，指挥与命令统一，效率高。它的缺点：缺乏合理分工，不利于同级协调与联系，总经理工作负担过重，经常处于忙乱的状态。直线制组织机构模式一般只适用于人数少的旅行社。

2）直线职能制组织机构

直线职能制组织机构形式目前被我国大多数旅行社采用。这种结构模式是在对组织善于控制的直线制组织机构的基础上，考虑到发挥专业人员的才干而发展起来的，主要根据旅行社内部生产过程来构建部门，其设置机构如图 2.2 所示。

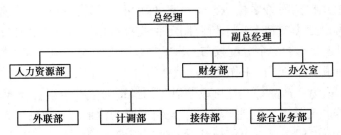

图 2.2 旅行社直线职能制组织结构图

在直线职能制组织结构中,外联部、计调部、接待部等业务部门可称为旅行社的一线部门,它们按直线制组织机构模式组织。办公室、财务部、人力资源部等部门不直接参与旅行社的业务活动,而是为一线服务,执行某些专门管理职能。这些职能部门一般不拥有对一线部门及其下属部门进行业务指挥的权力,除非接受了总经理的授权负责某些业务工作。如何协调两大部门的关系,使它们能密切配合、达到目标,是旅行社管理的一个重要问题。

直线职能制组织机构的优点:权力高度集中,上下级之间实行单线联系,有利于信息快速传递和提高工作效率;部门责权分明,每个部门都有明确的业务分工,每位成员对自己的任务都有明确的了解;由于设置了财务部、人力资源部等部门,有利于充分发挥这些具有专业知识和专业特长的人才的知识和才能。它的缺点:各业务部门相对独立,容易从本部门利益出发去考虑问题,从而削弱旅行社实现整体目标的能力;各部门利益分配不均,容易引起冲突,增加了部门之间协调的难度。

3)市场部门制组织机构

市场部门制组织机构是指旅行社按内部作业流程划分部门,改造成的以市场环境来构建部门设置的一种组织结构模式。在这种模式中,旅行社按地区、市场等因素,成立若干个地区部门,每一个地区部门都有销售、计调、接待等功能,并保留办公室、财务、人力资源等职能部门。旅行社市场部门制组织结构图如图 2.3 所示。市场部门制组织机构的特点是突出分权管理,每一个地区部门成为利润中心,而各个地区部门的业务运作由市场来调节。这一组织形式较适合大中型旅行社尤其是国际旅行社。

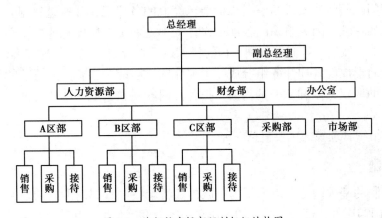

图 2.3 旅行社市场部门制组织结构图

市场部门制组织机构有许多优点：一是它使最高管理部门摆脱了日常业务，成为强有力的决策中心，可以把主要精力用于研究制定企业总目标、总方针、总计划及作出各项决策；最高管理部门还要掌握奖金分配权与人事安排权。二是每一地区部门拥有相对完全的业务决策权限，有利于发挥各部门工作的能动性；而且，部门经理必须处理资金筹措外的大多数问题，如市场、人力、产品等，这可以使以部门经理为主的中层管理者得到充分的锻炼，有利于人才的培养。三是不同的地域决定了人们不同的价值观，也就决定了不同的消费偏好。按不同市场设置部门，可以更好地针对各地区消费者的行为特征来组织生产经营活动，有利于扩展客源市场；同时，还有利于将过去各部门之间的内部竞争转化为对外部的竞争，减少内部冲突。

但市场部门制组织机构也有很多缺点：一是市场部门制组织机构对部门经理的素质要求很高，如果部门经理选择不当，可能会影响旅行社的产品销售，甚至会使旅行社丧失某一市场。二是由于旅行社资源重复配置，如各地区部门都有采购功能，会使成本费用增加；而且各部门成为盈利中心后，往往会为本部门的眼前利益牺牲旅行社的长期目标。

旅行社任何一种组织结构都不是完美的，各有其利弊。旅行社在设计组织时，应视旅行社的具体情况而定，并在适应环境变化的过程中不断调整和完善。采用什么形式的组织结构，关键看是否有利于旅行社业务的拓展，是否有利于旅行社发挥出最大的效能，以及实现旅行社的目标和任务。

【补充阅读资料 2.3】

中国国际旅旅行社总社的组织构架

职能部门：总办（党办）、人力资源部、财务部、审计部、市场推广部、奥运服务中心。

业务部门：美大部、日本部、欧洲一部、欧洲二部、欧洲三部、亚非部、西语部、专项旅游部、入境游总部、出境游总部、国内游总部、商务会展及奖励旅游总部、门市经营中心、电子商务中心、采购中心、企管总部。

2.3.3　旅行社的组织管理

组织的部门化是将为实现组织目标而要求完成的各项工作任务进行划分，并分配给组织各成员承担的过程。因为组织的各项工作任务不是一个人所能完成的，必然要求分配给组织各成员承担。但是，各成员分别承担的任务最后组合起来又必须能够实现组织的目标。将组织因分化而形成的各项任务组合成一个整体的过程称为整合。旅行社的组织管理的主要任务就是借助职权关系和纵向的沟通，把各部门联系在一起，即整合部门的工作，确保组织目标的实现。

旅行社的组织管理模式主要包括 3 种。

1）岗位责任制

岗位责任制的基本内容可以概括为：旅行社将上级主管部门下达的任务分解落实到每个业务经营部门与岗位，部门与员工的工作在一定程度上与工资和奖金直接相关。

岗位责任制的最大优点：可以根据科学的方法确定各个部门和每个员工的工作数量与质量，岗位责任制实施的效果也主要取决于任务量化的科学程度。尽管岗位责任制的实施可以增强旅行社内部各个岗位的责任感，但旅行社推行岗位责任制的总体效果并不理想。其原因主要是旅游需求的脆弱性和旅游产品的不可储存性，使业务量和工作负荷难以确定，同时旅游服务的个性化也使质量标准难以确定。此外，岗位责任制自身也存在一些明显的弊端：一是管理只是管理者的管理，人为地增加了少数管理者与多数被管理者之间的隔阂，使管理者陷入孤立和矛盾的旋涡；二是岗位责任制的中心是岗位责任，它与分配制度的相对脱节使其难以真正调动职工的积极性。

2）目标责任制

目标责任制与岗位责任制相比具有明显的进步，这主要表现在：部门成为利润中心而不再是单纯的责任中心，利润指标被分解落实到各个部门，而且与分配之间联系更为密切。企业部分经营管理权相应下放到部门，部门内部的失衡随之减少。

目标责任制的缺点：一是部门间关系紧张，特别是职能部门职工的积极性遭到打击；二是部门间条件的差异掩盖了部门间分配的不平等；三是对部门的放权与控制成为企业突出的矛盾。

3）承包责任制

承包责任制是在目标责任制的基础上发展起来的旅行社组织管理模式。在承包责任制条件下，旅行社将业务经营特许权和牌子全部或部分租赁给一个或多个人员，承包者拥有极大的经营管理权，包括独立的财务管理权；同一旅行社中的不同承包者之间存在相互竞争的关系；承包期限一般较短。承包责任制的上述特点引出了许多问题，具体表现为承包者短期行为严重，大都存在严重的财务问题，而且助长了行业不正之风，承包责任制因此遭到许多业内人士的指责和非议。

【补充阅读资料 2.4】

如何管理一个旅行社？

如何管理一个旅行社？对初次接触旅行社的管理人员来说，他们对旅行社的运作一无所知，不知道如何开展工作。一般来讲，可以从以下方面做起。

1. 聘请有从业经验的专业人员来管理。

2. 去别的旅行社当一阵子兼职导游，熟悉一下旅行社的外部运作。

3. 多参加旅游交易会，和同行一起能学到很多业务知识，也可以了解行业信息。

4. 如果你在旅游城市，根据需要和当地的酒店、招待所、餐馆、度假村、旅行车队、景点等建立协作关系（做地接）。

5. 如果你不在旅游城市，需要和当地的学校、企事业单位等联系，做市场、揽客源。

6. 设计几条（不要太多）特色线路，亲自踩线，打造高质量产品。

7. 在当地主流报纸上做广告。

8. 和同城的同行搞好关系，共同组建"假期"品牌。

9. 和周边城市的旅行社建立合作关系，互相交换客源。

10. 与火车站和票务中心建立合作关系，保证运力。

通过以上分析，你对如何管理一个旅行社有什么认识和体会？

2.4　旅行社的行业组织

2.4.1　旅行社行业组织的性质与功能

1）旅行社行业组织的性质

旅行社的行业组织又称行业协会，是指旅行社为实现本行业共同的利益和目标而在自愿基础上组成的民间组织。它具有以下 3 个特征。

①旅行社行业协会是民间性组织，而非官方机构或行政组织。

②旅行社行业协会是旅行社为实现单个企业无力达到的目标而组成的共同利益集团。

③旅行社是否加入行业协会完全出于自愿，而且可以随时退出。

2）旅行社行业组织的功能

旅行社行业协会具有服务和管理两种功能。

服务功能表现在行业协会可以作为协会成员的代表，与政府机构或其他行业组织商谈有关事宜；加强协会成员间的信息沟通，定期发布统计分析资料；调查研究协会成员感兴趣的问题，向协会成员提交研究报告；定期出版刊物，向协会成员提供有效信息；开展联合推销和联合培训等活动。

旅行社行业协会的管理职能是拟定协会成员共同遵循的经营标准，制定行规会约，进行仲裁与调解。但需要指出的是，行业协会的管理职能不同于政府旅游管理机构的职能：①它不带有任何行政指令性与法规性，其有效性取决于协会本身的权威性和凝聚力。②旅行社行业协会管理的范围取决于自愿加入该协会的旅行社数量，只要有一家旅行社不愿入会，行业协会便不可能实现全行业管理，而政府旅游管理机构则始终具有全行业管理的功能。

2.4.2　我国的旅行社行业组织

中国现有的旅行社行业组织主要是 1997 年 10 月 27 日在大连正式成立的中国旅行社协会（China Association of Travel Services，CATS）。该协会是由中国境内的旅行社按照自愿原则组成，并经国家旅游行政主管部门和民政部门依法登记的法人社会团体，接受国家旅游局和民政部的领导与管理。作为中国旅游行业的专业性协会，其在业务上接受中国旅游协会的指导。

关于中国旅行社协会的宗旨与任务，《中国旅行社协会章程》（以下简称《章程》）第五条规定："本协会的宗旨，是沟通会员与政府部门间的联系，协调会员与其他方面的关系，加强会员间的联系，规范会员的行为，维护会员的合法权益，为会员服务。"《章程》第六条规定："本协会的主要任务：①贯彻执行国家旅游发展方针和旅行社行业政策法规；②进行旅行社调研，向旅游行政管理部门提出合理化建议；③向政府及社会有关方面反映会员的合理要求，维护会员的合法权益；④制定实行行规行约，实现行业自律；⑤编印会刊，召开研讨会，为会员提供信息服务；⑥进行行业人力资源开发；⑦积极开展与海外旅行社协会及相关行业组织之间的交流与合作；⑧完成政府部门交办的事宜。"

从协会的章程和成立初衷来看，发起和组织者希望其成为"旅游行政管理部门与旅行社之间的桥梁与纽带；成为推动行业自律的重要组织；成为在市场经济条件下旅行社利益的代表者和保护者"。但是无论是从会员总数还是从旅行社的加入方式来看，中国旅行社协会要想成为真正意义上的中国旅行社行业管理主体之一，还有很长的路要走。

【补充阅读资料 2.5】

中国旅行社协会简介

中国旅行社协会成立于 1997 年 10 月，是由中国境内的旅行社、各地区性旅行社协会或其他同类协会等单位，按照平等自愿的原则结成的全国旅行社行业的专业性协会，是经中华人民共和国民政部正式登记注册的全国性社团组织，具有独立的社团法人资格。协会接受国家旅游局的领导、民政部的监督管理和中国旅游协会的业务指导。协会会址设在中国首都——北京。

协会的宗旨

遵守国家的宪法、法律、法规和有关政策，遵守社会道德风尚，代表和维护旅行社行业的共同利益和会员的合法权益，努力为会员服务，为行业服务，在政府和会员之间发挥桥梁和纽带作用，为中国旅行社行业的健康发展作出积极贡献。

协会的主要任务

宣传贯彻国家旅游业的发展方针和旅行社行业的政策法规。

总结交流旅行社的工作经验，开展与旅行社行业相关的调研，为旅行社行业的发展提出积极并切实可行的建议。

向主管单位及有关单位反映会员的愿望和要求，为会员提供法律咨询服务，保护会员的共同利益，维护会员的合法权益。

制定行规行约，发挥行业自律作用，督促会员单位提高经营管理水平和接待服务质量，维护旅游行业的市场经营秩序。

加强会员之间的交流与合作，组织开展各项培训、学习、研讨、交流和考察等活动；加强与行业内外的有关组织、社团的联系、协调与合作。

开展与海外旅行社协会及相关行业组织之间的交流与合作。

编印会刊和信息资料，为会员提供信息服务。

协会实行团体会员制，所有在中国境内依法设立、守法经营、无不良信誉的旅行社及与旅行社经营业务密切相关的单位和各地区性旅行社协会或其他同类协会，承认和拥护本会的章程、遵守协会章程、履行应尽义务者均可申请加入协会。

协会的最高权力机构是会员代表大会，每四年举行一次。协会设立理事会和常务理事会，理事会对会员代表大会负责，是会员代表大会的执行机构，在会员代表大会闭会期间领导协会开展日常工作。常务理事会对理事会负责，在理事会闭会期间，行使其职权。

协会对会员实行年度注册公告制度。每年年初会员单位必须进行注册登记，协会对符合会员条件的会员名单向社会公告。

2.4.3 世界旅行社行业组织

1）世界旅行社协会

世界旅行社协会（World Association of Travel Agencies，WATA）经瑞士法律批准，于1949年正式成立，总部设在日内瓦。世界旅行社协会是一个由私人旅行社组织而成的世界性非营利组织，其宗旨是将各国可靠的旅行社建成一个世界性的协作网络。

全体会员大会是其最高权力机构，下设执行委员会、管理委员会和总裁委员会。执行委员会负责实施大会的决议；管理委员会主持处理日常工作；总裁委员会由各地选举出来的总裁组成，他们负责各地会员与日内瓦总部之间的联系，每年召开一次地区性会议，讨论地区问题，协调地区活动。世界旅行社协会在一个或两个同一语种国家内任命一名副总裁，负责协调各会员国的活动，包括组团、合作促销、各国文件的提供等。设在日内瓦的常设秘书处向会员提供各种帮助和一些服务性项目，如提供旅游信息、文件和统计资料等。

凡财政机构健全、遵守本行业规定的旅行社均有资格成为其会员，超过300万人口的城市可有一名旅行社代表参加该组织，400万人口以上的城市可增加一名。会员旅行社必须同时经营出境和入境旅游业务，如果同一城市没有同时经营出入境旅游业务的旅行社，协会可以指定一家专营出境旅游业务和另一家专营入境旅游业务的旅行社为其会员。申请入会者向日内瓦常设秘书处递交申请书。协会帮助会员享有一定的优惠权。会员可凭预订交换证在世界任何地方为其顾客预订饭店和旅行社的服务项目。

2）世界旅行社协会联合会

世界旅行社协会联合会（Universal Federation of Travel Aegents' Association，UFTAA）于1966年11月22日成立于意大利的罗马，它由1919年在巴黎成立的欧洲旅行社组织和1964年在纽约成立的美洲旅行社组织合并而成，总部设在比利时的布鲁塞尔。

世界旅行社协会联合会是一个专业性和技术性组织，其会员是世界各国的全国性旅行社协会，每个国家只能有一个全国性的旅行社协会代表该国参加。其宗旨有4个方面。

①团结和加强各国全国性的旅行社协会和组织，并协助解决会员间在专业问题上可能发生的纠纷。

②在国际上代表旅行社会员同旅游业有关的各种组织与企业建立联系，进行合作。

③确保旅行社业务在经济、法律和社会领域内最大限度地得到协调，赢得信誉，受到保护并得到发展。

④向会员提供所有必要的物质、业务和技术的指导和帮助，使其能在世界旅游业中占有适当的地位。

1987年底，联合会共有83个国家的全国性旅行社协会参加，代表1445家旅行社和旅游企业。此外，联合会还接纳有营业执照的旅行社为联系员。

联合会的组织机构包括全体大会、理事会、执行委员会和总秘书处。其主要活动为每年一次的世界旅行代理商大会，并出版月刊《世界旅行社协会联合会信使报》。

此外，还有许多区域性的旅行社组织，如加勒比地区旅游经营商协会；国家间的旅行社组织，如波兰美国旅行代理商联合会等。

目前，我国的旅行社与世界旅行社协会尚无正式来往。1977年该组织曾邀请我国参加其两年一次的年会，我国因故没有参加。世界旅行社协会联合会自1974年以来一直同我国保持友好联系，中国旅行社协会经过申请，于1995年8月被接纳为正式会员。

【本章小结】

旅行社的设立被认为是旅行社经营管理的起点。相对西方较宽松的市场准入环境而言，我国政府把旅行社和外贸、金融、交通、航空、医药、出版等行业一起列入实行许可证制度的行业，并且对旅行社的设立条件作出了明确的规定。按照《旅行社条例》的规定，我国旅行社设立需要具备营业场所、营业设施、经营人员、注册资本和质量保证金4个条件，设立过程包括筹资、选址、取名等准备工作和申办工作。旅行社组织机构大致有直线制组织机构、直线职能制组织机构和市场部门制组织机构3种基本模式。根据目标原则、分工协作原则、集权与分权原则和管理跨度原则来设计的旅行社组织机构，是一种动态的构造，应随着环境变化不断调整和完善。

【复习思考题】

1. 影响旅行社设立的因素有哪些？
2. 我国对旅行社的设立有哪些法律规定？在我国设立旅行社需要经过哪些程序？
3. 旅行社组织设计应遵循哪些基本原则？

【实训】

走访本地的几家旅行社，与经理或业务人员进行交流，了解旅行社的管理方式。

【案例分析】

中国国际旅行社总社的经营之道

中国国际旅行社总社，简称"国旅总社"（China International Travel Service Head Office，CITS）成立于1954年，是目前国内规模较大、实力较强的旅行社企业集团，荣列国家统计局公布的"中国企业500强",也是"中国企业500强"中唯一的旅游企业。国旅总社在海外10多个国家和地区设有14家分社,在全国122个城市拥有20多家控股子公司和122家国旅集团理事会成员社,总资产50亿元。

"中国国旅、CITS"已成为品牌价值高、主营业务突出、在国内外享有盛誉的中国旅游企业,品牌价值103.64亿元,居旅游业第一。国旅总社是WTO(世界旅游组织)在中国的第一家企业会员、中国旅行社协会会长单位,还先后加入PATA(太平洋亚洲旅行协会)、IATA(国际航空运输协会)、ASTA(美国旅行代理商协会)等国际组织。2000年,国旅总社通过了ISO 9001国际质量体系认证。2004年国旅总社与中国免税品(集团)总公司合并,成立了中国国旅集团公司。

中国国际旅行社总社是新中国第一家接待海外游客的旅行社,历年来,共招徕、接待海外旅游者1000多万人次,创汇30多亿美元。国旅总社是第一批获得国家特许经营出境旅游的旅行社,出境、国内旅游业务以年均40%的幅度快速增长。

国旅总社针对各旅游市场,先后推出各种丰富多彩、适销对路的旅游产品,其中许多成为中国旅游业首创经典的旅游产品,如入境游的"长江三峡总统系列""丝绸之路"等,出境游、国内游的"浪漫海底婚礼团""夕阳红老人系列游""澳大利亚修学团""维也纳新年音乐会团"等,受到了社会广泛好评。国旅总社与世界各地的1400家旅行商建立了稳定而有效的客户关系,成为许多国内外知名公司旅游服务的指定供应商。

为了适应新的形势和市场发展的需要,国旅总社在"中国国旅、CITS"入境旅游品牌的基础上,推出了"环球行"(Total Travel)出境旅游品牌和"国旅假期"国内旅游品牌。为游客提供安全、便捷、专业、优质的服务,是国旅总社追求的永恒目标。

国旅总社的经营范围涵盖了全部旅游相关的服务。20世纪90年代以来,国旅总社为取得长期稳定发展,开始对其他领域投资,并与世界500强企业美国运通公司合资成立了国旅运通旅行社有限公司、国旅运通航空服务有限公司、国旅运通华南航空服务有限公司等并占控股地位。此外,国旅总社还投资境内全资控股企业20多家。

国旅总社将继续努力,在中国国旅集团公司战略发展目标"中国旅游产业领域中拥有旗舰地位的企业"的指引下,逐步实现中央企业群体中最具市场竞争力的旅行社集团、中国最强的跨国旅游运营商、全球最为著名的旅游业品牌之一的宏伟愿景。

1. 企业文化

国旅文化、国旅精神是"CITS"50年历史形成的宝贵财富,是国旅总社重要的无形资产,它培育了一代又一代国旅人。

国旅精神:诚信为本,服务至上,拼搏奉献,永争第一

国旅口号:"中国国旅天下一家"

中国国旅的发展目标:中国旅游产业领域中拥有旗舰地位的企业集团

2. 发展战略

企业的前景目标:

中央企业群体中最具市场竞争力的旅行社集团;

中国最强的跨国旅游运营商;

全球最为著名的旅游业品牌之一。

发展路径：运用收购、合资、特许经营等手段，吸纳国旅系列的旅行社企业，形成绝对规模优势。利用央企旅游产业重组的历史机遇，扩充集团泛旅游类资源，涉足新的产业领域，形成相关多元化发展格局。根据旅游市场需求的变化，运用上市等资本市场路径调整集团发展重心。

国旅总社的企业改革与发展将实现：

体制创新——建立现代企业制度；

机制创新——以计算机网络技术整合传统经营方式；

管理创新——以财务管理为中心，加强成本核算，加强资金管理，提高经济效益；

发展创新——以旅游业为主，走旅、工、贸相结合的道路，以产品经营为主，走产品经营与资本运营相结合的道路；

服务创新——以客户为中心，开发新产品，以新产品为龙头，开拓新市场，不断提高服务质量。

未来5年，国旅仍然以旅行社为主营业务，不断向产业上下游延伸，向上控制客源，向下渗透资源；同时，扩展传统旅行社的服务内涵，成为国际上有影响力的中国第一旅游运营商。

3. 管理理念

企业使命：

专业创造价值：在客户眼里，国旅50年积累的经验和专业服务增加了旅游的价值。

工作提升生活：在国旅员工眼里，工作在国旅，不但提升自身生活品质，而且以"国旅人"而自豪。

经营保证回报：在股东眼里，能够获得稳定而有竞争力的回报。

核心理念：发展是企业第一要务。

人文理念：企业靠人，人企合一。

发展理念：高起点，高水平，高效益，可持续发展。

质量理念：质量是品牌，质量是生命，质量是效益。

营销理念：诚信为本，客户至上，真诚伙伴，互利共赢。

人才理念：发展的企业为人才的发展提供广阔的平台；发展的人才为企业的发展创造无限的空间；只有人的全面发展，才会有企业的更快发展。

从业理念：忠诚企业，敬业爱岗，快乐工作，提升生活。

4. 经营业绩

中国国际旅行社总社多年荣列国家统计局公布的"中国企业500强"，也是"中国企业500强"中唯一的旅游企业，并连续多年居百强旅行社排名榜首。

通过对以上案例的分析，你得到什么启示？

第**3**章

旅行社产品的
开发设计

【本章导读】

产品是旅行企业经营活动的基础。在现代市场经济条件下，旅行社不但要根据市场需要开发产品，还要树立竞争观念，根据市场环境的变化，特别是竞争对手的状况，调整旅行社产品。唯有这样，才能在激烈的市场竞争中立于不败之地。通过本章的学习，让学生熟悉旅行社产品的类型、设计原则、设计过程，初步具备旅行社产品设计和产品分析的能力。

3.1 旅行社产品的类型

3.1.1 旅行社产品的概念

旅行社产品是旅行社为满足旅游者旅游过程中的需要而向旅游者提供的由各种有偿服务组成的有机整体。它不仅能满足旅游者在生活上的基本物质需求，还能满足旅游者在精神上的需求。从广义上讲，凡是能向旅游者销售的服务和产品都是旅行社产品，简单的如一顿餐饮、一间客房、一张机票，复杂的如去法国进行为期 12 天的观光旅行，后者实际上是旅游者开展一次旅游活动所需的所有产品和服务的总和。

无论旅行社产品简单还是复杂，都是根据旅游活动的主体旅游者实际需求而设计并销售的。有着不同职业、经济实力、性别、国籍、民族、文化程度等背景的旅游者，对任何一种产品的需求都不可能是一样的，都存在着或多或少的差异。随着社会经济和科学技术的发展，消费者对旅游需求的差异在不断增加，旅游者的消费观念越成熟，对旅行社产品多样性的需求便越强烈。

旅行社产品是通过交换以满足消费者某种需求和利益的有形物体和非物质性的无形服务。可以将旅行社产品理解为核心产品、形式产品和延伸产品 3 个层次。

1）旅行社核心产品

旅行社核心产品是向旅游消费者提供的基本、直接的使用价值，以满足其旅游需求和利益的产品。具体来说，旅游活动中的吃、住、行、游、购、娱六大要素构成旅行社产品的核心层次。

2）旅行社形式产品

旅行社形式产品是核心产品借以实现的形式，即在市场上出售旅行社产品的实物或劳务的外观。在旅游市场上，产品的基本使用价值必须通过某种形式得以承载，在市场上实现交换，即使是纯粹的劳务商品，也具有类似的形式上的特点。因此，任何一个旅行社产品都有某种确定的外观。旅行社形式产品包括品质、形态、商标、价格、旅游（观光、度假）等类型。

3）旅行社延伸产品

旅行社延伸产品是指旅游者在购买之前、之中和之后所得到的各种服务和利益。如旅行社为旅游者进行旅游咨询、旅游进行中的额外服务，以及旅游结束后对旅游者的随访交流，从而根据旅游消费者的反馈信息为其提供更令人满意的产品。

3.1.2 旅行社产品的特征

①无形性。去百货商店购买彩色电视机，购买者可以比较货柜上陈列的所有彩色电视机的款式、功能、造型等，然后可以结合自己对生产厂家的认知和自己的喜好决定购买。然而，购买服务产品则不同，服务是一种过程，它是抽象的，和一般的实物商品不一样。它看不到，摸不到，也听不到，这就是所谓的服务无形性的特征。正因为如此，人们在购买服务的时候，往往充满了不确定性，具有较大的风险。所以，旅游消费者在购买旅行社产品之前，一般都会努力去寻找旅游服务质量的标志和依据。这些标志和依据，通常表现为旅行社服务人员的礼节礼貌、服务技能、企业形象、服务设施设备及亲朋好友的经历等，旅游消费者往往根据这些来预测服务质量的好坏。

②不可分离性。服务产品的生产和消费是同时进行的，并且消费者同时参与生产过程，这和实物产品的生产是大不一样的。消费者购买一台彩色电视机，这台电视机可以是一年以前或几个月以前生产的，而服务产品如果说在生产的时间里不能销售出去，就不会有经济效益的产生。

③差异性。服务产品往往没有固定的标准，可变化的因素比较大，且这种变化因人而异、因环境而异、因提供服务者当时的心情而异。例如，同样的一个导游员，基本相同的导游方法，但不同的旅游者评价就可能不一样，甚至不同的旅游团队的评价差异很大。旅行社虽然有一整套导游服务规范，但在执行过程中，这样的规范会有很大的弹性。一个优秀的导游人员所提供的服务一般来说要好于一个刚出校门的导游员；一个经过休整的导游员所提供的服务比一个疲惫的导游员所提供的服务要好。

④不可储存性。服务不可能像有形产品那样放在仓库里保存起来。例如，民航飞机起飞以后，没有销售出去的机位就永远失去了再次销售的机会。同样，当晚没有销售出去的客房也就永远失去了再次销售的机会。

⑤无权性。无权性是指服务在生产和消费过程中，不涉及所有权的转移。既然服务是无形的和不可储存的，服务在交易完成后便消失了，消费者并没有实质性地拥有服务。考察服务企业，可以发现除了服务企业的企业名称可以注册之外，企业的任何一个服务产品、任何一种服务手段一般都不能注册，即便注册了也往往不被人们所认可。

以上的5个特征是服务产品共同拥有的，而旅行社产品作为服务产品的一个组成部分当然也不例外。所不同的是，旅行社产品还有其两个独有的特征，即综合性和脆弱性。

①综合性。综合性是旅行社产品的最基本特征，它表现在两个方面，一是产品构成的

综合性。旅行社产品离不开构成旅游业的六大部门；二是除了旅游直接企业的产品提供外，还需要很多其他的部门或者间接的企业提供服务或产品。

②脆弱性。旅游活动涉及人类社会的方方面面。战争、国际关系、政府的政策、经济状况、自然灾害、社会稳定等都会影响到旅游需求的变化，并由此影响到旅行社产品的生产和销售。例如，20世纪末发生在埃及卢克索的枪杀外国游客事件、东南亚的金融危机，21世纪美国的"9·11"事件，2020年全球新冠肺炎疫情等，都直接地影响了当地或世界旅游业的发展。

3.1.3 旅行社产品的类型

旅行社产品的分类对开发和设计产品具有重要意义。在实际经营中，有些旅行社根据旅游者的旅游动机对旅行社产品进行分类，称为旅游动机分类法。另一些旅行社则按照旅游活动包含的内容对旅行社产品进行分类，称为产品内容分类法。下面，分别介绍根据这两种分类方法划分的产品类型。

1）按旅游动机分类

根据旅游动机，旅行社产品被划分成观光旅游、度假旅游、商务旅游、会议旅游、奖励旅游、探亲旅游、专业旅游、修学旅游、宗教旅游、探险旅游10大类型。

（1）观光旅游产品

观光旅游产品是指旅行社利用旅游目的地的自然风光、文物古迹、民风民情等旅游资源，设计成各种观光旅游线路，组织旅游者前往参观游览。观光旅游产品包括以观赏名山大川、异域景色等自然风光为主的自然观光旅游产品和以欣赏历史古迹、文化遗产等人文景观为主的人文观光旅游产品。观光旅游产品的品种繁多，观赏价值很高，深受广大旅游者喜爱，因此拥有广泛的市场，成为许多旅行社的主要经营产品。

（2）度假旅游产品

度假旅游是近年来颇受旅游者青睐的一种旅行社产品，在旅游市场上占据的份额不断扩大，成为许多旅行社的主营产品。度假旅游产品的出现同现代社会城市化进程的加快有着密切关系。一方面，经济的发展使人们的工作和生活节奏不断加快，导致各种竞争日趋激烈，给人们带来巨大的压力；另一方面，大量人口涌入城镇，造成城镇居民的居住密度增大，并产生各种环境污染，降低了城镇居民的生活质量，使人们感到厌倦。为了暂时逃避这种生活，人们利用假期到有阳光、海水、沙滩的海滨度假地，或者山间、湖边等其他风景优美的地方度假，使疲劳的身心得到休整。度假旅游以散客旅游为主要旅游方式，多为家庭集体外出，其消费能力比较强，对旅游设施和服务水平的要求较严格。

（3）商务旅游产品

商务旅游是指以经商为目的，将商业经营与旅行游览结合起来的一种旅游频率高、经济效益好的旅行社产品。商务旅游者多为企业的管理人员或销售人员，其消费水平往往高于其他类型的旅游者。随着经济的不断发展和各国及各地区之间经济往来的增加，商务旅游者成为旅游市场客源的重要组成部分。许多旅行社针对这种形势，推出各种商务旅游产品吸引旅游者，获得可观的经济效益。

（4）会议旅游产品

会议旅游是指旅行社在会议期间或会后组织会议参加者进行参观游览活动的一种旅行社产品。参加会议旅游的旅游者消费水平比较高，购买力强而且在旅游目的地停留的时间一般较长，所以组织或接待会议旅游活动，能够给旅行社带来较高的经济效益。另外，参加会议的旅游者多为某个专业或领域的专家，具有渊博的知识或技能，能够给当地的有关部门带来先进的科学文化知识和有关领域的最新信息，有利于当地的经济和科学文化的发展，从而给组织或接待会议旅游的旅行社带来良好的社会效益。

（5）奖励旅游产品

奖励旅游是近年来发展很快的一种旅行社产品。随着经济的发展和人们生活水平的提高，企业单靠发奖金激励员工的做法已经难以收到预想的激励效果了。为了奖励在经营或生产中作出较大贡献的员工或者在销售企业生产的产品活动中成绩斐然的销售代理，不少企业出资为他们安排旅游活动。由于许多企业对旅游活动的安排和接待工作不熟悉，因此它们常委托旅行社进行安排。这就是奖励旅游产品产生的根本原因。

（6）探亲旅游产品

探亲旅游是旅行社组织旅游者到达旅游目的地走访亲友的一种旅游活动。探亲旅游是一种目的明确的旅游活动，人们参加探亲旅游的主要目的就是探望自己的亲属或朋友，同时也可能进行其他形式的旅游活动。探亲旅游的人均旅游支出相对较小，不少旅游者住在被探访的亲戚朋友家里，不用住饭店也很少到餐馆就餐。在国外的某些私人汽车普及的国家或地区，旅游者还可能乘坐亲友的私人汽车游览参观，不需要由旅行社安排交通工具。

（7）专业旅游产品

专业旅游是一种具有广阔的发展前景的旅行社产品，包括卫生专业旅游、法律专业旅游、教育专业旅游、农艺专业旅游、科技专业旅游等。参加专业旅游的旅游者以考察和交流知识为旅游活动的主要目的，同时也进行其他形式的旅游活动，如观光游览、度假休闲等。专业旅游多采取团体形式，旅游团多由同一职业或具有共同兴趣的人员组成。一般来说，专业旅游者在旅游过程中比较关注专业性活动的安排，希望能够在游览各种旅游景点的同时，与同行进行专业方面的交流。因此，旅行社在组织和接待专业旅游团时，除安排旅游者到普通旅游景点参观游览外，还应该设法联系和安排他们到与其专业对口的单位参观访问，同旅游目的地的该专业人员进行座谈交流。这样，可以使旅游者认为不虚此行，提升他们对旅行社服务的满意度。

（8）修学旅游产品

修学旅游是以外出学习为主要目的的一种旅游活动。修学旅游产品的主要购买者是青年学生。另外，也有一部分中年人和少数老年人参加修学旅游。修学旅游的时间一般比较长，短期修学旅游至少为1周，长期修学旅游的时间可达到数月甚至1年。修学旅游者在旅游目的地学习的同时，还会利用周末、寒、暑假的时间到旅游景点游览观光。修学旅游的种类很多，如针灸修学旅游、书法修学旅游、绘画修学旅游等。我国目前的一些旅行社利用当地的修学旅游资源，大力开发修学旅游，取得了良好的经济效益。

（9）宗教旅游产品

宗教旅游是最古老的旅游形式之一，旅游者的主要目的是到宗教圣地进行朝拜活动，同时也在旅游过程中游览某些沿途景点。宗教旅游者来自社会的各个阶层，对旅游服务的要求也迥然不同。富有的宗教旅游者往往要求旅行社安排他们住在高档的饭店里，在豪华餐厅就餐，乘坐高级轿车和飞机的头等舱；普通的宗教旅游者则多要求住在经济的旅馆或普通客店，在普通餐馆就餐，外出时乘坐普通大客车和火车。然而，他们向旅行社提出的共同要求就是满足他们朝圣的愿望。只要能够满足这一愿望，他们对其他的活动安排往往不十分计较。对位于宗教旅游目的地的旅行社来说，宗教旅游是一种客源稳定的旅游产品。

（10）探险旅游产品

探险旅游是旅行社利用人们的好奇心理和寻求新鲜事物的欲望而设计和开发的特殊旅游产品，参加探险旅游的多为富于冒险精神的青年旅游者，一般在旅游目的地停留的时间较长。探险旅游的目的地主要是那些人迹罕至或尚未开发的地区，如原始森林、峡谷、高山、极地等。旅游者多为单人旅行或少数几个人结伴同行，并在旅行前就比较熟悉他们的旅游同伴。同观光旅游者不同，探险旅游者往往只携带少量行李，选择经济的饭店或价格较低的普通旅馆下榻，而且对饮食的要求比较简单，不追求珍馐美味的食品。探险旅游的一个明显特点是旅途艰辛，旅行社在接待他们之前应做好大量准备工作。然而，探险旅游是大众旅游的先导，一些新的旅游地往往为探险旅游者首先发现，然后经过开发建设，成为众多旅游者前往之处。

【补充阅读资料3.1】
太空旅行时代到来！世界首家太空旅馆内置曝光，2021年开张
来源：网络

想体验一天有16次日出的感觉吗？想零重力的感觉吗？只要你有"天文数字"950万美元（6 450万人民币），你就可以上天。

不久前，世界上第一座太空旅馆"极光"酒店的内情被曝光。它是由美国众包航空公司Orion Span资助的。酒店完全封闭，长35英尺，宽12英尺（约10.6米×3.6米），几乎和私人飞机一样大。它一次可以容纳6人，除去2名工作人员，可招待4名太空乘客进行为期12天的太空旅行。旅行者将在距地表200英里（约320千米）的低地球轨道上跟随极光酒店环绕地球运行。酒店每90分钟绕地球一圈，游客每天可以看到16次日出，在昼夜交替中欣赏美丽的地球。

极光酒店预计在2021年开放。在2018年的发布会上，Orion Span公司创始人弗兰克·邦格说："我们的目标是将上太空的机会提供给所有人。""极光"升空之后会立即投入使用，并为旅客提供最低的价格。尽管价格很低，但大多数人花不起1 000万美元进行为期两周的旅行。Orion Span说，对于能够负担得起票价的乘客来说，他们将提供最真实的航空体验。起飞前，乘客需要完成为期3个月的地面空间训练计划。你可能会认为这是一段很长的时间，但邦格说："这是把原本需要2年的训练课程精简到3个月，也是旅行者开销的一部分。"

太空旅馆将提供定制的住宿区、高品质太空饮食和奢华的旅馆布置。酒店内还有一些独特的娱乐项目，如在空间环境中种植植物，并将这种"土特产"作为纪念品带回地球；也有零重力乒乓球，但设备是浮动的。旅行者还可以通过高速无线互联网与亲朋好友进行视频通话，并通过精心组织的欢迎会返回地球，就像真正的宇航员着陆一样。

2）按提供的旅游服务内容分类

根据提供的旅游服务内容，旅行社产品可分为包价旅游产品、组合旅游产品和单项服务旅游产品。

（1）包价旅游产品

包价旅游是指旅行社根据与旅游者达成的协议或合同，在旅行开始前先向旅游者收取部分或全部的旅行费用，然后在旅行期间负责为旅游者安排部分或全部食住行游活动的旅游形式。包价旅游产品根据所包含的内容可分为全包价旅游产品、半包价旅游产品和小包价旅游产品和零包价旅游产品。

①全包价旅游产品。全包价旅游产品是一种旅行社在旅游活动开始之前向旅游者收取全部旅行费用，旅游者在整个旅行过程中规定的吃、住、行、游活动都是由旅行社包定的旅游产品。根据参加旅游活动的人数，全包价旅游产品又分为团体全包价旅游产品和散客全包价旅游产品。

A. 团体全包价旅游产品。团体全包价旅游产品是一种由 10 名（含 10 名）以上的旅游者组成的旅游产品。团体全包价旅游是目前我国多数旅行社组织海外旅游者来华旅游和组织中国公民出境旅游的主要组团形式。旅游者在旅游活动开始前将全部旅游费用一次性付给旅行社，由旅行社负责安排整个旅游活动并提供旅游活动过程中规定的服务。团体全包价旅游所包括的服务项目有：饭店客房；早餐、正餐及饮料；市内游览用车；导游服务；交通集散地接送服务；每位客人 20 千克的行李服务；游览场所门票；文娱活动入场券等。

就旅游者而言，购买团体全包价旅游产品的优点是：安全方便。旅游者付清全部旅游费用，便无须自己为旅途中的吃住行游等问题操心，经济实惠。团体全包价旅游通常可以享受到旅行社采购产品时获得的优惠价格。

就旅行社来说，经营团体全包价旅游产品的优点是：第一，操作方便。团体全包价旅游的预订期较长，组团、接团的程序程式化，便于旅行社操作。第二，经营成本较低。由于旅行社在经营团体全包价旅游时能够进行批量操作，因此可以提高工作效率、降低经营成本。第三，提高经营收入。参加团体全包价旅游的旅游团队一般人数较多，对旅行社营业额的提高能起到明显的作用。

然而，团体全包价旅游也存在一些缺点。就旅游者方面而言，团体全包价旅游活动缺乏个性。旅行社在接待团体全包价旅游者的过程中，主要根据旅游者的共性来提供服务，而容易忽略旅游者的个性。例如，就旅游行程来说，每一个旅游者都必须服从相同的旅游活动日程安排，如果要单独安排，就必须再做经济上的支付，这就给旅游者造成了浪费。

从旅行社方面来看，经营团体全包价旅游产品会造成的后果有：一是直观价格高，由于团体全包价旅游所包含的内容多，各项费用均包括在报价中，因此造成直观价格较高，不利于招徕旅游者；二是不易提供个性化的服务，很难做到人人满意。

B. 散客全包价旅游产品。一般而言，散客是指参加该旅游活动的人数较少，一般在1～9人（含9人）。参加散客全包价旅游的多为自愿结伴的亲友、同事等。购买散客全包价旅游产品的优点是安全方便，能保持旅游者的个性。散客全包价旅游产品的缺点：对旅游者而言，产品价格较高。由于旅游者人数较少，旅游者难以享受到旅游服务供应部门的价格优惠。旅行社的经营成本较高。散客全包价旅游团的旅游者人数少，但旅行社在操作过程中所耗费的成本和团体全包价旅游团却是基本一样的，因此，旅行社的经营成本比较高。

②半包价旅游产品。半包价旅游产品是在包价旅游产品的基础上发展起来的。它与包价旅游产品的主要区别是产品构成一般不含午、晚餐。因此，半包价旅游产品的直观价格就降低了。

③小包价旅游产品。小包价旅游产品是一种选择性很强的旅游产品，也叫可选择性旅游产品。就旅游服务内容的角度而言，小包价旅游产品由非选择性部分和可选择性部分构成。非选择部分包括住房及早餐、交通集散地（机场、车站、码头）至饭店的接送和城市间的交通服务，这一部分的费用旅游者应在旅行前预付。可选择性部分包括导游服务，午晚餐、风味餐、文艺节目欣赏、游览参观等内容。可选择性部分的旅游费用旅游者既可以预付，也可以现付。小包价旅游产品具有经济实惠、灵活方便的优点。

④零包价旅游产品。零包价旅游是一种独特的旅游产品。旅游者参加这种形式的旅游时，必须随旅游团前往和离开旅游目的地。到达目的地后，旅游者可以自由活动，不受旅游团的束缚。零包价旅游的特点：旅游者可以享受团体机票的优惠价格，由旅行社统一代办旅游签证手续。

（2）组合旅游产品

组合旅游产品是指一些旅游服务设施较完善、游览点有较高知名度的旅游目的地，由旅游目的地的旅行社根据对客源市场需求的调查了解，设计出一批固定的旅游产品，并在客源市场地区选择一些合作旅行社，与其签订协议，由后者负责向旅游者推销产品，再按时将旅游消费者送到目的地。组合旅游产品的消费者来自不同的旅游客源地，他们在指定日期抵达旅游目的地，然后由旅游目的地产品生产旅行社集中起来，组成旅游团，进行旅游活动。旅游活动结束后，旅游者各自返回。

组合旅游产品是一种较灵活的旅行社产品。对于旅游目的地旅行社来说，它能够集四方旅游消费者，聚沙成塔，集腋成裘。因此，产品生产旅行社应该尽量广泛地建立销售网络，以保证有充足的客源。同时，还必须做好旅游交通、住宿、餐饮等的采购工作，建立起一个高效率、低成本的采购网络，确保旅游服务的充分供应，保证服务质量。而对于客源市场的旅行社来说，组合旅游能够随时把一些散客旅游者送到目的地，能够为旅行社创造一定的经济效益。

（3）单项服务旅游产品

单项服务旅游产品是指旅行社根据旅游者的具体要求为旅游者提供某一项有偿服务

的旅游产品。旅行社单项服务所包含的内容十分广泛，其中常规性的服务项目有导游服务、交通集散地接送服务、代办交通票据、代订饭店客房、代客联系参观游览项目、代办签证、代办旅游保险等。单项服务适应了全球性散客旅游的发展趋势，是一种应予以重视的旅游产品。

3）按旅行社产品的市场形象分类

对于旅行社来说，旅游产品更多地表现为旅游线路。旅游线路包含了旅游者从离家出门旅游到旅游活动结束整个旅游过程中的全部需求，即食、住、行、游、购、娱等各个方面。旅游线路是旅行社根据旅游消费者的需求，将一定区域范围内的旅游吸引物、旅游交通、旅游食宿等多项旅游产品按照一定的目的、主题与方式联系起来，从而形成的一种综合产品。

在旅游线路的构成中，旅游目的地或旅游吸引物和城市间的转移以及旅游者住宿的饭店是旅游者最为关心的。旅游目的地通常被称为构成线路的节点。如果说整条旅游线路是一条珠链，则节点是珠链上的粒粒明珠。它反映的是旅游线路的核心内容，体现了旅游线路的等级、类型、特色，表达的是旅游产品的主题，是产品的精华所在。由于划分方法不一样，旅游线路的类型有很多种。

（1）以旅游线路的起止特征为标准划分

以旅游线路的起止特征为标准划分，旅游线路有流线型、环型、辐射型 3 种形式。流线型旅游线只有一个起点、一个终点，旅游活动从起点开始，至终点结束。如北京—西安—上海—桂林—香港的旅游线路，以北京为起点，以香港为终点结束。环型旅游线从起点到终点是一个环型，起点即终点，如广州—桂林—西安—北京—南京—苏州—杭州—广州的这条旅游线路。辐射型旅游线以一地为起点，而终点有多个选择，因此其旅游线路也有多条可供选择。如北京—南京—苏州—上海，北京—上海—西安，北京—西安—桂林—广州这三条线路都以北京为起点，旅游路线不一样，终点也不同，这样的旅游线路即为辐射型旅游线。

（2）以旅游活动的天数为标准划分

从时间上来说，旅游线路有一日游、二日游、三日游、四日游、多日游等。用这种方式划分旅游线路在我国的国内游中是比较普遍的。其优点：旅游者一眼便可看出所需旅游时间的长短。对于旅行社来说，可根据时间长短来安排旅游内容，并且比较容易确定价格。从我国旅行社现行的操作情况来看，其缺点：对旅游主题的表述往往不明确，体现不出旅游线路的特色。如北京、天津包机 6 日游，昆明、大理、丽江 8 日游等，旅游消费者很难从其中看出产品的主题。

（3）以旅游线路的等级来划分

旅游资源、旅游设施、旅游服务是有等级区分的，如旅游城市就有热、温、冷的差别，旅游景区（景点）有 AAAAA、AAAA、AAA、AA、A 的区别，饭店也有五星、四星、三星等的区别。既然如此，由此构成的旅游线路也就有了等级之分。这种级别最直接地体现在价格上，即往往以价格的高低来表示。级别高则价格就高，反之则低。在旅游行业中，按价格高低，一般把旅游线路的等级分为 3 个级别，即豪华、标准、经济。

【补充阅读资料 3.2】

海南三亚双飞 5 日自由行（北京出发）

第一天北京 ✈ 三亚

北京—三亚

北京首都机场乘航班直飞三亚（飞行约 4 小时），抛开平日的繁杂，开始您轻松愉快的假期。统一接机后乘车赴酒店，酒店前台报客人姓名办理入住手续。为您的自由之旅拉开帷幕！自由享受假期（特别推荐：您可以前往的是号称"神州第一泉"的珠江南田温泉度假区，这里拥有形态、功能各异的温泉池 60 个，分布在天然椰林中，一池一景，水吧温泉泳池尽显巴厘岛风情，您可尽情体验南田温泉私密泡汤的意趣，让自己的度假时光完全放松下来。）

早餐：敬请自理　　中餐：敬请自理　　晚餐：敬请自理

住宿：按五星标准建造酒店（未挂牌）（三亚亚龙湾美高梅度假酒店豪华海景房）

第二天：三亚

自由享受假期（特别推荐：今天可以乘车前往有"中国马尔代夫"之称的蜈支洲岛，它享有"中国第一潜水基地"美誉，号称中国最美好的海域，也是情侣们享受二人世界的"小天堂"。这里的水能见度有 27 米，极目远眺，烟波浩渺，海天一色。）

早餐：自助餐　　中餐：敬请自理　　晚餐：敬请自理

住宿：按五星标准建造酒店（未挂牌）（三亚亚龙湾美高梅度假酒店豪华海景房）

第三天：三亚

自由享受假期（特别推荐：三亚是七彩的城市，拥有神秘的热带雨林风光。今天您可以去呀诺达，呀诺达雨林独具特色的热带雨林六大奇观可以让你身心震撼，长达数千米雄伟瑰丽的峡谷奇观会让你目不暇接；体验热带雨林"踏瀑戏水"，飞瀑流泉、飞花溅雪会让你流连忘返。）

早餐：自助餐　　中餐：敬请自理　　晚餐：敬请自理

住宿：按五星标准建造酒店（未挂牌）（三亚亚龙湾美高梅度假酒店豪华海景房）

第四天：三亚

自由享受假期（特别推荐："福如东海，寿比南山"，中国的南山有好几座，但是南山＋南海的恐怕就只有三亚这座了。到南山您可以零距离朝拜 108 米的海上观音；品南山特色佛教素斋；您既能领略热带滨海阳光、碧海、沙滩、鲜花、绿树的美景，又能获得佛教文化带来的心灵慰藉，体味回归自然、天人合一的乐趣。）

早餐：自助餐　　中餐：敬请自理　　晚餐：敬请自理

住宿：按五星标准建造酒店（未挂牌）（三亚亚龙湾美高梅度假酒店豪华海景房）

第五天：三亚 ✈ 北京

三亚—北京

精彩假期即将结束，带着愉悦和放松的心情，中午 12：00 之前退房，下午自由活动，乘车赴三亚凤凰机场,搭乘航班(飞行时间约4小时)返回北京,结束愉快假期!

自由享受假期(特别推荐:今天推荐您到"天涯海角""南天一柱"前留下您的印迹。到了三亚你不能不去"天涯海角",去"天涯海角",并不是让你体验那条走得你疲惫不堪的"天涯之路",仅仅是为了这个从小就挂在心上的名字。)

早餐:自助餐　　中餐:敬请自理　　晚餐:敬请自理

住宿:无

3.2　影响旅行社产品开发的因素

任何产品的开发都要受到各种因素的制约与影响,旅行社产品开发也不例外。旅游需求、旅游资源赋予、旅游设施配置和可进入性在旅行社产品开发过程中起着至关重要的作用。

3.2.1　旅游需求

旅游需求是指消费者在不同的价格水平下,愿意购买旅游产品的数量。旅游需求不仅与人们的消费水平有关,还反映出旅游者的旅游兴趣。因此,从某种角度说,旅行社产品的开发受到旅游需求的直接影响和制约。

旅游需求分为潜在旅游需求和实际旅游需求。潜在旅游需求是指某人或群体,已具备开展旅游活动的各项必要因素,只因缺乏外力的推动,尚未成为现实的旅游者。对于旅行社来说,以市场为导向,推出符合市场需求的旅游产品,这是将潜在旅游需求转变为现实旅游需求,提高旅行社经济效益的关键环节。实际旅游需求是指实际从事旅游活动的人。它受到旅游目的地的服务、社会、政治、文化、形象、设施等多方面因素的影响。这些因素如对旅游者产生的阻力越大,旅游需求者参与的意愿越小;反之,旅游者的旅游意愿越大。

3.2.2　旅游资源赋予

资源赋予是指一个国家或地区拥有旅游资源的状况,它决定了旅游产品的特色,旅行社产品开发所涉及的资源因素主要包括自然资源和人文资源。

1)自然资源

自然资源是指无须人类过多加工改造即可给游客带来美的享受的自然环境的物象组合。它们是由各种自然环境、自然要素、自然现象构成的自然景观,具有观赏、游览或休息、疗养等价值。面对千姿百态的自然资源,旅游者通过自己的感官产生种种联想、理念和美感,从而获得精神上的享受。由此,自然资源由潜在资源转为一种经济资源。

自然资源是大自然赋予的，但如果利用不当，会造成污染和破坏，从而使旅游产品开发失去依托。因此，旅行社进行产品开发时，应充分意识到自然资源可持续性发展的重要性和必要性，对旅游点、旅游线和旅游面的环境容量、观赏容量等因素进行综合考虑，以保证旅游者在旅游目的地的体验质量。

2）人文资源

人文资源包括历史资源、社会资源、现代人工吸引物和人力资源等。

（1）历史资源

历史资源属人文资源范畴，是整个人类历史与文化的结晶。构成历史旅游资源景观组合的要素主要包括文化遗址、文物古迹、历史名城、宗教圣地、古建筑工程、革命纪念地等。这些烙上历史印记的遗迹成为现代人凭吊、观光、游览以及了解历史、汲取教益、增长知识、丰富生活的好去处，不仅可以满足人们探幽访古的好奇心，而且可以寓教于游、寓学于游，使旅游者更加了解一个民族的文化，得到美的享受。

（2）社会资源

社会资源主要是指由时代或民族造就的各种社会事件、现象、活动和事物，包括各民族风情、重要的政治事件等。社会资源具有一定的时期性，时过境迁是最明显的特征。旅游者在一定的时期内对某种社会资源具有新鲜感，而一旦对这些社会资源渐渐熟悉后，新奇感渐渐消失，社会资源的吸引力随之下降，此时又会有新的社会资源被发现和开发出来。

（3）现代人工吸引物

现代人工吸引物是人类聪明才智的集中表现，是通过在一定区域内的景观设计与开发所形成的各种现代观光、游乐、休闲场所。

（4）人力资源

人力资源是旅游业开发与经营的基本要素，它在一定程度上决定着旅行社产品的开发。考察旅行社产品开发中的人力资源因素，必须从旅游从业人员数量及特点、人员素质等角度进行。首先，作为知识密集型的服务企业，旅行社靠出售知识性的旅游产品获取利润。由于旅行社产品所涉及的知识非常广泛，且变化发展非常快，因此，旅行社产品的开发是一项不同寻常的智力劳动。没有一定数量的知识渊博、业务精深、经验丰富、嗅觉敏锐、擅长市场调研和信息捕捉的产品开发者，旅行社的产品开发工作很难开展。其次，提高从业人员素质也是一项十分紧迫的工作。目前，旅行社所需的各类人才，尤其是产品开发和销售人才非常匮乏，无法跟上旅行社发展的步伐。最后，旅行社从业人员频繁跳槽，也在一定程度上妨碍了旅行社业正常、有序地发展。

3.2.3　旅游设施配置

旅游设施配置是指与旅游者旅游生活息息相关的各种服务设施和服务网络的配置状况，主要包括住宿、饮食、购物、娱乐和其他方面。它们不仅是旅游者实现其旅游目的的中间媒介，也是增加旅游者旅居生活乐趣的必不可少的组成部分。任何国家或地区无论其各种旅游吸引物是多么丰富，如果没有必要的旅游基础和服务设施，也难以形成吸引游客的旅游产品。

3.2.4 可进入性

1）交通条件

交通是吸引大量旅游者的基本条件，它包括对外交通工具种类，如车辆、飞机、船舶等；对外交通联系，如国际和国内交通的联结与方便程度等；旅游景区内当地交通的种类、规模、能力、布局，以及与旅游景区外交通和旅游景区内的交通联结情况等。

2）通信条件

旅行社产品中通信设施具备与否，配套状况、规模、能力及布线状况如何，都将直接影响旅游产品的质量，也影响旅游需求。

3）手续的办理条件

出入境手续办理的难易程度、出入境验关程序的便利程度、服务效率的高低程度，以及咨询、信息汲取的难易程度，都会直接影响旅游目的地游客流量的大小。

3.3 旅行社产品开发设计的基本原则

旅行社产品开发是旅行社根据旅游者的需求，对现有的自然资源、人文资源、交通通信设施、其他各种旅游配套设施和各种旅游服务进行创造性的组合、更新与设计的工作。在种类繁多的旅行社产品中，旅游线路是我国旅行社开发与销售的重要旅游产品。为使旅游者能在有限的时间内获得最大的享受和收获，旅行社应结合旅游资源和接待能力，将分散的各种档次的单项旅游产品如餐饮、住宿、交通、购物等有机地组合在一起，组成各种类型与档次的旅游线路。

3.3.1 市场原则

旅行社产品发生交易离不开 3 个主要因素，即适销对路的产品、合理的价格和质量的保证。其中，产品的适销对路就是市场原则。市场原则要求旅行社在开发新产品前，一定要对市场进行充分的调查研究，预测市场需求的趋势和需求的数量，分析旅游者的旅游动机，然后再做产品的开发和设计。在进行产品的开发和设计过程中，旅行社一定要杜绝闭门造车与想当然。旅行社产品开发和设计的市场原则体现在以下两个方面。

1）根据旅游者普遍的消费特征开发设计产品

从市场细分的角度来说，虽然旅游者千差万别、千变万化，但一个消费群体总有其一些共同的需求特征。对于产品设计者来说,设计产品时,应考虑以下因素。

①目的地"新、奇、特",即旅游者未曾到过。

②目的地能使旅游者放松身心,从日常的紧张生活中求得短暂的解脱。

③使旅游者尽量有效地利用时间而又不至于太劳累。

④物美价廉。以学生市场为例,从我国社会对学生的关爱角度出发,结合学生的经济来源及年龄特征等因素,旅行社在开发学生旅游产品时,就必须注意 3 个方面:安全性、经济性、主题性。这 3 点也正是学生市场的消费特征。

2)根据旅游者或中间商的要求开发产品

根据市场营销学的观点,在卖方市场转变为买方市场的供需背景下,产品的生产必须以消费者为中心。旅行社产品的消费者是旅游者,他们是产品、企业的上帝。因此,旅行社必须根据他们的需求来设计、开发产品,一句话:"市场需要什么,就生产什么。"另外,对于拥有众多营业网点、销售点的大旅行社来说,根据旅游消费者提供的信息来设计产品,也往往是行之有效的。

3.3.2　经济原则

经济是指以相对低的消耗,获得相对高的效益。在竞争日趋势激烈的市场中,产品获利不是一件很容易的事,产品设计必须考虑成本核算。降低成本支出,最主要的是加强采购,建立完整的经济供应链。如在我国目前航空市场供应过剩的情况下,同一个目的地要选择哪一家航空公司、哪一个航班就很值得业务人员去研究。

3.3.3　节点合理原则

旅行社在设计旅游线路时,应慎重选择构成旅游线路的各个旅游节点,并对之进行科学的优化组合。具体地讲,在旅游线路设计过程中应注意以下几点:

1)不走回头路

重复同一旅游点,一是造成时间、金钱上的浪费;二是使旅游者满足效应递减,降低了旅游者猎奇心理的程度。因此,不是迫不得已,一般都应避免重复经过同一旅游点。

2)择点适量

就国内旅游来说,5 天以内的行程应是中短距离旅游,而时间多于 5 天的应属长距离旅游。鉴于国内旅游市场目前的消费特征,在设计产品时,对旅游节点的选择必须适量,以降低价格,并使旅游者真正领会轻松旅游的乐趣。

3)点间距离适中

旅游点间的距离太远,既增加了旅游者金钱支出,造成产品价格的提高,也会令旅游者感到疲惫,降低产品的吸引力。一般来说,城市间交通耗费的时间不能超过全部旅程时间的 1/3。

4）特色各异

在产品设计过程中，产品设计人员除了应该把各旅游节点最亮丽、精彩之处组合在线路之中外，还必须注意发掘每个节点的特色。

5）顺序科学

"顺序"包含两个方面的含义，即空间顺序和时间顺序。大多数的线路是以空间顺序为基本指导思想的，如"福建主要城市游"，就基本上按照福州—泉州—石狮—厦门这一自北向南的顺序展开。这种以空间为顺序的安排方式有利于降低成本。

随着旅游线路主题性要求的提高，在国外，一些旅游企业推出了以时间为核心顺序的线路。例如，以建筑文化为主题的旅游线路，选择的是各个历史时期有代表性的建筑，用历史发展的过程为顺序进行组织。虽然这样的线路主要针对文化层次较高的旅游者，但对旅游者来说，满足了他们希望通过旅游对某一个自己感兴趣的问题有一个全面了解的愿望。我国目前还没有这样的线路产品。

从顺序考虑，对于线路中热点、温点、冷点通常是以两种方式处理的：第一，起始点和终结点往往选择较热的点，而中间的节点则由各种类型的点交错组织。第二，由一般的旅游点过渡到吸引力较大的点，使游客感觉到高潮迭起。例如，对国际游客而言，广州、桂林、上海、西安、北京一线的组合便优于其逆向组合。当今的旅游者越来越追求休闲，还应注意线路活动不能安排得太满，不要让旅游者太劳累，要有松有弛，而非走马观花，疲于奔命。总之，应通过热点、温点、冷点的调整和各种形式活动内容的比例搭配，增强线路的节奏感。

6）在有限的时间内多游些景点

这个要求实现的前提是不增加旅游者额外的旅行负担，不减少在主要目的地的游览时间。它以延长游览时间为实现该目标的手段。

7）行程最短

行程最短意味着节点之间的交通时间缩短，也降低了成本，而这对提高旅游者的满意度是大有裨益的。

3.3.4 主题鲜明、内容丰富原则

写文章要有主题，设计旅游线路也要有主题。可以这样说，旅游线路的主题有时候就是营销者观点的体现，是市场定位的体现。旅游线路主题的确定有两种方法：一种是根据内容来提炼主题；另一种是先确定一个主题，然后根据主题去发掘并组合相关内容。

3.3.5 服务设施确有保障原则

客源地城市到游览目的地之间的交通，目的地的住宿、餐饮等都是旅游者极为关心敏感的问题。交通的衡量标准是进得去、出得来、散得开，并且要有较大把握的安全保障。

市内交通工具要求舒适、快捷。住宿、餐饮也一定要满足顾客基本的要求。由此，在设计路线时，就要把虽具很大潜力但目前不具备基本要求的景点、景区排除在常规线路之外。如几年前，有一家旅行社推出云南昆明、大理、丽江、中甸的线路，但因为当时从丽江到中甸的交通不畅，其结果是在旅游结束后，不少旅游消费者身心疲惫，有的旅游消费者还为此把组团旅行社告到当地的旅游质量监督管理所。

【补充阅读资料 3.3】

上海＋杭州＋苏州＋乌镇 5 日 4 晚跟团游（5 钻）·热销★Disney·慢游江南＋夜宿西栅 双飞

第 1 天：全国—上海【城隍庙】 宿：上海（不含餐）

上午：根据您选择的交通方式抵达。

12：00：含机票产品请自行选择航班，不含机票产品自理大交通前往上海，抵达后司机/导游接站。

接机提示：

1. 上海各机场和火车站，我们提供免费接站，接站需要等候，等待时间 1 小时以内。

2. 我们的接送站均为旅游当日提供，提前或延住我们不提供此项服务，请注意！

3. 为安全考虑，我们接送站地点仅为上海各机场和火车站，其他地点不提供此项服务！

4. 如抵达时间在当日 13 点以后，则取消当天赠送项目城隍庙，抵达后，接站送至酒店办理入住！

5. 酒店下午 2 点后确保入住，如需提前入住，视酒店当天具体情况而定，抵达后若暂无空房则先行办理入住登记手续，行李可寄存在前台礼宾部。

15：00：导游于上海酒店大堂接团，导游提前一天会与各位团友联系确认具体的集合时间，以导游通知为准。

16：00：游览时间约 1 小时。

城隍庙旅游区：城隍庙乃城隍庙旅游区，包含了老城隍庙、豫园及购物美食小商品等一大块区域，真正的"豫园"和"老城隍庙"只是此地相隔甚近的明代私人园林与道教道观，需购买门票进入，而其他区域包括九曲桥、湖心亭等地，都是可以随意进出的。对于初访上海的游客而言，城隍庙会是了解上海的第一面窗口，让你全面地领略到上海的历史、建筑、文化、风情、传统，并品尝到地道的上海小吃。

17：30：用餐时间约 30 分钟。

晚餐：在热闹的商圈中，根据个人不同的口味，自费品尝当地特色小吃。

小吃推荐：南翔小笼包、鸡鸭血汤、虾仁鸡丝凤尾烧卖、鸽蛋圆子、眉毛酥、奶油五香豆、松月楼的素菜包。

18：30：前往酒店——上海兴荣温德姆酒店或上海皇廷世际酒店。

第 2 天：上海迪士尼深度体验一日游。

07：00：早餐，酒店内享用中西自助早餐。

08：00：游览时间约 8 小时。

上海迪士尼度假区：上海迪士尼度假区是一个特别为中国游客设计和打造的世界级家庭

娱乐目的地。这里可供游客尽享多日休闲娱乐时光。整个度假区于2016年6月开幕，包括：①一座主题乐园——适合所有人游玩、以神奇王国风格打造的"上海迪士尼乐园"，由六大主题园区组成，包括"米奇大街""奇想花园""探险岛""明日世界""宝藏湾"及拥有"奇幻童话城堡"的"梦幻世界"。②两座主题酒店——拥有420间客房、优雅别致的"上海迪士尼乐园酒店"，以及拥有800间客房、充满童趣的"玩具总动员酒店"。一个国际级的购物餐饮娱乐区——"迪士尼小镇"，"华特迪士尼大剧院"位于其中，上演全球首个普通话版本的百老汇热门音乐剧《狮子王》。一个由静谧的花园和波光粼粼的湖泊组成的休闲区——"星愿公园"，集美丽花园、惬意小道和波光粼粼的湖水于一身。

出发时间会根据景区开放时间调整，以尽量确保大家在第一时间进入景区游览。

门市价格：高峰日（6月盛大开幕期、7—8月暑期、周末、节假日）成人499元，儿童（1~1.4米）375元。平日票成人门市价370元，儿童（1~1.4米）280元。

【迪士尼订票入园注意事项】

1. 二代身份证作为入园凭证，请携带预订时填写的二代身份证原件前往上海迪士尼乐园游玩。

2. 上海迪士尼度假区内的星愿公园和迪士尼小镇将向游客免费开放。观看位于迪士尼小镇内的华特迪士尼大剧院上演的百老汇音乐剧《狮子王》需单独购票。

3. 凭二代身份证（外籍客户凭护照）可在入园当日多次进出。

4. 门票仅可在购票时所选定的使用日期凭身份证当天入园。

5. 该门票一经预订，不支持退票，在使用日期前3天20：00前可以免费改期一次，一张订单不支持部分改期。只能改至同等价位的日期使用，修改日期跨度为提出改期申请日之后90天内。

迪士尼开园时间（仅供参考）：

2016年6月16日：12：00—22：00开放。

2016年6月至8月：周一至周四09：00—21：00开放，周五至周日08：00—22：00开放。

2016年9月1日至13日：周一至周五10：00—19：00开放，周六、周日09：00—21：00开放。

迪士尼有权不经提前通知而更改乐园或乐园内任何游乐项目的开放时间，临时关闭乐园或乐园内的任何部分区域，控制入园人数，暂停或取消任何游乐项目或娱乐演出。入园时或要求提供身份证明。

推荐游玩攻略：最好早早来到园区，上午游客较少，可以多玩些项目。推荐采取逆时针游玩。

十二朋友园（20分钟）→雷鸣山漂流（20分钟）→翱翔飞越地平线（30分钟）→风暴来临：杰克船长之惊天特技大冒险（30分钟）→加勒比海盗—沉落宝藏之战（20分钟）→奇幻童话城堡（30分钟）→米奇童话专列（30分钟）→7个小矮人矿山车（10分钟）→小飞侠天空奇遇（10分钟）→晶彩奇航（10分钟）→创极速光轮—雪佛兰呈献（20分钟）→喷气背包飞行器（20分钟）→漫威英雄总部（20分钟）→点亮奇梦：夜光幻影秀（30分钟）。

迪士尼乐园游玩项目非常多，也可根据自己喜好或现场排队情况，自行调整游玩项目。

设施排队分为 3 个入口，普通通道（Stand By）、快速通行卡通道（Fastpass）、单人通道（Single Rider）。其中，普通通道为常规游客排队区，快速通行卡通道需要游客提前在设施附近的提取机用门票领取。

18：00：晚餐。中晚餐园内自理，推荐餐厅有米奇好伙伴美味集市、小米大厨烘焙坊、皇家宴会厅、皮诺丘乡村厨房、老藤树食栈、巴波萨烧烤、部落丰盛堂等。

20：00：前往酒店——上海兴荣温德姆酒店或上海皇廷世际酒店。

第 3 天：上海苏州乌镇（留园、西栅），宿：西栅内（含早中餐）。

07：30：早餐，酒店内享用中西自助餐。

08：30：集合前往"中国园林之城"——苏州"人间天堂""东方威尼斯""东方水城"。行驶距离：约 80 千米，行驶时间约 1 小时。

10：00：游览留园，游览时间约 1 小时 45 分钟。

它始建于明嘉靖年间，原是明嘉靖年间太仆寺卿徐泰时的东园。园中假山为叠石名家周秉忠（时臣）所作。清乾隆末年被刘恕所得，扩建后改名寒碧山庄，时称"刘园"。咸宁年间，苏州诸园颇多毁损，而此园独存。光绪初年，官绅盛康买下此园，吸取苏州各园之长，重新扩建修葺，改名为留园。它与拙政园、北京颐和园、承德避暑山庄并称为中国 4 大名园。

景点级别：AAAAA。

门票价格：旺季（4 月 16 日—10 月 30 日）55.00 元／成人；淡季（10 月 31 日—4 月 15 日）45.00 元／成人（已含）。

开放时间：07：30—17：00。

Tips：景区有优惠票，团队游已经按照团队优惠价格计算成本，故各种证件无法使用！

12：00：用餐时间约 45 分钟，午餐餐标 50 元／人。

13：00：集合前往"江南古镇中的佼佼者"——乌镇西栅，行驶距离：约 120 千米，行驶时间：约 1 小时 30 分钟。

14：30：抵达乌镇西栅游客接待中心，由导游统一办理景区入园、住宿登记、行李托运等手续，之后从安渡坊码头乘摆渡船或电瓶车进入景区（客流较多时，建议步行边走边游）。

15：00：游览西栅，时间约 2 小时。

西栅毗邻古老的京杭大运河畔，由 12 个碧水环绕的岛屿组成，需坐渡船进入。景区内保留了大面积的明清建筑，西栅老街横贯东西，内有纵横交叉的河道无数及形态各异的古石桥 72 座，真正呈现了原汁原味的江南水乡古镇的历史风貌。

景点级别：AAAAA。

门票价格：120 元／人（已含）。

开放时间：冬令 17：00—22：00，夏令 17：30—22：00。

童玩节：时间 6 月 28 日—8 月 23 日，详见乌镇官方网站。

Tips：景区有优惠票，团队游已经按照团队优惠价格计算成本，故各种证件无法使用！

（注：进入景区后可先行安排入住酒店，之后客人自由游览。）

17：00：晚餐，景区晚餐，为方便游览，敬请自理。

※ 特色小吃推荐：三珍斋酱品、红烧羊肉、熏豆茶、三白酒、姑嫂饼、白水鱼、定胜

糕等。

推荐餐厅：枕水中餐厅、通安水阁、民国餐厅、锦岸私房菜、裕生餐馆、各民宿房东家等。

18：00：西栅夜游，游览时间约2小时。

与其他古镇不同的是，乌镇的西栅是分日票和夜票的，夜游西栅和白天又是完全不同的感受。特别是坐着乌篷船泛舟河上，河面上是被灯光映照出彩色倒影的一座座古桥，顺着河道看两岸的古建筑在色彩斑斓的灯光中呈现出新的意境，新旧交替恍然如入两座古镇，一个是昨日的斑驳，一个是今日的绚烂。

夜游活动推荐：游客可在傍晚租一艘小船，随着水边的景观灯亮起来，夜景开始初具雏形，拍几张美丽的夜景。您可与自己的爱人或亲友选一家河边小店或在当地居民家中，点上几个可口的小菜，品乌镇美食，欣赏着满眼华丽的灯光水色。夜游项目：夜场评书、评弹，露天电影，似水年华酒吧，灵水居夜景等。乌镇西栅景区手摇船参考价：360元/艘（每船限坐6人，包括儿童、婴儿），费用客人自理。

20：00：前往酒店——乌镇昭明书舍或乌镇通安客栈。

第4天：乌镇杭州（西栅、河坊街），宿：杭州（含早中餐）。

07：00：早餐，酒店内享用乌镇丰盛的早餐。

08：00：游览时间约2小时30分钟。

自由活动：融入小镇的清净晨曦，享用丰盛的早餐后感受乌镇的清晨之美！继续自由游西栅，可参观昨日未游览到的景点。邮寄·水乡心情：临别乌镇前，别忘了在乌镇的百年老邮局写一张怀旧明信片给远方的亲朋好友，带去你来自江南水乡的问候！

10：30：行驶距离约100千米，行驶时间约1小时30分钟。

西栅游客中心集合，导游会协助安排行李托运至游客中心，您可提前办理好退房手续，将行李交由导游或前台寄存，与导游沟通好集合时间及地点即可。乘车前往"人间天堂"——杭州与苏州并称"苏杭"，素有"上有天堂，下有苏杭"的美誉。

12：00：用餐时间约45分钟，午餐餐标50元/人。

13：00：中国丝绸博物馆，行驶时间约15分钟，游览时间约1小时15分钟。

中国丝绸博物馆位于杭州西子湖畔，是第一座全国性的丝绸专业博物馆，也是世界上最大的丝绸博物馆。馆内分为序幕厅、文物厅、民俗厅、蚕桑厅、制丝厅、丝织厅、印染厅、现代成就厅以及友谊商场等部分，全面展示了中国丝绸文化的历史与现实面貌。

景点级别：无评级门票。价格：免费。开放时间：08：30—16：30。

Tips：中国丝绸博物馆目前装修，无法参观，改为天蚕丝绸文化展览馆，内有购物场所，请谨慎购物！

15：00：清河坊街，游览时间约1小时30分钟。

清河坊街曾是杭州最繁华的商业区，也是杭州唯一保存较完整的旧街区，可以说是杭州历史的缩影。现街内有茶楼、药铺、丝绸、炒货、食品、古玩字画等商铺100多家，包括老字号商铺胡庆余堂、翁盛隆茶庄、王星记扇庄，还有张小泉、万隆火腿栈、方回春堂、叶种德堂、保和堂、状元馆、王润兴、义源金店、景阳观、羊汤饭店等均集中在这一带。

景点级别：无评级。门票价格：免费。开放时间：全天。

16：30：晚餐自理，可自行品尝当地小吃。

与河坊街并行的高银街是杭州美食一条街，餐厅有知味观、皇饭儿、小绍欣等杭帮风味餐厅。

18：00：杭州宋城景区，游览时间约 2 小时 30 分钟。

杭州宋城旅游景区位于西湖风景区西南，是中国最大的宋文化主题公园。景区主要分为《清明上河图》再现区、九龙广场区、宋城广场区、仙山琼阁区以及南宋皇宫区、南宋风情苑区（待建）等部分。大型歌舞《宋城千古情》更是宋城一绝。

宋城千古情（价值 300 元）表演，演出时间：约 60 分钟。

杭州标志性演出，被誉"世界三大名秀之一"，是每一位到杭州的游客必看的剧目。以杭州的历史典故、神话传说为基点，融合歌舞、杂技艺术于一体，应用现代高科技手段营造如梦如幻的艺术效果，给人以强烈的视觉震撼。堪与法国巴黎红磨坊和美国拉斯维加斯秀相媲美。（注：确切演出时间以景区当日公布为准！）景点级别：AAAA。门票价格：300 元（不含），豪华席 480 元 / 人（不含）。开放时间：10：00—21：00。

Tips：该景点为自费项目，遵循客人自愿自费的原则选择参加，不强制消费！

收费标准：当地现付价 300 元 / 人，（含宋城、宋城千古情尊宾席联票 300 元及车、导游接送）。

20：00：前往酒店——杭州纳德自由酒店 / 杭州马可波罗花园酒店 / 杭州华悦国际酒店 / 杭州石祥瑞莱克斯大酒店。

第 5 天：杭州 / 上海全国，西湖、苏堤（含早中餐）。

08：00：早餐，酒店内享用中西自助早餐。

09：00：苏堤，游览时间约 2 小时。

苏堤春晓俗称苏公堤，是一条贯穿西湖南北风景区的林荫大堤，乃西湖十景之首。苏堤由南而北有映波桥、锁澜桥、望山桥、压堤桥、东浦桥和跨虹桥，望山桥南面的御碑亭里立有康熙题写的"苏堤春晓"碑刻。

曲院风荷，位于苏堤右侧、岳庙前侧，靠北山路，以夏日里观风中之荷而著名，乃西湖十景之二。园内大小荷花池中栽培了上百个品种的荷花，其中特别迷人的要数风荷景区。其中分布着红莲、白莲、重台莲、洒金莲等品种，岸边修建了古香古色的水榭亭台，水面上架设了造型各异的小桥。

西湖。苏轼在《饮湖上初晴后雨二首·其二》中写道："欲把西湖比西子，淡妆浓抹总相宜。"随着一首诗词，将西湖喻为美女西施，已成千古定论，而经历了几千年的岁月蹉跎，西湖，依旧如一个婉约的江南女子，带着一抹淡然的微笑伫立在杭州这座古城。2011 年 6 月 24 日，杭州西湖正式列入《世界遗产名录》。

景点级别：AAAAA。门票价格：免费。景区游船：45 元 / 成人（不含），上岛 55 元 / 成人（不含）。开放时间：全天。

12：00：用餐时间约 45 分钟，午餐餐标 50 元 / 人。

13：00：结束我们的游览行程，根据返程航班或车次时间，自行前往机场。建议返程航班时间 16：00 之后（萧山机场），或者也可以随车返回上海，上海的返程交通建议 19：30 以后的。在约定的时间，从导游提前告知的集合地点出发，送您前往机场 / 火车站。

★以上行程时间安排可能会因天气、路况等原因做相应调整，敬请谅解。

3.4 旅行社产品开发的过程

3.4.1 旅行社产品的构成

以下是某旅行社针对国内旅游者推出的"海南包机双飞五日游"的旅游线路及行程安排：

第一天：长沙 / 海口，接团，宿海口。

第二天：车览红色娘子军塑像；抵达世界河流出海口自然景观最完美的博鳌观亚洲论坛临时会址及三江入海口—玉带滩（自理）；万泉河乡村风光、竹筏观光（自理）；参观地质博物馆；热带植物园；东南亚风情村（赠送）；晚间自费欣赏特色歌舞表演；宿琼海 / 兴隆。

第三天：游览天涯海角旅游区；游览福泽之地——南山文化区（自理）；游览洞天福地——大小洞天；参观水晶工艺厂；乘亚洲最长的跨海索道游南湾猴岛（自理）；鹿回头山顶公园（赠送）；宿三亚。

第四天：大（小）东海旅游区玩海并自费参与海上（底）娱乐活动——感受大海魅力；参观珍珠文化馆；乘快艇游分界洲岛（自理）；免费品尝鱼干；晚间可自费欣赏水上芭蕾表演；宿三亚。

第五天：游览亚龙湾中心广场、贝壳馆；黎苗村寨观歌舞表演（自理）；参观电器商城；龙滚野人谷（自理）；土特产超市购物；灵山古城（赠送）；返回温暖的家。

分析以上的线路，可以看出，旅行社在组合其产品时，产品的构成部分多数来自相关的服务企业或部门。旅行社通过预订或采购，组合成一个完整的旅行社产品。其预订或采购的内容主要为旅游交通服务、旅游住宿服务、旅游吸引物、旅游餐饮服务、旅行社接待服务、娱乐服务和购物服务 6 个方面。

1）旅游交通服务

旅游消费者的旅游交通服务主要包括城市间的交通和游览目的地的交通两项。就交通工具而言，主要为航空、铁路、公路和水运 4 个类型。

2）旅游住宿服务

住是旅行社产品构成中最重要的内容之一。旅游消费者往往把旅行途中的饭店称为"第二个家"或"临时的家"。对于旅行社来说，通过向旅游消费者提供旅游住宿服务，一方面满足旅游消费者的住宿需求，为他们节省了经济支出；另一方面也为旅行社带来一定的经济收入。在国内，旅游住宿服务设施主要包括饭店、旅馆、民宿等。

3）旅游吸引物

旅游吸引物是旅行社产品中最主要的内容，它是指各种能够吸引旅游者前来欣赏的自然旅游吸引物和人文旅游吸引物。旅游吸引物的概念比旅游资源要宽泛得多。一个国家的社会制度、人民的生活方式、原住地居民对旅游者的态度等都包含其中。作为旅行社工作者，必须深入研究哪些旅游吸引物可以构成或组合成一个旅行社产品，怎样的组合才适合某个特定的目标市场等问题。当然，要达到这种境界，首先要对我国各种风景名胜资源胸中有数、了如指掌，必须了解我国的重点旅游城市、旅游路线和不同级别的风景名胜区。这些对大众旅游者最有吸引力的目的地，往往是旅游者的首选之地。

4）旅游餐饮服务

"民以食为天"，食是旅游活动中最主要的构成因素之一。"食在中国"，国际旅游业中，一些国际旅游者来中国旅游的目的就是享受誉满世界的中国美食。2001 年，一个日本养生旅游团慕名来到杭州，他们的目的就是细细品尝杭州国家级烹饪大师胡宗英亲手制作的美味，一天的饮食支出达人民币 18 万元之多。这样的旅游消费者虽然不多，但可见旅游和饮食的重要关系。在旅游过程中享受到质量上乘、环境幽雅的餐饮服务，会让旅游者对旅游目的地和提供旅游服务的旅行社留下美好印象。当然，在国内大众旅游市场，出于各种原因，旅行过程中要让旅游者"吃好"可能还有困难，但是努力去达到这个境界应该是旅游服务的目标。

5）旅行社接待服务

在我国，由于不同的旅行社在一个团队接待服务环节中所处的位置不同，因此也就有了地接社和组团社之分。对于组团社来说，选择一家诚信的服务优良的旅行社极为重要。因为，旅游者对一次旅游过程的感知在很大程度上取决于接待旅行社所提供的服务。在选择合作伙伴时，对它的规模、场所、接待能力等作综合考察是必要的，了解它在同行中的口碑也是非常有意义的。企业所获得的旅游行政主管部门颁发的各种荣誉称号，对选择合作伙伴是有参考作用的。

【补充阅读资料 3.4】

海南：医疗旅游步入新阶段游客畅享健康新生活

2019-01-21　信息来源：中国旅游报

"海南气候非常舒适，温泉疗养太棒了，下次一定带家人来这里做理疗。"治和扎克结束了 3 天的温泉旅游，正准备前往博鳌乐城国际医疗旅游先行先试区继续一场健康疗养。随着全域旅游的不断深化与推进，越来越多的游客青睐健康旅游，在诗和远方中体验健康生活。近年来，海南不断开拓医疗旅游市场，中医疗养、温泉度假、太极养生渐渐成为深受人们喜爱的旅游项目，着重从 3 个方面来打造医疗旅游产品。

1. 高站位打造医疗旅游新名片

日前，海南省卫生健康委员会、海南省旅游和文化广电体育厅联合印发了《海南省健康医疗旅游实施方案》（以下简称《方案》），《方案》提出海南医疗旅游将踏上新台阶。更多的医疗企业越发注重与旅游产业的互动，以多业态的深度融合推动医疗旅游成为海南旅游产业的一张新名片。

海南医疗旅游发展谋定而后动，高站位构建起健康旅游产业发展格局。根据《方案》，海南将重点打造"一心、五区"布局，即以博鳌乐城国际医疗旅游先行先试区的高端国际医疗养生休闲旅游和琼海白石岭康复养生休闲度假的康复养生旅游为核心，打造"博鳌（乐城）—白石岭生命养护医疗休闲旅游区"；"五区"包括海口—澄迈—定安长寿养生休闲旅游区、兴隆—万宁（中医）养生保健休闲旅游区、三亚—陵水国际医疗养生休闲旅游区、儋州蓝洋—洋浦古盐田康养保健休闲旅游区、（保亭）七仙岭—五指山养生休闲旅游区。

"海南大力发展医疗旅游，得益于优越的自然气候条件以及丰富的旅游资源，琼岛积极推出中医疗养、温泉休闲、太极养生等特色服务产品，吸引了不少慕名前来休闲养生的国内外游客、'候鸟'群体。"海南省旅游发展研究会会长王健生表示，我们要借力好政策、好生态、好产品，合理布局规划海南医疗旅游，高站位地发展海南医疗旅游。

海南省卫生健康委员会相关负责人表示，接下来海南将围绕"医学治疗""医学美容""康复疗养""养生保健"四大医疗旅游关键领域，把海南建设成为高端医疗旅游与特色养生保健相结合的世界一流医疗旅游胜地、国际著名医疗旅游中心，力争用10年左右时间，实现健康医疗旅游总收入400亿元。

2.重品质提升高端旅游消费

近年来，琼岛中医旅游发展迅速，逐步构建起健康旅游产业发展格局。其中，海口市中医院成立了中医国际诊疗中心，定期为俄罗斯包机乘客提供中医服务；琼海市中医院设计开发中医药服务贸易特色诊疗项目和产品；三亚市中医院积极建设中俄脑瘫儿童医疗项目，并在阿拉木图设立了一家中医医疗机构，推动中医文化走出国门。

在三亚市中医院，门诊大楼上中英俄三语的"三亚市中医院"和"门诊近日，在兴隆—万宁（中医）养生保健休闲旅游区，来自格鲁吉亚的乔部"几个大字格外显眼。在这里遇见金发碧眼的外国人，已经不是什么稀奇事。近年来，发力旅游疗养的医疗机构在海南逐渐增多。

"旅游产品不断深拓内涵，体验式、疗养式、度假式的中医旅游产品备受国际游客青睐。"令三亚市旅游委主任樊木感到惊喜的是，随着中医理疗水平不断提升，越来越多的"洋游客"在度假之余，开始走进中医诊疗室，体验中医诊疗服务，感受东方传统医学的魅力。

2018年，根据琼海市旅游部门推荐和省旅游协会联合相关部门的复核，海南博鳌银丰康养国际医院被纳入旅游电子行程服务平台管理，将与组团社开展定向合作。"医疗旅游将是我们发力的一大方向。海南旅游市场巨大，我们希望旅游产业能够带动具有康养需求的客户前来医院；同时，医疗旅游也能丰富海南旅游的内涵。"海南博鳌银丰康养国际医院院长陈长智表示。

"借力政策优势，海南发展医疗旅游潜力很大。"中国海洋学会海洋旅游专业委员会副会长陈耀建议，结合中央相关文件精神，海南在创新促进国际旅游消费中心建设过程中，要进一步开放旅游消费领域，积极培育旅游消费新业态、新热点，提升高端旅游消费水平。在推动医疗健康等现代服务业发展方面，要以医疗为吸引、旅游为延伸，充分发挥产业融合形成的新业态所构成的竞争优势，通过旅游产品结构的优化促进旅游经济结构改善。

3.谋发展紧抓机遇"开疆拓土"

当前，海南如何发挥优势，补齐短板，迎接医疗旅游发展挑战，成为重点问题。"海南健康产业的发展总体上要最大限度地发挥自身优势，走与发达地区差异化道路，着力发展民族特色健康产业、养生健康产业、旅游健康产业和高科技新型健康产业。"三亚市政府相关负责人表示，下一步，该市还将进一步引进健康旅游方面的高端人才，为医疗旅游发展提供智力支持。

"我们在俄罗斯、哈萨克斯坦、塔吉克斯坦和吉尔吉斯斯坦等国家积极开展中医健康旅游产品展示活动，举办中医药健康讲座、学术交流等，全方位推介我省中医药工作，推进我省中医药工作国际交流，健康旅游和服务贸易能力提升明显。"海南省旅游和文化广电体育厅相关负责人说。

海南省卫生健康委员会主任韩英伟表示，医疗旅游产业已成为全球增长最快的新兴产业之一，未来发展前景无限。接下来，海南还将积极与世界医疗旅游协会、世界抗衰老医学会、欧洲健康联盟等国际医疗旅游专业组织机构进行沟通协作，共同合作建立"海南国际医疗旅游合作交流中心""世界医疗旅游协会海南培训保健中心"等，提升海南先进健康医疗旅游的交流与合作能级。

6）旅游购物和娱乐服务

旅游购物和娱乐是旅游活动的两个重要因素，好的购物和娱乐能使整个旅游活动锦上添花。不少旅行社组织旅游者专门前往外地购物和娱乐，使旅游购物和娱乐服务本身成为一种旅行社产品。旅游者在购买中获得其居住地无法获得的商品或能够使其记住旅行经历的纪念品，在娱乐中体会到身心放松的心境，这些都使旅游购物和娱乐成为旅游产品中必不可少的要素。

3.4.2 旅行社产品设计人员

旅行社的产品设计部门是旅行社的神经中枢。好的产品是旅行社生存、发展的重要条件。产品设计是一种生产和创造。好的路线产品是知识、经验、灵感的结晶，是经历和文化的感受。一个好的线路设计者，必须要有丰富的旅游基础知识。我国的重点旅游城市、历史文化名城、世界文化和自然遗产名录、主要的旅游路线和风景名胜区等，这些都是产品设计人员所要掌握的最基本的知识。同时，产品设计人员还需具备旅游行业的工作技巧，敏锐的商业意识，足够的市场、财会方面的知识。优秀的线路设计者还需懂得旅游者的需求和心理，还要了解供给方面的情况。鉴于我国目前旅行社的规模，不可能每家旅行社都成立产品设计部门。但是，组成一个产品设计小组还是必要的，也是现实可行的。旅行社的产品设计部门（小组）应该由下列3种人员组成：一是精通旅游市场、熟悉产品内容和具有相当高产品设计能力的人员；二是熟悉旅游者需求，了解旅游者心理特征的一线接待人员；三是具有一定资历的能胜任美术设计工作的设计人员。

3.4.3 旅行社产品生命周期

任何事物都存在着一个由兴盛到衰落的发展过程，旅行社产品也是如此，它有一个"从生到死"的生命阶段。产品生命周期是指产品从试制成功，经过批发生产投放市场至市场饱和到最后被淘汰出局的全部变化过程。

1）初创期

初创期也称引入期。由于旅行社产品尚处于开发阶段，处于试销阶段，因此产品还不甚完美。旅游消费者对产品了解比较少，产品在市场上也没有什么知名度，只有少数消费者购买使用。对于旅行社来说，它是投入阶段。

这一时期产品的市场特征：成本大，产量低；销量少，渠道少；促销成本高，销售成本大；竞争者少，企业风险大。

旅行社市场经营重点是宣传促销，创造产品的知名度。以优惠的措施给予中间商一系列好处，营造一个良好的营销网络，为产品的进一步发展打下基础。质量第一，服务第一，以这两者作为竞争制胜的法宝。

2）发展期

发展期也称成长期，此时产品逐渐为广大旅游消费者所熟悉，旅游消费者也得以大大增加。对于旅行社来说，产品基本定型，服务日趋规范，经营技术日臻完善，生产成本大幅度降低，旅行社开始产生利润。与此同时，替代产品或竞争品牌开始出现，而且，由于旅游产品尚不能申请专利保护，还可能出现仿制产品。

这一时期产品的市场特征：产品知名度提高，销售量明显增长；产品销售渠道越来越多；产品竞争加剧，假冒伪劣产品出现。

处于发展期的旅行社，市场经营的重点是扩大市场占有率。为此，应该优化旅游产品组合，改善产品品质，如增加产品新的功能，努力创造自己的品牌；还可采用低价策略，但要保证低价所扩大的市场份额和单位价格的乘积要大于原来采用高价时获得的营业收入。

3）成熟期

这个阶段旅行社产品已被大多数的潜在旅游者接受，市场占有率趋附于稳定，产品的销售量还在缓慢攀升，但销售额增长速度减缓；同质产品大量涌现，市场竞争加剧；旅行社为对抗竞争，营销费用增加，产品的盈利水平呈稳定状或出现下降。

这个时期的市场特征：产品销量呈下降趋势；竞争者增多，竞争程度更趋激烈。

面对这一状况，旅行社市场经营重点是在稳固目标市场的同时，通过产品差别化寻找新的细分市场，特别是争取那些对产品反应比较滞后的那部分细分市场的旅游者；改进产品质量，包括增加服务内容；采用富有竞争性的随行就市价格策略。成熟期是旅行社产品的主要销售阶段，维持时间越长，旅行社获利也就越高。

4）衰退期

由于需求饱和，产品老化，替代产品增多，产品的销售和利润明显下降，旅行社产品进入衰退阶段。此时竞争数量虽有下降，但竞争程度还相当激烈。

这一时期的市场特征：不得不以低于成本的价格出售产品；各种促销手段效果不明显；企业获利减少。

旅行社的市场策略既可适时退出市场，使其所占用的资源转向其他产品，以减少风险，也可争取最后的市场机会。考虑到旅行社面对的是购买偏好不太强烈的旅游者，可调低产品售价，或将产品改造与新用途开发相结合，努力延长产品的生命周期。

3.4.4 旅行社新产品开发过程

旅行社产品生命周期要求旅行社不断开发新产品。一般而言，当一种产品投放市场时，企业就应当着手设计新产品，使企业在任何时期都有不同的产品处于在周期的各个阶段，从而保证旅行社盈利的稳定增长。开发旅行社新产品是维护企业生存与长期发展的重要保证。

旅行社新产品开发过程由 8 个阶段构成，即寻求创意、甄别创意、形成产品概念、制定市场营销战略、营业分析、产品开发、市场试销、新产品形成并上市。

1）寻求创意

新产品开发过程是从寻求创意开始的。创意就是开发新产品的设想。虽然并不是所有的设想或创意都可变成产品，但寻求尽可能多的创意却可为开发新产品提供更多的机会。因此，企业都非常重视创意的发掘。旅行社新产品创意的主要途径有 4 种。

（1）投诉问题分析法

旅游消费者是产品信息的最好来源，而产品若被旅游者投诉或不满则说明了产品肯定存在着问题，需要改进。分析这些投诉或不满，经过综合整理，最后就可转化为创意。例如，2003 年国庆节期间，一家旅行社推出北京双飞四日游产品。在促销期间，一些旅游消费者要求旅行社在行程中增加观看天安门升国旗的项目。产品设计部人员经过进一步调查后，采纳了这个建议，结果，产品受到了旅游消费者的高度认同。

（2）内部人员会议法

召集旅行社相关人员，如导游员、组团部工作人员等围绕某个问题，各抒己见，从中激发灵感，激发创意。

（3）旅游中间代理商提供法

旅游中间商、代理商与旅游消费者直接接触，他们最了解旅游消费者的行为与心理，同时对竞争对手的经营也比较了解，因此源于他们的创意往往是最佳的。

（4）头脑风暴法

头脑风暴法就是把不同岗位、不同职务、不同部门甚至完全不相关的行业的专家或人员召集起来，如媒体工作人员、学校教师等，大家聚在一起，围绕某一个主题发表意见，在思想的相互碰撞中，寻求新产品设计的灵感。头脑风暴法要求主持者要有高度的会议把握能力，与会者不允许相互之间的批评，更多只是表达自己的观点。而产品设计者的任务是通过听取他人的发言，选出对产品设计有价值的建议。

2）甄别创意

产品设计人员取得足够创意之后，要对这些创意加以评估，研究其可行性，并挑选出可行性较高的创意，这就是甄别创意。甄别创意的目的就是淘汰那些不可行或可行性较低的创意，使旅行社将有限的资源集中于成功机会较大的创意上。甄别创意一般要考虑两个因素：一是该创意是否与旅游企业的战略发展目标相适应。它主要表现是利润目标、销售目标、旅游形象目标等几个方面。二是旅游企业有无足够的能力开发这种创意。这些能力表现为资金能力、旅游开发所需要的技术能力、资源供给能力、旅游市场营销能力等。

3) 形成产品概念

经过甄别后保留下来的产品创意还要进一步发展成为产品概念。在这里，首先应当明确产品创意、产品概念和产品形象之间的区别。产品创意是指旅行社从本企业角度考虑的能够向市场提供的产品的构想。所谓产品概念，是指企业从消费者的角度对这种创意所作的详尽的描述。而产品形象，则是消费者对某种现实产品或潜在产品所形成的特定形象。为了更好地说明这3个概念，这里以实物产品手表为例进行说明。从企业角度来看，一块手表的概念主要是这样一些因素：齿轮、轴心、表壳、制造过程、管理方法（市场、人事方面的条件）及成本（财务情况）等。但在消费者的心目中，并不会出现上述因素，他们只考虑手表的外形、价格、准确性、是否保修、适合什么样的人使用等。企业必须根据消费者在上述几个方面的要求把产品创意发展为产品概念。在确定最佳产品概念，进行产品和品牌的市场定位后，就应当对产品概念进行试验，即用文字、图描述或者用实物将产品概念展示于目标顾客面前，观察他们的反应。

4) 制定市场营销战略

形成产品概念之后，旅行社的有关人员需要制定市场营销战略，同时还要拟订一个将新产品投放市场的初步市场营销战略报告书。这个报告书由3个部分组成。

①描述目标市场的规模、结构、行为、产品在目标市场上的定位；开始几年的销售额、市场占有率、利润目标等。

②略述新产品的计划价格、分销战略以及第一年的市场营销预算。

③阐述计划长期销售额和目标利润以及不同时期的市场营销组合。

5) 营业分析

这一阶段，企业的市场营销管理者要复查新产品将来的销售额、成本和利润的估计，看看它们是否符合企业的目标。如果符合，就可以进行新产品开发。

6) 产品开发

如果产品概念通过了营业分析，产品设计部门就可以把这种产品概念转变成为产品，进入试制阶段。只有在这一阶段，文字、图表等描述的产品设计才变为确实的产品，但要注意的是，产品概念能否变为产品，要看技术上和商业上是否可行。对于不同类型的新产品，应采取以下3种不同的方法进行开发。

（1）全新型产品

旅行社开发人员在设计全新型产品时，必须对旅游者偏好、市场发展趋势、经济可行性等方面加以充分的分析和研究，对产品创意加以修改，以便设计出适合旅游市场需要的产品。在全新型产品的设计过程中，设计人员必须注意以下6点。

①产品必须具有新意，做到人无我有。

②充分利用各种可以获得的资源。

③努力降低产品成本，降低产品的直观价格。

④注意产品的时效性。

⑤设计旅游线路时，应设法避免安排重复性路线。

⑥保证产品的质量。

（2）改良型产品

在开发改良型产品时，产品开发人员应该首先分析原产品的优点和缺点，以及市场对产品的要求变化趋势，针对旅游者口味的特点及其变化，对原有产品进行加工改良，使之适合市场的需要。在开发改良型产品过程中，旅行社产品开发人员应根据市场的变化对原有产品做如下改进。

①旅游者不再对一条旅游路线中的某个城市感兴趣。在这种情况下，应该重新安排这条旅游线路，将这个城市从旅游线路中撤掉，换上旅游者所喜爱的另一个城市，或者将旅游线路缩短。

②在同一条旅游线路中，出现两个城市的旅游景点雷同。针对这种情况，产品开发人员应该对旅游景点做必要的调整，如将其中的一个景点换成具有其他特点的景点，或者将其中一个景点从旅游活动日程中撤掉，并减少在该地的停留时间。

③城市间交通设施发生变化，如高速公路的建成、火车提速、民航增加航班等。旅行社产品开发人员可根据路途时间、交通工具价格等具体情况，适当改变旅游者的旅行方式。

（3）仿制型产品

设计仿制型产品时，产品开发人员应该认真研究被仿制产品的特点，去粗取精，使仿制型产品具有某些本旅行社的特点，而不是全盘照搬。

7）市场试销

如果旅行社的最高管理者对某种新产品开发试验结果感到满意，就可以着手用品牌名称、包装和初步市场营销方案把这种新产品装扮起来，把产品推上真正的旅游消费者舞台进行实验。市场试销的目的在于了解消费者和经销商对推销、使用和再购买这种新产品的实际情况以及市场大小，然后再酌情采取适当政策。市场试验的规模取决于两个方面：一是投资费用和风险大小。二是市场试验费用和时间。投资费用和风险越高的新产品，试验的规模应越大；反之，投资费用和风险较低的新产品，试验就可小一些。从市场试验费用和时间来讲，所需市场试验费用越多、开发时间越长的新产品，市场试验规模应越小一些；反之，则可大一些。一般来说，市场试验费用不宜在新产品开发投资总额中占太大比例。

8）新产品形成并上市

经过市场试验，旅行社高层管理者已经占有了足够信息资料。如果决定向市场推出，则应根据市场销售反馈的信息对旅游新产品加以修整、改进后，以最佳市场组合形式将旅游产品正式推向市场。

【案例 3.1】

2020 年文化和自然遗产日 "云游非遗·影像展" "非遗购物节" 启动

2020-06-15　10:08　来源：中国旅游报

6月13日是2020年"文化和自然遗产日"。6月12日，2020年文化和自然遗产日"云游非遗·影像展" "非遗购物节" 启动仪式在京举行。文化和旅游部党组书记、部长雒树刚等出席活动并共同启动2020年文化和自然遗产日"云游非遗·影像展" "非遗购物节"。

雒树刚在致辞中表示，习近平总书记高度重视非遗保护工作，作出一系列重要指示批示，在多次调研活动中考察非遗项目、购买非遗产品，与传承人亲切交流，鼓励他们把非遗保护好、传承好、发展好，充分体现出以习近平同志为核心的党中央对非遗工作的高度重视、对非遗传承人的关心关怀。在党中央坚强领导下，文化和旅游部党组始终坚持以习近平新时代中国特色社会主义思想为指导，深入贯彻习近平总书记关于非遗保护重要论述和指示批示精神，坚持"非遗保护依靠人民、保护成果惠益人民"的工作导向，秉承"见人见物见生活"的理念，在保护好非遗项目、非遗传承人的基础上，积极推动创造性转化、创新性发展，努力弘扬非遗时代价值、展现非遗时代风采，推动非遗更好融入现代生活、服务经济社会发展、满足人民美好生活需要，取得了积极进展。"文化和自然遗产日"已成为向全社会宣传普及非遗知识、展示非遗保护传承实践的重要平台。今年全国各地将举办3 700多项非遗宣传展示活动。在新冠肺炎疫情常态化防控背景下，除部分活动将在严格做好疫情防控的基础上在线下举行之外，大多数活动都在线上举办。

"云游非遗·影像展" 由中国演出行业协会联合腾讯视频、爱奇艺、优酷、抖音、快手、哔哩哔哩、酷狗、微博等8家网络平台共同承办，1 600余部非遗传承记录影像、非遗题材纪录片在线进行公益性展播，已于6月8日上线。

在文化和旅游部非遗司，商务部流通发展司、电子商务司，国务院扶贫办开发指导司共同支持下，阿里巴巴、京东、苏宁、拼多多、美团、快手、东家等电商平台联合举办"非遗购物节"活动。截至6月11日，全国有近6 500家店铺参加"非遗购物节"，非遗产品种类8万多种，涉及各级非遗项目约4 500项。

商务部流通发展司、电子商务司，国务院扶贫办开发指导司，文化和旅游部有关司局、直属单位和北京市文化和旅游局负责同志现场参加启动仪式，全国各省（区、市）文化和旅游厅（局）负责同志在线参加启动仪式。

【本章小结】

产品是旅行社经营的基础，市场则决定着旅行社生存和发展的空间。旅行社为了满足目标市场的需求，必须研究市场和产品。旅行社产品是通过交换以满足消费者某种需求和利益的有形物体和非物质性的无形服务。旅行社产品可理解为核心产品、形式产品和延伸产品3个层次。旅行社产品是旅行社为满足旅游者需要而提供的各种有偿服务，主要有包价旅游和单项服务两种产品，集中表现为旅游线路。旅行社产品开发要受到旅游需求、旅游资源赋予、旅游设施配置和可进入性等各种因素的制约与影响。旅游产品设计是一项技术性强的工作，应按照市场原则，经济原则，节点合理原则，主题鲜明、内容丰富原则，服务设施确有保障原则进行。

【复习思考题】

1. 简要说明旅行社产品的内涵、特征与类型。
2. 影响旅行社产品开发的因素主要有哪些？它们是如何影响旅行社产品开发的？
3. 旅游线路设计应遵循哪些原则？

【实训】

1. 走访所在地区几家旅行社，向旅行社工作人员了解他们主要有哪些旅游产品或旅游线路。
2. 在教师指导下，设定几个旅游消费群体，并为他们设计旅游线路或旅游产品。
3. 走访几家本地旅行社，了解本地市场的常规旅游线路有哪些？

【案例分析】

苏州文化国际旅行社自救创新两不误

2020-03-14　19:05　来源：中国旅游报社

2月24日，进入半复工状态的苏州文化国际旅行社总部大楼内，近百名员工从容有序地工作着。目前，该旅行社的财务、后勤、生产等部门，以及"神通在线""蛋糕微旅行"两个平台的工作人员已经复工，主要工作就是处理春节期间产生的退单，同时着手启动新一轮的产品研发。

直面困境　敢于担当

自1月24日起，苏州文化国际旅行社订单退款额达到1 500万元。由于旅行社订单退订工作涉及境内外多家航空公司、地接社、酒店、景区等环节，政策不一，操作起来比较复杂。目前，苏州文化国际旅行社一方面正在充分研究江苏省文化和旅游厅、省财政厅《关于支持文旅企业应对疫情防控期间经营困难的若干措施》和苏州市政府出台的"苏惠十条"，争取最大程度的政策扶持，为企业减少一定损失；另一方面，尝试与航空公司（酒店）等进行协商，寻找到最佳解决方案，让客户满意。

全力自救　修炼"内功"

在困境中，苏州文化国际旅行社并没有停下来，一手抓政策，一手抓自救。对于企业而言，如何留住员工是自救的关键。自疫情发生后，为保障员工的健康，苏州文化国际旅行社第一时间采取了居家办公的形式，同时也做好安抚和疏导员工的情绪的相关工作。此外，苏州国际旅行社在员工居家办公期间依然按时足额缴纳了养老保险等费用，让员工安下心来，共同努力开拓其他新业务。在稳队伍、聚人心的基础上，苏州文化国际旅行社还开展了一系列线上培训，在疫情防控期间为员工"充电"。截至目前，该旅行社共开展了党性教育、疫情之下如何渡难关、文旅知识讲座、系统操作等方面的六节线上培训课，邀请了苏州旅游与财经学院、尚游文旅、苏州牵手之旅等院校和企业的学者、企业家为员工授课。

勇于创新　开拓市场

把歇业期转化为修炼期，离不开不懈创新。苏州文化国际旅行社2019年9月上线了"蛋糕微旅行"平台，在这段时间传统旅行社业务停摆之后，迅速添加了"美食汇"板块，集中采购了江浙沪皖的农副产品资源，开展全员营销。截至 2 月 28 日，总订单数超过 3 000 个，实现营收 50 余万元。通过这一平台增加农副产品的销售，在帮助旅行社在一定程度上止损和员工增收的基础上，增大了用户黏度，将用户留在身边。同时，此次疫情也让苏州文化国际旅行社看到，疫情过后，以 5G 技术为基础的线上 B2C 交易形式及"足不出户可以得天下"的市场模式将获得飞跃式发展。社领导决定抓住机遇，勇于创新，顺应 5G 时代的未来发展方向。

请结合该案例分析：旅行社应如何根据市场的变化进行自我发展及新产品和新的客源市场的开发？

第 **4** 章

旅行社促销

【本章导读】

　　旅行社促销是旅行社产品营销中的重要环节，是旅行社外联销售部门最重要的工作之一。促销成功，旅行社产品能大量销售出去，旅行社就有经济实力，发展前途光明；促销失败，就无客源，无客源就无赢利，无赢利旅行社就无法生存。所以，促销是否成功不仅决定着外联销售部的销售成绩，而且决定着旅行社的兴衰存亡。通过本章学习，让学生掌握旅行社促销的方法和旅行社的促销管理。

4.1　旅行社促销概述

4.1.1　旅行社促销的概念

1）营销理论概述

　　传统营销理论以市场学家麦克塞在 20 世纪 50 年代提出的产品（Product）、价格（Price）、渠道（Place）、促销（Promotion）"4P"组合为经营四要素。该理论认为，应当明确目标市场，将消费者的观点作为市场经营管理的指导思想；应以消费者为中心来组合营销活动，加强营销管理。但是由于这种理论是先有产品，再展开一系列营销活动，因此从根本上讲，传统营销理论的出发点还是企业本位。

　　现代营销理论认为现代消费者已超越了量的满足时代和质的满足时代，而进入了情的满足时代。购买商品主要是追求感情的满足，商品也就由提供功能价值向体现、展现消费者的个性需求，迎合、满足消费者的精神愉悦方向演化。旅行社要赢得市场，就必须开发出能打动消费者心的、满足其感情上需求的特色产品。现代营销理论还认为，消费者购买的方便化比购买渠道更重要。旅行社要忘掉单向促销，要站在消费者的立场，从消费者的爱好需求出发，重双方协调、重双向沟通，使消费者真正成为参与者。浪费消费者时间、服务质量低下的旅游产品，价格再低也无生命力。一句话，需求和成本比价格重要。新的营销理论以消费者（Consumer）、方便（Convenience）、沟通（Communication）与成本（Cost）"4C"为新的四要素。

　　新旧理论的差别反映了在旅游等多个营销领域由卖方市场向买方市场转化的市场倾向，导致了追求个性、追求情感、追求名人、追求幽默等旅游营销新策略的出现。

2）旅行社促销内涵

　　旅行社促销，是指旅行社为了激励顾客购买自己的旅游产品，运用各种推销方式和方法，将旅游产品的有关信息及时传递给客源市场中间商和潜在的旅游消费者，促使他们购买自己产品的各种市场营销，从而实现旅游产品价值的活动。

遵循传统营销理论，我国旅行社的旅游产品促销特别依赖价格竞争，这导致一些旅行社陷入了削价竞争→利润亏损→不接团不行→越接团越负债的怪圈。受新的营销理论影响，越来越多的旅行社开始在促销领域更注重消费者心理调研，针对游客的兴趣、爱好、欲望、需求来确定促销主题，有针对性地与中间商及潜在旅游者进行信息沟通；在促销活动及销售过程中，尽量将方便让给消费者，引入网上营销等电子商务方式，既减少买卖双方的时间耗费，又节约成本；营造营销全过程中消费者的愉悦心情，以实现游客满意度作为旅行社促销的第一竞争手段。

4.1.2 旅行社促销的作用

1）提供旅游信息，沟通供需联系

信息是旅游者从事旅游活动的前提。只有通过旅游产品的信息传递，才能唤起旅游者购买欲望。旅行社促销活动，是以争取旅游消费者为目的，以景点节目为中心，以各项服务条件为必备资料，为旅游提供完整的信息。

2）刺激旅游需求，引导旅游消费

旅行社高水平的促销活动，不仅可以使旅游消费者的潜在需求转化为现实需求，而且能创造新的旅游需求，增加旅游消费。例如，广东省口岸旅行社以赠送风光录像带、风景、海报、挂历、举办名山大川明信片展览等方式深入各个客源潜在单位，诱发市民的旅游兴趣，取得了引导旅游消费、创造需求的效果。

3）突出产品特色，强化竞争优势

旅行社同类产品之间可替代性较强，旅游消费者较难区分。而旅游促销活动则是旅行社传播产品特色的重要手段，它通过对同类旅游产品某些差别信息的强化宣传，对不同具体产品的特色起到聚焦、放大的作用，即赋予没有多大差别的产品以不同的象征性形象差别。旅行社通过促销，突出产品差别与特色，使潜在旅游消费者认识到旅行社产品可以给其带来的特殊效用和利益，并由此对旅行社产品产生偏爱，从而使旅行社的竞争优势得到强化，减少需求波动，稳定旅游产品的销售。

4）树立美好形象，稳固市场地位

在竞争日趋激烈和白热化的市场环境中，做好旅游促销工作，可以使旅行社赢得更多的潜在顾客的厚爱，有利于其在目标市场中树立良好的形象，也有利于其在市场竞争中胜出。旅游市场风云多变，一旦出现环境威胁因素时，旅行社可以通过一定的宣传促销手段，改变自身的消极形象，重塑自身的美好形象，以达到恢复、稳定甚至扩大其市场份额，取得良好经济效益的目的。

4.1.3 旅行社促销的内容

要激发消费者购买旅行社的产品，必须首先促使其产生去该地旅游的愿望，即消费者必须先确定去某地旅游，然后再从该地的众多旅游产品中选购他所喜欢的产品。由此可见，旅行社促销内容实际上应分为两个层次：一是吸引旅游者赴某一目的地去旅游而进行促销工作，即旅游目的地形象宣传；二是吸引旅游者购买赴这一目的地的某一产品而进行的促销工作，即特定的旅游产品促销。

1）旅游目的地形象促销

（1）旅游目的地形象促销的概念

旅游目的地形象是指人们对该目的地总体、抽象、概括的认识和评价，是对旅游地的历史印象、现实感知和未来信息的一种理性综合印象。从某种意义上说，形象就是无形资产，形象就是生产力。塑造旅游目的地形象，就是把现有的资源优势经过提炼升华，塑造成特色鲜明的形象传播出去，从而提高知名度、美誉度，有效地拓展旅游市场。

（2）旅游目的地形象塑造在旅行社促销中的重要性

①形象是游客选择旅游目的地的重要判断依据。反映旅游地综合素质的形象是游客作出目的地选择的重要判断依据，形象是旅游地争夺市场、取得竞争优势的最重要资源，它可以创造游客前往一个旅游地的消费信心。一个旅游地良好、清晰的形象使其容易在众多的旅游目的地中凸现出来，引起消费者的注意和偏爱，促使其了解并最终购买旅游地产品。

②保持持久的良好形象，是旅游目的地确保稳定客源的基础。形象是游客评估旅游地的重要依据之一，旅游地只有不断地开展营销活动，提升自己的良好形象，才能获得稳定的客源。

③旅游资源要素及由此加工的旅游产品的趋同使形象成为吸引游客之本。从世界范围来看，旅游产品趋同的特征十分明显，如地中海、加勒比海、墨西哥湾是国际旅游客源的主要集中地，其旅游资源类型主要为气候资源和海洋资源。亚洲主要旅游接待国的旅游资源在西方游客的心目中也是惊人的相似：悠久的历史、古迹、东方文化、美丽的风光。旅游资源要素及由要素转化而来的旅游产品趋同，无疑增加了游客选择旅游地的难度，而旅游形象一旦鲜明丰满地形成并广为人知，为相当一部分媒体所了解、接受，就成为巨大的吸引力量。

（3）旅游目的地形象促销的内容

①现有形象调查。现有形象调查，是制定旅游目的地形象促销的基础。旅游目的地的形象是目的地客观现实在公众心目中的主观反映，客观上，旅游目的地的社会政治经济状况、自然环境、旅游资源、基础设施和旅游设施等都是构成旅游目的地形象的因素。主观上，不同旅游者的特点，如国籍、年龄、文化程度、性别、职业、兴趣爱好、旅游经历等，都会直接影响他们对旅游目的地的感知和印象。因此，必须从主客观相结合的角度对目的地现有的总体形象进行全面的了解和分析。

②形象描绘和归类。形象描绘和归类，是制定正确的旅游地形象促销的依据。在对旅游目的地形象进行客观真实的描述后，就要对旅游地形象进行归类。从抽象意义上讲，旅游目的地形象可归为六大类，即正面形象、虚弱形象、负面形象、综合形象、矛盾形象和

过于吸引人的形象。对于一个具有正面形象的旅游地而言，它无须改变形象，而应强化现有形象并将形象传播给更多的目标消费者。对于一个具有较弱形象的旅游地而言，关键是找到形象缺乏吸引力的原因，并下大力气改善形象。对于一个具有负面形象的旅游地而言，应作切实改变，同时大力宣传其新形象。对于一个具有综合形象的旅游地而言，则要在吸引更广泛的目标市场的同时，有重点地进行形象促销，以避免形象模糊。对于一个具有矛盾形象的旅游地而言，形象促销中的扬长避短则是其制胜法宝。而当旅游地形象过于吸引人时，应降低形象促销的力度，避免旅游地超载。

③形象传播。形象传播是指旅游目的地通过有目的、有计划的促销活动创造推荐形象，以吸引旅游者前去旅游。形象传播是旅游目的地形象促销的归宿。在形象传播阶段，旅游目的地要特别注意4点。

A. 主题确立要张扬个性，契合潮流。

B. 形象塑造要高度整合，相互呼应。

C. 形象推广要持之以恒，舍得投入。

D. 形象提升要借机造势，乘势而上。

总的来说，旅游目的地促销是对旅游目的地的旅游资源、旅游软硬件环境整体进行宣传促销，希望能影响异地旅行社及潜在的旅游者对旅游目的地的选择意愿，产生的效益可能是立竿见影的，也可能是长期方能见效的。

旅游目的地形象促销涉及面广、内容繁杂、耗资巨大，单个旅行社是无力承担此重任的。一般来说，旅游目的地形象促销多半由目的地旅游主管部门推出，是地方政府行为，或由旅游目的地的旅游主管部门或当地旅游行业协会组织多家旅游企业联合促销，是对所有经营该旅游产品的旅游企业均有利的公益性行为。因此，只要促销经费到位，一般不会受到太大的阻力。

2）旅行社产品促销

旅行社产品促销，是指旅行社推介某项具体的旅游产品（如一条旅游线路），以吸引旅游消费者购买。

旅游目的地促销是旅行社产品促销的基础与铺垫，但旅行社产品促销毕竟不同于旅游目的地促销。旅行社产品促销要产生现实的经济效益回报，就需要最终找到购买产品的客户。在当今中国的旅游市场上，多数情况下客户有过多的选择，居于交易的主动地位，是真正的"上帝"。因此，旅行社产品促销就存在阻力，存在与"上帝"的沟通问题。

"沟通"包括结识交友与意向促销。

一些大社或已有固定合作伙伴的老社不屑于或不急于与上门促销的外地旅行社沟通，此时，如果能找到得力的中介人介绍是最省心的事。例如，南方某新旅行社派出3组外联人员分别前往华东、北方、南方促销。出乎大家意料的是，唯一促销成功的是前住南方促销的两位出生于机关大院的新手女孩，原来，其中一个女孩的父亲有一位老战友是南方某市旅游界重量级人士，在他的牵线搭桥下，很容易就有旅行社同意发团一试。因此，外联促销人员平时一定要注意公关与积累关系。中国旅游界特别重感情投资与交往，一位具有行内广泛关系的外联促销人员在进行业务活动时更容易挥洒自如，得心应手。

如果沟通的双方原先无任何关系，那外联促销人员本身的外联素质就会对促销能否成功起决定性作用。素质良好的外联促销人员应具有很强的亲和力，应当使人感受到诚意与干练。亲和力可以为外联促销人员从素不相识的促销对象那里争取到沟通的机会；诚意是沟通得以进行下去的保证，而干练则是促成结果的必备条件——任何一家客户旅行社都不敢将所组的旅游团队交给没有经验的人接待。干练体现为人的精明与成熟感，这就是为什么在旅游促销市场中，往往女强人型的中年女外联人员促销成功率要远远高于美少女型的外联促销人员的原因。当沟通进行到实质性阶段时，客户有可能会提出一些与旅行社产品相关的专业问题，如："贵社打算安排团队住在哪家宾馆？离市中心多远？有何设施？门市房价与旅行社内部价各是多少？该房价与其宾馆、饭店的价格比较怎样？有季节变化吗？"客户甚至有可能会拿出一幅旅游目的地市区简图，要求外联促销人员指出该宾馆在地图上的具体位置。所以，干练还体现为具有丰富的专业知识。

【补充阅读资料 4.1】

同心同路　去哪儿网助力合作伙伴共克时艰

2020-04-22　15:59　来源：去哪儿网

在新型冠状病毒肺炎疫情的持续影响下，旅游行业上下游企业如何渡过难关，成为当下业界普遍面对的重要问题。为助力平台上下游旅游企业共克时艰，去哪儿网发布扶持计划，通过推出航旅辅助收益平台、实施门店关怀计划、启动扶持基金等多种方式，助力上下游合作伙伴更好地回复生产经营，与所有旅游企业与从业者一道同心同路同未来。

开放航旅辅助收益平台，助力航空公司恢复生产

受疫情影响，今年春运民航业受到巨大冲击。根据去哪儿网对搜索数据的统计，2月20—29日，还在开放销售的国内航段，不到计划航段总量的25%。为了更好地帮助航空公司分析行业形势，在客源恢复时合理地配置航班，投放适当的运力，去哪儿网利用互联网技术优势，结合优化算法和大数据应用，对搜索流量的数据进行细分，推出了专门为航空公司服务的航旅辅助收益平台并面向行业免费开放。该平台通过对点到点、点到区域的航班班次监控、价格监控、铁路班次监控，以及城市间人口流动、收入指标等多个维度的行业专业数据，向航空公司提供统一航线下民航、铁路的总和运营数据，帮助航空公司实现精细化的航班监控。航旅辅助收益平台通过对未来30天的数据汇总，可以清晰地掌握每个航段上所有航空公司投放的航班总量，以及实际开放销售的航班数量。通过技术的运用和数据的支持，去哪儿网积极帮助航空公司更精准地把运力投放到合适的市场当中，逐步恢复生产运营，并带动上下游合作伙伴实现快速发展。

关怀线下门店，患难与共渡过难关

门店是旅游线下渠道的重要组成部分，疫情影响了旅游业的春节黄金周。从旅行社供应商反馈的情况来看，当前旅行社面临的困难主要有取消旅游团产生的损失费问题，企业之间的应收账款风险，以及经营暂停后企业生存和员工薪酬、就业等问题。对于旅行社而言，收入降低但房租成本却不会降，门店面临很大经营压力。对此，疫情期间，去哪儿网启动了门店关怀计划，针对组团游停滞期的门店租金和人员提升，暂免疫情期间的3个月管理费，将门店各自签订的任务额度延期3个月，以缓解门店经营压力；同时，为门店员工推出包括产品知识、销售技巧、数据分析、客户关系管理在内的一系列精英课程。此外，对于线下门店和线上合作旅行社，去哪儿网还针对保险索赔等问题，为旅行社、门店提供免费的法律援助，帮助合作伙伴通过金融等方案减少损失。

启动扶持基金，扶持合作伙伴渡过难关

随着疫情逐步得到控制，目前全行业的重心向恢复生产、解决生存等问题倾斜。为了帮助上下游合作伙伴顺利渡过难关，去哪儿网启动了价值亿元的扶持基金。一方面，是费用支持。其中包括减免国内机票代理商1月和2月的服务费，减免玩乐产品非自营代理商3月底之前的佣金，去哪儿网全国门店免除3个月管理费等；同时，还面向国际机票代理商、玩乐类产品代理商实行推广费用支持政策，助力上下游合作伙伴加快复苏脚步。另一方面，是营销支持。去哪儿网积极推出营销扶持方案。其中，目的地流量板块通过流量红包的形式进行资助，帮助商家实现快速曝光；玩乐产品板块以复苏为主题举行了一系列营销活动，组织景区、商家开展多种复合式营销活动，并建立复苏期各类利于行业的商家共享免费信息发布平台等，帮助合作伙伴快速恢复生产，实现自我造血。

4.2 旅行社促销方法

旅行社促销方法通常有广告促销、直接推销、公共关系和营业推广4种类型。

4.2.1 广告促销

顾名思义，广告就是广而告之的意思。旅行社广告促销就是通过一定的媒体，把旅行社产品传递给潜在旅游者，使之产生旅游的愿望，从而促进旅行社产品的销售，实现旅行社经济效益增加的目的。广告的特点可以简单归纳为以下几点：传播速度快；传播范围广；可利用的手段、方法多，具有较强的吸引力；无须人员与消费者作直接沟通。广告是旅行社促销中使用最频繁、最广泛的一种促销方法。旅行社的旅游促销广告可分为自办媒体型广告、大众传播媒体型广告两种。它的设计应遵循真实性、针对性、创造性、简明性、艺术性原则，应当符合国家与地方的有关法规。

1）广告的媒体类型

（1）自办媒体型广告

①户外广告牌。户外广告牌是一种影响力较大的自办广告媒体。户外广告牌一般放置在飞机场、火车站、长途汽车站、水运码头等过往行人较多的公共场所和公路侧旁、建筑物顶部等容易为过往人群注意到的地方。广告牌上的语言应简洁、生动，所用字体应易为多数人能看清和看懂。旅行社应加强对广告牌的维护，防止因风吹、日晒、雨淋等自然因

素造成油漆脱落、牌面污染等现象，影响广告的效果。

②广告传单。广告传单有单页传单、折叠式传单等形式，由旅行社雇人在公共场所散发或在公共广告栏张贴。广告传单具有能够较详细地介绍旅行社及其产品、传单的制作及散发的成本比较低的优点。

③载有企业或产品信息的纪念品。许多旅行社利用载有企业或产品信息的物品进行广告促销。例如，旅行社向旅游者赠送印有本旅行社名称、主要产品、联系地址和电话号码的旅行包、太阳帽、T恤衫等纪念品。旅游者在日常生活中携带这些纪念品出入各种公共场所时，便无意中为旅行社做了免费的广告宣传。属于这类广告促销纪念品的还有印有旅行社名称或产品信息的火柴盒、钥匙链、针线包、圆珠笔、记事本、年历等。

（2）大众传播媒体型广告

大众传播媒体型广告传播面广、效率高、影响力强，但成本高。

①电视。当今在大众传播媒体中，数电视对潜在旅游者的影响最大。例如，某县为一流岩溶地貌景区，20世纪90年代初刚开放时，第一年仅有游客2 000余人次。第二年五一节前夕，该县旅游公司请其附近某城市电视台制作了该岩溶地貌景区的一部专题片，在长达一周的时间里，每天晚上在《新闻联播》节目开始之前在该市播放。结果，仅五一劳动节那一天，该县就接待了游客2 000多人次，全县城旅店住宿爆满，县政府也出动大批干部到旅游公司帮忙，真可谓立竿见影。

电视作为旅游媒体的优点：广告形象真实生动、感染力强；视听并存、图文并茂；广告针对性强，传送及时，覆盖面宽，重复率高。缺点：播放时间短，潜在旅游者看到广告多靠偶然；而且制作较难、费用高，越是覆盖面宽的、级别高的电视台收费越昂贵，非一般旅行社财力所能及。目前，只有极少数大型旅行社在特定的旅游频道或专门频道中出资进行电视广告宣传。

②报纸。报纸是最普及的传统大众传播媒体，可以分为全国性报纸、地方性报纸、专业性报纸3类，广告价格各不相同，旅行社应根据旅游产品的不同目标市场与各自的财力选择不同的报纸作为广告媒体。近年来，中央及各地的电视报、晚报在一般市民读者中独领风骚，因此各种电视报、晚报以及在旅游中间商或特定读者人群中影响较大的专业报纸（如《中国旅游报》《中国老年报》等）就成了旅行社产品广告的主要阵地。

报纸作为旅游媒体的优点：传播面广、反复使用率高、读者信任度相对较高、费用相对较低，多数旅行社财力均可承受。缺点：现在报纸版面越办越多，内容繁杂、广告较多，导致一般广告不显眼，一般读者多不看或仅简单浏览一下广告部分，从而常使广告失去了意义。

③杂志。杂志是一种针对一定阶层读者为宣传对象的广告媒体，具有针对性强，保存期长、制作质量好、传阅读者多和读者层稳定的优点。尤其是旅游专业杂志，旅游者往往对其介绍的信息信赖程度较高，是旅行社针对具体目标市场开展广告促销宣传的理想工具。杂志的缺点：出版周期长、费用较大和传播范围受限制。

④电台和广播。广播和电台是一种以地方性市场为主要宣传目标的广告媒体，具有价格低、重复率高、信息传播及时等优点。其缺点：仅有音响效果，不能产生生动的形象效果

且转瞬即逝，难以使信息在听众头脑中长时间保留。另外，随着其他传播媒体的普及、广播电台的听众有日益减少的趋势。广播电台是我国一些县、乡、镇的旅行社经常采用的一种广告媒体。

⑤旅游网站。旅游网站广告是 21 世纪最新、最现代化的一种电子媒体广告，具有传播快，覆盖面遍及世界各地，广告形式灵活、生动，在知识分子与青年人中易于造成影响等优点。自从电子商务步入我国旅游业以后，网上促销成了一些旅行社，特别是经营国际旅游业务的大社的重要促销方法。旅行社在著名的旅游网站上付费建立自己的网页，介绍本旅行社及旅游产品、公布优惠信息，以达到促销的目的。

然而，由于我国的信誉评价体制尚未建立，加之旅行社严重缺乏熟悉电子商务的人才，因此我国旅行社的网上促销收效远不如外国，大量旅行社仍与网上促销无缘。但是有远见的旅行社应当积极招揽电子商务人才，早日采用这一先进的促销方式，跟上世界潮流。

2）广告运用策略

一些大型的旅行社往往全年不断地做广告，如上海某国际旅行社就在《中国旅游报》等一些媒体上常年做大量的广告。但是，这只能是一些有实力的大旅行社才能做到。在国内，更多的是中小旅行社，财力不允许它们这样做；况且，广告的投入往往较高。因此，在运用广告时，要做到精打细算、事半功倍。

（1）广告的时间选择

在国外，有些旅游批发商传统上在圣诞节前出版来年夏季的小册子。因为圣诞节是购买圣诞物品的集中时间，所以圣诞节刚过，旅游广告便铺天盖地而来。但是，国外旅游者旅游的预订周期、预订方式也正在发生变化。过去传统上大多数人在一、二月份预订他们的度假，现在，许多人都等到出发前很短的时间才开始预订，于是，旅游批发商现在在八、九月份就开始做广告。

在国内，出境旅游由于办理护照需要一定的时间，预订期一般最短需要 3 周，但是，在国内旅游，旅游者的预订期普遍比较短，有的甚至在旅行社截止日前才来报名。这样的一种预订方式使得国内旅行社在选择广告时间时，往往集中在旺季到来之前的一段时间和整个旺季，如五一黄金周的旅游产品，旅行社一般提早 2～3 周开始做广告。而在淡季，广告一般就比较少。以报纸广告为例，据对成都市区主流旅行社广告媒体《华西都市报》的统计，在 2004 年 7 月和 8 月旅游旺季期间，每天的旅行社广告都在一个版面以上，最多一天达到两个版面，刊登广告的旅行社多则近 30 家，少的时候也有 16 家。但是，到了旅游淡季的 12 月，刊登广告的旅行社多的时候也只有 6～7 家，少的时候甚至只有 1 家。另外，在一星期中，大多数旅行社愿意将广告刊登时间确定在周一至周五这 5 天时间内。

（2）广告的媒体选择

在国外，由于电视传播的特点，电视是旅行社选择广告的重要媒体之一。但是，在国内，由于现阶段我国旅行社"散、小、弱、差"，大多数旅行社不可能把宣传费投入较昂贵的电视广告媒体，而且电视作为旅行社的广告媒体，更适合对旅行社的整体形象进行宣传。

因此，国内旅行社在选择广告媒体时，使用比较多的是报纸、旅游网站、活页宣传等。需要指出的是，在传播媒体较普及的今天，一个地区、一个城市有众多可供广告刊登媒体的选择，即使同一类媒体，由于媒体本身的市场定位不一样，旅行社仍有必要根据自身的产品市场做审慎的比较选择。例如，把一个针对"银发市场"的旅游产品刊登在一份将发行对象主要定位于青年的报纸上，其效果显然将大打折扣。

4.2.2　直接促销

直接促销是指旅行社通过直接接触旅游者或客户来推动产品销售的促销方法。所谓客户，是指所有可以为作为促销主体的旅行社提供客源的机构和组织。

1）直接促销的类型

（1）人员推销

人员推销是旅行社在旺季前或推出重点旅游新线路时派出外联人员，直接上门介绍、推销旅行社产品的促销行为。如果说国际社受经费的制约，在派员出境直接推销方面采取慎重态度的话，国内社则普遍在1年中至少派出外联人员向客户旅行社推销3次：春节前后或3月中旬前1次；6月1次；赴每年的国内旅游交易会1次。同时，新组建的旅行社对旅游目标市场的旅行社进行第一轮登门推销，更是必不可少。

人员推销应以感情联络为主，达成合作意向为目的，最好能签一个大致的基本合作协议。有了感情，要保持、发展感情，才有长期的合作保障。至于具体到每一次的产品销售，双方则一般通过传真、电话协商进行。

【案例4.1】

人员促销

11月，正是某地的旅游淡季，该地旅行社决定利用这个时机进行全员促销。产品设计中心的工作人员加班加点，设计了许多旅游产品，并把它印制成精美的旅游宣传手册和活页。旅行社把销售部、导游部及部分门市员工召集起来，在总经理做了销售动员后，大家分头出发了。

小张领了旅游产品的宣传资料，按照事先的分工，来到一家外资企业做产品推销。可到了公司门口，门卫拦住了她。经过一番磨嘴皮，总算进去了。好不容易找到总经理办公室，可外间办公的总经理秘书又把她拦住了。总经理秘书一听小张是来推销旅游产品的，一会儿说总经理这会儿正忙，一会儿又说在他们公司总经理不管这事。小张希望总经理秘书告诉她旅游的事谁负责，总经理秘书就是不肯。无奈，小张只好把旅游产品的宣传资料交给秘书，悻悻然地去了另外一个单位。

请分析：该旅行社除了印制精美的宣传品，开销售动员大会外，还应该做哪些更重要的事情？小张的这次推销成功吗？为什么？为了使推销更有成效，小张应该怎样做？

（2）电话促销

电话促销一般仅用于向国内重点老客户推出新产品，或通过电话向重点老客户征询对产品的意见、解答客户的询问，诱使客户旅行社更大量地购买本社产品。由于电话通信费远高于直接邮寄费，且缺乏信任感，潜在的客户对电话促销一般反应不强，因此不宜对新客户采用电话促销方式，更不宜用于国际旅游产品促销。

电话促销的优点：及时，针对性极强，与客户能直接交流从而产生情感因素。缺点：费用不便宜，无视觉及文字效果，促销成功率不高。

为了减少通话时间以控制电话费用，有人使用电话录音进行电话促销，但这种方式抹杀了电话促销的情感因素优点，略显不够尊重对方，因而效果更差。

（3）直接邮寄促销

旅行社将精印或打印的旅行社产品的线路、报价、优惠条件、说明、联络方式，有时还加上线路沿线的景点宣传资料，邮寄给客户旅行社及挑选出来的各地潜在的客户、谓之直接邮寄促销。这是一种广种"薄"收的促销方式，之所以用引号，是因为"薄"是仅就邮寄出的促销信件数量而言的，但就其所带来的经济收益，如促销得当，则不会薄，甚至会相当丰厚。例如，一般来说，一家国内旅行社一次邮寄发出的促销信息资料，应以千计。然而，只要产生千分之一的效果，有一家外地客户旅行社购买了此产品，并且发来1～2个团，即可收回此次邮寄促销的全部费用。如果这家客户旅行社长期购买此产品，或产生的促销效果不只此一家客户旅行社，而是两家、三家，甚至更多的客户，那么此次邮寄促销产生的经济收益则是不可估量的。正因为如此，直接邮寄促销方式几乎被每家旅行社所采用。

（4）文化广场促销

近年来，一些城市出现了市中心的大型文化或中心广场，在广场中立有大型电子屏幕，在这种大型电子屏幕上做广告，或在广场中举行促销宣传文艺演出、散发促销宣传资料是一些旅行社的新选择。这种促销方法的优点是易造声势；缺点是针对性不强，无法选择受众。

（5）旅游大篷车促销

旅游大篷车是近年兴起的最新联合促销方式，它一般由旅游行政主管部门牵头，各旅游企业参与，乘坐旅游大巴或旅游专列巡游于旅游客源地，或跨市或跨省，在各地大规模地开展广场文艺促销活动，散发旅游宣传品，解答潜在旅游者的提问。旅行社参加旅游大篷车可以节约促销投入，利用政府的信誉度，扩大影响、增强企业知名度。但旅游大篷车促销往往只能起提高知名度、引起旅游兴趣的作用，着眼点是未来，很难当场达到销售目的。

【案例 4.2】

大熊猫闪亮布拉格——四川推介会在捷克首都举行

2016-05-05 10：53：00 来源：四川省旅游信息中心

当地时间5月2日，四川推介会在捷克首都布拉格市举行。中共中央委员、中共四川省委书记、四川省人大常委会主任王东明，中国驻捷克大使馆商务参赞程永如，捷克共和国中捷克州州长佩特拉，捷克总统顾问、捷克"一带一路"研究会会长科胡特，中捷克州旅游协会会长韦伯，以及捷克商界、旅游界和新闻界代表约170人出席了推介会。

推介会由四川省旅游发展委员会主任郝康理主持。王东明书记在致辞中表示，四川与捷克都是旅游资源富集的地方，布拉格城以及四川的九寨沟、黄龙、乐山大佛、峨眉山等都是世界遗产。

两天来与捷克政界要员、工商界精英广泛接触，深深感受到大家对发展中捷两国友好合作关系、发展四川与捷克及其各地区友好合作关系的积极态度和强烈愿望。这既体现了两国人民的深厚友谊，也更加坚定了我们推动四川省与捷克合作的信心。一是继续加强经贸、投资领域务实合作，共同推动航空航天、电子信息、节能环保装备、现代物流、现代金融、健康养老等产业加快发展，共同建设好捷克宁布尔克产业园和四川—捷克中小企业产业园。二是继续加强教育、科技领域务实合作，加强教学交流和学术研讨，加强产学研用深度结合，为战略性新兴产业、高端成长型产业和高新技术产业发展提供支撑和引领。三是加强文化、旅游领域务实合作。四川省和捷克都有着悠久的历史文化和丰富的旅游资源。双方可以相互开展各类推介活动，鼓励民众加强旅游交往，加深相互了解，推动文化交流交融。

佩特拉州长在致辞中说，中捷克州与四川省拥有良好的合作基础。希望充分发挥捷克驻成都总领事馆和成都—布拉格国际直飞航线的作用，加快推进四川与中捷克州互设办事机构，积极为双方企业加强交流合作搭建平台、做好服务，更好地推动经贸投资、航空航天、文化旅游、专业技术人才培训等各领域交流合作。

中国驻捷克大使馆经济商务参赞程永如代表中国驻捷克大使马克卿致辞。王东明和佩特拉共同为捷克四川中心揭牌，并见证西南医科大学附属中医院捷克中医中心揭牌，见证西华大学与斯柯达汽车大学合作备忘录、省经信委与布拉格新丝绸之路学会《关于合作建设四川—捷克中小企业产业园谅解备忘录》等协议签署。

伴随郝康理主任的精彩推介，四川旅游 Logo 幻化出的美景引起全场一次次惊叹，乐山大佛景区管委会李文飞主任对乐山旅游的介绍同样让嘉宾们赞叹不已，四川商旅国际、安怡国旅、魅力中国网等旅游企业也详细地介绍了四川旅游线路产品，川剧变脸秀和茶艺表演更让在场嘉宾大呼神奇。最后，在郝康理主任和韦伯会长的见证下，四川商旅国际旅行社董事长龚凡与捷克 Misura Travel 旅行社总经理 Monika，安怡国际旅行社总经理熊丽与捷克 TERMA TRAVEL CZ TRANSFERSAND EXCURSIONS 总经理 Daniel Pouska，鼎龙国际旅行社董事长马宇与捷克 Wings Travel 入境部经理 Jan Matoušek 分别签署了互送游客合作协议。

5月2日，布拉格老城广场的四川中心前游人如织，作为四川旅游布拉格路演形象的4个熊猫人偶一出现，立刻吸引众多游客的目光，很多游客上去与"熊猫"合影，不同口音的"Sichuan""Panda"声此起彼伏，配合电车和站台广告，四川旅游旋风般地蹿红布拉格。

分析以上这个案例，你得到什么启示？

（6）会展促销

每年国际与国内均有形形色色的旅游展销会，旅行社在旅游展销会上花钱购买展台进行促销是打入新市场的重要促销方法。由于出席旅游展销会的代表均为业内人士，这种促销方法节省了大量外联差旅费，为旅行社会晤老客户、增进老交情，以及广交朋友、寻找新客户提供了良好平台。由于出境外联成本极高，香港等地的旅游展销会就应运而生，成了我国经营国际旅游线路的国际社的首选促销阵地。

参加旅游展销会一定要带够旅游宣传品，印够外联名片，展台布置一定要精美显眼、独具特色。参加国内旅游展销会的外联销售人员要善于抓住时机，主动结交新客户，应当在头一两天内完成新目标的公关任务。因为到了第三天后，许多大客户旅行社都将参加当地旅行社组织的景点考察活动，旅游展销会场内很难再找得到客户旅行社的拍板人。

2）直接促销的特点

直接促销是一种通过旅行社促销人员与旅游者或客户直接接触来推动产品销售的促销方式，具有联系紧密、机动灵活、反馈及时、选择性强等特点，有利于培养和加深旅行社同旅游者和客户之间的良好关系。然而，同其他促销方法相比，直接促销也存在着某些不足之处。

（1）直接促销的优点

①及时性。旅行社的推销人员能够在同潜在的旅游者进行接触的过程中及时得到信息的反馈。

②灵活性。旅行社的推销人员能够随时根据旅游者或客户的意见，在允许的范围内对产品的价格、内容等进行适当的调整。

③可靠性。旅行社的推销人员能够直接从旅游者或客户那里得到购买产品的保证，甚至有时会当场成交。

④针对性。旅行社推销人员能够直接接触到预先选定的促销对象，具有很高的促销命中率。

（2）直接促销的不足之处

①促销费用高。直接促销需要较多的推销人员和接待人员。这些人员的工资及促销所需的邮寄费用、电话费用等均很高。

②覆盖面窄。每个推销人员只能在有限的时间里接触到部分旅游者或客户，难以在短期内将旅行社的产品信息传递给广大的旅游者。

③合格人才少。旅行社产品推销是一项十分复杂的工作，要求推销人员具有广博的知识、良好的素质和积极热情的敬业精神。旅行社往往难以大量招聘到合乎这些标准的人才。

总之，直接促销是一种重要的促销方法，能够在旅行社产品销售中发挥重要的作用。旅行社的管理人员应熟悉和掌握这种促销工具，针对不同的目标市场和不同的产品特点选择最适用的方法进行促销活动。在使用直接促销方法时，必须权衡利弊，在尽力发挥其积极作用的同时，也要尽量避免或减少其不足之处可能造成的损失。

4.2.3　公共关系

公共关系是指通过信息沟通，发展旅行社与社会、公众之间的良好关系，建立、改善、维护或改变企业和产品的形象，营造有利于企业的经营环境和经营态势的一系列措施和行动。在目前，我国旅行社经营的社会软环境不甚完美，采用公共关系，优点极其突出。这主要表现在：公共关系以远远低于广告的代价对公众心理产生较强的影响，并且它的质量只有在消费之后才能得到验证，因此其销售也更易受广告和公共宣传的影响。旅行社公共关系的对象主要有针对新闻界的公关活动和针对社会公众的公关活动两大类。

1）针对新闻界的公共关系

美国营销学大师菲利普·科特勒指出，公共宣传就是"以不付费的方式从所有媒介获得编辑报道版面，供公司的顾客或潜在顾客阅读、看到、听到，以帮助达到特定销售目的的活动"，这里的公共宣传也就是针对新闻界的公关活动。由于公众一般倾向于认为新闻报道更具有客观公正的色彩，而广告传达的信息可信度较低，因此，如果能撰写一些有吸引力的信息而使各种媒介竞相采用，它所产生的价值就可能与花费几万元、几十万元甚至上百万元的广告相匹敌，而且无须为占用新闻媒体的篇幅和时间付费。旅行社公共关系最常用的方法是向新闻媒体发送消息，通报有关的特殊旅游产品及其他旅游方面的消息。如旅行社在开发出新的产品后，就可采取新闻发布会的形式向旅游者及客户进行介绍。

从我国旅行社促销的实践来看，针对新闻界的公关活动方式主要有新闻发布会、熟识旅行等。

（1）新闻发布会

新闻发布会是旅行社向新闻媒体通报、发送有关的旅游产品及其他旅游方面的消息的活动。例如，浙江千岛湖风景旅游管理局为了能成功地举办9月份的千岛湖秀水节，决定在8月份的旅游旺季先在杭州市场联合推出"千岛湖亲子游"的短线产品，目的是利用这个产品来宣传千岛湖秀水节。杭州距离千岛湖只有3个小时的路程，因此"千岛湖亲子游"活动的创新非常重要，只有具备高度的新意，才能引起公众的注意，媒体才有内容可以宣传。在这种情况下，旅行社在产品设计之初，就邀请多家媒体的相关人员加入。产品设计人员运用了头脑风暴法，设计出的产品非常富有创意。又由于媒体大力合作，多家报纸、电视台对该产品进行从头到尾的跟踪报道，结果在3个星期的6个双休日时间里，旅行社收客量达到1 100多人，很好地达到了预期的目的。由此可见，采取新闻发布会公关活动的形式，所发送的消息必须富有新闻价值，能够吸引听众对产品的注意力。否则，便不能刺激公众的购买欲望。

（2）熟识旅行

熟识旅行是指旅行社通过邀请媒体中人免费旅行，使他们对旅行社的产品产生浓厚的兴趣，留下深刻的印象，然后通过他们对旅行社产品进行介绍和报道的一种公关活动。

熟识旅行这种公关活动的效果取决于3个方面：一是被邀请的媒体人物应是和旅游有关的，如旅游专栏、旅游版、旅游节目的记者或作家。二是其所在的报刊的发行量、电视台的收视率等在当地的知名度较高。三是熟识旅行的内容本身要有新意，活动安排要丰富多彩、细致周到。

2）针对社会公众的公共关系

根据不同对象，针对社会公众的公共关系可具体分为针对顾客、本企业及旅游目的地公众的公关活动。这类公关活动主要包括5个方面。

①注重对旅客服务质量，高度重视并妥善处理投诉。

②出版内部刊物，通过定期或不定期的出版物与本企业员工沟通，关心员工生活，增强员工归属感、自豪感和凝聚力。

③赞助公益事业。

④与有关机构建立友好联系。

⑤积极参加社会活动，担负一定的社会责任。

4.2.4 营业推广

营业推广，也叫销售促进，它是指对本行业（一般是中间商）以及旅游消费者或销售队伍成员提供短期激励的一种活动，目的是促其购买或努力销售某一特定产品，营业推广往往是一种临时性的、带有馈赠性质或奖励性质的促销方法，是为了谋求产品在较短的一段时间有较大的销量的一种方法。对于旅行社企业来说，营业推广的作用是非常明显的。首先，它可以促使旅游者购买本旅行社产品。其次，和其他旅行社形成竞争。最后，还可以促进旅行社其他产品的销售，如综合服务费实行16免1（指15人以上全包价旅游团实行每16个减免1人的综合服务费）、2岁以下全免、全陪全免（不含城市间交通费）、免内宾领队综合服务费等。

1）营业推广的方法

（1）价格促销

价格促销是指旅行社通过短期降低产品价格来吸引旅游者和客户购买的一种促销方法。营业推广的价格促销不同于旅行社因市场需求变化所采取的降价行为。价格促销是旅行社对临时性的价格下调来吸引旅游者的注意，并吸引旅游者在旅行社所希望的时期大量购买旅行社的产品。当旅游者对产品产生良好的印象后，旅行社还会将价格复原。旅行社的价格促销多集中在节假日期间、新产品试销期间等特殊时期。

（2）特殊商品促销

特殊商品促销是旅行社营业推广的另一种常见形式。旅行社利用向旅游者或客户赠送T恤衫、钥匙链等印有旅行社及其产品信息的特殊商品开展营业推广活动。通过这些活动，旅行社能够收到对其自身及其产品进行"口头宣传"的效果。

（3）竞赛

竞赛是旅行社营业推广的另一种形式，如针对某项旅行社产品知识的有奖竞赛，关于某个旅游目的地情况的有奖竞赛等。在举办这种竞赛时，旅行社通常提供具有一定价值的奖品或前往某个旅游目的地的奖励性旅游作为公众参与竞赛的奖品。通过参加竞赛，公众对举办竞赛的旅行社及其产品产生一定的印象甚至好感，有利于旅行社产品在今后的销售。

旅行社在举办各种竞赛时，应注意竞赛活动内容和形式的群众性、知识性和趣味性，鼓励更多的人参加。因为只有参加竞赛活动的人数达到一定的规模时，旅行社才可能实现其举办这类活动的初衷。一般情况下，参加的人越多，竞赛的影响就越大，营业推广的效果也就越好。

（4）踩点促销

由于客户旅行社对我们推出的新产品心中无底，一般均要求先行踩点，邀请对方前来踩点以达到促销的目的，这是许多旅行社的流行做法。踩点有两种形式：一种是利用当地的旅游节庆邀请所有的重要客户统一前来踩点；另一种是当客户旅行社提出踩点要求时，个别邀请该社派人前来踩点。

2）营业推广的类型

（1）针对旅游者的营业推广

针对旅游者的营业推广，其目的在于引起公众注意，以此吸引新顾客，促成老顾客对本旅行社产品产生忠诚度。旅行社常用的营业推广的方法主要有赠送纪念品、宣传品、抽奖促销及设立客户俱乐部等。

（2）针对旅游中间商的营业推广

在我国的入境旅游市场中，在一些拥有广泛销售网络的国内旅行社的业务开展过程中，积极争取中间商的支持和合作，对于产品的销售具有极重要的现实意义。

旅行社针对旅游中间商的营业推广方法主要有4个。

①给予中间商优惠和折扣。这是旅行社通常的做法。

②给予推广津贴。旅游零售商为中间商在某条新线路赢得一批顾客后，在佣金之外还能得到一定比例的补贴，给予推广津贴的目的就是激励中间商更好地推广新产品。

③提供宣传品。就是向旅游中间商提供用于陈列和展示的广告招贴画、小册子、录像带等宣传资料。

④联合开展广告活动。这是旅游产品生产者和中间商联合促销的一种方式，通常由旅游生产商提供资料和一定比例的资金（广告津贴），会同中间商联合制作或由中间商单独制作广告，然后联合发布广告。这种广告宣传服务于双方。

（3）针对旅游推销人员的营业推广

对推销人员的营业推广也是旅游企业加强促销工作的常用方法之一，其目的在于调动推销人员的促销积极性。常用的方法有3个。

①让利。根据每人的推销业绩给予额外的物质上的奖励。

②销售集会。这种集会常常在游乐地和餐桌上举行，在沟通信息的同时，也带有奖励的性质。

③销售竞赛。通过组织销售竞赛，奖励销售成绩突出的推销人员，以此调动推销人员的积极性。

4.2.5　促销组合

为了促销目标的实现，将各种可相互替换的促销方法组合在一块，同步使用不同的促销方法，谓之促销组合。

从广义讲，旅游产品的广告、价格折扣、优惠促销方法，宣传折页、展销会等与旅游市场有关的营销因素都可以归入旅游促销组合。

从狭义讲，促销组合由直接促销、广告促销、公共关系、营业推广4种主要的促销方法组成。

【案例 4.3】

疫情中探索创新路径　博物文化助力景区预约旅游

2020-04-29　21：59　来源：杭州博物文化传播有限公司

随着国内疫情进入可控阶段，为满足人们安全出游的需求，近期，文化和旅游部、国家文物局等部门就旅游景区、文化文博场馆的安全有序开放工作印发相关文件，强化流量管理，严防人员聚集，推行预约、分时开放游览。但搭建一套预约购票系统少则几万元、十几万元，多则几百万元甚至上千万元，令众多旅游景区和文化文博场馆望而却步。对此，杭州博物文化传播有限公司（以下简称"博物文化"）积极创新，及时推出"文旅绿码"预约系统，以接入方便、避免接触、高效管理等特点，为旅游景区、文化文博单位实现网上实名预约、游客总量控制、分时分流提供了有力的技术支持。

危中觅机，研发推出"文旅绿码"

新型冠状病毒肺炎疫情发生后，文化和旅游业遭受到巨大影响。面对全行业突如其来的冲击，博物文化意识到，当疫情进入后期阶段时，景区和文化文博单位的开放很有可能需要科学控制游客流量，这就需要有一款分时预约系统来提供技术支撑。对此，博物文化迅速投入全部技术人员，于2月底正式上线了"文旅绿码"分时预约系统1.0版本，并随着疫情变化和健康码的推行进行开发迭代，逐步打通从与浙江省健康码相关联到实现与全国健康码数据相关联。"文旅绿码"的推出，既为旅游景区和文化文博场馆有序开放提供了技术支持，有效避免人员接触，又保障了游客的出行安全，为使用单位、工作人员及游客带来便利。对于使用单位而言，可以通过"文旅绿码"后台快速设置游览时段，限制预约人数，达到掌握游客数量和入场时间的目的，从而合理规划景区内人员布局，免去现场排队聚集的风险。对景区工作人员操作而言，"文旅绿码"容易上手使用，5分钟左右即可完成配置上线。而对游客来说，只需在线上完成预约，线下扫码核验便可进入，减少聚集，大幅度降低人员接触风险。

积极推广，实现安全有序开放

目前，"文旅绿码"以公益形式免费提供给旅游景区、文化文博场馆使用。为保证旅游景区、文化文博场所顺利接入使用"文旅绿码"，博物文化派出前、后端技术人员，产品经理，市场经理及总经理，亲自上阵轮流为景区、馆方解决使用中遇到的问题。从"操作流程指南"到具体问题指导落实完全实现线上操作，并不断简化核验流程方式。同时，不断回访使用感受，进行优化升级，为旅游景区、文化文博场馆及游客提供极大便利。3月7日，杭州市成为全国最早实现预约旅游的城市，首批实行预约制的景区有西湖景区、太子湾公园等场所。杭州西湖的太子湾公园是博物文化携手西湖大数据推出的第一个预约旅游案例。截至目前，全国已有近千家诸如浙江自然博物馆、中国客家博物馆、中国彩灯博物馆、王懿荣纪念馆等博物馆，以及杭州西湖、苏州园林、神农架、周庄等景区集体上线"文旅绿码"系统。截至目前，使用"文旅绿码"预约的人次已达到20万余客流人次，实实在在帮助了景区与游客便利出行。

未来可期，助力文旅行业升级

尽管"文旅绿码"的推出的初衷是应对疫情影响满足旅游景区、文化文博场馆有序开放和游客安全旅游需要，但通过使用"文旅绿码"，旅游景区、文化文博场馆能够通过预约旅游精准管理园区分时载客量，实现高效率运转、高质量服务。使用单位的工作人员表示，推行分时预约旅游后，因为对游客数量来源结构都有了预知，从被动管理到主动管理，从末端管理到前端管理，在品质、投入产出等方面都有了提升。而对于游客来说，通过预约，可以有计划地安排出游，省去大量时间、金钱等额外成本，提升了体验感。虽然不知道疫情还将持续多久，但智慧化预约旅游服务给旅游景区、文化文博场馆和游客带来的便利，将可能改变未来出行安排模式，继续为推动文旅行业服务升级发挥其应有的作用。

分析以上案例，谈谈你得到的启示。

4.3　旅行社促销管理

旅行社促销管理是协调不同促销组合要素的活动，它包含设立旅行社促销总体目标与特定促销要素目标，制定确保目标实现的促销总预算及分预算，设计实现目标的具体实施计划，评价促销效果，修正、调整实施计划等内容。

4.3.1　设立旅行社促销目标

旅行社促销目标就是旅行社通过对各种推销要素进行有机组合而要达到的预期销售结果。旅行社在促销前应设立旅行社促销总体目标与特定促销要素目标。旅行社促销总体目标是特定促销要素目标的制定与评价依据，它决定促销要素目标的组合策略，决定促销总预算与各促销要素目标的分预算。因此，人们说旅行社促销总体目标是其促销的基础和核心。

旅行社的促销目标应具体、量化，具有可操作性与可行性。促销目标既包含促使客户旅行社为本社产品做宣传、广告、签订销售意向合同，制定年销售量等直接目标，也包含提高本社及促销的产品知名度、影响潜在旅游者的选择意向等间接目标。

4.3.2　控制促销费用

制定出促销总体目标及特定要素目标之后，就要策划、确定为实现目标而进行的具体促销活动，测算出大致的相对应的活动经费。可以先测算出每一项具体促销活动的大致需用经费，再加上机动预算，就是旅行社在某一特定时期的促销总预算；也可以先决定这一时期的促销总预算，再衡量轻重缓急，将总预算分配给为实现特定要素目标而举行的各项具体促销活动的分预算。在确定促销预算时应注意 3 个方面。

1）预算应与促销目标相适应

目标大，预算高；目标小，预算低。当促销总预算超过促销可能带来的实际收益时，应当毫不犹豫地压缩总预算。此时，如果压缩了预算则无法实现促销目标时，就需要调整目标，甚至放弃该目标。

2）预算的高低要受旅行社财力的影响与制约

当促销总预算超过旅行社的经济承受力时，目标再诱人也要忍痛减少预算，削减缩小促销目标。即使预算处于旅行社的经济承受力之内，旅行社管理者也应当逐项审核具体的促销活动分预算，将其控制在合理的、与特定要素目标的促销需求相适宜的范围内，毕竟节约就意味着增收。

3）做促销预算时还应当注意同一旅游市场中其他竞争对手的促销预算高低

如果该市场的得失与本社的生存是休戚相关的，当对手的促销资金投入大大超过本社预算时，本社的预算也只能水涨船高——哪怕它已很难承受；反之，如果竞争对手的促销投入很小，就可以适当调低本社在该市场的促销预算。

4.3.3　促销策略的运用

设计具体促销实施计划时要注意促销策略，特别是要注意进行特色促销与针对性促销。促销的目的是要影响旅游者的旅游目的地选择，以扩大影响，占领市场。如果花了大量的钱，宣传的内容是潜在旅游者不感兴趣的东西，那投入的钱就如泥牛入海，有去无回。

广西贺州市早在20世纪90年代就向港澳市场启动了旅游促销，但由于当时促销的重点是所谓的"天下第一洞"碧水岩以及瑶族风情，与广西、湖南等地的旅游产品雷同，而交通又不如旅游热点城市便利，因此旅游发展一直迟缓。近年来，该市乘电视连续剧《酒是故乡纯》与续集《茶是故乡浓》轰动港澳地区之机，及时调整促销策略，大力开展特色促销，宣传贺州的姑婆山与黄姚古镇是该剧中美丽风光的主要拍摄地，是"故乡"的酒坊与茶园。一时间港澳团云集贺州，团队量成倍增长，热劲至今不衰，这是典型的特色促销成功案例。

"桂林山水甲天下"的促销口号在中国香港地区、中国澳门地区、中国台湾地区，以及日本、美国旅游客源市场收效不错，但实践证明，用它来针对越南市场促销，则效果不佳。这是因为越南人多已游过本国享誉"海上桂林"的世界自然文化遗产下龙湾，桂林山水对于越南游客的吸引力远不如北京、上海、香港、广州等现代化都市。

4.3.4　全员促销与品牌效应

促销管理的一个重要任务是抓全员促销与品牌效应，要使旅行社全体员工都参加到促销队伍中来，自觉地在本职工作中渗入促销与品牌意识，否则，办公室人员接电话时的不礼貌或导游人员的宰客行为都可能会断送外联人员对促销的艰辛付出。反之，如果通过全员的优质服务创造了旅行社在市场中的良好品牌形象，促销工作效果就会事半功倍。

要旅行社员工自觉参与全员促销，就必须为员工们在社内创造出一流的工作环境、先进的招聘与管理机制、公平的奖惩制度，以激励员工的主人翁精神，做好旅行社内部营销管理。

【本章小结】

传统营销理论与现代营销理论两者的变化表明要将营造营销全过程中消费者的愉悦心情，实现游客满意度作为旅行社促销的第一竞争手段。旅行社促销就是将有关本旅行社所能提供的旅游产品的信息传递给客源市场中间商和潜在的旅游者，促使他们购买自己产品的各种活动。旅行社促销的主要功能是刺激旅行社产品交易。

旅行社促销的内容分为两个层次：一是吸引旅游者赴某一目的地去旅游而进行促销工作，即旅游目的地形象宣传；二是吸引旅游者购买赴这一目的地的某一产品而进行的促销工作，即特定的旅游产品促销。

旅行社促销方法通常有广告促销、直接推销、公共关系和营业推广4种类型。旅行社广告促销就是通过一定的媒体，把旅行社产品传递给潜在旅游者，使之产生旅游的愿望，从而促进旅行社产品的销售，实现旅行社经济效益增加的目的。直接促销是指旅行社通过直接接触旅游者或客户来推动产品销售的促销方法。公共关系是指通过信息沟通，发展旅行社与社会、公众之间的良好关系，建立、改善、维护或改变企业和产品的形象，营造有利于企业的经营环境和经营态势的一系列措施和行动。

旅行社促销管理是协调不同促销组合要素的活动，它包含设立旅行社促销总体目标与特定促销要素目标，制定确保目标实现的促销总预算及分预算，设计实现目标的具体实施计划，评价促销效果，修正、调整实施计划等内容。

【复习思考题】

1. 旅行社促销的作用是什么？
2. 什么是旅游目的地形象促销？旅游目的地形象促销的内容有哪些？
3. 简述广告的媒体类型。
4. 简述直接促销的内容和优点。
5. 简述营业推广的方法和类型。
6. 旅行社促销管理的内容是什么？

【实训】

1. 一人扮演客户旅行社经理，两人扮演外联促销人员，模拟在素不相识情况下上门促销的情境对话（经理可变换各种态度：热情、冷淡、粗暴等）；然后模拟到老客户处促销新产品。

2. 在老师指导下，从报刊上收集不同旅行社的旅游产品广告，分别对它们进行评价，并评选出最好旅游广告和最差旅游广告。

【案例分析】

旅游年谱写中韩旅游合作新篇章

2015-12-17 10：18：00　来源：中国旅游之声

2015年新年伊始，一场名为《丝路花雨》的中国经典舞剧在韩国首尔上演，展示了中国丝绸之路上的秀美风光和灿烂文化，拉开了韩国"中国旅游年"的帷幕。自1月23日开幕，至11月1日闭幕，在韩国"中国旅游年"期间，中国国家旅游局组织策划了包括开幕式、闭幕式等活动在内的120多场活动，以及旅游企业和媒体考察采风等活动，取得显著成效。

中方组团参加在韩国首尔、釜山、仁川、大邱等地举办的近10项旅游展览，并在韩举行50多场旅游宣传推广活动，投放大量中国旅游宣传广告，成功开展"韩国游客眼中的美丽中国"摄影大赛，特别聘请韩国著名演员延政勋担任 2015 中国旅游年形象宣传大使，邀请百名旅行商和百名媒体记者到中国 20 多个省市踩线采风，增进韩国对中国旅游资源的了解。

"旅游年活动的举办，为中韩两国旅游合作和人文交流搭建了一个崭新的平台。"国家旅游局局长说，"在两国旅游部门的密切配合下，双向旅游交流继续保持增长的态势。旅游交流已经成为两国人文交流的重要支撑，成为两国务实合作的一大亮点。"

1. 双向交流规模持续增长，促进两国经济社会发展

在旅游年各项活动的促进下，2015 年上半年，两国双向旅游交流规模超过 500 万，同比增长 10%。目前，中韩两国互为最大的入境旅游客源国，中国游客占韩国入境游客总数的 43%，韩国游客占中国入境外国游客总数约 17%。

与此同时，中国各地旅游产品在韩国的影响也与日俱增。中国已经成为韩国游客第一大出境旅游目的地，超过 20% 的韩国游客出境旅游的目的地是中国。随着中国旅游的影响不断增大，韩国经营赴中国旅游的企业不断壮大，到访中国名山大川和文化古迹的韩国游客也不断增多。据韩国旅游协会统计，组织赴华旅游最多的旅行社每年组织游客超过 40 万人次。在中国知名旅游景点中，2015 年前 8 个月，仅张家界就吸引韩国游客近 20 万人次。

中韩旅游交流的快速发展，对双边经贸、人文、科技、教育、交通等各领域的交流产生了积极的推动作用。据韩方测算，2014 年访韩中国人平均消费额为 2 267 美元，比访韩外国人平均消费额（1 592 美元）高出 40%，日均消费比访韩外国游客平均消费高出 65%。中国游客为韩国经济带来的综合拉动效果高达 210 亿美元，约占韩国 GDP 的 1.5%。现在，每天有 100 多次航班、3 万多游客往返于两国之间，极大地活跃了两国旅游市场，带动了两国景区、景点、酒店、餐饮等基础设施建设和服务业的整体提升。

2. 建立多层次合作机制，政府间互信充分彰显

2015 年，中国国家旅游局局长与韩国文化体育观光部长官会面 5 次，就办好旅游年活动，深化两国旅游合作，促进双方旅游交流健康发展等事宜进行了广泛深入交流，达成重要共识。两国旅游部门充分利用事务级协商会议等时机，及时沟通旅游年相关情况，探讨提升中韩旅游品质、规范旅游市场秩序、引导游客文明旅游的具体措施，特别是在中日韩旅游部长会议等多边机制下，两国在旅游市场宣传、研学旅游发展等领域的合作进行了积极探索。

随着两国旅游合作不断加深，两国地方政府间的旅游交流活动更加深入和广泛。中国地方政府是"中国旅游年"120 多项活动组织实施的主力军。在中国 10 多个省份的旅游节庆活动中，地方旅游部门积极邀请韩国旅游业界和媒体代表参加。两国多个城市间建立了定期和不定期的旅游合作交流机制。

韩国中东呼吸综合征疫情暴发后，中方准确判断形势，积极维护中韩两国旅游交流大局，给予韩方极大的支持。韩方在多个场合对中方的信任表示感谢。经过双方的共同努力，中韩双向旅游交流 9 月便迅速恢复，继续保持良好的增长势头。

3. 总结"旅游年"工作经验，谱写旅游合作新篇章

中韩同为旅游大国，两国资源独特，互补性强。当前，中韩经贸关系提升到新水平，中韩战略合作伙伴关系进入新阶段。两国旅游发展天时地利人和，拥有前所未有的机遇和条件。

在总结 2015 韩国"中国旅游年"经验的基础上，国家旅游局提出要坚持领导人引领和高层推动，进一步加强谋划，发挥统筹协调作用，进一步推动两国地方和旅游企业的交流合作，推动中韩两国旅游合作再上新台阶。(国家旅游局旅游促进与国际合作司供稿)

请从以上案例分析旅游促销有哪些作用？

第**5**章

旅行社销售

　　旅行社销售是旅行社在市场营销观念指导下经由策划、促销、管理，将旅行社产品以符合旅行社利益及市场规律的价格销售出去的一种追求赢利的现代企业行为。在运作中旅行社销售业务包含选择目标市场、制定产品价格、选择产品销售渠道、促销及销售业务洽谈 5 个环节。本章主要介绍如何选择目标市场、制定产品价格、选择产品销售渠道，以及销售业务洽谈的基本策略和技巧。

5.1　旅行社目标市场的选择

5.1.1　旅行社销售概述

1）旅行社销售的定义

　　旅行社销售是旅行社在市场营销观念指导下经由策划、促销、管理，而将旅行社产品以符合旅行社利益及市场规律的价格销售出去的一种追求赢利的现代企业行为。在运作中旅行社销售业务包含选择目标市场、制定产品价格、选择产品销售渠道、促销及销售业务洽谈 5 个环节。

　　旅行社销售是一种现代企业行为，严格地说，是旅行社作为一家现代企业的市场经营行为。在销售前要进行市场调查、要策划、要促销，在销售后要抓产品质量、抓售后服务、抓进一步促销，要通过大量销售旅行社产品达到为旅行社赢利的目的。旅行社销售是旅行经营活动的龙头，外联销售部是旅行社最重要的部门，优秀的外联销售人员是各旅行社高酬争聘的业务骨干。

2）旅行社销售的特点

　　（1）超前性

　　旅行社产品的无形性决定了它的销售往往无法在短期内一锤定音。因为一方面旅游者需要时间去反复比较各种旅行社产品的优劣，去打听旅行社的信誉；另一方面，客户旅行社也可能会反复要求就某一具体产品修改交易的价格、优惠条件，有些欧美团甚至需要半年时间才能完成销售的全过程。对新产品，不少客户旅行社，特别是日本和中国台湾地区的客户旅行社，经常要亲自踩点考察后，方肯签订合同购买产品。

　　（2）灵活性

　　由于客户旅行社在整体的产品销售合同签订后，有时会对具体的某个旅游团提出优惠附加条件，这就要求旅行社产品的实际售价必须带有灵活性。外联销售部的每一位人员，包括经理与电话值班人员，必须懂得产品价格的构成，掌握价格构成中哪些因素是可变数、哪些是定数，应该具有与客户在电话中口头谈判的能力。普通的电话值班人员遇到客户要求更改合同时，既要能独立作战，又要注意请求有关经理，未经授权不能擅自做主变更。

（3）批量性

大多数旅行社的主要产品销售对象是客户旅行社，因为只有客户旅行社才能批量购买地接社的产品，才能长期发来系列团。而产品只有成批量、成系列，才能产生最大的经济效益。

（4）时效性

当旅游市场上具有旅行社产品的同类产品或替代产品时，每一次的具体销售就带有极强的时效性。因为组团社往往同时是同一个旅游目的地好几家地接社的客户，手头上还会留有更多的当地其他旅行社的联络电话，一旦某个旅游团具有某种影响到价格的特殊性时，组团社会同时与 2 ~ 3 家地接社联系，比较各社报价以确定该团交给哪家地接社接待。如果地接社的报价迟迟不到的话，就会失去参与竞争的机会。一般来说，回应组团社询问的具体报价是越快越好，这就要求外联销售人员必须掌握熟练的业务技巧与最新的市场信息，最好是不经查询就可以直接计算报价，能当场在电话中答复组团社。如果需要查询旅游采购市场的服务信息，那么国内报价（多为一地游）应在半小时内，最迟不超过 2 小时答复国内组团社；国际报价（多为长线团）应在 2 个小时内，最迟不超过 1 天答复境外组团社。

产品价格的时效性还体现在随行就市。例如，如果一个需求弹性小的新产品开始时运用高价定价策略定价，并取得了可观的利润，那么在消息传开后，市场上很可能就会出现其他社的仿制产品，由此造成需求弹性变大。此时，就必须调整产品价格，使其适应市场的变化。当竞争过强时，甚至会被迫采用低价策略以保住原先占有的市场。因此，旅行社产品的价格带有阶段的时效性。

5.1.2 旅行社市场细分

1）旅行社市场细分的概念

旅行社市场细分是指旅行社把整体旅游市场按旅游者的需要、购买行为和购买习惯等方面的差异，划分为若干个不同类型的旅游消费群的过程。每个旅游消费者群就是一个细分市场，同一细分市场中的旅游者具有某些共同的特征，需求之间的差别较小。而不同的细分市场之间，旅游者的需求则存在较大的差别。

任何一家旅行社既没有精力，也没有足够的实力面向整个旅游市场，满足所有旅游者的全部需求。旅游者的消费是参差不齐、千变万化的，对旅游线路和服务的要求也是各不相同的。旅游市场细分是旅行社目标市场选择的前提条件。旅行社进行科学合理的市场细分，不仅有利于其发现市场机会，制定最佳的营销策略，更好地满足旅游者的需要，而且有助于旅行社拓展新市场、扩大旅游市场占有率，更有助于小型旅行社在某一细分市场确立自己的地位。

2）旅行社市场细分的标准

旅行社市场细分的标准主要有 4 种。

（1）按地理特征细分

地理特征包括国家、地区、距离、地形、气候等。不同地理区域的地理位置、自然环境经济环境与人文环境的综合差异，深刻影响着其旅游消费者需求的综合差异。因此，按地理特征细分市场是市场细分中最常见的形式。例如，根据国家，旅游市场可分为日本市场、美国市场、新加坡市场、德国市场等；根据地区，世界旅游组织将旅游市场细分为 6 大市场，即欧洲市场、美洲市场、东亚及太平洋市场、南亚市场、中东市场和非洲市场；根据距离，旅游市场可分为远程旅游市场、中程旅游市场和近程旅游市场等。

（2）按人口统计特征细分

人口统计特征包括旅游者的性别、年龄、家庭结构、家庭生命周期、收入、职业、文化程度、宗教、种族、民族、国籍、社会阶层等。由于它相对其他变数较为稳定，且比较容易衡量，因此人口统计特征往往是旅行社市场细分的重要依据。例如，根据性别，旅游市场可分为男性旅游市场和妇女旅游市场；根据年龄，旅游市场可分为老年旅游市场、中年旅游市场和青年旅游市场等。

（3）按心理特征细分

心理特征，通常包括旅游者的生活方式、性格、气质、社会阶层、价值观念等。旅游者内在的心理需求对其具体消费行为有直接影响。

（4）按购买行为特征细分

这是指按旅游者的购买动机、利益追求、购买时机、购买频率、购买形式、营销因素敏感度、待购状态、产品使用状态、品牌忠诚度、对产品态度等行为变数来细分市场。如根据购买动机，旅游市场可分为观光旅游市场、度假旅游市场、商务旅游市场、奖励旅游市场、探亲访友旅游市场等；根据忠诚程度，旅游市场可分为专一的忠诚者市场、动摇的忠诚者市场、转移的忠诚者市场和犹豫不定者市场等。

3）旅行社市场细分的程序

旅行社市场细分的程序如下：

①确定市场细分的标准。

②决定粗略市场。将旅游市场划分成几个可衡量的，有一定的需求量的，有显著差异性的细分市场，选择可影响旅游者对经营效果的反应因素（如价格、服务质量等）在一些细分市场中进行试验，将市场营销调研的结果和现有资料中具有相同反应程度的旅游者进行合并，合并的结果便是粗略的细分市场。

③将粗略的细分市场按价值大小进行排序。

④选择与旅行社自身的资源和能力相匹配的细分市场作为自己的目标市场。

⑤计算目标市场的价值。

⑥针对目标市场的特性，考虑旅行社产品进入该市场的具体策略。

5.1.3 旅行社目标市场选择的原则及策略

1）目标市场选择的概念

目标市场选择是指旅行社将具有不同欲望和需求的旅游者，在按一定标准细分市场的基础上选定，作为其营销对象的旅游者群。目标市场是旅行社确定发展战略和市场营销组合策略的关键。

2）目标市场选择的原则

对于旅游细分市场的选择，最终是要考虑细分市场对旅行社是否具有相对理想的长期盈利潜力。因此，旅行社目标市场选择的原则有 3 个方面。

（1）目标细分市场必须具有足够大的市场潜量

市场潜量是指在一定的时空条件和一定的营销水平下，旅行社产品获得的最大消费量。它是具有购买能力和购买意愿的旅游者的集合。当细分市场的规模确定时，旅游者的购买意愿是最大的变量，该变量在一定范围内随旅行社营销力度的增大而增大。

（2）目标细分市场未被竞争对手完全垄断

从竞争者构成看，旅行社应要求目标细分市场未饱和或未被完全控制。如果该细分市场尚未被竞争对手所垄断，旅行社进入市场后就能通过充分发挥自己的优势以在市场中赢得一席之地。如果竞争者几乎已经控制了该细分市场，那么除非旅行社竞争实力雄厚，入市后方能与竞争者角逐，否则必将以失败告终。

（3）目标细分市场与旅行社经营能力相适应

旅行社选择目标市场，既要考虑细分市场的客观条件，又要分析自身对细分市场的适应能力，知己知彼，百战不殆。只有当细分市场与旅行社的人力、财力、物力相适应时，旅行社进入该市场才有竞争优势。

3）目标市场策略

旅行社在选择目标市场时，除了要分析细分市场的特征外，还必须考虑旅行社产品进入目标市场的具体策略。旅行社采用的目标市场策略主要有 3 种。

（1）无差异性市场策略

无差异性市场策略，是指旅行社把整个市场看作一个整体，即一个大的目标市场，只推出一种旅游产品，采用一种营销组合，满足尽可能多的旅游者需要所采取的市场策略。这种策略具有降低旅游营销成本的优点，但由于忽视了需求的差异性，不利于旅行社在激烈竞争的旅游市场取得持久的优势，因此旅行社不宜经常采用。

（2）差异性市场策略

差异性市场策略，是指旅行社把整个旅游市场划分为若干细分市场，并针对不同细分市场的需求特征，分别策划以不同的产品和运用不同的营销组合，以满足不同细分市场上旅游者的需求所采用的市场策略。例如，旅行社针对青年旅游市场、中年旅游市场、老年旅游市场，分别推出不同的产品、实行不同的价格等。差异性市场策略的最大优点是对市场反应灵敏，能更好地满足不同细分市场的需求，经营风险也相对较小。但由于目标市场过多，旅行社的市场调研、管理、促销费用也会相应上升。

（3）密集性市场策略

密集性市场策略，是指在市场细分基础上，旅行社选择其中一个或一个以上细分的专门化市场为目标市场，集中满足一个或几个细分的专门化市场消费者需求所采取的市场策略。例如，某旅行社专门经营老年旅游产品。密集性市场策略适用于资源有限但有特色优势的中小旅行社，有利于旅行社在某一个或几个细分市场确立自己稳固的地位。但采用此策略的旅行社一般要承担较大的风险。此外，一旦在某一目标市场树立了自己的形象，要改变形象去吸引其他的细分市场就非常困难。

4）选择目标市场策略应考虑的因素

以上 3 种目标市场策略各有利弊，旅行社在具体的市场营销活动中，究竟采用哪种目标市场策略。必须在考虑多种因素的基础上作出抉择。一般来说，旅行社选择目标市场策略至少应考虑下列因素：

（1）旅行社实力

如果旅行社规模较大，实力雄厚，有能力占领更大的市场，可采用差异性营销策略；反之，如果旅行社资源有限，实力不强，无力兼顾整体市场或更多的细分市场，则可采用密集性营销策略。

（2）产品同质性

如果旅行社提供的产品与其他旅行社提供的产品具有较多的类似性，则采取无差异性策略较为合适；反之，产品差异性大，则采用差异性策略或密集性策略。

（3）市场同质性

市场同质性是指旅游消费者需求或偏好所具有的类似性。当旅游消费者的需求比较接近，兴趣爱好大致相同或对营销刺激有相似的反应时，则应采取无差异性策略；反之，如果旅游消费者需求差别很大，就应采用差异性策略或密集性策略。

（4）产品的生命周期

当旅行社推出新产品时，常采用无差异性策略来发展旅游消费者的基本需求；当旅游产品进入生命周期的成长和成熟阶段时，投入市场的品种增加，市场竞争加剧，旅行社为了在角逐中战胜对手，常采用差异性策略。而当旅游产品进入衰退期时，旅行社为了维持一定的市场份额，常采用密集性策略。

（5）市场竞争情况

考察市场竞争情况，应从两个方面着手：一是竞争者的数量和市场竞争的激烈程度，二是竞争者的目标市场策略。当竞争者数量众多时，为了在不同的消费者群体中树立旅行社的形象，增强旅游产品的竞争力，宜采用差异性或密集性策略；反之，竞争者数量不多时，则无须采用差异性策略。同样，当竞争者正积极进行市场细分活动时，若旅行社仍采用无差异性策略，则势必处于弱势；反之，当竞争者采用无差异性策略时，旅行社若采用差异性或密集性策略，则有可能大获全胜。

5.1.4　旅行社目标市场定位

选定目标市场后，摆在旅行社面前的问题是如何打入目标市场，这就是目标市场定位所要解决的问题。

1）旅行社市场定位的概念

旅行社市场定位，是为了让旅行社的产品在目标市场顾客的心目中树立明确、独特及深受欢迎的形象而进行的各种决策和开展的各项活动。

我国的旅游市场已由卖方市场转变为买方市场，旅行社之间的竞争异常激烈。为了能在竞争中崭露头角，旅行社可以通过正确定位将自己的产品或服务与竞争对手区分开来，以便确立独一无二的形象。同时，科学的市场定位，也有助于让旅游消费者更清楚地认识旅行社的产品，可以增强旅行社广告信息传递效果。

2）旅行社市场定位的程序

（1）陈述目标市场消费者的关键利益

旅游消费者对旅行社产品的利益期望，是促成其购买行为的决定性因素。如果旅行社塑造的市场形象不能给旅游消费者带来实际利益，这样的定位将是无效的。为此，经理人员必须首先研究旅游消费者选择旅行社的关键因素及他们对现有旅行社的看法，这样才能投其所好。

（2）形象的决策和初步构思

经过第一步定位工作，经理人员就要研究和确定旅行社在目标市场树立何种形象才能受到旅游消费者的青睐。值得注意的是，在进行形象决策时，经理人员应站在顾客的立场和角度思考问题，如"该旅行社能为我做什么？""我为什么要选择这家旅行社而不是别的旅行社？"等。

（3）确定旅行社与众不同的特征

与众不同的特征是旅行社区别于竞争对手的必备条件。事实上，旅行社可以在许多方面显示出自己的特点和个性，如管理风格、服务、价格、地理位置等。这些特征构成了该旅行社与其他旅行社的差别。

（4）形象的具体设计

形象的具体设计，即旅行社应用图片、文字、色彩、音响等手段，将构思好的形象具体地创造出来。

（5）形象的宣传和传递

形象的宣传和传递，即选择合适的促销方法和大众宣传媒介，将旅行社的形象传达给目标市场的旅游消费者。

3）旅行社市场定位的基本方法

（1）领先定位

领先定位是通过展示旅行社独一无二的属性，在消费者心目中占据领先的位置。这是最容易实施的一种定位方法，但要求旅行社在产品质量、价格或服务等方面具有绝对的优势。由于实力雄厚、绝对领先的旅行社毕竟还是少数，因此，众多的旅行社要根据其他方法进行定位。

（2）比附定位

比附定位是指旅行社以竞争者产品为参照物，依附竞争者定位。实践证明，与原来处于领导地位的第一品牌进行正面竞争往往非常困难，而且以失败告终者居多，因此，比附定位避开第一位，但抢占第二位。由于大多数商品或服务的促销宣传都不甘声称自己居人之后，因此，少数定位于第二的品牌反而给消费者留下深刻印象。国内一些大旅行社提出了成为"中国的运通"的口号，目的无非是利用美国运通公司良好的旅游批发商形象来获得国际旅游者的认可。

（3）逆向定位

逆向定位强调并宣传定位对象是消费者心目中第一位形象的对立面和相反面，同时开辟一个新的易于消费者接受的心理形象阶梯。

（4）空隙定位

空隙定位是在人们的心目中寻找一个空隙乘虚而入，以树立一个与众不同、个性鲜明的主题形象。空隙定位的依据是多种多样的，有的旅行社采取薄利多销的策略，给客户实惠；有的旅行社则面向高端客源市场，优质高价，此谓占领价格空隙。此外，有的旅行社专门为女性市场推出产品，此谓占领性别空隙。

（5）重新定位

重新定位是指旅行社改变目标消费者对其原有的印象，使目标消费者对其建立新的认识。这种定位旨在使旅行社摆脱困境，重新获得活力。旅游市场瞬息万变，旅行社若发现原有旅游产品在消费者心目中不再具有特色，或竞争优势削弱，可以通过重新定位赋予产品更新的特点，或通过媒体传播信息，改变旅游产品在消费者心目中的印象，调整旅游产品在消费者心目中的位置。严格地说，重新定位并非一种独立的定位方法，而是旅行社应当采取的再定位策略。

5.2　旅行社产品销售价格策略

5.2.1　影响旅行社产品价格制定的因素

影响旅行社产品价格制定的因素包括产品的内部因素和外部因素两个类型。产品的内部因素是指构成旅行社产品的各项成本和利润；产品的外部因素则包括旅游市场的供求关系、市场竞争状况、汇率、季节、替代产品价格等。

1）内部因素

（1）固定成本

固定成本是指在一定范围内和一定时间内总额不随经营业务量的增减而变动的产品成本，包括旅行社的房屋租金或房屋折旧、其他固定资产折旧、宣传促销费用、销售费用（电话、传真、往来信函的邮寄费用）、员工工资等。固定成本应分摊到旅行社所销售的全部产品中。固定成本分摊到单个产品里的份额同旅行社的总销售量成反比例关系，产品的销售量越大，分摊到每个产品中的固定成本份额就越小。

（2）变动成本

变动成本是随着旅行社产品销售量的变化而变化的各种成本，与产品的销售总量呈正比例关系。旅行社产品销售得越多，变动成本就越大。变动成本通常包括旅游者的导游讲解、景点门票、旅游保险、旅游团队陪同人员的交通和住宿等项成本费用及旅行社交纳的营业税金等。变动成本是旅行社产品的主要成本，是决定产品价格的主要因素。

（3）利润

利润是旅行社通过销售其产品所获得的收入和旅行社为生产和销售产品所付出的各项成本费用相抵后的余额，是旅行社经营的财务成果。旅行社产品的价格中必须包含一定比例的利润。

2）外部因素

（1）供求状况

旅行社在制定产品价格时必须充分考虑旅游市场上的供求状况。当旅游市场上对于旅行社的某种产品的需求增加时，旅行社常常提高该产品的销售价格；当旅游市场上对某种产品的需求量减少时，旅行社往往采取降低产品的销售价格。

（2）竞争状况

旅行社应当把旅游市场上的竞争状况作为制定产品价格的重要参考依据。如果市场上经营同类产品的旅行社数量众多，且呈现供大于求的局面时，旅行社通常将价格定得较低；如果市场上经营同类产品的旅行社数量较少，甚至是旅行社独家经营，形成供不应求的局面时，旅行社一般将价格定得较高。

（3）汇率

经营入境旅游和出境旅游的旅行社在制定价格时，除了需要考虑上述的各种影响价格制定因素外，还应考虑货币的汇率因素。汇率是一个国家的货币用另一个国家的货币所表示的价格。两种货币之间的汇率发生变化，会对旅行社产品价格产生一定的影响。当本国货币贬值时，入境旅游产品的实际价格下调，而出境旅游产品的价格上涨；当本国货币升值时，入境旅游产品的实际价格上涨，而出境旅游产品的实际价格下降。因此，旅行社在制订入境旅游产品和出境旅游产品的价格时，必须关注货币汇率的变化。根据具体情况对产品的价格作出相应的调整。

（4）季节

旅游是一种季节性很强的活动，旅游旺季和淡季之间存在着明显的差别。旅行社在制定产品价格时，必须将产品销售的季节因素考虑进去。一般情况下，旅行社在旅游旺季时会保持其产品售价不变或将产品售价上调；在旅游淡季时则往往将产品售价作适当降低，以吸引更多的旅游者。

5.2.2 旅行社产品价格制定的原则

在旅行社的各项决策中，价格是一项重要内容。在某些情况下，它甚至可以成为营销组合中最重要的一个因素。旅行社在经营过程中，要制定出合理的产品价格，必然要遵循行业的原则。

1）市场原则

市场原则就是旅行社在制定价格时以市场需求为导向，根据市场需求的变化制定和调整产品的价格。市场供给总是处于两种状态：或是卖方市场，供不应求；或是买方市场，供过于求。当处于卖方市场时，可以把产品的价格适当提高，以求尽快收回投入成本；当处于买方市场时，则应该把产品的价格适当下调，通过薄利多销的手段来拓展市场的拥有量，提高产品的竞争能力。

2）质量原则

旅行社制定产品价格的另一个杠杆应该是质价相符。即在拥有市场的前提下，以质论价，优质优价。质价相符的含义包含两个方面：一方面，不应把价格定得过高而脱离旅游消费者的期望，造成产品质次价高的印象；另一方面，又不应该把产品价格定得过低，使旅行社造成不应有的损失。

3）稳定性原则

稳定性原则是指旅行社在制定产品价格时，必须保持其价格在一定时期的稳定。旅行社产品的需求弹性系数较大，因此旅游者对于旅行社产品价格的变化相当敏感。旅行社产品价格的频繁变化会给旅游市场带来一定程度的波动，也会使旅游消费者产生不信任感。从而影响旅行社产品在市场上的需求，削弱在市场上的竞争力。

4）灵活性原则

旅行社产品是由采购的众多"零部件"组成的产品，采购的时间、季节、供应单位不一样，价格也不一样。由于旅行社产品的不可储存性，因此，旅行社在制定产品价格时，必须见机行事，灵活把握，随条件的变化而变化。

对以上4个原则，旅行社价格制定者必须学会灵活运用。例如，稳定性原则和灵活性原则有时可能就是矛盾的关系，如果需要灵活的时候仍追求稳定，就会失去机会。

5.2.3 旅行社经营目标和价格制定目标

一个企业，往往会在不同的时期确定不同的经营目标，而这种既定的经营目标对产品价格的制定常常产生重大影响。

1）利润最大化

当企业把利润最大化作为主要经营目标时，对产品的定价往往会采用高价策略。但是，如果一种新产品刚投放市场或者企业的产品已经成为一种名牌产品时这是一种可取的策略的话，那么当产品被模仿后或者失去了经营优势的时候，就不一定是行之有效或者是正确的定价策略了。由此可知，任何旅行社产品都往往难以在较长的一段时期内维持过高的价格。因此，在追求利润最大化的进程中，旅行社必须处理好短期和长期的关系。

2）投资回报量最大化

有些旅行社把投资回报最大化作为产品定价目标。它们希望通过经营，在一定的时期内收回所投入的资金，获得预期水平的投资报酬。为了能够实现这个目标，旅行社在为产品定价时，往往采用在产品成本的基础上加入预期水平的投资报酬的定价方法。这种定价方法的最终目的是保护和增加投资者的权益。

3）保持价格稳定

当旅游市场供求关系与旅行社产品价格发生波动时，旅行社往往采取以保持稳定的产品价格为定价目标。为了保证旅游市场的稳定，在当地旅行社行业中具有较高的威信或影响力的大型旅行社往往先制定一个价格，称为领导价格。其他旅行社则根据这个价格并对照本企业的实际情况制定自己产品的价格，其他旅行社制定的价格一般略低于领导价格。旅行社行业采用这种定价方法可以在一定时间和范围内使多数旅行社的产品价格稳定在一定的水平上，避免不必要的价格竞争或价格大起大落的风险，保证各家旅行社均能够获得比较稳定的利润。

4）维持企业生存

当旅行社处在由旅游淡季、市场竞争激烈、市场竞争态势不利、宏观经济衰退等原因造成的对旅行社产品需求大幅度减退，并威胁旅行社生存的困难时刻，可以将维持企业生存作为定价目标。例如，在旅游淡季里，旅行社推出价格低廉的换季包价旅游产品就是这种定价目标的一种体现。

5）保持现状

有些旅行社采取保持现状的产品定价目标，主要是为了应付或避免竞争，保持已有的市场份额。采取这种产品定价目标的旅行社，一般以对旅游市场有决定影响的竞争对手的同类产品价格为基础来确定自己的产品价格。这类旅行社往往更如重视非价格竞争，强调以产品促销和开拓销售渠道等方式同其他旅行社竞争，而尽力避免与竞争对手展开直接的价格竞争。

6）扩大产品销售量

这是一种牺牲眼前利益换取长远利益的定价策略。旅行社在采取这种定价方法时，往往把产品的售价定得低于甚至大大低于同行，其目的是在短时期内迅速扩大产品的销售量，提高旅行社产品在旅游市场上的占有率。当然，必须注意的是，价格降低的程度是有一定限度的，并不是越低越好。因为这不仅涉及收回成本的问题，还涉及旅游者对旅游产品质量的看法。总之，低价不能低质，只有高质量的低价位才能达到目的。

在价格制定的过程中，旅行社认真分析、研究价格对于旅游者的作用，对旅行社经营有着现实的意义。旅游者在旅游消费过程中，往往只把交通、住宿、餐饮、景点门票等看作旅游成本的一部分。除了这部分的价格外，旅游者还会考虑时间成本、疲劳成本等多种成本。另外，旅游者也常把价格作为判断产品质量的依据之一。定价过低的产品有时旅游者会对其持怀疑态度。

5.2.4　旅行社产品定价策略

旅行社产品定价策略是旅行社经营管理人员进行价格决策的指导思想和行动方针。旅行社应根据不同的产品和市场情况，采取适当的定价策略，以实现其产品定价目标。旅行社的产品定价策略一般分为新产品定价策略、心理定价策略和折扣定价策略。

1）新产品定价策略

新产品在开发之后，旅行社应制定恰当的定价策略，以便及时打开销路，占领市场并取得满意的效益。旅行社在将新产品投放市场时，一般采用取脂定价策略或渗透定价策略。

（1）取脂定价策略

取脂定价策略，又称撇油定价策略或高价策略，是旅行社为新产品制定价格时经常采用的一种定价策略，其主要特点是将产品的销售价格定得很高，力图在较短的时间里将开发这种产品的投资全部收回，并获得可观的投资回报。

采用取脂定价策略的旅行社认为，在新产品投入市场初期，竞争对手尚未推出与之竞争的同类产品，开发出新产品的旅行社在旅游市场上暂时处于一种产品垄断的地位。由于新产品投放市场的数量有限，容易造成一时性的供不应求局面，导致产品的价格需求弹性较小，一部分迫切需要这种产品的旅游者愿意付出较高的价格，所以开发和生产该产品的旅行社应该趁机以较高的价格在市场上销售这种产品，以便在短期内获得较大的经济效益。一旦竞争对手向市场推出类似产品时，旅行社可以迅速将产品价格降低，以保护所占有的市场份额。

取脂定价策略可以使旅行社在短期内获取较高营业额，较快收回产品开发成本，逐渐扩大旅行社的新产品开发和生产能力，是一种见效快的定价策略，颇受一些资金比较短缺的中小旅行社的欢迎。然而，取脂定价策略是一种追求短期最大利润的策略，由于利润率过高，必然会迅速招来竞争对手，而且不利于迅速开拓市场，也容易遭到公众的反对。因此，从长期的观点看，这种策略是不可取的。

取脂定价策略通常在以下情况下使用：

①有足够多的旅游者，且他们对旅游需求的价格弹性不敏感。

②由于其可观的利润促使出现一定的竞争者，但这些竞争者的出现不会造成真正的

威胁。

③高价格会促使高品质产品印象的形成。

（2）市场渗透定价策略

有些旅行社在刚刚进入市场时制定低价，以进行快速而深入的市场渗透，争取吸引大量的顾客，赢得较大的市场份额。这种定价策略即为市场渗透定价策略。如果旅行社有能力使成本低到竞争者无法抗衡的水平，那么更可以有实力采用这种策略。采用市场渗透定价策略以低价进入市场时最好能够具备这样的条件：市场对价格高度敏感，这样低价格可以保证市场迅速成长，随着销售量的上升应该能使平均成本有所下降；所制定的低价格必须能够做到防止竞争者的进入。

无论是为现有的产品还是新开发的产品进行定价，旅行社都应避免相互之间的独立定价。若能通过价格策略的有效协调，它们可避免冲突，为目标市场提供一个协调的价格。

2）心理定价策略

心理定价策略要求营销人员在制定价格时不应只考虑旅游消费者的理性分析，而且应更加重视其情绪上对价格的反应。它可分为吉祥尾数定价策略、整数定价策略、声望定价策略、习惯定价策略以及价格线定价策略。

（1）吉祥尾数定价策略

吉祥尾数定价策略，又称奇数定价策略，在制定价格时，人们会有意识地采用吉祥尾数，既避开整数给人的"大数"错觉，又用其内含的吉祥寓意讨人欢喜。这种策略经常被旅行社采用，例如，市场上常见 966 元、988 元或 999 元的定价，虽然只差 34 元、12 元，甚至只差 1 元，就是不报 1 000 元这个整数的价。在此例中，966 元与 988 元的价既给人以享受了折扣优惠的心理错觉，又满足了部分游客追求吉祥的心理；而 999 元的价则给人以尚未达到 4 位数字高价的自欺欺人式的心理安慰。

吉祥尾数定价策略多用于散客门市价及单项旅游服务产品的价格。

（2）整数定价策略

与吉祥尾数定价策略相反，整数定价策略是为了给旅游者造成"货真价实"的心理错觉。它适用于不计小钱的豪华团报价。销售给客户旅行社的团体全包价旅游产品也多使用整数定价策略，因为客户旅行社内行且理性，不需要也不可能受价格心理错觉的影响，而且使用整数定价，在旅行社间结算相当方便。例如，如果一个针对旅行社产品的成本价是 523 元 / 人，而综合服务费的目标利润定为 10 元 / 人的话，使用整数定价策略定价，则给客户旅行社的该产品价格不是 533 元 / 人，而是 530 元 / 人，535 元 / 人（定价的进位制在心理上有时也采用五进位）或 540 元 / 人。

（3）声望定价策略

声望定价策略只适用于具有品牌效应的旅行社产品。由于其产品质量一贯优良，故有意地将产品价格定得高于其他社的同类产品，反而会给人以购买优质产品的安全感。在旅游市场尚不规范的情况下，具有一定经济基础的旅游者会宁可选择价格略高的优质产品以求买得放心。

（4）习惯定价策略

某些产品可能在市场上已经形成了一个习惯价格，购买该产品的顾客也已经习惯于这种价格，不愿再接受其他任何一种价格。对于这类产品的定价，一般按照习惯，不随便做更改，而从增减产品的数量或质量上来弥补由于成本变动影响企业利润的得失。在旅游产品定价中，这种情况并不多见。但中间商的佣金，即中间商要求的价格，在很多情况下也有一个习惯的比例。对此，旅游企业应充分了解。

（5）价格线定价策略

旅行社的产品并非只是一种单一的产品，而是存在一系列功能相近但档次不同的产品，从而形成一条产品线，如豪华游、标准游、经济游等。旅行社就此可以制定几个不同的价格，使价格水平的差异符合目标市场的认知。由于价格线非常明确地向目标市场表达了产品档次的差别，因此制定价格线时应充分考虑几种价格水平之间的配合。不同的价格水平应反映顾客需要的差异和产品差异，价格差别过大和过小都不利于销售。

3）折扣定价策略

折扣定价策略是指旅行社在确定旅游产品基本标价的基础上，实行一定幅度的降价策略。采用折扣定价策略的目的，在于鼓励中间商和旅游消费者购买的积极性，扩大旅行社的销售量。折扣定价策略主要有 3 种。

（1）数量折扣

数量折扣是根据顾客购买数量多少而相应降低销售价格，用以鼓励购买者多购买的一种方法。数量折扣分为累计折扣和非累计折扣两种。

累计折扣是指在一定时间内，旅游产品和服务的购买者的购买总数超过一定数额时，旅行社按购买总数给予一定的折扣。在旅游市场中，旅游批发商对旅游零售商常常采用累计折扣。这种做法的目的在于鼓励旅游零售商到一个批发商那里购买。非累计折扣是旅行社规定旅游产品和服务购买者每次购买达到一定数量或购买多种旅游产品达到一定金额时所给予的价格折扣，一次性购买数量越多，折扣就越大。采用这种定价策略能刺激旅游消费者大量购买，增加盈利，同时减少交易次数与时间，节约人力、物力等。

（2）季节折扣

季节折扣是指旅行社在淡季时给予旅游产品和服务的购买者的折扣优惠。在淡季，很多旅行社会遭遇客源不足。为吸引旅游者，增加消费，旅行社往往会制定低于旺季时的旅游产品或服务价格以刺激旅游消费者的消费欲望。当然，季节折扣的最低优惠幅度不能低于旅游产品和服务的成本。

（3）现金折扣

现金折扣又称付款期限折扣，是指旅行社对现金交易或按期付款的旅游产品购买者给予价格折扣。若购买者按旅行社规定的付款期以前若干天付款，卖方就给予一定的折扣，目的是鼓励提前付款，以便使旅行社能尽快收回货款，加速资金周转。

5.2.5　旅行社产品定价的方法

在旅行社进行产品定价方法选择时，定价方法可分为 3 类，即以成本为中心的定价法、以需求为中心的定价法和以竞争为中心的定价法。

1）以成本为中心的定价法

以成本为中心的定价法包括成本加成定价法和目标收益定价法两类。在我国，采用较多的是成本加成定价法。所谓成本加成定价法是指按照单位成本加上一定百分比的加成来制定产品的销售价格；加成就是一定比率的利润。成本加成定价法公式为：

单位产品售价 = 单位产品成本 ×（1+ 加成率）

成本加成定价法之所以受到旅行社企业的欢迎，主要原因如下：第一，成本的不确定性一般比需求少，将价格盯住单位产品成本，就可以大大简化旅行社企业的定价程序，而不必根据需求情况的瞬息万变做调整。第二，只要行业中所有企业都采取这种定价方法，则价格在成本与加成相似的情况下也大致相似，价格竞争也会因此减至最低限度。第三，成本加成法对买方和卖方都比较公平。当买方需求强烈时，卖方不利用这一有利条件牟取额外利益仍能获得公平的投资报酬。

2）以需求为中心的定价法

与以成本为中心的定价法不同，以需求为中心的定价法强调应依据消费者对产品价值的认知和对产品的需求来确定价格，而不是以生产成本为中心制定价格。以需求为中心的定价法主要有理解价值定价法和差别定价法。

（1）理解价值定价法

理解价值定价法是一种把顾客对产品的感知价值和旅行社或产品知名度、美誉度等综合在一起来考虑后确定产品价格的方法。旅游者在购买某一产品之前，基于从媒体获得的信息及自身的经验、感知，对产品的价值有自己认知或者说有一个心理价位。当产品的价格和旅游者的心理价位吻合、贴近时，他们就有可能接受这一价格；否则，就有可能不购买。例如，2019 年暑期期间，某市旅行社推出的"海南三亚双飞 6 天 5 晚游"的价格最低为 2 580 元，大多数旅行社则定价在 2 680 ~ 3 680 元。而该市一家做国内游的有相当知名度的旅行社却反其道而行之，打出了 5 680 元的超高价格。在该产品中，这家旅行社针对食、住、行、游进行特别包装，如住宿全为四星级以上的海景房，绝对纯玩，为客人量身打造。为配合该产品，旅行社在宣传上做足文章，打出了"至尊豪华，超值享受，绝美海岸——隐居凤凰岛"的广告。由于广告宣传得力、促销得法，加之该旅行社在市场上拥有较好的美誉度，并且在行程接待等各方面确实做到了"超值享受"，因此，虽然价格比市场上同类产品高出一大截，但却取得了极好的销售效果。

运用理解价值定价法时，除旅行社的知名度外，宣传促销活动至关重要。另外，在促销过程中，促销人员对产品的档次、风格、质量以及与市场上同类产品的区别应有充分了解。只有这样，产品才会有理想的效益。

（2）差别定价法

差别定价法是指旅行社依据旅游者消费水准的不同、消费时间的不同及旅游者消费地点的不同对某个产品确定不同的价格的一种定价方法。差别定价法不是基于成本的变化来确定价格，而是基于不同的旅游者在不同时间、不同地点的情况下可以对偏好强烈的旅游者制定高价格；反之，只有制定低价格以保持市场。实施差别定价法的前提是市场必须能够按需求强度、偏好和价格敏感性进行细分，否则可能会引起目标市场的不良反应，损害旅行社的形象。

差别定价法可以分为以顾客为基础的差别定价、以时间为基础的差别定价和以位置为基础的差别定价3种。在旅行社，前两者的使用比较多。以顾客为基础的差别定价是指以不同的旅游者制定不同的价格，如儿童与成人、长期顾客与短期顾客的价格就可以有差别。以时间为基础的差别是指由于季节的不同，同一产品的价格不一样，如淡季价格和旺季价格、黄金旅游周和平常日价格不一样。

3）以竞争为中心的定价法

在旅行社经营竞争日趋激烈的今天，旅行社的定价常常不得不以应付竞争为目标，尤其是新加入行业的或者是一些缺少开发新产品能力的，只依靠模仿其他旅行社产品为生的小旅行社更是如此，竞争迫使各个旅行社制定同样的或相近的价格。如果一家旅行社制定的价格明显高出其他旅行社，那么就有可能在激烈的竞争中失去部分市场；反之，如果一家旅行社将产品价格降至竞争者的价格之下，就必须保证有更多的销售量来弥补由于降价而减少的利润。如果发生一家旅行社率先降价而其他企业尾随降价的情况，则首先降价的旅行社就很快失去了价格优势。因此，成本领先是旅行社竞争的利器。只有拥有成本领先优势或大投入的旅行社才敢于率先降低价格，否则由此引发的价格大战将对行业产生极为不利的影响。

【补充阅读资料 5.1】
"天价鱼"后把脉旅游顽疾　良性价格竞争是趋势
2016-03-04　来源：新京报

说实话，就好像节气的循环一样，旅游新闻本身也像陈年顽疾。例如，最近哈尔滨"天价鱼"事件的持续发酵，还有治不了的非法"北京1日游"。前者让人想到了青岛38元1只大虾，后者就是北京旅游的"牛皮癣"，每年都不止复发一回。问题还是那些老问题，不断重复。

天价鱼与哈尔滨，38元1只大虾与青岛，旅游业的打击面和涵盖面一样宽阔，哈尔滨"天价鱼"事件最新进展是：专项调查组作出对涉事店主罚款50万元等处罚决定，并对哈尔滨市松北区市场监管局、城管局、派出所等单位负责人及相关人员启动问责程序。

在这个事件中，旅游主管部门的地位是很尴尬的，没有出来说话，因为这个饭店不在旅游区，而当地人大多知道其中的猫腻都不会去，就是坑外地人的饭馆。但是你又不能说，这不是属于"旅游"的问题，这就是一个江苏常州人去东北旅游的体验，这事严重损害了哈尔滨的城市形象。

旅游业的打击面就是这样：没有人记住天价饭馆的名字，但是却自动链接了哈尔滨这座城市，也可以归为最近提出的所谓"全域旅游"的范畴。

有行业人士分析，随着旅游市场的快速成长，部分旅游企业以低价为武器抢掠市场，带动行业陷入价格战的泥沼，必然导致服务质量降低、旅游商业模式畸形化。对此，北京联合大学旅游管理学院副院长张凌云认为，价格竞争并不会必然导致服务质量降低，价格竞争本来就是企业促销的市场手段，充分良性的价格竞争是旅游市场发展的趋势。

张凌云称，"天价鱼"事件和38元1只大虾事件一样，可以看出旅游市场的管理涉及旅游、工商、公安、发改委等多个政府部门，缺失旅游市场监管的责任主体，难以形成有效的协同监管机制。我们正在进入散客化旅游时代，团队游时代的旅游体验质量可以通过节点的管控来加以控制和保障，而散客化时代由于游客的行动空间的分散性，加大了旅游体验质量的保障难度。

北京第二外国语学院旅游管理学院院长厉新建称，散客化发展潮流所推动的全域化旅游发展，要求旅游行政管理体制的及时调整与创新。一方面，旅游领域的政府主导应该更多地突出旅游目的地公共服务体系的建设；另一方面，则需要及时调整旅游行政管理体制的规格，以强化对公共资源的调控能力，通过资源协调、服务对接等具体措施来保证全域旅游理念的落地。

黑龙江省旅游局：五方面问题凸显

面对这次公共事件，黑龙江省旅游局的态度倒是非常诚恳。认为从2015年2月—2016年2月，黑龙江旅游爆发出"天价鱼""天价炕""导游打人""大巴侧翻""5A景区被警告""黑车宰客"等多起舆论危机，反映出黑龙江省旅游的种种问题。

在回复《新京报》记者关于黑龙江省旅游问题时，相关人士给出了如下回复：

1. 不合理高价

"天价鱼""天价炕"等事件有明显的宰客嫌疑，部分不良企业存在"十月磨刀，两月宰客"的心态，虚抬旅游旺季的住宿、餐饮价格超过合理区间。

2. 不合理低价

黑龙江冬季旅游市场负团费现象死灰复燃，如某些地接社以负1 000～1 700元接团，严重扰乱了旅游市场竞争秩序，造成团队业务的畸形发展。

3. 变相强制自费

团队旅游普遍存在高价自费项目，如300元的马拉爬犁等，使用劝导、夸大宣传甚至冷暴力等手段变相强制游客消费。

4. 旅游服务粗放

黑车宰客、暴力导游等事件屡有发生，少数导游、司机等旅游从业者素质较差，对消费者不尊重，出言不逊，甚至使用暴力，对游客造成人身伤害。

5. 非法带客回扣

某些餐饮、购物场所，与导游、司机等个人达成协议，由导游、司机输送游客以换取高额回扣，涉嫌商业贿赂和不正当竞争。

专家：建议建立监管联合体

张凌云认为，每次黄金周期间，各种旅游问题就会被媒体聚焦，这反映出以非常态的手段来对待常态出现的旅游问题。"天价鱼"事件很可能发生在另外一个城市，任何一个时段，应该本着"抓住核心矛盾，搭建监管同盟，开展集中整治"的原则，建议由政府牵头，旅游、公安、工商、物价等部门建立监管联合体。

1. 设立政府指导价

针对部分较为普遍且严重扰乱市场的旅游项目进行政府干预，建议由发改委和旅游局牵头，出台政府统一指导价，如冬季的马拉爬犁、雪地摩托等。

2. 严肃查处负团费

查处一批负团费旅行社，建议由旅游局和工商局牵头，对情节严重的予以重罚，对刚刚抬头的负团费市场形成威慑。

3. 严肃整顿餐饮市场

类似"北岸野生渔村"这样通过导游、司机带客经营高价餐饮的餐馆不止一家，已形成了较为牢固的利益链条。建议由工商局牵头，对违规经营的餐饮场所进行严厉整顿，坚决取缔导游领队"带客回扣"的经营模式，一经发现予以停业整顿处理。

类似北京非法一日游，核心在于解决购物店的问题，而购物店又不在旅游局监管范围内，旅游局却常以黑导游和黑旅行社为切入点整顿非法一日游，舍本逐末。

4. 对导游管理实施一票否决制

严格约束导游的违规行为，加大惩处力度，由旅游局牵头，对带客回扣等行为一经发现暂停导游证一年，对游客造成人身伤害等严重行为一经发现立即吊销导游证。

5. 探索建立黑龙江"旅游警察"

建议探索依托省公安厅建立黑龙江旅游警察大队的可行性。

【补充阅读资料 5.2】

香港旅游价格竞争力骤降 95 位　全球排名第 127 位

2015-05-13 09：17：59　来源：界面

世界经济论坛 5 月 6 日发布的《2015 年旅游业竞争力报告（Global Travel & Tourism Report 2015）》显示，中国香港在全球旅游竞争力中排名第 13 位，但在价格竞争力上的排名却位于全球第 127 位，比 2013 年的价格竞争力排名骤降了 95 位。

在价格竞争力排名上，中国香港在 141 个国家和地区中落后于周边的日本、新加坡、韩国、中国台湾、泰国。在 2013 年针对全球 140 个国家及地区的报告中，中国香港的价格竞争力排名第 32 位，在日本、韩国之前。

根据香港特区旅游局最新公布的数据，2015 年 3 月入境香港的游客人数同比下降了 8.7%，这是 2009 年以来的第一次下跌。而中国内地游客人数更是下跌了 10%，他们是来港购物的主力军，在过去一年里占到赴港旅客总人数的 77%。

与此同时，日本、韩国、泰国等周边国家正在成为中国出境游客的购物、旅游热门目的地，中国香港对内地游客来说正在失去原本的吸引力。

对此，香港特区商务及经济发展局局长苏锦梁在《南华早报》采访中说，香港在价格之外的其他方面具有竞争力，比如良好的产品质量管理，以及获得消费者信赖的货真价实的产品。

苏锦梁认为，香港这座城市对游客的吸引力"非常大"，"我们的价格竞争力或许不强，但总体上游客仍然愿意来香港购物"。

受日元汇率下跌影响，2014 年前往日本的中国游客达 241 万人，平均每个中国游客花费 30 万日元（约合 1.55 万元人民币），2015 年 3 月樱花季节持观光签证访日的中国游客数量是 2014 年同期的 2.5 倍。据韩国《中央日报》报道，2015 年五一期间有 10 万中国游客前往韩国旅游，使得韩国百货商店的销售额纷纷同比增长 50% 以上。另外，受澳元下跌影响，澳大利亚旅游局数据显示在截至去年 10 月的一年里，中国游客赴澳人数增加了 29%，并且是澳大利亚消费最多的游客群。

受一些不可控因素的影响，加上中国政府 2015 年 4 月将原来针对深圳访港居民的"一签多行"政策过渡到"一周一行"，香港零售业受到影响。今年 4 月澳盛银行资深经济学家杨宇霆（Raymond Yeung）在美国广播公司财经频道中称，"我们估计缩紧的政策会导致香港零售业销售额下降约 2%，相当于 GDP 下降 0.09%，并带来 7 000 人左右的失业"。

中国香港也在努力追回流失的内地游客。2015 年 4 月 27 日至 5 月 28 日，香港优质旅游服务协会联合零售、商场、景点、餐饮、酒店等旅游相关行业举办了超过 1 万商家参与的促销活动，包括半价出售珠宝首饰、红酒买一送一、景点门票半价等。2015 年 6 月中旬至 8 月中旬，香港旅游发展局还将举办另一轮推广活动。

香港特区立法会旅游界议员姚思荣在《南华早报》采访中说，由于新酒店建成，香港地区房间数量增加了 4%，去年香港的酒店价格已经开始下降。香港应该建设更多的景点，并改善启德邮轮码头，以及未来西九龙广深港高铁站的配套设施。

香港在亚洲的竞争对手新加坡这次在旅游业竞争力上全球排名第 11 位，在国际开放程度及商业环境两项中居首，但同样面临价格竞争力落后的劣势。据新加坡旅游局报告显示，2014 年中国游客入境新加坡旅游的人数下降了 24%，但仍然是新加坡第一大旅游业外汇来源国。

这份由世界经济论坛发布的报告一共对全球 141 个国家和地区进行了旅游竞争力评估，依据商业环境、旅游政策、通信网络、基础设施质量、自然资源等 14 项评价标准对国家或地区的旅游竞争力进行排名，2009 年开始每两年发布一次。

中国香港 2015 年在全球的旅游竞争力排名第 13 位，在亚太地区排名第四，落后于亚太地区的澳大利亚、日本和新加坡。香港的旅游竞争力全球排名比 2013 年的第 15 位上升了两位，比 2011 年、2009 年第 12 位的排名落后 1 名。

这份竞争力报告显示，香港在地面和港口设施上全球排名第一，在商业环境和通信网络上全球排名第二。香港的弱项则体现在国际开放程度（全球排名 47），旅游服务设施（全球排名 78），环境可持续性（全球排名 79），以及弱势明显的价格竞争力（全球排名 127）。

5.3　旅行社销售渠道的选择

5.3.1　销售渠道的类型

1）直接销售渠道

直接销售渠道是旅行社将其产品直接销售给旅游者的一种销售方式。这种销售渠道又称为零环节销售渠道，在作为产品生产者的旅行社和作为产品最终消费者的旅游者之间不存在任何中间环节。直接销售渠道一般有两种形式：第一，采用直接销售渠道进行产品销售的旅行社通常在其所在地直接向当地的潜在旅游者销售其产品，如当地居民到本旅行社的门市部报名参加由该旅行社组织的市郊一日游；第二，旅行社在主要客源地区建立分支机构或销售点，通过这些机构或销售点向当地居民销售该旅行社的旅游产品。

直接销售渠道是一种产销结合的销售方式，有5条优点。

（1）简便

旅行社直接向旅游者销售其产品，手续简便，易于操作。

（2）灵活

旅行社在销售过程中可以随时根据旅游者的要求对产品进行适当的修改和补充。

（3）及时

旅行社通过直接向旅游者销售产品，可以及时将旅行社开发的最新产品尽快送到旅游者面前，有利于旅行社抢先于其竞争对手占领该产品的市场。

（4）附加值高

旅行社在销售某项产品时可以随机向旅游者推荐旅行社的其他产品（如回程机票、车票、品尝地方风味等），增加产品的附加值。

（5）利润大

直接销售渠道避开了横亘在旅行社和旅游者之间的中间环节，节省了旅游中间商的手续费等销售费用，增加了旅行社的利润。

直接销售渠道的主要不足之处是：覆盖面比较窄，影响力相对差。旅行社受其财力、人力等因素的限制，难以在所有客源地区均设立分支机构或销售点，从而使旅行社在招徕客源方面蒙受不利影响。

2）间接销售渠道

间接销售渠道是指旅行社通过组团旅游中间商将旅行社产品销售给旅游者的途径。常见的间接销售渠道包括单环节销售渠道、双环节销售渠道和多环节销售渠道。

（1）单环节销售渠道

单环节销售渠道是指在生产旅游产品的旅行社和购买该产品的最终消费者即旅游者之间存在着一个中间环节。由于各种旅游业务的差异，旅游中间商和角色由不同的旅行社充当。在国内旅游业务方面，充当这个中间环节的主要是旅游客源地的组团旅行社；在入境旅游业务方面，往往由境外的旅游批发商、旅游经营商或旅游代理商担任中间商的角色；在出境旅游业务方面，旅游客源地区的组团旅行社则成为旅游中间商。

（2）双环节销售渠道

双环节销售渠道是指在生产旅游产品的旅行社和购买该产品的旅游者之间存在着两个中间环节。这种销售渠道多用于入境旅游产品的销售。在双环节销售渠道中，生产产品的旅行社先将产品提供给境外的旅游批发商或旅游经营商，然后再由他们出售给各个客源地的旅游代理商，并由他们最终销售给旅游者。

（3）多环节销售渠道

多环节销售渠道包括3个或更多个中间环节，主要用于销售量大、差异性小的某些入境旅游产品，如某个旅游线路的系列团体包价旅游产品。多环节销售渠道的操作程序是生产产品的旅行社将产品售给境外的一家旅游批发商或旅游经营商。这个旅游批发商或旅游经营商充当该旅行社在某个国家或地区的产品销售总代理，然后这个总代理把产品分别批发给该国或该地区内不同客源地区的旅游批发商或旅游经营商，再由他们将产品提供给散落各地的旅游代理商，最后由旅游代理商把产品出售给旅游者。

间接销售渠道具有许多明显的优点。首先，这种销售渠道具有比较广泛的影响面，旅游中间商往往在客源地区拥有销售网络或同当地的其他旅游机构保持着广泛的联系，能够对广大的潜在旅游者施加影响。其次，这种销售渠道在产品销售过程中具有较强的针对性，旅游中间商对所在地区旅游者的特点及其需求比较了解，能够有针对性地推销最适合旅游者需要的产品。最后，间接销售渠道的销售量一般比较大。旅游中间商是以营利为目的，专门经营旅游业务的企业，具有较强的招徕能力，能够成批量地购买和销售旅行社的产品。

间接销售渠道的主要缺点是销售成本高。间接销售渠道中存在着一个或多个中间环节，导致旅行社产品的最终价格提高，容易对旅行社产品的销售量造成某些消极影响。

5.3.2 销售渠道选择的依据

从以上介绍中可以看出，旅行社在产品销售过程中既可以选择直接销售渠道，也可以选择间接销售渠道。然而，旅行社销售人员究竟应该在什么情况下选择直接销售渠道，在什么情况下选择间接销售渠道，常常成为困扰旅行社销售人员的难题。选择销售渠道的依据有以下 4 个方面，即旅行社同其产品的目标市场之间的距离、客源市场的集中程度、旅行社自身条件和经济效益。

1）旅行社同其产品的目标市场之间的距离

如果旅行社所选定的目标市场距离旅行社较近，甚至与旅行社同在一个城市或地区，那么旅行社一般应采用直接销售渠道。这样，旅行社既可以不通过任何中间环节直接向旅游者销售产品，达到节省销售费用和提高销售利润的目的，又能够更好地了解旅游者的需求，根据旅游者的意见对产品做及时的改进，有利于产品的销售。

然而，如果旅行社距离目标市场较远，则应采用间接销售渠道。这是因为：第一，熟悉市场，由于生产产品的旅行社远离目标市场，很难对那里的潜在旅游者十分了解，而当地的旅行社则因长期与该地区的旅游者打交道，比较熟悉所在地区情况，能够根据当地旅游市场的特点进行有的放矢的宣传促销，吸引更多的潜在旅游者购买旅行社的产品。第二，节省销售费用，旅行社如果派遣销售人员到远离其所在地的旅游客源地直接销售其产品，需要花费包括长途交通费、食宿费、销售人员工资或销售佣金等大量的销售经费，会降低旅行社的销售利润，而利用目标市场所在地旅行社作为中间商进行销售，则只需要付出一定比例的销售佣金，低于直接销售的费用。

2）客源市场的集中程度

对于那些范围小而潜在旅游者又很集中的旅游市场，旅行社可以采取直接销售渠道。在这种市场上，由于客源集中，旅行社可以在客源所在地设立一两个销售机构，就能够将数量较多的产品销售出去，可以收到销售成本小、招徕的客源多和销售利润较高的效果。对于那些范围广，潜在旅游者非常分散的客源市场，旅行社一般应充分发挥间接销售渠道的作用，广泛招徕旅游者。

3）旅行社自身条件

所谓旅行社的自身条件，包括这样一些重要因素，即旅行社的声誉、财力能力、管理经验和能力、对销售渠道的控制能力等。如果旅行社拥有良好的声誉和财务能力，可以组织自己的销售网点进行直接销售；反之，如果旅行社及其产品的声誉尚未在旅游市场上确立，或者旅行社缺乏资金，则最好采用间接销售渠道销售其产品。如果旅行社在市场营销管理方面具有较强的能力和较多的经验，可以直接向旅游市场推销其产品；反之，如果旅行社缺乏在这方面的经验或管理能力较弱，则应该选择有能力的旅游中间商帮助销售产品。如果旅行社具有较强的控制销售渠道能力，可以采用在客源市场的地区设立分支机构的方法，经营直接向旅游者销售产品的业务；反之，如果旅行社缺乏控制销售渠道的能力，则可能采取与旅游中间商合作的方式，通过间接销售渠道进行产品销售。

4）经济效益

一般来说，旅行社通过旅游中间商销售其产品所获得的销售收入要低于由旅行社直接进行产品销售所获得的收入，因为旅游中间商要将产品销售的部分收入留下，作为它帮助旅行社销售产品的报酬，所以使旅行社的产品销售利润有所降低。然而，旅行社通过旅游中间商进行产品销售可以为其节省数目可观的销售费用，从而降低了旅行社产品的销售成本，并提高旅行社的利润。因此，旅行社在决定采用哪种销售渠道时，应该将两种销售渠道所产生的实际经济效益进行对比，从中选择经济效益比较好的销售渠道。

5.3.3　旅游中间商的选择

旅行社应当在明确本社的销售目标、了解目标市场的基础上，对旅游中间商，特别是客户旅行社进行认真的考察，并在此基础上进行选择。对旅游中间商的选择即是对客户旅行社的选择。

1）地理位置的选择

对客户旅行社的选择首先应看其所处的地理位置。即使在同一国家，外出旅游的客源市场也会因各省、各市的富裕程度、旅游思维习惯、开放程度、距旅游目的地远近等因素的差异而大相径庭。客户旅行社的选择主要应在主要客源国的主要客源地进行选择。

以中国为例，因为中国东部沿海省份及上海、北京等地人民生活水平较高、思想较开放、旅游意识较强，所以上海、广州、北京等地的大型国际旅行社自然就是日本、韩国、澳大利亚等国旅行社销售旅游产品的首选客户对象。但是，对于日本、韩国、澳大利亚等国旅行社缺乏吸引力的广西南部各旅行社，却因其地理优势成为越南北方各旅行社最重要的客户旅行社。

2）合作意向的选择

产品销售是两相情愿的交易，面对同一地区的众多旅行社，应在有合作意向的旅行社之间进行客户选择。异地旅行社是否与我们有合作意向以及合作意向的强弱，取决于我们所在地是否是其传统组团旅游目的地，取决于组团业务是否是该异地旅行社的主营业务项目，取决于该异地旅行社对我们的依赖程度，取决于我们销售的产品是否具有特色与排他性，取决于该异地旅行社的实力与我们本身的声誉与信誉度。

3）组团能力的选择

受规模、人手、宣传经费、经验、关系等因素的影响，不同的旅行社在组团能力方面可能有很大的区别，有的旅行社在节假日可以一天往同一旅游目的地发送好几个旅游团，可以发送系列团，甚至可以单独或与其他旅行社联合发出旅游专列、进行包机，但也有的旅行社全年业务量是零。所以，在选择客户旅行社时一定要对对方的组团能力进行调查了解、排队比较。

4）信誉的选择

当前无论是做国际旅游还是做国内旅游的我国旅行社都深深受到三角债的困扰。境外旅行社多数均在接团3个月后方能转账付款，拖欠款长达半年、1年、2年，甚至成为呆账的情况在旅游界早已见怪不怪。例如，桂林某大型国际旅行社1996年时因美国某客户旅行社宣布破产，一下就损失了200多万美元，弄得自己也几乎破产，至今仍难恢复元气。国内旅游市场虽然在执行"先付款，后接待"方面比国际旅游市场要好，特别是在新客户之间都能照此执行，但一旦两社之间的业务做大，客户旅行社往往仍都要求事后分阶段结账，多数地接社对此不敢有异议。因此，在选择客户旅行社时，对其付款信誉度的考核了解当为重中之重。

5）客户旅行社数量的选择

在上述选择的基础上，旅行社还应对客户旅行社的数量进行选择、决断。表面上看，客户旅行社似乎越多越好，越多则似乎客源越多，客源越多似乎赢利就越多。其实不完全是这样，能否盈利还受以下因素影响：

一是本旅行社的采购能力。在旺季，一家旅行社的接待能力受其采购能力的制约。在国内旅游市场中，每逢五一、国庆、春节三大节，不少热点旅游区的旅行社面对多家客户旅行社潮水般涌来的发团联络传真、电话，不是大喜过望，而是忧心忡忡。因为不接是没有实力的象征，会得罪客户旅行社，导致淡季的失落；接则无法保证接团质量：要房没房，要车没车，要导游没导游，结果是住房降级，旅游车套车（一部车接两个，甚至三个团），导游只要有证就上，哪怕连团也没跟过。最要命的是返程交通票，特别是火车卧铺票和动车票。一旦买不到机票或火车卧铺票（动车票），旅游团不能按合同规定离开当地，耽误期间的吃、住、行、游费用全部要由接待旅行社负担，那这个团就砸到底了。一两个团还好，这样的团一多，不光接待社要亏大本，而且比起当初拒绝接待来说，更得罪客户旅行社，会严重影响旅行社声誉，还会导致淡季更淡。如果买不到返程机票的旅游团是外宾团，导致该团的行程变更或离境延期，带来的严重后果就更无法想象了。

然而，要保证旅行社对饭店客房及民航、铁路交通票采购的量，就必须付出相应量的公关经费，这对中、小旅行社来说是沉重的经济负担。此外，不少旅游热点地区的星级宾馆都要求旅行社提前半月，甚至一月预付全额房费订金，临时取消订房房费不退，这又导致了销售风险。故而旅行社组团要根据自身的实际采购能力量力而行，当客户旅行社的总体供团能力与本社的接待能力基本持平后，客户旅行社的数量就再也不是越多越好了。

旅行社对客户旅行社数量进行控制的又一原因是旅行社需要为每一家客户旅行社支出公关费用，客户旅行社的数量越多，公关费用就越高。公关费用主要用于春节前后、旺季前夕对客户旅行社，特别是重点客户旅行社的外联拜访、送礼；还用于日常对客户旅行社来访的接待。每个月，以地接业务为主的热点地区旅行社总有接不完的客户到访：有真真假假来踩点的客户、有拖儿带妻的老总、有重点客户旅行社的关系户……接待规格视关系不同而不同，最少者花几十元去大排档招待一餐，最多者花几千元全包吃、住、行、游、购、娱。成都某大型国际旅行社每年用于九寨黄龙的旅游的客户接待预算高达 20 万元，如果加上平时的客户接待费，仅此一项开支就等于好几家小国内旅行社全年利润的总和。由此可见，客户旅行社的数量不是越多越好，而是应当量体裁衣，以合适为宜。

【补充阅读资料 5.3】

传统旅行社如何做营销？广之旅这波"收获满途"告诉你！

2018-07-01 13：42 来源：搜狐平台

广之旅每年为逾百万家庭提供优质旅游产品与服务，每逢暑期，是家庭旅游的出行旺季。2018 年 5 月下旬，广之旅针对家庭旅游，包括亲子游、陪父母以及携伴侣 3 类客群，正式开启以"收获满途"为主题的家庭旅游季整合营销传播，持续宣传暑期优质家庭旅游产品，加强与家庭用户的沟通与连接，真正倡导家庭旅游的价值。

在旅行消费升级的今天，一些 OTA 与线下旅行社开始采用更加有价值、有内容、有创意、有产品、有节奏的整合传播战略。广之旅"收获满途"家庭旅游季的营销，从《中国家庭旅游市场需求报告》，暖心品牌故事视频，到"旅行时光馆"的打造等一系列动作，正式开启暑期传播，倡导正能量"家庭美好旅行时光"，是传统旅行社首次整合营销传播，推进品牌与产品的双升级，助力推动优质家庭旅游时代的到来。

广之旅凭借自身优质旅游产品优势以及品牌客户群的需求洞察，整合资源，联动线上与线下渠道，配合公关宣传，话题在北京、上海、广州三地同时发酵，总曝光量超过 1 亿人次，引起大众对家庭旅游的关注，形成持续性口碑传播。话题进而驱动家庭旅游产品销售，帮助万千家庭解决暑期出游难题，突破传统旅行社价格竞争的瓶颈。

【补充阅读资料 5.4】

携程旅行网
来源：携程官网

携程旅行网创立于 1999 年，总部设在中国上海，员工超过 30 000 人，目前公司已在北京、广州、深圳、成都、杭州、南京、厦门、重庆、青岛、武汉、三亚、南通等 95 个境内城市，新加坡、首尔、中国香港等 22 个境外城市设立分支机构，在中国南通、苏格兰爱丁堡设立服务联络中心。

2010 年，携程旅行网战略投资台湾易游网和香港永安旅游，实现互通。2014 年，投资途风旅行网，将触角延伸至北美洲。

2015 年，携程战略投资艺龙旅行网，并与百度达成股权置换交易完成对去哪儿网的控股，同年，携程首次被评为中国最大旅游集团，并跻身中国互联网企业 10 强。

2016 年 1 月，携程战略投资印度最大旅游企业 MakeMyTrip，并在新加坡成立了东南亚区域总部。同年 10 月，携程加大对北美洲地区的投入，与纵横、海鸥、途风达成合作。11 月，携程投资英国机票搜索平台 Skyscanner（天巡），完成了对海外机票市场的布局。自此，携程完成全球化的相关业务布局。

作为中国领先的综合性旅行服务公司，携程成功整合了高科技产业与传统旅行业，向超过 3 亿会员提供集无线应用、酒店预订、机票预订、旅游度假、商旅管理及旅游资讯在内的全方位旅行服务，被誉为互联网和传统旅游无缝结合的典范。

凭借稳定的业务发展和优异的盈利能力，CTRIP 于 2003 年 12 月在美国纳斯达克成功上市，上市当天创纳市 3 年来开盘当日涨幅最高纪录，目前市值超过 230 亿美元。

今日的携程，在线旅行服务市场居领先地位，连续 4 年被评为中国第一旅游集团，目前是全球市值第二的在线旅行服务公司。

5.4 旅行社销售业务运作

5.4.1 制订产品销售计划

旅行社产品销售计划又称市场营销计划，是指导旅行社产品销售活动的纲领和促使销售人员根据市场导向原则，将旅游者所需要的各种产品以合理的价格销售给旅游者的指导性文件。一般来说，旅行社每年要编制一次销售计划以指导下一年的销售活动。旅行社产品销售计划包括 7 个方面的内容，即调查分析，环境预测，综合分析，确定产品销售目标，编制产品销售预算，编制产品营销组合计划，确定计划的检测、评价和控制方法。

1）调查分析

旅行社为编制产品销售计划而开展的调查分析，主要涉及当前的市场状况、旅游者的消费行为、产品发展趋势、旅行社的内部经营环境和外部环境。

2）环境预测

环境预测是在调查分析的基础上对旅行社经营的内部环境和外部环境构成要素可能发生的变化及其发展趋势进行预测。

3）综合分析

综合分析是对旅行社的经营环境及其所面临的各种机遇和挑战所做的分析和评价。

4）确定产品销售目标

旅行社根据前面的调查分析和预测的结果，确定产品的目标市场及销售渠道，并提出产品销售的指标。

5）编制产品销售预算

根据旅行社产品销售的指标及上述各项调查、分析和预测的结果，旅行社销售部门应提出产品销售预算。产品销售预算又称营销费用预算，包括营销信息管理系统费用、宣传广告费用、推销费用、销售业务管理费用等项的预算。

6）编制产品营销组合计划

产品营销组合是指旅行社为了实现其销售目标所运用的各种营销手段。旅行社销售人员根据成本原则提出应在销售过程中选用哪些营销手段。使用这些营销手段进行产品销售所产生的成本应低于它们所创造的收益。

7）确定计划的检测、评价、控制方法

产品销售计划中的最后一项是提出对计划执行过程及其结果所采取的检测、评价和控制方法。这是保证计划得以顺利实施并取得预期效果的重要手段。

旅行社产品销售计划有助于旅行社确立长远的发展方向，并能够用以指导旅行社的日常经营活动中各项战术性决策的制定。旅行社行业是一个波动性很大的行业。在这个行业里，市场状况、竞争状况、经济环境、政治环境、社会环境等时常发生变化。旅行社管理人员正是通过计划的编制促使各级管理人员不断在监测和分析上述各项因素的变化情况和趋势。

5.4.2 业务洽谈

业务洽谈是指旅行社销售人员和客户旅行社等中间商进行业务联系，商讨交易条件等谈判活动。一般来说，业务洽谈有两种形式：一种是面对面的洽谈、称为面谈；另一种是通过使用通信工具进行洽谈，又称为通信洽谈。旅行社的业务洽谈以后者居多。

1）面谈

面谈是指旅行社有关人员邀请客户旅行社前来进行的直接的业务洽谈。通过当面洽谈，

双方经过认真的谈判和讨价还价，最终达成某种或某几种旅行社产品的购买意向。旅行社同客户旅行社的当面业务洽谈一般包括准备阶段、谈判阶段和落实阶段。

（1）面谈之前的准备工作

旅行社有关人员在同客户旅行社进行面谈之前，需要做好3个方面的准备工作。

①选择谈判人员。旅行社在准备同客户旅行社进行面谈之前应首先选择谈判人员。在旅行社同客户旅行社进行面对面的业务洽谈时，一般由旅行社主管该客户旅行社所在地区销售业务的部门经理主持谈判，并由具体负责该地区销售业务的工作人员提供报价、联络等具体业务工作。

②了解谈判对手。旅行社有关人员在同客户旅行社进行当面业务洽谈前，应力求从多方面了解谈判对手。这种了解包括两个方面：一是了解谈判对手所代表的客户旅行社的历史、现状、经济实力、招徕能力、在旅游市场上的声誉和信誉；二是了解谈判对手本人的经历、能力、谈判中惯用的策略、个人的嗜好等。通过对谈判对手的了解，旅行社谈判人员能够尽量做到知己知彼，掌握谈判过程的主动权。

③制定谈判策略。旅行社业务谈判人员的准备阶段所要做的第三件事是制定谈判策略。其应该在事先通过对市场需求、竞争状况、对方可能采取的谈判策略、对方可能作出的最大让步等进行认真细致的研究，确定在谈判中的进退幅度和达成交易的条件。

（2）业务谈判

旅行社同客户旅行社就旅行社产品销售举行的业务谈判一般在旅行社市场营销部或销售部经理以及客户旅行社的销售业务负责人之间进行。有时候，这种谈判由双方的主要负责人直接进行。在谈判过程中，旅行社方面的谈判代表应根据事先拟定的谈判方案，在互惠互利的基础上，通过友好、坦率、认真的协商，争取达成产品购买协议。业务谈判一般按照以下两个步骤进行。

①介绍产品。谈判开始后，旅行社谈判代表应首先向对方详细介绍旅行社的有关产品，并就客户旅行社提出的关于产品方面的问题作出耐心细致的解答，使对方能够在较短的时间里熟悉产品的基本内容、产品特点、销售价格、购买方式等情况。

②购买谈判。旅行社谈判代表在介绍产品情况并对旅游中间商提出的各种相关问题作出解答后，业务谈判进入购买谈判阶段。购买谈判是指谈判双方就产品的内容、价格、购买方式、付款方式等具体问题逐一进行讨论。在购买谈判中，旅行社谈判代表应在事先拟订的方案基础上，吸收客户旅行社提出的合理意见，适当修改产品的内容、价格、购买方式和付款方式，做到既维护旅行社的利益，又要努力达成协议。

（3）签订书面协议

旅行社与客户旅行社经过谈判双方基本达到一致意见后，应签订合作意向书、合同书或委托书等书面协议，以明确双方的关系，从而开展合作。

2）通信洽谈

通信洽谈是指旅行社利用通信工具进行的业务洽谈。旅行社在通信洽谈中使用的通信工具包括传真、电传、函件和电话。

5.4.3 对外报价

对外报价是指旅行社产品销售人员根据旅游市场的需求，把对旅行社产品确定的价格呈报给客户旅行社。旅行社的报价主要包括 3 种形式。

1）团体包价

团体包价由综合服务费、房费、餐费、城市间交通费、门票费及专项附加费等组成。

（1）综合服务费

综合服务费由市内交通费、杂费和接待旅行社手续费、组团旅行社手续费等构成。综合服务费可以划分为豪华、标准和经济 3 个等级。

（2）房费

根据旅游者的要求，旅行社可代订各种档次的饭店客房，并按旅行社与饭店签订的协议价格收费。

（3）餐费

根据一定的标准安排一日三餐费用，包括饮料费用。

（4）城市间交通费

城市间交通费包括飞机、火车、轮船（内河、海运）、部分线路的汽车客票价格、民航发展基金及燃油附加费。

（5）门票费

各旅游景点的门票价格由其所隶属部门制定，国家物价部分核准。

（6）专项附加费

专项附加费包括汽车超公里费、江（河、湖）游览费、专业活动费和文娱活动费等。

许多旅行社对综合服务费有 16 免 1 的优惠价格，即包价旅游团的成年旅游者人数每达到 16 名时，就免收 1 名成年旅游者的综合服务费。但是，如果旅游团内 16 名旅游者中包括儿童旅游者，就不实行这项优惠。

2）半包价

半包价是在团体包价收费中扣除午餐、晚餐费用，旅游者可在抵达旅游目的地后随意选择午餐、晚餐，费用现付。半包价团的其他费用与团体包价相同。

3）小包价

旅游者在抵达目的地前的预付费用仅包括房费及早餐、接送服务费、城市间交通费和旅行社手续费，其他费用可以根据旅游者自己所选择的服务，在抵达目的地前预付或抵达目的地后现付。

5.4.4 确认合同

确认合同是旅行社产品销售业务的主要环节。确认合同是指旅行社和客户旅行社双方对于所购产品的内容、价格、购买数量、旅游者成行日期等方面的确认。经过确认，双方都应承担各自承诺的义务。由于旅行社产品销售具有批量小、批次多、品种繁多、每批涉及金额较小等特点，因此在日常经营中，旅行社产品的购买往往采用传真、信函、电传、电话等方式进行确认。如果旅游团队的人数较多、接待规格较高或为系列团队，旅行社也可以采取签订合同的方式确认。

【补充阅读资料 5.5】

GF-2014-2401

团队境内旅游合同 [1]

（示范文本）

国　家　旅　游　局

　　　　　　　　　　　　　　制定

国家工商行政管理总局
二〇一四年四月

使用说明

1. 本合同为示范文本，供中华人民共和国境内（不含港、澳、台地区）旅行社与旅游者之间签订团队境内包价旅游合同时使用（不含赴港、澳、台地区旅游及边境游）。

2. 双方当事人应当结合具体情况选择本合同协议条款中所提供的选择项，空格处应当以文字形式填写完整。

3. 双方当事人可以以书面形式对本示范文本内容予以变更或者补充，但变更或者补充的内容，不得减轻或者免除应当由旅行社承担的责任。

4. 本示范文本由国家旅游局和国家工商行政管理总局共同制定、解释，在全国范围内推行使用。

团队境内旅游合同

合同编号：

旅游者：　　　　　等　　人（名单可附页，需旅行社和旅游者代表签字盖章确认）；
旅行社：　　　　　　　　　　　　；
旅行社业务经营许可证编号：　　　　　　　　。

第一章　术语和定义

第一条　本合同术语和定义

1. 团队境内旅游服务，指旅行社依据《中华人民共和国旅游法》《旅行社条例》等法律、法规，组织旅游者在中华人民共和国境内（不含香港、澳门、台湾地区）旅游，代订公共交通客票，提供餐饮、住宿、游览等两项以上服务活动。

---

[1] 本合同现尚未随相关法律调整而更新。——编者注

2. 旅游费用，指旅游者支付给旅行社，用于购买本合同约定的旅游服务的费用。

旅游费用包括：

（1）交通费。

（2）住宿费。

（3）餐费（不含酒水费）。

（4）旅行社统一安排的景区景点门票费。

（5）行程中安排的其他项目费用。

（6）导游服务费。

（7）旅行社（含地接社）的其他服务费用。

旅游费用不包括：

（1）旅游者投保的人身意外伤害保险费用。

（2）合同未约定由旅行社支付的费用，包括但不限于行程以外非合同约定活动项目所需的费用、自行安排活动期间发生的费用。

（3）行程中发生的旅游者个人费用，包括但不限于交通工具上的非免费餐饮费、行李超重费，住宿期间的洗衣、电话、饮料及酒类费，个人娱乐费用，个人伤病医疗费，寻找个人遗失物品的费用及报酬，个人原因造成的赔偿费用。

3. 履行辅助人，指与旅行社存在合同关系，协助其履行本合同义务，实际提供相关服务的法人、自然人或者其他组织。

4. 自由活动，特指《旅游行程单》中安排的自由活动。

5. 自行安排活动期间，指《旅游行程单》中安排的自由活动期间，旅游者不参加旅游行程活动期间，每日行程开始前，结束后旅游者离开住宿设施的个人活动期间，旅游者经导游同意暂时离团的个人活动期间。

6. 不合理的低价，指旅行社提供服务的价格低于接待和服务费用或者低于行业公认的合理价格，且无正当理由和充分证据证明该价格的合理性。其中，接待和服务费用主要包括旅行社提供或者采购餐饮、住宿、交通、游览、导游等服务所支出的费用。

7. 具体购物场所，指购物场所有独立的商号以及相对清晰、封闭、独立的经营边界和明确的经营主体，包括免税店，大型购物商场，前店后厂的购物场所，景区内购物场所，景区周边或者通往景区途中的购物场所，服务旅游团队的专门商店，商品批发市场和与餐饮、娱乐、停车休息等相关联的购物场所等。

8. 旅游者投保的人身意外伤害保险，指旅游者自己购买或者通过旅行社、航空机票代理点、景区等保险代理机构购买的以旅行期间自身的生命、身体或者有关利益为保险标的的短期保险，包括但不限于航空意外险、旅游意外险、紧急救援保险、特殊项目意外险。

9. 离团，指团队旅游者经导游同意不随团队完成约定行程的行为。

10. 脱团，指团队旅游者未经导游同意脱离旅游团队，不随团队完成约定行程的行为。

11. 转团，指由于未达到约定成团人数不能出团，旅行社征得旅游者书面同意，在行程开始前将旅游者转至其他旅行社所组的境内旅游团队履行合同的行为。

12. 拼团，指旅行社在保证所承诺的服务内容和标准不变的前提下，在签订合同时经旅游者同意，与其他旅行社招徕的旅游者拼成一个团，统一安排旅游服务的行为。

13. 不可抗力，指不能预见、不能避免并不能克服的客观情况，包括但不限于因自然原因和社会原因引起的，如自然灾害、战争、骚乱、罢工、突发公共卫生事件、政府行为。

14. 已尽合理注意义务仍不能避免的事件，指因当事人故意或者过失以外的客观因素引发的事件，包括但不限于重大礼宾活动导致的交通堵塞，飞机、火车、班轮、城际客运班车等公共客运交通工具延误或者取消，景点临时不开放。

15. 必要的费用，指旅行社履行合同已经发生的费用以及向地接社或者履行辅助人支付且不可退还的费用，包括乘坐飞机（车、船）等交通工具的费用（含预订金）、饭店住宿费用（含预订金）、旅游观光汽车的人均车租等。

16. 公共交通经营者，指航空、铁路、航运客轮、城市公交、地铁等公共交通工具经营者。

第二章　合同的订立

第二条　旅游行程单

旅行社应当提供带团号的《旅游行程单》（以下简称《行程单》），经双方签字或者盖章确认后作为本合同的组成部分。《行程单》应当对如下内容作出明确的说明：

（1）旅游行程的出发地、途经地、目的地、结束地，线路行程时间和具体安排（按自然日计算，含乘飞机、车、船等在途时间，不足24小时以1日计）。

（2）地接社的名称、地址、联系人和联系电话。

（3）交通服务安排及其标准（明确交通工具及档次等级、出发时间以及是否需中转等信息）。

（4）住宿服务安排及其标准（明确住宿饭店的名称、地点、星级，非星级饭店应当注明是否有空调、热水、独立卫生间等相关服务设施）。

（5）用餐（早餐和正餐）服务安排及其标准（明确用餐次数、地点、标准）。

（6）旅行社统一安排的游览项目的具体内容及时间（明确旅游线路内容包括景区点及游览项目名称等，景区点停留的最少时间）。

（7）自由活动的时间。

（8）行程安排的娱乐活动（明确娱乐活动的时间、地点和项目内容）。

《行程单》用语须准确清晰，在表明服务标准用语中不应当出现"准×星级""豪华""仅供参考""以××为准""与××同级"等不确定用语。

第三条　订立合同

旅游者应当认真阅读本合同条款、《行程单》，在旅游者理解本合同条款及有关附件后，旅行社和旅游者应当签订书面合同。

由旅游者的代理人订立合同的，代理人需要出具被代理的旅游者的授权委托书。

第四条　旅游广告及宣传品

旅行社的旅游广告及宣传品应当遵循诚实信用的原则，其内容符合《中华人民共和国合同法》要约规定的，视为本合同的组成部分，对旅行社和旅游者双方具有约束力。

第三章　合同双方的权利义务

第五条　旅行社的权利

1. 根据旅游者的身体健康状况及相关条件决定是否接纳旅游者报名参团。

2. 核实旅游者提供的相关信息资料。

3. 按照合同约定向旅游者收取全额旅游费用。

4. 旅游团队遇紧急情况时，可以采取安全防范措施和紧急避险措施并要求旅游者配合。

5. 拒绝旅游者提出的超出合同约定的不合理要求。

6. 要求旅游者对在旅游活动中或者在解决纠纷时损害旅行社合法权益的行为承担赔偿责任。

7. 要求旅游者健康、文明旅游，劝阻旅游者违法和违反社会公德的行为。

第六条　旅行社的义务

1. 按照合同和《行程单》约定的内容和标准为旅游者提供服务，不得擅自变更旅游行程安排。

2. 向合格的供应商订购产品和服务。

3. 不得以不合理的低价组织旅游活动，诱骗旅游者，并通过安排购物或者另行付费旅游项目获取回扣等不正当利益。

组织、接待旅游者，不指定具体购物场所，不安排另行付费旅游项目，但是，经双方协商一致或者旅游者要求，且不影响其他旅游者行程安排的除外。

4. 在出团前如实告知具体行程安排和有关具体事项，具体事项包括但不限于所到旅游目的地的重要规定、风俗习惯；旅游活动中的安全注意事项和安全避险措施、旅游者不适合参加旅游活动的情形；旅行社依法可以减免责任的信息；应急联络方式以及法律、法规规定的其他应当告知的事项。

5. 按照合同约定，为旅游团队安排符合《中华人民共和国旅游法》《导游人员管理条例》规定的持证导游人员。

6. 妥善保管旅游者交其代管的证件、行李等物品。

7. 为旅游者发放用固定格式书写、由旅游者填写的安全信息卡（包括旅游者的姓名、血型、应急联络方式等）。

8. 旅游者人身、财产权益受到损害时，应当采取合理必要的保护和救助措施，避免旅游者人身、财产权益损失扩大。

9. 积极协调处理旅游行程中的纠纷，采取适当措施防止损失扩大。

10. 提示旅游者投保人身意外伤害保险。

11. 向旅游者提供发票。

12. 依法对旅游者个人信息保密。

13. 旅游行程中解除合同的，旅行社应当协助旅游者返回出发地或者旅游者指定的合理地点。

第七条　旅游者的权利

1. 要求旅行社按照合同及《行程单》约定履行相关义务。

2. 拒绝未经事先协商一致的转团、拼团行为。

3. 有权自主选择旅游产品和服务，有权拒绝旅行社未与旅游者协商一致或者未经旅游者要求而指定购物场所、安排旅游者参加另行付费旅游项目的行为，有权拒绝旅行社的导游强迫或者变相强迫旅游者购物、参加另行付费旅游项目的行为。

4. 在支付旅游费用时，要求旅行社出具发票。

5. 人格尊严、民族风俗习惯和宗教信仰得到尊重。

6. 在人身、财产安全遇有危险时，有权请求救助和保护；人身、财产受到损害的，有权依法获得赔偿。

7. 在合法权益受到损害时向有关部门投诉或者要求旅行社协助索赔。

8. 《中华人民共和国旅游法》《中华人民共和国消费者权益保护法》和有关法律、法规赋予旅游者的其他各项权利。

第八条　旅游者的义务

1. 如实填写《旅游报名表》、游客安全信息卡等各项内容，告知与旅游活动相关的个人健康信息，并对其真实性负责，保证所提供的联系方式准确无误且能及时联系。

2. 按照合同约定支付旅游费用。

3. 遵守法律、法规和有关规定，不在旅游行程中从事违法活动，不参与色情、赌博和涉毒活动。

4. 遵守公共秩序和社会公德，尊重旅游目的地的风俗习惯、文化传统和宗教信仰，爱护旅游资源，保护生态环境，遵守《中国公民国内旅游文明行为公约》等文明行为规范。

5. 对国家应对重大突发事件暂时限制旅游活动的措施以及有关部门、机构或者旅游经营者采取的安全防范和应急处置措施予以配合。

6. 妥善保管自己的行李物品，随身携带的现金、有价证券、贵重物品，不在行李中夹带。

7. 在旅游活动中或者在解决纠纷时，应采取措施防止损失扩大，不损害当地居民的合法权益；不干扰他人的旅游活动；不损害旅游经营者和旅游从业人员的合法权益，不采取拒绝上、下机（车、船）、拖延行程或者脱团等不当行为。

8. 自行安排活动期间，应当在自己能够控制风险的范围内选择活动项目，遵守旅游活动中的安全警示规定，并对自己的安全负责。

第四章　合同的变更与转让

第九条　合同的变更

1. 旅行社与旅游者双方协商一致，可以变更本合同约定的内容，但应当以书面形式由双方签字确认。由此增加的旅游费用及给对方造成的损失，由变更提出方承担；由此减少的旅游费用，旅行社应当退还旅游者。

2. 行程开始前遇到不可抗力或者旅行社、履行辅助人已尽合理注意义务仍不能避免的事件的，双方经协商可以取消行程或者延期出行。取消行程的，按照本合同第十四条处理。延期出行的，增加的费用由旅游者承担，减少的费用退还旅游者。

3. 行程中遇到不可抗力或者旅行社、履行辅助人已尽合理注意义务仍不能避免的事件，影响旅游行程的，按以下方式处理：

（1）合同不能完全履行的，旅行社经向旅游者作出说明。旅游者同意变更的，可以在合理范围内变更合同，因此增加的费用由旅游者承担，减少的费用退还旅游者。

（2）危及旅游者人身、财产安全的，旅行社应当采取相应的安全措施，因此支出的费用，由旅行社与旅游者分担。

（3）造成旅游者滞留的，旅行社应采取相应的安置措施。因此增加的食宿费用由旅游者承担，增加的返程费用双方分担。

第十条　合同的转让

旅游行程开始前，旅游者可以将本合同中自身的权利义务转让给第三人，旅行社没有正当理由的不得拒绝，并办理相关转让手续，因此增加的费用由旅游者和第三人承担。

正当理由包括但不限于：对应原报名者办理的相关服务不可转让给第三人的；无法为第三人安排交通等情形的；旅游活动对于旅游者的身份、资格等有特殊要求的。

第十一条　不成团的安排

当旅行社组团未达到约定的成团人数不能成团时，旅游者可以与旅行社就如下安排在本合同第二十三条中做出约定。

1. 转团：旅行社可以在保证所承诺的服务内容和标准不降低的前提下，经事先征得旅游者书面同意，委托其他旅行社履行合同，并就受委托出团的旅行社违反本合同约定的行为先行承担责任，再行追偿。旅游者和受委托出团的旅行社另行签订合同的，本合同的权利义务终止。

2. 延期出团和改变线路出团：旅行社经征得旅游者书面同意，可以延期出团或者改变其他线路出团，因此增加的费用由旅游者承担，减少的费用旅行社予以退还。需要时可以重新签订旅游合同。

第五章　合同的解除

第十二条　旅行社解除合同

1. 未达到约定的成团人数不能成团时，旅行社解除合同的，应当采取书面等有效形式。旅行社在行程开始前7日（按照出发日减去解除合同通知到达日的自然日之差计算，下同）以上（含第7日，下同）提出解除合同的，不承担违约责任，旅行社向旅游者退还已收取的全部旅游费用；旅行社在行程开始前7日以内（不含第7日，下同）提出解除合同的，除向旅游者退还已收取的全部旅游费用外，还应当按本合同第十七条第1款的约定，承担相应的违约责任。

2. 旅游者有下列情形之一的，旅行社可以解除合同：

（1）患有传染病等疾病，可能危害其他旅游者健康和安全的。

（2）携带危害公共安全的物品且不同意交有关部门处理的。

（3）从事违法或者违反社会公德的活动的。

（4）从事严重影响其他旅游者权益的活动，且不听劝阻、不能制止的。

（5）法律、法规规定的其他情形。

旅行社因上述情形解除合同的，应当以书面等形式通知旅游者，按照本合同第十五条相关约定扣除必要的费用后，将余款退还旅游者。

第十三条　旅游者解除合同

1. 未达到约定的成团人数不能成团时，旅游者既不同意转团，也不同意延期出行或者改签其他线路出团的，旅行社应及时发出不能成团的书面通知，旅游者可以解除合同。旅游者在行程开始前 7 日以上收到旅行社不能成团通知的，旅行社不承担违约责任，向旅游者退还已收取的全部旅游费用；旅游者在行程开始前 7 日以内收到旅行社不能成团通知的，按照本合同第十七条第 1 款相关约定处理。

2. 除本条第 1 款约定外，在旅游行程结束前，旅游者亦可以书面等形式解除合同。旅游者在行程开始前 7 日以上提出解除合同的，旅行社应当向旅游者退还全部旅游费用；旅游者在行程开始前 7 日以内和行程中提出解除合同的，旅行社按照本合同第十五条相关约定扣除必要的费用后，将余款退还旅游者。

3. 旅游者未按约定时间到达约定集合出发地点，也未能在出发中途加入旅游团队的，视为旅游者解除合同，按照本合同第十五条相关约定处理。

第十四条　因不可抗力或者已尽合理注意义务仍不能避免的事件解除合同

因不可抗力或者旅行社、履行辅助人已尽合理注意义务仍不能避免的事件，影响旅游行程，合同不能继续履行的，旅行社和旅游者均可以解除合同；合同不能完全履行，旅游者不同意变更的，可以解除合同。合同解除的，旅行社应当在扣除已向地接社或者履行辅助人支付且不可退还的费用后，将余款退还旅游者。

第十五条　必要的费用扣除

1. 旅游者在行程开始前 7 日以内提出解除合同或者按照本合同第十二条第 2 款约定由旅行社在行程开始前解除合同的，按下列标准扣除必要的费用：

行程开始前 6 日至 4 日，按旅游费用总额的 20%；

行程开始前 3 日至 1 日，按旅游费用总额的 40%；

行程开始当日，按旅游费用总额的 60%。

2. 在行程中解除合同的，必要的费用扣除标准为：

旅游费用 × 行程开始当日扣除比例 +（旅游费用 − 旅游费用 × 行程开始当日扣除比例）÷ 旅游天数 × 已经出游的天数

如按上述第 1 款或者第 2 款约定比例扣除的必要的费用低于实际发生的费用，旅游者按照实际发生的费用支付，但最高额不应当超过旅游费用总额。

解除合同的，旅行社扣除必要的费用后，应当在解除合同通知到达日起 5 个工作日内为旅游者办结退款手续。

第十六条　旅行社协助旅游者返程及费用承担

旅游行程中解除合同的，旅行社应协助旅游者返回出发地或者旅游者指定的合理地点。因旅行社或者履行辅助人的原因导致合同解除的，返程费用由旅行社承担；行程中按照本合同第十二条第 2 款，第十三条第 2 款约定解除合同的，返程费用由旅游者承担；按照本合同第十四条约定解除合同的，返程费用由双方分担。

第六章　违约责任

第十七条　旅行社的违约责任

1. 旅行社在行程开始前 7 日以内提出解除合同的，或者旅游者在行程开始前 7 日以内收到旅行社不能成团通知，不同意转团、延期出行和改签线路解除合同的，旅行社向旅游者退还已收取的全部旅游费用，并按下列标准向旅游者支付违约金：

行程开始前 6 日至 4 日，支付旅游费用总额 10% 的违约金；

行程开始前 3 日至 1 日，支付旅游费用总额 15% 的违约金；

行程开始当日，支付旅游费用总额 20% 的违约金。

如按上述比例支付的违约金不足以赔偿旅游者的实际损失，旅行社应当按实际损失对旅游者予以赔偿。

旅行社应当在取消出团通知或者旅游者不同意不成团安排的解除合同通知到达日起 5 个工作日内，为旅游者办结退还全部旅游费用的手续并支付上述违约金。

2. 旅行社未按合同约定提供服务，或者未经旅游者同意调整旅游行程（本合同第九条第 3 款规定的情形除外），造成项目减少、旅游时间缩短或者标准降低的，应当依法承担继续履行、采取补救措施或者赔偿损失等违约责任。

3. 旅行社具备履行条件，经旅游者要求仍拒绝履行本合同义务的，旅行社向旅游者支付旅游费用总额 30% 的违约金，旅游者采取订同等级别的住宿、用餐、交通等补救措施的，费用由旅行社承担；造成旅游者人身损害、滞留等严重后果的，旅游者还可以要求旅行社支付旅游费用 1 倍以上 3 倍以下的赔偿金。

4. 未经旅游者同意，旅行社转团、拼团的，旅行社应向旅游者支付旅游费用总额 25% 的违约金；旅游者解除合同的，旅行社还应向未随团出行的旅游者退还全部旅游费用，向已随团出行的旅游者退还尚未发生的旅游费用。如违约金不足以赔偿旅游者的实际损失，旅行社应当按实际损失对旅游者予以赔偿。

5. 旅行社有以下情形之一的，旅游者有权在旅游行程结束后 30 日内，要求旅行社为其办理退货并先行垫付退货货款，或者退还另行付费旅游项目的费用：

（1）旅行社以不合理的低价组织旅游活动，诱骗旅游者，并通过安排购物或者另行付费旅游项目获取回扣等不正当利益的。

（2）未经双方协商一致或者未经旅游者要求，旅行社指定具体购物场所或者安排另行付费旅游项目的。

6. 与旅游者出现纠纷时，旅行社应当采取积极措施防止损失扩大，否则应当就扩大的损失承担责任。

第十八条　旅游者的违约责任

1. 旅游者因不听从旅行社及其导游的劝告、提示而影响团队行程，给旅行社造成损失的，应当承担相应的赔偿责任。

2. 旅游者超出本合同约定的内容进行个人活动所造成的损失，由其自行承担。

3. 由于旅游者的过错，使旅行社、履行辅助人、旅游从业人员或者其他旅游者遭受损害的，旅游者应当赔偿损失。

4. 旅游者在旅游活动中或者在解决纠纷时，应采取措施防止损失扩大，否则应当就扩大的损失承担相应的责任。

5. 旅游者违反安全警示规定，或者对国家应对重大突发事件暂时限制旅游活动的措施、安全防范和应急处置措施不予配合，造成旅行社损失的，应当依法承担相应责任。

第十九条　其他责任

1.由于旅游者自身原因导致本合同不能履行或者不能按照约定履行，或者造成旅游者人身损害、财产损失的，旅行社不承担责任。

2.旅游者在自行安排活动期间人身、财产权益受到损害的，旅行社在事前已尽到必要警示说明义务且事后已尽到必要救助义务的，旅行社不承担赔偿责任。

3.由于第三方侵害等不可归责于旅行社的原因导致旅游者人身、财产权益受到损害的，旅行社不承担赔偿责任。但因旅行社不履行协助义务致使旅游者人身、财产权益损失扩大的，旅行社应当就扩大的损失承担赔偿责任。

4.由于公共交通经营者的原因造成旅游者人身损害、财产损失依法应承担责任的，旅行社应当协助旅游者向公共交通经营者索赔。

第七章　协议条款

第二十条　线路行程时间

出发时间　年　月　日　时，结束时间　年　月　日　时；共　天，饭店住宿　夜。

第二十一条　旅游费用及支付（以人民币为计算单位）

成人：　元/人，儿童（不满14岁）：　元/人；其中，导游服务费：　元/人；

旅游费用合计：　　　　　元。

旅游费用支付方式：　　　。

旅游费用支付时间：　　　。

第二十二条　人身意外伤害保险

1.旅行社提示旅游者购买人身意外伤害保险；

2.旅游者可以做以下选择：

□委托旅行社购买（旅行社不具有保险兼业代理资格的，不得勾选此项）：保险产品名称　　　　　（投保的相关信息以实际保单为准）；

□自行购买；

□放弃购买。

第二十三条　成团人数与不成团的约定

成团的最低人数：　　　人。

如不能成团，旅游者是否同意按下列方式解决：

1.　　（同意或者不同意，打钩无效）旅行社委托其他
　　　旅行社履行合同；

2.　　（同意或者不同意，打钩无效）延期出团；

3.　　（同意或者不同意，打钩无效）改变其他线路出团；

4.　　（同意或者不同意，打钩无效）解除合同。

第二十四条　拼团约定

旅游者　　　（同意或者不同意，打钩无效）采用拼团方式拼至　　　旅行社成团。

第二十五条　自愿购物和参加另行付费旅游项目约定

1.旅游者可以自主决定是否参加旅行社安排的购物活动、另行付费旅游项目。

2.旅行社可以在不以不合理的低价组织旅游活动、不诱骗旅游者、不获取回扣等不正当利益，且不影响其他旅游者行程安排的前提下，按照平等自愿、诚实信用的原则，与旅游者协商一致达成购物活动、另行付费旅游项目协议。

3.购物活动、另行付费旅游项目安排应不与《行程单》冲突。

4.地接社及其从业人员在行程中安排购物活动、另行付费旅游项目的，责任由订立本合同的旅行社承担。

5.购物活动、另行付费旅游项目具体约定见《自愿购物活动补充协议》（附件 3）、《自愿参加另行付费旅游项目补充协议》（附件 4）。

第二十六条　争议的解决方式

本合同履行过程中发生争议，由双方协商解决；亦可向合同签订地的旅游质监执法机构、消费者协会、有关的调解组织等有关部门或者机构申请调解。协商或者调解不成的，按下列第　　种方式解决：

1.提交　　　　　　　仲裁委员会仲裁

2.依法向人民法院起诉。

第二十七条　其他约定事项

未尽事宜，经旅游者和旅行社双方协商一致，可以列入补充条款（如合同空间不够，可以另附纸张，由双方签字或者盖章确认）。

第二十八条　合同效力

本合同一式　　份，双方各持　　份，具有同等法律效力，自双方当事人签字或者盖章之日起生效。

旅游者代表签字（盖章）：　　　　旅行社盖章：
证件号码：　　　　　　　　　　　签约代表签字（盖章）：
住　　址：　　　　　　　　　　　营业地址：
联系电话：　　　　　　　　　　　联系电话：
传　　真：　　　　　　　　　　　传　　真：
邮　　编：　　　　　　　　　　　邮　　编：
电子信箱：　　　　　　　　　　　电子信箱：
签约日期：　年　月　日　　　　　签约日期：　年　月　日
签约地点：

旅行社监督、投诉电话：
　　　省　　市旅游质监执法机构：
投诉电话：
电子邮箱：
地　　址：
邮　　编：

附件1：旅游报名表

旅游线路及编号　　　　　　　旅游者出团时间意向

姓名		性别		民族		出生日期	
身份证件号码				联系电话			
身体状况		（需注明是否有身体残疾、精神疾病、高血压、心脏病等健康受损病症、病史，是否为妊娠期妇女。）					
旅游者全部同行人名单及分房要求（所列同行人均视为旅游者要求必须同时安排出团）： 　　与　　同住，　　与　　同住，　　与　　同住， 　　与　　同住，　　与　　同住，　　与　　同住， 　　为单男／单女需要安排与他人同住，　　不占床位， 　　全程要求入住单间（应当补交房费差额）。							
其他补充约定： 旅游者确认签名（盖章）：　　　　年　月　日							
备注		（年龄低于18周岁，需要提交家长书面同意出行书）					
以下各栏由旅行社工作人员填写							
服务网点名称				旅行社经办人			

附件2：带团号的《旅游行程单》

旅游者：（代表人签字）　　　　　　　　旅行社：（盖章）

　　　　　　　　　　　　　　　　　　　经办人：（签字）

　　　　　　　　　　　　　　　　　　　　　年　月　日

附件3：

自愿购物活动补充协议

具体时间	地点	购物场所名称	主要商品信息	最长停留时间（分钟）	其他说明	旅游者签名同意
年 月 日 时						签名：
年 月 日 时						签名：
年 月 日 时						签名：

旅行社经办人签名：

附件 4：

自愿参加另行付费旅游项目补充协议

具体时间	地点	项目名称和内容	费用（元）	项目时长（分钟）	其他说明	旅游者签名同意
年 月 日 时						签名：
年 月 日 时						签名：
年 月 日 时						签名：

旅行社经办人签名：

【本章小结】

旅行社销售具有超前性、灵活性、批量性、时效性的特点。在运作中旅行社销售业务包含选择目标市场、制定产品价格、选择产品销售渠道、促销及销售业务洽谈 5 个环节。

目标市场选择是指旅行社对具有不同欲望和需求的旅游者按一定标准细分市场的基础上所选定的作为其营销对象的旅游者群。目标市场是旅行社确定发展战略和市场营销组合策略的关键。目标市场策略有无差异性市场策略、差异性市场策略和密集性市场策略。旅行社选择目标市场策略应考虑旅行社实力、产品同质性、市场同质性和产品的生命周期等因素。

影响旅行社产品价格制定的因素包括产品的内部因素和外部因素两个类型。产品的内部因素是指构成旅行社产品的各项成本和利润；产品的外部因素则包括旅游市场的供求关系、市场竞争状况、汇率、季节、替代产品价格等。旅行社产品定价策略是旅行社经营管理人员进行价格决策的指导思想和行动方针。旅行社应根据不同的产品和市场情况，采取适当的定价策略，以实现其产品定价目标。旅行社的产品定价策略一般分为新产品定价策略、心理定价策略和折扣定价策略。在旅行社进行产品定价方法选择时，定价方法可分为 3 类，即以成本为中心的定价法、以需求为中心的定价法和以竞争为中心的定价法。

旅行社销售渠道分为直接销售渠道和间接销售渠道。常见的间接销售渠道包括单环节销售渠道、双环节销售渠道和多环节销售渠道。旅行社应当在明确本社的销售目标、了解目标市场的基础上，对旅游中间商，特别是客户旅行社进行认真的考察，并在此基础上进行选择。对旅游中间商的选择即是对客户旅行社的选择。

旅行社销售业务运作包括旅行社产品销售计划的制订、业务洽谈、对外报价、确认合同 4 个方面的内容。

【复习思考题】

1. 旅行社销售的特点有哪些？
2. 旅行社市场细分的程序是什么？

3. 简述影响选择目标市场策略的因素。

4. 影响旅行社产品价格制定的因素有什么？

5. 简述旅行社产品定价策略。

6. 旅行社销售业务运作的内容是什么？

7. 什么是旅行社产品的间接销售渠道？间接销售渠道有哪些类型？

8. 旅行社的定价方法有哪些？各有什么特点？

【实训】

1. 试设计一个针对东北市场的全包价 4 天 3 晚一地游产品（含线路、报价、服务标准等全部产品要素）。

2. 了解所在地旅行社经常采用的折扣法是什么？

3. 一家旅行社，了解该旅行社某个产品价格的具体构成。

线上线下旅游价格战矛盾与利益之争

2015-04-24　06：09：30　来源：第一财经日报（上海）

一个慵懒的午后，对那些正想打瞌睡的旅游界人士而言却被一则突如其来的重磅消息，——以旅游批发商"大佬"众信旅游为首的 17 家旅行社发布声明，集体停止向途牛提供 7 月 15 日及以后出发的旅游产品。而途牛也不甘示弱，在 17 家旅行社发出集体抵制声明后，立马下线众信旅游全部产品。两者对此剑拔弩张。

《第一财经日报》记者多方采访了解到，抵制事件的背后应该是 OTA（在线旅游代理商）长期价格战导致线下旅行社业务备受打击，尤其是在途牛开始进行直采旅游资源后，更触动了线下旅行社的利益。有知情者透露，其实众信旅游也有自己的"算盘"——收购悠哉网络股份后，众信旅游业打算从线下走向线上开拓业务，一系列的矛盾和利益争夺终于导致抵制事件爆发。

线上线下的利益争夺战

缘何合作伙伴突然翻脸，而看似"被断粮"的途牛还能如此"牛气"地回应？

"这一切都是意料之外却也在情理之中。旅行社的抵制声明写得很清楚，途牛的低价游扰乱了传统线下旅行社的价格体系，对于众信旅游这类业者而言，其为途牛提供产品，结果由于途牛低价策略抢占游客，线下旅行社自己反而没有生意了，自己研发的产品全为别人做嫁衣裳，这让旅行社情何以堪？"知情者透露。

那么为何传统旅行社自己不参与价格战呢？

"价格战是需要企业耗费大量营销费用的，比如携程一年耗资 10 多亿元打价格战，驴妈妈、同程、途牛都以动辄数千万元至数亿元进行价格战，在线旅游公司因为背后有投资者或者大部分是上市公司已有融资，因此有实力投入价格战，即便如此，去哪儿、途牛等都还处于亏损，携程虽然盈利但其利润也受挫。而线下旅行社的融资能力很差，且以团队游为主，团队游客大多对价格敏感，旅行社利润率很低，有些产品的净利润率不到 5%，因此根本没有实力打价格战，客流自然被线上抢走，线上线下矛盾激发。"佳琦旅游机构创始人瞿佳告诉记者。

记者从业内人士处获悉，在近期的一个旅游界内部会议上，线下旅行社一度与在线旅游企业争执得不可开交。

日前，国家旅游局就低价游约谈过途牛和同程，南京市旅游委员会则已下发整改通知，要求途牛停止其"1元出境游"业务。

那么有这么多家在线旅游商，为何这17家大型旅游企业只盯住途牛呢？

"原因很简单，线上线下的业者之间矛盾一直存在，但途牛是个矛盾焦点，因为途牛是主打团队游的，其线下旅行社也主打团队游，两者业务冲突非常大。而其他OTA虽然也有团队游，但并非主打，比如携程更多的是机票和酒店的自由行、去哪儿主打机票比价、艺龙主打酒店、同程和驴妈妈主打景区，所以途牛与传统旅行社的冲突最大。"知情者进一步透露，就在近期，途牛再次给了线下旅行社压力——途牛要在线下开设实体服务中心，并且开始直采旅游资源，这意味着途牛不仅要直接到线下抢生意，还要"甩开"线下合作者，自己直接掌控上游资源，这更加剧了双方矛盾，同时也可以明白，进一步掌控了产品资源的途牛不会畏惧旅行社的"断粮"。

在23日晚间，途牛发布进一步声明指出："途牛在2015年增加了目的地服务中心的拓展，年内途牛将新开10个以上境外目的地服务中心，并在一些目的地提升了直采的比例，这些举措旨在提升游客出游体验。途牛近年来一直处于高速发展，众信旅游的产能增长无法满足途牛80%年增长的需求，因此在接待途牛客户的服务上也存在一些跟不上的情况造成客户投诉。为了更好地提升用户体验，途牛不得不发展直采业务以满足发展的需求，提升客户服务的水平。"

众信旅游反向进军线上

当然，众信旅游绝对不是"吃素"的，其上市后的市值颇高，而其各种资本运作与业务发展动作不断。此前众信旅游对悠哉网络进行战略投资，收购悠哉网络15%股权，并向悠哉网络提供不超过6 000万元的委托贷款，贷款期限4年，贷款年利率为6.2%。众信旅游还与悠哉网络股东李代山签署《股权转让协议》，受让其持有的15%股权。

值得注意的是，悠哉网络目前拟收购主要经营在线旅游业务的上海悠哉国际旅行社有限公司（以下简称"悠哉旅游"）100%的股权，这也意味着众信旅游将间接持有悠哉旅游股权，并由此进入在线旅游市场。

有接近人士告诉记者，目前悠哉旅游与众信旅游的整合初步完成，李代山在近期的朋友圈中发布一则消息显示，悠哉旅游在上海投放的汽车广告上加入了"众信旅游零售品牌"一行小字。也就是说，未来众信旅游极有可能将批发和零售业务分拆，众信旅游本身持续主打批发业务，而将零售业务由悠哉旅游来执行。

"这意味着众信旅游将借力收购悠哉旅游后，进行在线旅游零售业务，相当于众信旅游与途牛直接进行在线旅游商战，两者忽然从合作伙伴成为竞争对手，在途牛抢夺线下旅行社资源的同时，众信旅游也从线下反向进军线上开始抢夺途牛的客源。因而此番抵制事件中，众信旅游的目的不仅是因为价格战矛盾，其应该还有力推悠哉旅游线上业务的意图。"上述接近人士表示。

"6人游"CEO贾建强分析，途牛作为分销商，为了提高毛利率增加整个估值，所以加大直采。这件事情触动了途牛和供应商之间的利益关系，给批发商造成压力，因为未来双方可能会成为竞争关系。从批发商角度来看，2014年发生了很多的并购投资事件及国内整个资本市场的利好，他们不能因为卖产品而争夺利润，还是希望照顾好整个大市场，以及自己在这个市场的竞争力，渠道对他们已经没有那么重要了，所以，他们会有更主动的回击方式，或者说是自我保护的方式。"只有经过这样的历练，才能够打造出真正有竞争力的公司。对于传统批发商而言，需要经受渠道的淬炼；而对于途牛来讲，需要经历真正对产品、资源、服务把控的淬炼，才能成为一个伟大的公司。"贾建强认为。

分析本案例，你的启示是什么？

第**6**章

旅行社计调

【本章导读】

　　计调部在旅行社中处于中枢位置，计调是指为落实接待计划所进行的服务采购，以及为业务决策提供信息服务的总和。业务范围常常随着旅行社功能的加强而延伸，因此，不同的业务类别对计调的要求也不尽相同。通过本章学习，让学生了解计调业务在旅行社运转中的作用和任务，掌握计调业务的运作过程和基本策略，提高旅行社的经营水平。

6.1　旅行社计调概述

6.1.1　旅行社计调业务的发展过程

　　旅行社通过销售招徕游客后，为安排好游客的接待工作，要与旅游交通部分、饭店、餐馆、游览点及其他旅行社联系，形成综合接待能力。计调是旅行社业务中的重要组成部分，承担与接待相关的旅游服务采购和有关业务调度工作。计调部在旅行社中处于中枢位置，这是毋庸置疑的。因为计调业务连接内外，牵一发动全身，是为神经。一般而言，计调是指为落实接待计划所进行的服务采购，以及为业务决策提供信息服务的总和。

1）后勤的计调业务

　　在我国20世纪50年代初期，旅行社是"统一招待外宾吃、住、行事务的管理机构"，负责承办政府部门有关外宾招待的事宜。为此，当时的计调业务主要是为外宾订房、订车，订餐，订机、车、船及文艺票等一些委托代办服务。计调业务一般由接待部门的后勤人员担任完成，通常称为后勤工作，这是一种间接的计调工作。

2）独立的计调工作

　　到了20世纪70年代末80年代初期，随着我国旅行社接待业务量的日益增长和旅行社规模逐渐扩大，建立了专门的计调部门，使计调业务从接待部门的后勤工作中独立出来。计调业务对内为旅行社各部门提供接团的后勤服务，对外为旅行社与合作单位建立固定的合作关系并代表旅行社与其签订合同。另外，计调部也是旅行社的信息中心，每天要把来自内外的大量信息进行整理、统计和传递。

3）职能转变的计调业务

　　到了20世纪80年代末90年代初期，当旅行社开始建立和完善计划管理时，计调从一般为接待业务做好后勤服务转向为全旅行社的业务决策、计划管理提供信息和制订方案，并进行可行性分析等参谋工作，在旅行社经营管理中担负着计划管理、质量管理和业务管理的具体实施工作。随着计调职能的转变，其职责可以由两个部门（计调部和企管部）分别承担，也可以由一个部门（计调部）承担。

4）按业务运营环节设置的采购部

到了20世纪90年代末，人们开始发现旅行社原有的组织设置的弊端，出现了"外联买菜，计调做菜，接待吃菜，总经理洗碗筷"的格局。于是，一些旅行社开始采取措施，如外联部人员自己承担外联、计调和接待，其他部门也有类似现象发生。这种情况的出现，促使旅行社的传统部门设置发生变化，多数旅行社不再设专门的计调部而设采购部。现有的计调部门主要负责统一调控、统一谈价，以争取批量优惠，并以此约束外联和导游的行为。另外，许多大、中型旅行社设立了票务部门，既能保证团队票务，又能对外扩大服务范围。

6.1.2　旅行社计调的特点

1）计调是旅行社经营活动的重要环节

旅行社实行的是承诺销售，旅游者购买的是预约产品。旅行社能否兑现销售时承诺的数量和质量，旅游者对消费是否满意，很大程度上取决于旅行社计调的作业质量。计调的对外采购和协调业务是保证旅游活动顺利进行的前提条件，而计调对内及时传递有关信息又是旅行社做好销售工作和业务决策的保障。因此，计调业务是旅行社经营活动的重要环节。

2）计调是旅行社实现降低成本的重要因素

旅游产品的价格是旅游产品成本和旅行社利润的总和，因此，降低旅游产品成本决定了旅行社利润增长的空间以及市场份额的占有。旅游产品的成本通常表现为：为各旅游供应商提供的机（车）位、客房、餐饮、门票等的价格，计调部门在对外进行相应采购时，应尽量争取获得最优惠的价格，以降低旅游产品总的成本（就是我们常说的，降低旅行者的旅行成本），这也就意味着旅行社利润的增加。另外，旅游产品成本的降低，保证了旅行社在激烈的市场竞争中获得更多的市场份额。计调业务虽然不能直接创收，但降低采购价格无疑对旅行社的营业额和利润的实现具有重要意义。

3）计调业务的范围依旅行社的规模和发展不尽相同

计调业务的范围依旅行社的规模和发展不尽相同，但对外采购服务，包括变更后的采购，以及对内提供信息服务都是旅行社计调业务的基本内容。所谓对外采购服务，是按照旅游计划，代表旅行社与交通运输部门、酒店、餐厅和其他旅行社及其他相关部门签订协议，预订各种服务，满足旅游者在食、宿、行、游、购、娱等方面的需求，并跟随计划进行变更、取消或重订。所谓对内提供信息，是把旅游供应商及相关部门的服务信息向销售部门提供，以便组合旅游产品。做好统计工作，向决策部门提供有关旅游需求和旅游供应方面的信息。计调业务实际也就是旅行社的经营内容。

4）计调部门承担着极为繁重的任务

它包括采购、计划、团控、质量、核算等内容。通常，教科书上只是概括地讲到采购和计划作业，更多地从基本原则和实践意义作出阐述，而忽视了计调作业的技巧、策略及可操作性。

6.1.3　旅行社计调工作的内容

旅游产品从某种程度上受到环境、气候、交通等诸多因素的制约，而且还会随着消费者的不同要求而变化，这就增加了计调业务的难度。成功的计调操作往往可以弥补旅游产品的不足或其他原因造成的失误，起到鼓励更多旅游者购买旅游产品的目的。反过来，也会因为计调业务的不严密、不细致而使旅游产品发生偏差，导致严重后果。因此，要求具体操作人员要精通业务，一丝不苟。稍一疏忽，差错与损失就有可能接踵而至。

具体地说，计调部的业务，就是要根据销售部及各组团社发来的预报进行分类整理、编制计划，并根据销售合同的要求落实好旅游者在本地的吃、住、行、游、购、娱等事宜。

计调业务要编写全社各月、季接待任务预报及流量预报，及时发到接待部、车队、饭店等有关部门，使他们提前安排好接待工作；还要根据本社历年的接待统计资料分析、预测下一年及每个月的旅游者流量。代表旅行社提前与交通运输部门、饭店和其他旅行社及相关部门签订业务合同，预订各种单项旅游产品，使旅游者在吃、住、行、游、购、娱等各个环节的服务供给都能得到保证。

旅行社的计调部门作为旅游供需之间的媒介，既可以以旅游者的流量加以调节，如与外联部门、组社协商调整或变更旅游路线等，又可以对旅游供给部门所提供的产品与服务进行导向，如根据客流量的增减，与供给部门协商或增加航班，预订包机等，还可以与供给部门协调调整价格等，这些都是计调业务的重要工作。

6.2　旅行社服务采购原则和策略

旅游服务采购是计调最基本的业务，旅游服务采购的成效，直接关系旅行社经营活动的成败。旅游服务采购，是指旅行社为了组合旅游产品，而以一定的价格向其他旅游企业及与旅游业相关的其他行业和部门购买相关服务项目的行为。旅行社产品是一种特殊的产品，在旅行社产品中，除了诸如导游服务等少数内容由旅行社直接提供外，其余的多数内容均购自其他部门或行业。旅行社将这些内容按照市场的需要组合成各种各样的产品向旅游者出售。因此，旅游服务的采购是旅行社一项重要的业务。

6.2.1 旅行社采购的原则

1）保证供应原则

保证供应是旅行社在其采购业务中必须遵循的首要原则。旅行社产品主要由购自其他部门或企业的旅游服务项目所构成。由于旅行社的产品多数采用预售的方式，因此一旦旅行社不能从有关部门或企业购买到已经预售出去的产品所包含的服务内容，就会造成无法履约的恶果，引起旅游者的不满和投诉，并给旅行社带来经济损失和声誉损害。例如，旅行社在旅游旺季时未能买到旅游计划上确定的飞机票，使旅游者无法按照原定的旅游计划前往旅游目的地，招致旅游者的不满和索赔。如果旅行社的产品设计、产品销售、经营利润和在旅游市场上的声誉造成不良的影响，限制旅行社业务的开展和旅行社的生存与发展。因此，旅行社在旅游服务的采购工作中，必须坚持保证供应的原则，设法保证采购到已售出的产品中所包含的全部内容。

2）保证质量的原则

旅行社在采购各项旅游服务时，不仅要保证能够买到产品所需的全部内容的数量，还要保证其所购买的旅游服务全部符合产品所规定的质量。如果旅行社只是关心所购买的旅游服务项目的数量，而忽视这些项目的质量，将同样会造成旅游者的不满和投诉。例如，某旅行社在其销售的产品中规定安排旅游者在其所下榻的饭店以外的社会餐馆品尝当地的风味菜肴。由于旅行社选择餐馆时未对该餐馆的饭菜质量做到细致的调查了解，结果旅游者在用餐时发现菜肴的质量低劣，拒绝食用，并到当地的旅游质检部门提出投诉和索赔要求。旅游质检部门根据有关规定，用该旅行社缴纳的质量保证金给予旅游者赔偿。然而，旅游者仍然对该旅行社感到不满。从这个案例中可以看出，旅行社在采购各种旅游服务项目时，必须按照保证质量的原则，为旅游者购买到符合与其所达成的旅游合同中规定的产品。

3）降低成本原则

因为旅行社产品中的主要成分是购自其他旅游服务部门或企业的旅游服务项目，所以购买这些旅游服务项目的价格构成了旅行社产品的主要成本。换句话说，旅行社经营的成败在很大程度上取决于旅行社采购来的各种旅游服务项目的价格。如果旅行社的采购工作得力，采购到的旅游服务项目价格低于其竞争对手，则旅行社就能够在激烈的市场竞争中挫败对手，获得较多的利润。因此，旅行社必须在保证旅游服务的供应和旅游服务质量的前提下，尽量设法降低成本。

6.2.2 旅行社采购的策略

旅行社作为以营利为目的的旅游企业，理所当然要从本企业的经济利益出发，千方百计维护自己的利益。因此，旅行社在其旅游服务采购活动中，应该根据具体情况，采用不同的采购策略，设法以最低的价格和最小的采购成本从其他旅游服务供应部门或企业那里获得其所需的各种旅游服务项目。所以，旅行社的采购人员必须经常研究市场，分析旅游市场上的供需状况，了解市场上各种旅游服务的价格，采用各种确实可行的采购策略，以获得最大的经济效益。在旅行社采购中，可以采用的旅行社采购策略包括集中采购、分散采购和建立采购协作网络3种。

1）集中采购

集中采购是旅行社在采购中经常利用的一种采购策略。集中采购包括两个方面的含义：第一，旅行社将其各个部门的采购活动集中于一个部门，统一对外采购；第二，旅行社将其在一个时期（1个星期、1个月、3个月、半年甚至1年）营业所需的某种旅游服务集中起来，全部或大部分投向经过精心挑选的某一个或少数几个旅游服务供应部门或企业，以最大的购买量获得最优惠的价格和供应条件。

集中采购的主要目的是通过扩大采购批量、减少采购批次，从而降低采购价格和采购成本。集中采购策略主要适用于旅游温、冷点地区和旅游淡季。

2）分散采购

分散采购也是旅行社采购活动中经常采用的一种采购策略。分散采购主要适用于两种情况：一是旅游市场上出现供过于求十分严重的现象。在这种情况下，旅行社采取近期分散采购的策略。所谓近期分散采购，是指旅行社在旅游团队或旅游者即将抵达本地时，利用旅游服务供应部门或企业无法通过其他渠道获得大量的购买者，而旅游服务又不能够加以贮存或转移，迫切需要将其大量空闲的旅游服务项目售出以获得急需的现金收入的处境，采取一团一购的方式，尽量将采购价格压低，以最小的代价获得所需的旅游服务供给。二是当旅游服务因旅游旺季的到来出现供不应求的情况时，旅行社无法从一个或少数几个旅游服务供应部门或企业那里获得其所需的大量旅游服务供应。在这种形势下，旅行社应该采取分散采购的采购策略，设法从许多同类型的旅游服务供应部门或企业获得所需的旅游服务。

3）建立采购协作网络

建立采购协作网络是旅行社在其采购活动中所能够采用的第三种策略。旅行社为了达到保证供应和降低采购价格及采购成本的目的，应该通过与其他旅游服务供应部门或企业联系和协作，建立起广泛而且相对稳定的协作网络。

旅行社在建立采购协作网络的过程中，必须坚持以下3个原则。

（1）协作网络必须比较广泛，覆盖面比较广

当一个地区存在大量的旅游服务供应部门和企业时，旅行社应该根据自身的需要和经营实力，尽量同各种旅游服务供应部门和企业加强联系，设法获得它们的合作。这样一来，旅行社就能够获得比较理想的供应渠道，保证旅行能够以比较合理的价格获得所需的旅游服务。

（2）运用经济规律，在互利互惠的基础上长期合作

旅行社建立采购协作网络的目的，是发展同相关部门和企业合作关系。因此，旅行社在与这些部门或企业的交往过程中，必须坚持互利互惠的原则。因为只有合作的双方都能

够获得利益，这种合作关系才能长期保持下去。旅行社在采购活动中，应该从长远利益着手，不应急功近利，为图一时的利益而伤害对方的利益，也不应该乘人之危，利用对方的不利处境迫使对方作出过大的经济利益牺牲。

（3）加强公关活动，建立良好的人际关系

旅行社的采购工作要靠本旅行社的采购人员与旅游服务供应部门或企业的销售人员及其相关人员的通力合作才能够完成。因此，旅行社的有关部门领导和相关人员应该加强公关活动，设法与对方的相关领导和部门建立起良好的人际关系，使旅行社的采购协作网络能够不断加强和发展。

6.3 旅行社服务采购内容

在旅游服务的采购过程中，旅行社的采购人员必须善于同各种旅游服务部门和企业打交道，根据市场的供求状况和相关部门或企业的有关规定，在保证旅游服务供给的前提下，设法为旅行社采购到价廉质优的各种旅游服务产品，以保障旅行社的正常经营能够顺利进行。因此，旅行社采购人员必须充分了解旅游服务采购的内容。旅游服务采购的内容包括交通服务的采购、住宿服务的采购、餐饮服务的采购、游览景点和参观单位服务的采购、购物和娱乐服务的采购、旅行社接待服务的采购。

6.3.1 交通服务的采购

在旅行社产品的构成中，交通服务占的比重最大。因此，做好交通服务的采购对旅行社的经营具有重要作用。旅游交通服务采购业务主要包括航空交通服务的采购、铁路交通服务的采购、公路交通服务的采购和水运交通服务的采购。

1）航空交通服务的采购

航空交通服务的采购是指旅行社根据旅行社产品中旅游团队的旅行计划或散客旅游者的委托，为旅游者和旅游团队的领队及全程陪同代购旅游途中所需的飞机票。担任航空交通服务采购的旅行社采购人员必须具备有关航空交通服务的各方面知识。这些知识包括有关航空公司使用的各种设施设备、提供的各种服务项目、各种机票价格、国家关于民航运输的有关法律和规定及航空公司的各种相关规定等。在此基础上，旅行社采购人员才能够开展航空交通服务的采购。

飞机票是航空公司和乘坐该航空公司航班的乘客之间的法律文件。航空公司同意按照飞机票上规定的条件向乘客提供航空交通服务，而乘客则以购买该航空公司的飞机票的方式接受飞机票上所规定的各项条件。飞机票上应完整地记录着飞行的路线，所付的金额、飞机票价格的构成及各种相关的特殊要求和规定。因此，旅行社采购人员在购买飞机票时必须十分细心，仔细检查飞机票上的各项内容。任何看上去微不足道的马虎或失误，都可能给旅游者的旅行带来严重的麻烦，并可能给旅行社造成重大经济和声誉损失。

航空交通服务采购分为两种形式，即定期航班飞机票的采购和旅游包机的预订。

（1）定期航班飞机票的采购

定期航班飞机票的采购业务包括飞机票的预订、购买、确认、退订或退购4项内容。

①飞机票的预订。航空交通服务的采购始于飞机票的预订。旅行社的采购人员在预订飞机票之前，必须了解乘坐飞机的旅游者和提供这种服务的航空公司两个方面的信息，以便能够顺利地预订到旅游者所要求乘坐的飞机航班及相应的座位。

旅行社采购人员在向航空公司提出预订要求前，必须掌握有关旅游者以下有关信息：

A. 旅游者的姓名全称。如果旅游者是居住在中国境内的中国公民，并乘坐飞机进行国内旅行，则应该核对旅游者的身份证，记录下身份证上的姓名、年龄、性别、家庭住址和身份证号码。如果旅游者是海外的入境旅游者或居住在中国境内的中国公民到境外旅游，则应该核对旅游者所持的护照，记录下护照上的姓名、年龄、性别、国籍、家庭住址和护照号码，并检查护照及签证是否有效。

B. 同行人的有关信息。同行人的有关信息除了其姓名、年龄、性别、国籍、家庭住址和身份证件号码（护照号码）之外，还要了解同行的人数，有无儿童随行。如有儿童随行，则应检查儿童的年龄并记录下来。

C. 旅游者的联系电话。联系电话包括旅游者的家庭电话号码和工作单位电话。

D. 旅行目的地。了解旅游者前往的目的地，是否按照原路线返回等。

E. 日期。旅游者要求的乘机日期和具体时间。

F. 支付方式。旅游者要求采用何种支付方式，如现金、支票、信用卡。

G. 特殊要求。旅游者的特殊要求包括旅游者对座位的要求（如头等舱或经济舱、靠近窗口或靠近走廊）、对飞机上用餐的要求（如清真、素食）等。

旅行社采购人员在预订飞机票前，除了需要掌握旅游者的信息之外，还必须掌握相关航空公司方面的信息。这些信息包括：

A. 飞行设施设备方面的信息。设施设备方面的信息包括航空公司名称和航班号、飞机机型、能够容纳旅客的最大数量、所提供的服务种类、所使用的机场及飞机起飞和抵达目的地的具体时间。

B. 机票价格方面的信息。机票价格信息包括飞机票的各种价格、折扣价及其条件、预订机票的最后期限、退订或改订机票的处罚、机场税等。

C. 其他服务信息包括航空公司关于行李托运和手提行李携带方面的规定、因航空公司方面原因出现飞机推迟起飞、航班取消等情况时，航空公司对旅客在住宿、餐饮方面安排的规定等。

②飞机票的购买。旅行社采购人员在掌握了全部所需的信息后，便能够向有关的航空公司提出预订和购买飞机票的要求。预订时，旅行社采购人员将填好的"飞机票预订单"按照航空公司规定的日期送至航空公司的售票处。然后，采购人员按照航空公司规定的时

间到航空公司的售票处购买飞机票。购票时，采购人员须持现金或支票及乘机人的有效身份证件或旅行社出具的带有乘机人护照号码或身份证号码的乘机人名单。在取票时，采购人员应认真核对机票上的乘机人姓名、航班、起飞时间、票价金额、前往目的地等内容。

根据旅行社的经营业务，旅行社采购的飞机票主要有国内客票和国际客票两种。

A. 国内客票。国内客票是指旅游者乘坐国内航班飞机旅行的客票，有效期为 1 年。定期客票自旅客开始旅行之日起计算，不定期客票自填开客票之次日零时起算。客票只限票上所列姓名的旅客本人使用，不得转让和涂改，否则，客票无效，票款不退。

国内客票分为成人客票和儿童客票。成人客票的价格为全额价格，儿童客票的价格则根据儿童年龄的不同按照成年人客票价格的一定比例计算。已满 2 周岁未满 12 周岁的儿童按成人全票价的 50% 付费；不满 2 周岁的婴儿按成人全票价的 10% 付费，不单独占一座位。每一成人旅客只能有一个婴儿享受这种票价；年满 12 周岁的少年，按成人全票价付费。

B. 国际客票。国际客票包括国际旅行的单程客票、来回程客票和环程客票，有效期均为 1 年。国际客票同国内客票一样，也分为成人客票和儿童客票两种，客票价格的计算与国内客票相同。根据我国民航部门的规定，对每一个从中华人民共和国国际机场出境的国际旅客，收取民航发展基金人民币 90 元（其中，旅游发展基金人民币 20 元）；对持有外交护照的旅客、24 小时内过境的旅客及 12 周岁以下儿童，免收机场建设费。

③飞机票的确认。有些时候，旅游者已经事先自行购买了飞机票。对于这种旅客，旅行社提供的服务则变成代旅游者确认飞机上的座位。我国民航部门规定：在国内旅行中，凡持有订妥座位的连程或来回飞机客票的旅游者，在连程或回程地点的停留时间超过 72 小时，须在该连程或回程航班飞机离站前两天的中午 12 时之前办理座位再确认手续，否则，原定机座不予保留。在国际旅行中，已订妥续程或回程国际、地区航班座位的旅客，如在上机地点停留 72 小时以上，应最迟在航班起飞前 72 小时对所订座位予以再证实，否则所订座位将自行取消。如在续程或回程地点停留 72 小时以内，无须办理座位再证实。

④飞机票的退订或退购。旅行社采购人员在为旅游团队或旅游者预订或购买飞机票后，有时会遇到因旅游者计划变更造成旅游团队的人数减少或旅游者（团队）取消旅游计划等情况。遇到此类情况时，采购人员应及时办理退订或退票手续，以减少损失。

旅行社退订飞机票，一般按照旅行社事先同有关的航空公司之间达成的协议或口头谅解所规定的程序办理。

旅行社退购飞机票，则应按民航部门的规定办理。根据我国民航部门的规定，旅客在航班规定离站时间 24 小时以内至 2 小时以前要求退票，收取客票 10% 的退票费；在航班规定离站时间前 2 小时以内要求退票，收取 20% 的退票费。

（2）旅游包机的预订

旅游包机是旅行社因无法满足旅游者乘坐正常航班抵达目的地的要求而采取的一种弥补措施。这种情况多发生在旅游旺季的旅游热点地区或正常航班较少的地区。另外，旅行社在接待过程中发生误机事故后也会采取包机的方式将旅游者尽快送达目的地。

当出现需要包机的情况时，旅行社采购人员应立即设法同旅游包机公司或其他航空运输公司联系，通报乘机人数、日期、前往地点等情况，并询问租赁飞机的费用、所能提供的飞机机型、起飞和降落的地点等信息。一旦条件合适，采购人员应立即向旅行社有关领导请示，经批准后向所选择的旅游包机公司或其他航空运输公司提出包机申请。当包机申请被接受后，采购人员应该立即同对方签订包机协议。

【补充阅读资料6.1】
航空交通小常识

1.航班：飞机航行的班期。

2.航班号：航空公司代号 CZ- 南航，CA- 国航，MU- 东航，HU- 海航，ZH- 深航，FM-上航，MF- 厦航，ZH- 深航，SC- 山航。

航空数字解说：1华北，2西北，3华南，4西南，5华东，6东北，7厦门，8新疆。单数是出发航班，双数是返回航班。例如，CA1585航班，"CA"表示中国国际航空公司。第一个数字是"1"，表示华北地区，出发地是北京。第二个数字是"5"，表示终点是华东，烟台属于华东。后两位数字是"85"，表示航班序号；末尾数字是"5"，表示是出发航班（北京—烟台）；如末尾数字是"6"，表示是返回航班（烟台—北京）。国际航空是航空代码加3位数字，第一个数字代表航空公司后两位，同国内航班一样。座位代码：F头等舱，C公务舱，Y经济舱。

3.机型：国内一般使用4种机型。

波音（B）居多，欧产空客（A）、麦道（MD）次之，运7（Y-7）用于支线。

4.机位（座）。

B-737 200，120座；B-737 300，145座；B-737 500，150座；B-747（双层），340~400座，分头等舱、公务舱、经济舱；B-757，198座；B-767，246座；B-777，380座；国内用空客A320，150座；MD-82 MD-90，168座；Y-7 40座。

5.飞机餐（配餐）。

飞行超过2小时有正餐，正餐指米饭，配餐只有点心，特殊旅客有特餐。

6.直达、经停、联航。

直达，指点到点，不需要技术支持的航班；经停，因技术原因，需要加降（如加油等），也有从经营角度考虑的原因。

7.订座。

（1）票价：一般分为公布票价、折扣票价两种。

（2）成人100%，儿童（2~12岁）50%，婴儿（2岁以内）10%。

（3）团体：指有组织的、同一日期、同一等级、同一目的地的10人以上的。

（4）座位再证实：联航3日内，OPIN票年内，OK票限期，需要提供技术编号在返程地再证实。

（5）行李：航空公司提供给旅客的免费行李额，规定：头等舱40千克，公务舱30千克，经济舱20千克。

2）铁路交通服务的采购

火车是旅游者旅行时经常乘坐的另一种交通工具。目前我国多数国内旅游者及部分海外旅游者选择火车作为主要的城市交通工具。旅行社采购铁路交通服务的关键在于保证及时购买到旅游活动所需要的各种火车票。此外，旅行社采购人员还负责代旅游者或旅游团队办理因旅行计划变更造成的增购或退购火车票的业务。

（1）火车票的种类

火车票是旅客乘车旅行的凭证，分为客票和附加票两个类型，其中客票包括软座、硬座；附加票包括加快票（特别加快、普通加快）、卧铺票（高级软卧、软卧、包房硬卧）、空调票、变径票和补价票。根据火车速度和临时加车按汉语拼音作为字头进行分类：C字头代表城际动车组列车；D字头为动车组列车；G字头为高速铁路动车组，也就是高铁；Z字头是直达特快旅客列车；T字头是特快旅客列车；K字头是快速旅客列车；L字头列车是临时旅客列车，等级比较低，停站较多；Y字头的火车是旅游列车，多在假日及春运的时候排出，作增加运能之用；A字头列车也是临客（是在L字头的临客车次排满后增加的）。另外，铁路部门对于儿童、伤残军人和学生的票另做规定。

①小孩减价票。根据我国铁路部门规定，儿童乘坐火车应按照其身高购买相应的火车票。身高超过1.5米的儿童乘车时须购买全价票。身高1.2～1.5米的儿童乘车时，应随同成年购买座别相同的半价客票、加快票及相应空调票，其行程不得超过随同的成年人。每位成年旅客可以免费携带一名身高在1.2米以下的儿童。超过1名时，超过的人数应购买小孩票。身高不足1.2米的儿童单独使用卧铺时，只买全价卧铺票及相应的空调票，无须购买客票和加快票。

②伤残军人半价票。我国铁路部门规定，现役革命伤残军人，凭中国人民解放军总后勤部签发的"革命伤残军人证"；非现役革命伤残军人，凭省、自治区、直辖市民政部门签发的"革命伤残军人证"，可以买半价软、硬座客票及附加票。

③学生减价票。按照我国铁路部门的规定，遇下列情况，学生可购买学生票（即硬座的半价客票、加快票和空调票）。

在具有实施学历教育资格的普通大、中专院校，军事院校，中、小学，中等专业学校和技工学校就读，没有工资收入的学生、研究生，家庭居住地和学校不在相同城市且可乘火车回家或返校时，凭附有加盖院校公章的贴有优惠卡的学生证（小学生凭书面证明），每年在12月1日—3月31日期间和6月1日—9月30日期间，只可享受4次家庭至院校（实习地点）之间的半价硬座客票、加快票和空调票（以下简称"学生票"）。

新生凭录取通知书、毕业生凭学校书面证明可买一次学生票。

华侨学生和港澳学生同样按照上述规定办理。

学生票的发售范围包括普通硬座票、普通卧铺票和动车组车票。按照铁路部门的要求，学生只有购买普通硬座才能享受价格减半的政策。由于卧铺的价格包括了硬座和铺位价格在内，因此学生购买卧铺的票价为硬座票价一半加上原有的铺位价格。此外，动车组一等座不享受学生票优惠，二等座位享受公布票价的75%。优惠发售学生票时应以近径路或换乘次数少的列车发售。当学校所在地有学生父或母其中一方时，或学生因休学、复学、转学、退学时，或学生往返于学校与实习地点时，不能发售学生票。

（2）火车票的采购业务

火车票的采购业务包括火车票的预订与购买、退票、车票签证和变更径路。

①火车票的预订。旅行社采购人员在采购铁路交通服务时，应首先向铁路售票处提出预订计划，包括订购火车票的数量、种类、抵达车站名称、车次等。然后采购人员持现金或支票到售票处购票。

②退票。旅游者的旅行计划变更或取消时，旅行社采购人员应根据铁路部门的下列规定办理退票手续，并交纳退票费：

A.旅游者的旅行计划变更或取消时，旅行社采购人员应根据铁路部门的下列规定办理退票手续，并交纳退票费。

a.旅客不能按对应的车次和开车时间乘车时，应在列车开车前办理改签或退票手续。除有特殊情况经车站同意外，开车后不予退票。办理退票根据距离发车时间的不同分别扣除5%，10%或者20%的退票手续费，2元以下的车票不退。春运需提前6小时退票。团体旅客必须在开车48小时以前办理。（中国铁路总公司发出通告，自2013年9月1日起，实行退票费阶梯费率。新的退票费规定：距票面乘车站开车前48小时以上的，退票时收取票价5%的退票费；开车前24小时以上不足48小时的，退票时收取票价10%的退票费；开车前不足24小时的，退票时收取票价20%退票费。）

b.在购票地退还联程票和往返票时，必须于折返地或换乘地的列车开车前5天办理。在折返地或换乘地退还未使用部分票时，按本条第1项办理。

c.开始旅行后不能退票。但如因伤、病不能继续旅行时，经站、车证实，可退还已收票价与已乘区间票价差额。已乘区间不足起码里程时，按起码里程计算，同行人同样办理。

d.退还带有"行"字戳迹的车票时，应先办理行李变更手续。

e.站台票售出不退。

f.出于特殊原因开车后改签的票不退。

B.由于铁路责任致使旅客退票时，旅行社采购人员应按下列规定办理，并免交退票费。

a.在发站，列车开车前，退还全部票价，但最迟不超过开后6小时以内办理。

b.在中途站，退还已收票价与已乘（已使用）区间票价差额，已乘区间不足起码里程时退还全部票价，未乘（未使用）区间不足起码里程时，按起码里程计算。

C.由于铁路责任致使旅客退票时，旅行社采购人员应按下列规定办理，并免交退票费。

a.在发站，列车开车前，退还全部票价，但最迟不超过开后6小时以内办理。

b.在中途站，退还已收票价与已乘（已使用）区间票价差额，已乘区间不足起码里程时退还全部票价，未乘（未使用）区间不足起码里程时，按起码里程计算。

③车票签证。旅游者如不能按票面指定的日期和车次乘车时，在不延长客票、加快票有效期间和列车有能力的条件下，可办理一次提前或改晚乘车手续。办理改晚乘车手续时，最迟不超过列车开车时间。团体旅客必须在开车48小时以前办理车票签证手续。直达特快车票、新型空调车的车票、卧铺票不办理改签业务。

④变更路径。旅游者在中途站或列车内，可要求变更一次路径，但变更路径时应在分歧站以前提出变更声明，并在客票有效期间内，能达到站时方可办理。办理变更路径手续时，由铁路有关方面收回原票，换发代用票，补收或退还从分歧站起算的新旧路径里程差额的票价。不足起码里程时，只补收不退还，并核收手续费。退还票价时

注明"由到站退款"。

持加快票的旅客，变更路径后新路径没有快车或乘坐低等级列车时，不退还加快票价差额。变更路径后的客票有效期间，从办理站起按新里程重新计算。

【补充阅读资料6.2】
D 字头火车的 "D" 代表什么? 有什么特点?

D（"动"读音的首字母），D 字头的叫动车组。动车组编组灵活、方便、快捷、安全、可靠、舒适的特点备受世界各国铁路运输和城市轨道交通运输的青睐。即将上线运营的时速200～250 千米的国产动车组，是城际和市郊铁路实现小编组、大密度的高效运输工具。

据了解，第 6 次大提速开行的动车组是指车厢自带动力的新式列车，有点像地铁列车，车次前一律冠字母"D"。

由于运营线路里程短，开行后没有卧铺车厢。这次开行动车组，时速都在 200 千米以上，在部分路段将达到 250 千米。

2007 年铁道部将全国铁路系统分"4·18""7·1""10·1"和年底 4 个阶段，先后投入 120 对动车组车次。新型动车组具有技术先进、安全可靠、乘坐舒适及环保等特点，由于其速度已达 200 千米以上，票价自然要比此前的特快列车的车票价格高出 1 倍多。其中，动车组北京—济南一等票价 184 元，二等票价 153 元，而目前的特快硬座是 95 元。此次提速，其他特快列车和普通列车的价钱均不变。

此次提速开通的动车组列车的车票实行全路联网通售，预售期为 20 天。

"D"字头所有的停靠站均设专门售票窗口。旅客不仅可以在任意售票窗口就近买票，也可以购买异地票、往返票。

同时，动车组车票可根据等候的日数办理改签，但不能办理有效期延长和变更线路。办理改晚乘车手续时，推迟乘车的时间应在车站售票的预售期内。持直通票旅客在中转站要求换乘动车组列车时，需补收该区间的动车组列车票价与原票票价差额。对于学生，动车组列车只发售二等座学生票，学生票为全价票的 75%。对乘坐动车组列车的旅客，铁路部门还将开辟专用候车室和专用通道，从买票到候车实行一条龙服务。

主要特点: D 字头车遇异常可自动停车; 动车组车厢可保证起火后 15 分钟不蔓延到相邻车厢。

动车组具有高强度的铝合金和不锈钢车体，确保了整车的安全。车体采用了大容量的密接式车钩缓冲装置，可有效地缓冲各种冲击能量。列车还配有自动防护车载系统和设备，这将方便司机根据相关信号操纵动车组正常运行，当出现异常时，动车组还可自动减速或停车，确保运输安全。

动车组所选用的非金属材料均严格按照国际的防火标准执行，重要设施都具有防火措施。其防火报警系统，在确保发生火灾时，动车组能驶离不宜停车的地段，车厢两端的防火设计，确保在 15 分钟内火灾不会蔓延到邻车。

门: 均为电动门，开关时噪声小。

车窗: 特殊材质的车窗玻璃，即便被打碎，也不会划伤手脚。

座椅: 均为软座，可随意调节宽度和斜度，只要轻踩椅下踏板，座椅就能旋转掉头，使旅客面对的方向始终与列车运行方向保持一致，避免列车在快速运行时，旅客出现头晕现象。且座椅扶手内配备了可折叠的茶几，便于书写或放置东西。

卫生间：设有感应式水龙头、冷热水供应，厕所坐便器垫板能感应控温，有残疾人专用的卫生间和专门供携带婴儿者使用的卫生间。

餐饮：配备有可提供快餐食品和各种饮料的酒吧休闲区。

信息：部分动车组的车顶配有液晶电视和旅客信息系统，可向旅客提供车内外的信息显示及实现各车之间通话等功能。

【补充阅读资料 6.3】
G 字头火车的"G"代表什么？有什么特点？

根据《中国铁路中长期发展规划》，到 2020 年，为满足快速增长的旅客运输需求，建立省会城市及大中城市间的快速客运通道，规划"四纵四横"铁路快速客运通道以及 4 个城际快速客运系统。建设客运专线 1.2 万千米以上，客车速度目标值达到每小时 200 千米及以上。

"四纵"客运专线：北京—上海（京沪高速铁路），北京—武汉—广州—深圳—香港（京港高速铁路），北京—沈阳—哈尔滨（大连），杭州—宁波—福州—深圳（沿海高速铁路），北京—蚌埠—合肥—福州—台北（京台高速铁路）。

"四横"客运专线：徐州—郑州—兰州，杭州—南昌—长沙—昆明（沪昆高速铁路），青岛—石家庄—太原，上海—南京—武汉—重庆—成都（沪汉蓉高速铁路）。

6 大城际客运系统：①环渤海地区：北京—天津，天津—秦皇岛，北京—秦皇岛，天津—保定。②环鄱阳湖经济圈地区：南昌—九江，九江—景德镇，南昌—鹰潭。③长株潭地区：长沙—株洲，长沙—湘潭。④长江三角洲地区：南京—上海，杭州—上海，南京—杭州，杭州—宁波。⑤珠江三角洲地区：广州—深圳，广州—珠海，广州—佛山，深圳—茂名。⑥闽南三角洲地区：福州—厦门，龙岩—厦门。

目前，武汉及周边城际圈，郑州及周边城际圈，成都及周边城际圈，沈阳及周边城际圈，长沙—株洲—湘潭地区，长春—吉林地区，赣江经济区，皖江经济区等经济集中带或经济据点，均将规划修建城际铁路。

北京与省会城市火车 8 小时内抵达：2008 年，中国拥有了第一条时速超过 300 千米的高速铁路——京津城际铁路，2009 年中国又拥有了世界上一次建成里程最长、运营速度最高的高速铁路——武广客运专线。而 2010—2012 年，中国将建成以北京为中心的 8 小时高速铁路交通圈。按照新调整的中长期铁路网规划。到 2012 年，中国铁路营业里程将由目前的 8 万千米增加到 11 万千米，其中高速铁路客运专线建成 1.8 万千米。乘高速列车从北京出发，1 小时内到达天津、石家庄、唐山、秦皇岛、张家口、承德等城市；2 小时到达沈阳、济南、郑州、太原等城市；3 小时能到达长春、大连、南京、合肥、呼和浩特等城市；4 小时能到达哈尔滨、西安、上海、杭州、武汉等城市。除乌鲁木齐、拉萨等个别城市外，广州、南昌、福州、台北，由于处在中国东南地区，时间上稍有间隔。其他北京到全国各省会城市都将在 8 小时以内。

G 字头列车：被称为 G 字头列车的、时速超过 300 千米。

G 字头列车：G 就是武广高速动车组的"高"字汉语拼音声母，是 2009 年 12 月 26 日武广客运专线开行的新式列车。

依据规定，武广高铁开行高速动车组的车次有个新字母打头，为"G"，寓意为"高速"。

3）公路交通服务的采购

公路交通服务是旅游交通服务的第三种形式，主要用于市内游览和近距离旅游目的地之间的旅行。在一些航空交通和铁路交通服务欠发达的内陆地区，公路交通服务是主要的旅游交通方式。旅行社采购人员在采购公路交通服务时应对提供此项服务的旅游汽车公司及其他长途汽车公司进行调查，充分了解公司所拥有的车辆数目、车型、性能、驾驶员的技术水平、公司的管理状况、租车的费用等情况。然后，采购人员将搜集到的有关信息加以整理和分析，从中选出汽车车型、驾驶员技术水平和价格均适合旅行社需要且管理水平较高的旅游汽车公司或其他长途汽车公司作为公路交通服务的采购对象。最后，采购人员代表旅行社经过谈判同这些公司签订租车协议。

旅行社采购人员在每次接到旅游者或旅游团队用车计划之后，应根据旅游者的人数及收费标准向提供公路交通服务的汽车公司提出用车要求，并通知旅游者或旅游团队的旅游活动日程，以便让汽车公司在车型、驾驶员配备等方面做好准备。为了避免差错，采购人员应在旅游者或旅游团队抵达前 2 ~ 3 天内再次与汽车公司联系，核实车辆落实情况，并将所用汽车的车型、驾驶员的姓名等情况通报旅行社的接待部门。

4）水运交通服务的采购

旅行社采购人员在采购水运交通服务时，应根据旅游者或旅游团队的旅行计划和要求，向轮船公司等水运交通部门预订船票，并将填写好的船票订票单在规定日期内送交船票预订处。采购人员在取票时，应根据旅行计划逐项核对船票的日期、离港时间、航次、航向、乘客名单、船票数量及船票金额等内容。购票后，如因旅行计划变更造成乘船人数增加、减少、旅行计划取消等情况时，采购人员应及时办理增购或退票手续，保证旅游者能够按计划乘船，同时减少旅行社的经济损失。

6.3.2　住宿服务的采购

旅游住宿服务是旅行社产品的重要构成内容之一。旅行社能否通过旅游采购活动获得旅游者所需的住宿服务，从一个方面反映了旅行社的接待能力。因此，旅行社采购人员应该通过自己的辛勤工作，为旅游者采购到令其满意的住宿服务，保证旅游者在其旅游过程中得到良好的休息，以充足的体力和精力进行旅游活动；同时，采购人员还应该在保证住宿服务供给的前提下，尽量降低采购的成本和服务的价格。

旅游住宿服务采购业务一般包括选择住宿服务设施、选择饭店预订渠道、确定饭店客房租住价格和饭店预订程序 4 项内容。

1）选择住宿服务设施

选择住宿服务设施是保证住宿服务质量的重要手段之一。旅行社采购人员必须严格考察饭店、旅馆、客栈等住宿服务设施，并从中选出一批质量好、价格公道、愿意为旅游者提供服务的住宿服务设施，以便能够确保旅游者在旅游过程中的住宿需要。旅行社采购人员通常从以下 5 个方面考察住宿服务设施。

（1）坐落地点

旅行社采购人员考察的第一个方面是饭店的坐落地点，因为这对旅游者的接待具有重要的意义。不同类型旅游者对于住宿设施的坐落地点有着不同的要求和偏好。例如，商务旅游者、停留时间长的旅游者或喜欢购物的旅游者偏爱坐落在市区特别是市中心的饭店，短暂停留的过往旅游者则不大关心饭店的坐落位置。另外，对于那些坐落在城外的住宿设施，旅行社采购人员还应考察饭店附近是否有进城的交通服务。

（2）经营方向

采购人员需要考察的第二个方面是住宿设施的经营方向，即该设施的主要接待对象是哪些类型的旅游者。有些饭店以散客旅游者为主要客源，有些饭店以会议旅游者为主要客源，还有些饭店以旅游团队为主要接待对象。采购人员通过调查，可以在住宿服务采购中做到心中有数，针对不同旅游者的特点为其安排下榻之处。

（3）设施设备

采购人员需要考察的第三个方面是饭店、旅馆等的设施和设备情况，了解它们拥有哪些设施和设备。例如，饭店是否配备会议室、商务中心、多功能厅、宴会厅、健身设施等。采购人员可以根据饭店所拥有的设施设备，安排适当类型的旅游者下榻。

（4）服务类型

采购人员需要考察的第四个方面是饭店所提供的服务类型，了解饭店是否提供旅行社产品所要求必须具备的服务。例如，以团队包价旅游作为主要经营产品的旅行社采购人员应特别注重饭店的行李运送服务，以便当团体旅游者到达或离开饭店时，饭店能够及时将他们的行李送至下榻的房间或将他们的行李从其所下榻的房间取出，送至饭店行李处，由行李员运车。

（5）停车场地

采购人员需要考察的第五个方面是饭店是否拥有一定面积的停车场地，以团体旅游产品为主要经营业务的旅行社对停车场地尤为重视，因为团体旅游者多乘坐大型客车旅行游览，饭店在其门前拥有较大面积的停车场能够为旅游者出入饭店提供方便。

2）选择饭店预订渠道

旅行社主要通过组团旅行社、饭店预订中心、饭店销售代表和地方接待社 4 个渠道预订饭店。

（1）组团旅行社预订

组团旅行社预订，又称直接预订，是指旅行社直接向有关饭店提出预订要求。旅行社在直接预订饭店客房服务时，一般采用信函、传真等方式。这种预订渠道的优点：①能够直接从饭店获得客房信息，及时掌握饭店客房的出租情况，并直接同饭店达到预订协议，既能够比较有把握地保证旅游者的住房，又能够免去中间环节的费用，降低采购成本。②能够与饭店建立起比较密切的合作关系。随着旅行社与饭店联系的增加，饭店方面对旅行社更加信任，有利于采购业务的进一步开展。

直接预订渠道的缺点：①采购人员必须同所要预订的各家饭店逐一打交道，不仅在预订时要同它们联系，还要在随后寄送预订申请、确认住房人数及名单、付房费等，占用大量时间和人力。②有时外地的饭店未必了解组团旅行社，因此不愿意向组团旅行社提供最优惠的价格，并可能在交纳租房预订金、付款期限、客房保留截止日期等方面不给予优惠。

（2）委托饭店预订中心预订

如果旅游者要求住在连锁饭店集团所属的饭店，旅行社可以采取委托该饭店集团预订中心为其预订所需的客房。许多连锁饭店集团都提供这种业务。旅行社委托饭店集团预订中心为其预订客房主要有以下优点：①方便。旅行社通过连锁饭店预订中心订房，能够比较方便地获得它所需要的饭店客房。例如，天津市的某国际旅行社经常与该市的假日饭店做生意，并建立了良好的合作关系。当该国际旅行社打算安排其组织的一个旅游团前往西藏拉萨市旅游时，尽管地处西藏拉萨市的假日饭店可能并不了解这家旅行社，但是由于假日饭店集团对这家旅行社比较了解，且有良好的合作关系，因此该旅行社可以通过假日饭店集团的预订中心为其预订拉萨假日饭店的客房，既保证该旅游团能够获得住房，也能够通过预订中心争取到比较优惠的房价。②可靠。旅行社通过连锁饭店预订中心订房可以获得可靠的饭店信息，有利于旅行社的产品销售。例如，旅行社可以从预订中心获得关于饭店的坐落地点、设施设备情况、目前的价格水平等信息。

通过连锁饭店预订中心订房的方法也存在某些不足之处。①旅行社在作出通过连锁饭店预订中心订房的决定时，往往意味着旅行社将它对饭店的选择范围限制在拥有复杂的市场营销和预订系统的饭店圈内。也就是说，旅行社为了提高订房的便利和可靠，而放弃了一部分选择机会。②尽管旅行社最初的预订是通过预订中心进行的，但是在预订被确认之后，旅行社仍然必须同旅游者将要下榻的饭店联系，通过该饭店而不是预订中心办理客房预订状况报告、预交订房预订金等手续。

（3）委托饭店销售代表预订

委托饭店销售代表订房的优点：饭店销售代表熟悉饭店的各种情况，能够向旅行社采购人员提供有关饭店设施设备、服务项目等详细信息，有利于旅行社采购人员进一步了解该饭店，从而为旅游者选择最佳住所。

委托饭店销售代表订房的缺点：许多饭店销售代表同时为多家饭店提供销售服务，难以对每一家饭店都十分熟悉。另外，饭店销售代表主要经营散客销售业务，对于旅游团队的订房程序比较陌生，有时不能胜任旅行社委托的团体客房预订任务。

（4）委托地方接待社预订

许多组团旅行社认为最好委托旅游者前往地区的接待旅行社预订住宿设施，旅行社委托接待社预订当地的住宿服务可以获得下列好处。

①当地的接待社比较熟悉该地区旅游住宿服务供应状况，并且同许多饭店建立了良好的合作关系，所以，它们能够根据旅游者的不同特点和要求，安排适当的饭店。

②当地的接待社比较容易察觉该地区旅游住宿设施的预订和出租情况。如果它发现向该地区饭店提出预订的旅行社及其他单位、企业比较集中，能够及时通知委托它进行预订

的组团旅行社，尽快交纳预订金，以确保本旅行社招徕的旅游者能够得到足够的客房。

③有些时候，地处异地的组团旅行社只能通过当地的旅行社才能预订到该地区的饭店客房。

组团旅行社委托当地接待社预订饭店客房，也有一些缺点。

①当地的接待社将把饭店因旅行社批量采购所给予的折扣留下一部分作为其代订饭店的报酬。

②组团旅行社必须选择到具有一定经济实力和信誉的接待社作为预订渠道；否则，一旦受委托的接待社悔约，组团旅行社将陷入困境。

③有些接待社可能会设法迫使组团社接受一家它并不喜欢的饭店作为旅游者的下榻之处。当地的接待社这样做可能是为了获得更多的折扣，或者该饭店与接待社有着某种特殊关系。这样，接待社以牺牲组团旅行社和旅游者的利益为自己赢得好处。

从以上分析可以看出，每种预订渠道都具有一定的优点，也都存在某些不足之处。组团旅行社在选择预订渠道时，必须慎重考虑，选择最恰当的渠道预订住宿服务。

3）确定饭店客房租住价格

饭店租住客房价格是旅行社在采购住宿服务时必须认真考虑的重要因素。饭店客房租住的价格种类很多，采购人员必须熟悉这些价格，以便根据旅游者要求、旅行社同饭店的合作关系、当地住宿服务市场的供给状况、旅行社提出预订的日期、旅游者入住饭店的日期、在饭店的逗留时间等因素与饭店进行谈判，获得最优惠的价格。

（1）门市价格

门市价格是饭店对外公布的客房出租价格，主要适用于接待事先未预订的临时住店的过往客人。

（2）团体价格

团体价格是饭店对旅行社接待的旅游团队提供的优惠价格，以低于门市价格的一定比率提供给旅行社租房折扣。

（3）协商价格

协商价格是由旅行社同饭店经过谈判，达成协议后的客房出租价格，一般低于门市价格。

（4）净价格

净价格是指扣除饭店给予旅行社一定的折扣，并加上税收和服务的客房出租价格。

4）饭店预订程序

旅行社采购人员在确定了将为旅游者安排的饭店后，应该按照下列程序预订客房。

（1）提出租房申请

旅行社采购人员应该向饭店预订部分或他选择的其他预订渠道提出租房申请。在申请中，采购人员应提供下列信息：

①旅行社名称、需要的客房数量和类型、入住饭店的时间、离开饭店退房的时间、结算的方式。

②旅游者的国籍（海外旅游者）或居住地（国内旅游者）、旅游者的姓名或旅游团队的代号、旅游者的性别、夫妇人数、随行儿童人数及年龄。

③旅游者在住房方面的特殊要求，如要求住在某个楼层、客房的朝向（临街、向阳）、客房远离电梯间（以避免吵闹）等。

饭店在接到旅行社的租房申请后，如果认为能够按照旅行社提出的要求提供客房，通常会向旅行社发出确认函。确认函里注明饭店发出的确认号码，即旅行社的预订号码。旅行社所接待的旅游者凭确认函入住饭店。

（2）交纳预订金

饭店通常要求旅行社在接到饭店发出的预订确认函后的一定时间内，向饭店交纳预订金以便确保饭店在规定时间内为旅行社保留其所预订的客房。每个饭店都有关于预订金交纳的时间、交纳预订金的比例、取消预订的退款比例等事项的规定。采购人员必须熟悉这些规定。如果旅行社未能在规定的时间里交纳预订金，饭店则认为旅行社取消预订，而将客房出租给其他客户或客人。

（3）办理入住手续

旅游者在预订时间到达饭店后，即可凭旅行社转交的饭店确认函在饭店前厅接待处办理入住手续。

6.3.3 餐饮服务的采购

餐饮服务采购是指旅行社为满足旅游者在旅游过程中对餐饮方面的需要而进行采购的业务。旅行社采购人员在采购餐饮服务时应根据旅游者的口味、生活习惯、旅游等级等因素安排旅游者到卫生条件好、餐饮产品质量高、餐厅服务规范、价格公道的餐厅、餐馆用餐。

旅行社采购人员在采购餐饮服务时，可以采用定点采购的办法。所谓定点采购是指旅行社经过对餐饮设施进行考察和筛选后，同被选择的餐厅或餐馆进行谈判，提出有关旅游者就餐的特点、各种旅游者、旅游团队的就餐标准，并要求对方提出详细的菜单。通过谈判，双方达成协议，由这些餐厅和餐馆充当旅行社的定点餐厅。旅行社负责安排旅游者前往这些餐厅和餐馆用餐，有关的餐厅和餐馆负责按照协议的规定和旅行社的就餐标准向旅游者提供相应的餐饮产品和服务。

6.3.4 游览景点和参观单位服务的采购

游览和参观是旅游者在旅游目的地进行的最基本和最重要的旅游活动。做好游览景点和参观单位服务的采购工作对保证旅游计划的顺利完成具有举足轻重的作用。除了少数特殊游览和参观景点之外，绝大多数的游览和参观景点服务采购由各地的接待旅行社承担。

旅行社采购人员应对本地区的重要游览景点和参观单位进行考察和比较，并根据不同景点和单位的特点分别同这些景点、单位进行联系，保证旅游者的正常游览参观。如有可能，旅行社应在双方自愿的基础上同它们建立互惠的长期合作协议，争取获得价格上的优惠。

6.3.5　购物和娱乐服务的采购

旅游购物和娱乐活动是旅游活动的两个要素。旅行社组织好旅游者的购物和娱乐活动不仅能够满足旅游者在这两个方面的要求，提高其对旅行社接待工作的满意程度，而且为当地的社会增加经济收益和就业机会。旅行社采购人员应该重视旅游购物和娱乐服务的采购业务，对当地的商店和娱乐场所进行详细的调查，筛选出一批信誉好、货色齐全、价格合理的商店和一批质量高、具有特色的娱乐场所，同它们建立长期合作关系。

6.3.6　旅行社接待服务的采购

旅行社接待服务采购是指组团旅行社向旅游目的地旅行社采购接待服务的业务。组团旅行社应根据客源市场的需求及其发展趋势，有针对性地在各旅游目的地旅行社中间进行挑选和比较，选择适当的旅行社作为接待社。

总之，旅行社的采购业务涉及许多方面和许多企业、部门。旅行社应确保服务质量的前提下，同相关的旅游服务供应企业和部门建立起互利互惠的协作关系，正确处理旅游服务采购中的各种关系，为旅行社的经营和发展建立起一个高效率、低成本、优质的旅游服务采购网络。

6.3.7　旅游计划变更后的采购

旅游计划的变更因自身在产业链的位置，极易受到相关因素以及突发事件的影响。这种影响直接对原先的采购构成威胁（出现变更后的作业变更，是计调工作能力的体现）。当外联部或接待部告知变更时，计调部应积极协助处理，并做出相应调整，如根据团队人数增减、交通问题、行程变动等情况，作出修改行程、取消原定并重新采购等。

1）计划调整的原则

（1）变更最小原则

变更最小原则即将因计划变更所涉及的范围控制在最小限度，尽可能对原计划不作大的调整，也尽量不引起其他因素的变故。

（2）宾客至上原则

旅游计划是旅游活动的依据，旅行社同旅游者一旦形成约定关系，一般不要随意更改，尤其在行程进行中。对不可抗因素引起的变故，应充分考虑旅游者的意愿，并求得他们的谅解，即宾客至上原则。

（3）同级变通原则

同级变通原则指变更后的服务内容应与最初的安排在级别、档次上力求一致，尤其是在用房方面。

2）变更后的采购所用通常办法

变更后的采购所用通常办法如下。

①航班变故。考虑包机，但要注意控制成本。

②飞机改火车。尽量利用晚间，但距离不宜过长。

③铺位不足。考虑加挂。

④加挂不行。考虑利用汽车运输。

⑤房、餐出现问题。应选择就近同级房、餐。

⑥采取加菜、赠品等小恩惠弥补因变故给客人带来的损失。

计调承上启下，连接内外，在旅行社中处于中枢位置。当计划变更和突发事件发生时，计调应立即拟出应急方案，并与旅行社的相关部门，如外联、接待以及交通、酒店、地接社等迅速构成协同通道，用以应对所有可能的突变。

6.4　旅行社计调程序及管理

6.4.1　旅行社计调业务程序

1）接受计划和预报，编制预报表

接受计划和预报是指接受与本旅行社有业务来往的各组团社以及本旅行社销售部门发来的计划及预报。在收到各种计划和预报后，计调人员需要对旅游团资料进行标号、分类、整理、登记，在此基础上编制出接待任务预报表。之后将各团队预报的旅游团团名、人数、抵离日期、航班、车次、住宿饭店、国名或地区、要求语种及其他特殊要求等记录入册，提前半个月左右打印和发送包括民航、铁路、车船公司、饭店，以及本社接待部、票务部、交通部等有关单位和部门，以便这些单位和部门能及时了解下个月的接待计划，做好充分的接待准备工作。例如，某旅游团的预报：

成都 A 旅游公司：

我社组织的 CFT-190618 团一行 33+2 人于 2019 年 6 月 18 日上午 08:05 乘 CA8221 航班于 18 日上午 10:20 分抵达成都。请按常规行程安排去九寨沟、黄龙、峨眉、都江堰游览，并请即预订 6 月 23 日上午 35 张空调大巴座位去重庆。此团系 VIP 客户，请务必保证晚上硬卧离蓉。另：此团 6 月 18 日晚宿峨眉山大酒店，6 月 19 日、22 日晚宿成都大酒店，6 月 20 日、21 日晚宿九寨沟山庄，请代订标准房 16 间加 1 床和全陪房 1 间。抵达时间、车次另告之，正式计划和旅游者名单随后发。

谢谢合作！

祝贵公司昌盛！

武汉 B 旅行社

联系人：李先生、赵小姐

2019 年 6 月 10 日

地接社计调在接到组团社的团队预报计划后，应在最短的时间内给予书面答复，并对预报的内容逐一加以确认，最重要的是机票、车票的落实情况。如果确认内容有变化，应该用传真形式做更改。地接社的团队确认传真件如下：

武汉 B 旅行社李先生（或赵小姐）：

贵社发来的 CFT-190618 团一行 33+2 人预报收悉，已按计划订妥去重庆的空调大巴票 35 张和指定酒店。请早发来旅游者名单。

谢谢关照！

成都 A 旅游公司

联系人：张小姐

2019 年 6 月 11 日

2）制订接待计划

计调人员业务日常工作的组成部分之一是制订旅行社接待计划。从销售部获得旅行团材料后，首先要研究团队的基本情况和旅游者的要求，然后制订预报表及接待计划。接待计划是旅游团旅游活动的文字凭证，是接待单位了解该旅游团基本情况和安排日程的主要依据。

（1）接待计划的制作

①要认真查阅原始资料确认项目。对该团往来传真、电传、函件、电话记录等仔细查阅，充分了解各项要求，尽量将之反映在计划之中。

②落实各地的交通。从销售部人员对外报价、确认到制订该团的计划，往往相隔数月，甚至更长时间。在此期间，航空公司、铁路等交通部门的航班、车次及使用的机型或许会有变化，因此，在制作计划时，要查阅、核对有关资料、如航班、车次、时间与销售时对客户的承诺有出入，应及时通知对方。

③落实各地接待项目。在制作计划时，应再一次向各地接待社通报该团的人数和特殊要求等情况，并落实在各地的住宿、参观游览节目和文艺活动等，重点团队尤其要重视，应提前亲临现场检查各项工作的安排是否妥当，以确保重点团队不出差错，能按计划顺利进行。

④与客户落实计划。在制作计划时，应再次与客户落实最后的人数、名单、各地的住房要求及入出境航班与抵离时间。

（2）接待计划的内容

接待计划的内容一般必须包括 3 个部分：旅游团的基本情况和要求、日程安排与成员名单。

①旅游团的基本情况和要求。

A.团名、团号、组团社或公司的名称。

B.旅游团人数，须注明男、女、儿童人数。

C.团队的类别：考察团、观光团、疗养团、专业团、会议团等。

D.团队要求的服务等级：豪华级、标准级、经济级。

E.旅游路线及所访问的城市。

F.游客自订或组团社自订的饭店名称，若组团委托接待社代订饭店，则要求注明住宿

的饭店名称及星级标准、用房数量及单双要求。用餐要求，特别注明是否要素食者或其他用餐的特殊要求。

G. 对导游员语种的要求，或者对导游的水平、性格等方面的特殊要求。

H. 团队费用结算的方式。

I. 接待各方联系人的姓名、电话，紧急情况或夜间联系人及联络方式。

②日程安排。

A. 日期、时间、航班号、车次、船次等，抵离时所乘交通工具。

B. 各城市间的交通工具、航班号、车次、船次及抵离时间。

C. 在各地所安排的主要参观游览项目、风味品尝、文娱活动及其他特殊要求。

③成员名单。

成员名单有旅游者的姓名、性别、年龄、职业，若重点团队还应注明客人身份，接待方联系人的姓名、电话。

（3）接待计划的变更

计调部的接待计划一般都是在旅游团入境前1个月到1个半月就制订、下发的，在此前，客户有时会对某些方面要求进行修改。计调部在收到对方要求变更的电子邮件时应及时修改原计划，调整后的有关内容要及时通知有关部门。一般变更有以下4种情形：

①人数的增加或减少。

②抵离航班、时间的更改。

③在日程中增加某个城市或减少某个城市。

④两团合并。

更改通知是对原计划的修正，若联系不当则会导致混乱，造成失误，从而影响接待质量。

由于组团旅行社的行程预报传真往往较早发出，在操作过程中经常会发生一些变化。这就需要组团社及时把更改情况通知地接社。以下为更改传真件示例：

重要更改

重庆C旅行社周先生：您好！

我社组织的CFT-190618团一行33+2原报2019年6月23日上午乘空调大巴车抵达重庆已发生了变化，现改乘2019年6月23日14:00发车，于当日18:00抵达重庆，请予以更改，并准时接站。

不便之处请原谅，收到后请予回复确认。谢谢！

武汉B旅行社

联系人：李先生、赵小姐

2019年6月12日

（4）接待计划的发出

团队预报计划以后经过双方多次的更改确认，基本内容如人数、日程无大的变化的情况下，应该在团队到达第一站前7～15天内将正式计划传真给地接社。正式计划以盖公章为有效。它既是接团计划，也是对方的结算收款依据，应力求正确。一般在正式计划发出以后，不应再有大的变更或调整。发计划时应附上回执单，以便对方确认。以下为地接社收到组团社的正式计划后的一份回执示例：

计划回执

武汉 B 旅行社：

  贵社发来的 CFT-190618 团变更计划已收悉，我社将按贵社计划接待此团。请放心！

成都 A 旅游公司

联系人：张小姐

2019 年 6 月 12 日

  组团社的正式计划也应同时发至本社有关的各旅行社。以下为国内旅游团的书面计划示例：

成都 A 旅游公司、重庆 C 旅行社：

  现将我社组织的 CFT-190618 团一行 33+2 人计划发给贵社，请贵社接到计划后按传真标准接待。订妥车船票，按计划内容安排游览，并做好上下各站的联络工作。如有更改请即通知我社和下站接团社。团款已按约定预汇 80%，差额部分由全陪现付结清。此团系重点团，请各地接社予以关照。谢谢！

武汉 B 旅行社

联系人：李先生、赵小姐

2019 年 6 月 13 日

CFT-190618 团日程：

D1（6 月 18 日）：乘早班机赴成都   住成都

D2（6 月 19 日）：早餐后乘汽车去九寨沟，沿途游览岷江风景   住九寨沟

D3（6 月 20 日）：早餐后游览九寨沟风光   住茂县

D4（6 月 21 日）：早餐后游览黄龙仙境   住成都

D5（6 月 22 日）：早餐后市内 1 日游：杜甫草堂、武侯祠   住成都

D6（6 月 23 日）：早餐后上午自由活动，14:00 乘汽车去重庆   住重庆

D7（6 月 24 日）：早餐后市内游：白公馆、渣滓洞，18:00 乘"东方明珠"游览长江
          三峡   住船上

D8（6 月 25 日）：早抵丰都，游览丰都鬼城   住船上

D9（6 月 26 日）：早抵巫山，游览小三峡；晚抵宜昌，乘车返武汉   途中

D10（6 月 27 日）：凌晨抵达武汉，结束旅程

注意事项：

①请重庆 C 旅行社订妥 6 月 24 日"东方明珠"号游船 33+2 张三等舱票。

②游客名单中 7 号和 8 号游客喜欢素食，请支持。

③请成都 A 旅游公司于 6 月 18 日晚餐加餐标至每人 30 元作为欢迎。

④各地请一律派空调车接送。

联系人：

成都 A 旅游公司，张小姐，电话：028-×××××××；传真：028-×××××××

重庆 C 旅行社，周先生，电话：023-×××××××；传真：023-×××××××

武汉 B 旅行社，赵小姐，电话：027-××××××××；传真：027-××××××××

该传真还要另附一份打印的正式旅客名单，名单要写明姓名、性别、年龄和身份证号码。这样的一份计划就比较明白清楚，便于各地接社业务运作。

（5）再确认

团队出发前 24 小时以内，操作人员还应对计划进行最后一次的再确认，以防接团社疏忽和遗漏，若发现问题还可及时补救。特别要说明的是，操作人员千万不要怕麻烦而不再做最后一次确认。有时在团队出发前还会发生一些特殊情况，如某一旅游者家中发生重要事情而不能随团外出旅游等。因此，组团社要发紧急通知到各地接社。以下为再确认文件示例：

紧急通知

成都 A 旅游公司、重庆 C 旅行社：

非常抱歉！我社 CFT-190618 团名单中 27 和 28 两位游客因家中亲人生病住院，不能参加此团旅游，请取消这两位游客的一切车船票和住房预订。请各社关照，尽量减少损失，如产生必须之费用请报我社，由我社承担。

谢谢，不便之处请谅解！

武汉 B 旅行社

联系人：李先生、赵小姐

2019 年 6 月 17 日

3）落实接待计划

对于接待旅行社来说，在计划编制完成或接到组团社的接待计划后，随后的工作就是要落实旅游计划。其运作过程是：核对计划—订票—订房—订车—订餐—安排游览活动—向接待部下达接团通知。

（1）核对计划

详细核对旅游团的准确人数、国籍、地区、语种、抵离时间、接待标准、住房标准、餐饮标准、用车要求、交通要求、各地参观景点要求、陪同要求及其他特殊要求。

（2）订票

在落实接待计划中，订票业务起着关键的作用。如果一个旅行社不能满足旅行团的票务需求，这个旅行社也许就不能争取到该业务。如果一个旅行团在某地游览结束后，得知交通票据还没有得到解决，而将导致团队不能按计划离开时，就会产生极大的不满，甚至给旅行社造成不必要的损失。

旅行社在落实订票业务时，往往要下达订票计划或通知单。订票通知单一般以月度计划为依据，将整月的团队计划全部报给票务部或票务人员。订票计划或订票通知单中要有明确的团号、团队人数、陪同人数、航班（火车、汽车、轮船）的时间、航班号或班次、等级、目的地、票额数等。如团队中有儿童，需要单独注明，订票还要注明各团队所住宿的饭店。

订票计划及订票通知单发出后，经常会碰到团队人数的增减。团队行程或航班、车次的变更、增减或计划取消等。当收到各类变更通知后，要及时向票务部或票务人员发出变更通知，调整计划。变更通知要以书面的形式进行。

（3）订房

地接社要根据旅行团的不同要求、不同档次合理地安排住房，旅行社的订房通常有两种：一是委托代订房，二是自订房。

对于委托代订房的，旅行社应根据组团社要求及时地向饭店办理订房委托和其他委托（如生活委托）。办理委托一定要以书面的形式进行。行业内一般使用传真的方式。

一般情况下，饭店销售部应在收到委托书后，3天内给予确认，并将确认单发回给委托人。委托人收到饭店的确认单后，要仔细核对饭店确认的入住时间及天数、客房数、餐标等，如有误差应及时与饭店联系，予以更正。确认单应妥善保管，并在接待计划上注明该团住房确认情况。如果发出订房委托书3天后仍未接到饭店的确认单，应及时地与饭店销售部取得联系，查询该团的住房落实情况。能确认的，应催发确认单；不能确认的，也要求发书面通知单，以便及时调整住房。

在旅游旺季时，由于游客相应集中，某些旅游热点城市时常会出现订不到房的情况。在这种情况下，作为团队操作人员，要每天向饭店询问客流量，掌握各饭店的空房数，合理进行安排。一般情况下，首先要保证重点团的住房，对实在无法安排计划要求指定饭店的团队，要按国际惯例在同等级的饭店进行调整，并将调整后的情况告诉组团社，取得组团社的谅解。

对于自订房的团队，地接社也应向该团所订的饭店发出安排生活委托。这样做一是向饭店办理安排生活委托，落实该团具体抵达及离开的航班、车次、订餐标准及其他特殊要求。因为组团社在向饭店预订房时，只报了团号、人数、入住时间、入住天数及早餐，即自订房只是订了房间及早餐，其余的生活委托仍要接团社去委托。二是通过办理生活委托向饭店销售部核实团队的自订房的情况。

有时会出现这种情况：当组团社在向各地接社发接待计划时，同时也向各地饭店进行订房委托业务。但在旅游旺季时，有些热点城市的饭店房间早已被预订完毕，却未告知组团社，有时则处于候补的状况。地接社通过与饭店核实计划，可及时了解团队自订房的落实情况，这样对地接社提高服务质量有一定的保障。如自订房与饭店核实尚未确认的，地接社应主动转告组团社，让组团社再与饭店协商确认，并请组团社将最后饭店落实的情况告诉地接社。

【补充阅读资料6.4】

不确认订房情况的后果

A省B旅行社在国庆节组织了一个40人的台胞旅行团，该团沿途各地的住房均由B旅行社自订，各地的饭店也均向B旅行社确认了订房，该团在北京交给C旅行社接待。在京原自订M饭店，因为时处旅游旺季，原已入住M饭店的其他几个旅行团由于机票问题，未能按期离开饭店，所以造成该饭店客房超订，饭店销售部经内部调整后，当天中午临时决定将B旅行社的这个团调到W饭店，该团是下午4点多抵达北京的。由于时间较紧，M饭店一直未能与B旅行社联系上，也不知当地是由哪家旅行社接待的，因此只有等待团队到来后再做解释工作。由于C旅行社认为这个团是自订房，也一直未向饭店核实订房情况及办理生活委托；又由于地陪也没有在接团前向饭店落实房号，因此团队抵达后，就直接将客人及行李送到了M饭店。直到在饭店总台办理入住手续时，才得知该团的住房已调到W饭店。虽然饭店的负责人向客人做了解释并赔礼道歉，但临时让客人换饭店，客人表现出极大的不满。几经协商，客人总算勉强同意去W饭店。从M饭店到W饭店，路上整整跑了1小时40分钟。客人入房略作休息后，地陪通知客人去用晚餐。由于晚餐是订在M饭店附近的一家餐厅，于是该团队再从W饭店转到M饭店附近的餐厅用餐，又用了一个半小时。几经折腾，这时旅行团内大部分客人都已无法控制自己的情绪。他们气愤地说："我们来北京本来时间就短，想多看一些名胜古迹，没想到来北京只吃了一餐饭，就坐了五六个小时的汽车，大陆的旅游业就是这样的吗?"

此案例中，虽然M饭店负主要责任，但作为C旅行社如果在团队抵达前，向饭店核实自订房的情况，就可以避免这类事情的发生了。

（4）订车

旅行团抵达当地的市内用车，一般由地接社负责安排落实。市内用车应根据团队的要求及团队人数的多少来合理安排。一般是先将月度计划送交旅游车公司总调度室，以便旅游车公司及时能调整所需车辆。为了减少差错，一般情况下，在团队抵达前的两三天内再与旅游车公司总调度室核实各团的计划及人数，并将调度室安排好的各团队的车号抄下来，然后报给接待部或相关人员。

（5）订餐

旅游团队的早餐一般安排在入住饭店就餐；午餐是在参观游览活动中，根据景点所处的地理位置和游览时间就近安排；晚餐安排在饭店或社会酒店等，视情况不同而定。无论是早餐还是正餐，都要提前预订，并且向餐厅报道以下情况：就餐人数（包括旅游者人数和司陪人数）、餐饮标准、团队是否有特殊要求、团队抵达就餐的大概时间等。

（6）与接待部落实导游人员的委派

如果团队对导游有特殊要求，要与接待部落实。例如，指名某一位曾合作过且很满意的导游，或指名优秀导游，要求男陪同或要求女陪同。若非无理要求，可视情况尽量满足组团社的要求，认真挑选最适合担任该团的导游。委派的导游必须是有导游证的导游。

（7）互通旅游团信息

与上、下站旅行社互通旅游团信息，以便及时调整与更改。

（8）与销售部及财务部落实付款方式及付款时间

所有付款团队的结算单必须在团队抵达前由双方财务审核并确认好，以免团队抵达时发生纠纷。为避免三角债，旅游团队需现付或预付的增多，为了保证团队质量，务必确认付款方式与付款时间。

4）做好统计工作，建立业务档案

（1）做好统计工作

旅行社要适应市场的变化，及时调整经营方针与经营策略，就必须对各项经营活动进行认真全面的统计，并进行科学的分析，这样才能使新的决策具有科学性，才能适应旅游市场的变化，在日益激烈的市场竞争中立于不败之地。因此，计调部的统计是否正确、全面、真实、及时，就显得举足轻重，绝不能掉以轻心。

影响经营情况的一切数量关系均是计调部统计工作的内容。

①客源统计。客源统计分析是计调部统计工作最主要的一环。旅行社一年以及各月份接待的人数、天数，各个客源国（地区）客源数量、客源流向、淡旺季的分布等，都应有详细的统计资料。通过对本期统计数据同上一年同期数据进行对比，从中发现问题，有利于旅行社决策部门开拓市场。一般统计是通过图或表把旅游现象数量方面的资料形象清晰地反映出来。

②合作单位情况统计。旅行社与民航、铁路、饭店、汽车公司、旅游景点、餐厅、定点商店等方面都建立了合作关系，有必要对合作单位进行全面统计和分析，看看本旅行社在一定时期内，向以上地方输送了多少客源，为能争取到更为优惠的价格提供依据。

（2）建立业务档案

从计调部门的工作内容来看，计调部工作量非常大，而且纷繁复杂。对外不仅要与交通部门、饭店、旅游景点、定点商店联络合作，还要与其他旅行社合作。对内尚要与有关部门搞好交接工作。每天往来的传真、电报、电话记录等非常多，这就需要建立起一套科学有效的业务档案制度，将原始件妥善保存起来，以便查阅。

6.4.2 旅行社计调业务管理

1）正确处理保证供应和降低成本的关系

保证供应与降低成本，是旅行社采购工作同等重要的两大任务，而这两者在实际工作中常常是矛盾的。旅行社要视不同情况在这两者之间选择不同的重点，或者说是不同的策略。

例如，当民航运力十分紧张，或者恰逢旅游旺季机票相当紧缺时，可能许多旅行社都会面临无法采购到足够的机票的问题。这时，若哪家旅行社通过自己广泛良好的协作网络能够拿到比别人更多的机票，那么就意味着可以接待更多的旅游者，也可以借此显示出自己与众不同的实力，获得更多的客源市场，并可能招徕潜在的客源，从而获得更大的利润空间。随着航空公司的增加，运力加大，当机票不再紧缺的时候，旅行社就应致力于向航空公司争取获得最便宜的机票价格，以期通过降低成本来极大地增加自己产品的竞争力、争取尽可能多的客源，获得更大的利润。若此时也还只是满足于保证供应的话，就会坐失赚取利润的良机。

总之，处理两者之间关系的原则是：在供应紧张时，旅行社的采购工作应该以保证供应作为主要的采购策略；在供应充足时，保证供应已不成问题，就应该以降低成本作为主要的采购策略。

2）正确处理集中采购与分散采购的关系

按照商业惯例，批发价格低于零售价格，批发量越大，价格也就越低。因此，旅行社作为中间商，应把旅游者的需求集中起来向旅游服务供应企业采购，也就是说应该集中自己的购买力以增强自己在采购方面的还价能力，这种采购叫批量采购，也叫集中采购，通常有以下两种方式。

①把本旅行社各部门和全体销售人员接到的订单集中起来，统一以一个渠道对外采购。

②把集中起来的订单尽可能集中地投向一家或尽可能少的供应商进行采购，用最大的购买量获得最优惠的价格。

但是，在供过于求的情况下，分散采购可能更易于以较低价格获得旅游者所需的服务。究其原因，是因为集中采购数量虽然很大，但远期预订较多，远期预订具有较大的不确定性。因为在较长的预订期内，可能出于种种原因实际采购量比计划采购量减少很多，卖方也会因计划量虽大但其中含的水分也高而对买方计划的可靠性缺乏足够的信心，因此不一定愿意将价格定得很低。反之，分散采购因为多是近期预订，预订时一般都有确定的客源，采购的可能性高于远期预订，卖方迫于供过于求的压力，常常愿意以低价出售。

目前有些旅行社依然实行分散采购，各自为政去采购，没有集中力量统一对外。这样的弊端很多：减弱了谈判的优势，容易滋生采购人员私取回扣、佣金的行为，且日后纠正这种做法阻力加大。

3）正确处理预订和退订的关系

旅游属于预约性交易，旅行社一般在年底根据其计划采购量与旅游服务供应企业洽谈第二年的业务合作事宜。计划采购量一般是由旅行社参照前几年的实际客流量，并根据对来年的市场预测确定的。计划数字与实际数字之间总有差距，如果实际采购量过多，旅行社就要临时退订，而卖方对退订是有时间限制的。若在限期后退订，卖方要向旅行社收取退订费用，退订越晚，退订费用额占售价的比例就越高，最高可达100%。反之，如果实际到达的人数超过预订数，旅行社就要临时增订，卖方对临时增订一般也有一定的数额限制，有时也要多收费用。

对于买卖双方而言，买方旅行社希望退订的期限越晚越好，增订的限额越高越好，退订费用越少越好；而卖方则正好相反。双方只能通过协商达成一致意见。买卖双方协商的结果不可避免地要受到市场供求状况的影响。一般说来，一方面，供过于求的市场状况有利于旅行社获得优惠的交易条件；另一方面，双方协商的结果还取决于旅行社的采购信誉，如果在过去几年中旅行社的采购量一直处于稳步增长状态，其计划采购量与实际采购量之间的差距比较小，卖方就愿意提供较为优惠的条件。

4）加强采购合同的管理

合同是指当事人之间为了实现一定的经济目的，而明确相互权利、义务关系的协议。签订合同，是当事人为避免和正确处理可能发生的纠纷而采取的行为，其目的在于确保各自经济利益的实现。旅游采购不是一手交钱、一手交货的简单交易，而是一种预约性的批发交易，是一次谈判、多次成交的业务，谈判与成交之间既有时间间隔，又有数量差距。

旅游采购的这种特点，使得旅行社与协作部门为预防各种纠纷的发生而签订经济合同显得更为必要。但是，由于目前旅游业竞争激烈，旅行社一般没有相对固定的采购协作网络，因此也就很少使用采购合同。这也是目前我国旅行社买卖双方经济纠纷很多的一个主要原因。随着我国旅游业的发展，旅行社与其他旅游企业都应积极使用合同，以利于我国旅游业走上更加健康发展的道路。

采购合同的基本内容有5个方面。

（1）合同标的

合同标的，是指合同双方当事人权利、义务指向的事物，即合同的客体。旅游采购合同的标的，就是旅行社购买和旅游服务供应企业出售的旅游服务，如客房、餐饮、汽车运输等服务。

（2）数量与质量

由于旅游采购合同是预约契约，不可能规定确切的购买数量，而只能由买卖双方商定一个计划采购量，或者是规定一个采购和供应幅度。关于质量要求可由双方商定一个最低限度。

（3）价格和付款办法

合同中应规定拟采购的服务价格。由于价格常常随着采购量的大小而变动，而合同中又没有确定的采购量，因此可商定一个随采购量变动的定价办法，还要规定在合同期内价格可否变动及其条件。在国际旅游业中，还要规定交易所用的货币以及汇率变动时价格的变动办法。此外，还要规定优惠折扣条件、结算方式及付款时间等。

（4）合同期限

合同期限是指签订合同后开始与终止买卖的行为的时间。旅游采购合同一般是一年签一个，也有的旅行社每年按淡、旺季签两个合同。

（5）违约责任

违约责任是指当事人不履行或不完全履行所列条款时应负的责任。按照我国《中华人民共和国民法典》规定，违约方要承担支付违约金和赔偿金的义务。

【补充阅读资料 6.5】

旅行社计调主要负责什么工作？

1. 计调人员承接各社交给我们的所有传真件和电子邮件，收到计划后应认真阅读，以书面形式回执确认，及时将计划输入电脑。

2. 发布和落实旅游团的接待计划和变更通知，按要求安排旅游团的吃、住、行、游、购、娱等事项，并负责客房自订项目的验证与落实。

3. 监督接待计划的实施和协助处理旅游团在途中遇到的各种问题，必须做到下情上传，上情下达，通力协作。

4. 负责落实参观、访问、拜会等特殊要求的落实工作。

5. 协助相关合作单位的选择和评审工作，协助不合格服务的处理。

6. 参加业务培训和考核，提高工作水平和服务质量。

7. 发放陪同接待须知，完成部门经理布置的其他工作。

6.4.3　计调人员的素质要求

1）守法，爱岗

遵纪守法，敬业爱岗。

2）熟悉业务

一个出色的旅行社计调，除了需要相应的文化程度、文字功底和外语基础外，还必须具备下列专业知识：

①熟悉旅行社的管理。

②熟悉全包价、小报价、单项委托，散客、展览、会议等业务知识。

③掌握票务、行包和其他委托业务。

④熟悉航空、铁路、航运、酒店、餐厅、旅游车队及有关涉外单位的有关情况，特别是业务情况。

⑤具有财务、统计、外汇管理方面的知识。

⑥熟悉自动化办公。

⑦熟悉《旅行社条例》等行业法规，掌握经济合同法及有关海关、边检以及出入境规定、法规。

3）宾客至上

要有宾客至上的观念，要有强烈的质量意识，要有明确的市场观念，极具公关能力、协作精神等。

总之，我们做旅游，首先是做好人，然后要成为好的旅游人。有出色的交际能力和经商的敏锐性，再加上懂业务、对成功的渴望和激情的投入，不断地超越自己，那才是名副其实的旅游人。

6.4.4　旅行社计调使用的工具与手段

1）工具

①电话机：固定电话、移动电话、本地通电话等。计调电话最忌变换，如遇动迁，应千方百计保留原始号码。另外，强调话机功能，如呼叫转移、来电显示、电话录音、语音信箱等。

②传真机：普通传真机（热敏纸）即可，尽量不使用普通纸传真机，FAX-MIE等。视业务量大小，最好设两台传真机（收发各一）。

③网络：E-mail，MSN、QQ、微信等。此为旅行社通信升级的台阶，同时有益于降低通信成本。

④地图：全图、分省图、公路客运图、网上地图等。

⑤时刻表：铁路、航空、公路、航运时刻表等。特别注意淡旺季、年度的新版时刻。

⑥字典：语言类字典、景点类字典等。

⑦景点手册。

⑧采购协议：按组接团社、房、餐、车、景点、购物分类建档。

⑨各地报价（分类）：最好按区域列出目录，分类列置。

⑩常用（应急方式）电话：按组接团（经理、计调），酒店（销售部、前台），餐厅（经理、订餐），车队（调度、驾驶员），导游等分类开列，放置显眼处并随身携带。

2）手段

①旅游文书的拟写：询价单、报价单、确认单、更改单等。

②常规表单应用：地接用《决算单》《团队费用小结单》《团队费用包销单》《结算单》等；组团用《组团合同》《概算单》《决算单》《团队费用包销单》《结算单》等。

③常规统计：团队动态台账、团队核算台账、往来（应收应付）台账、营业额、毛利、人数、人天数、到款率等。

④单团核算。

⑤文书（卷宗）归档。

【本章小结】

计调是旅行社业务中的重要组成部分，承担与接待相关的旅游服务采购和有关业务调度工作。计调是指为落实接待计划所进行的服务采购，以及为业务决策提供信息服务的总和。

旅行社计调业务的发展过程包括后勤的计调业务、独立的计调业务、工作职能转变的计调业务、按业务运营环节设置的采购部等过程。

旅行社计调业务实施步骤包括接受计划和预报、编制预报表，制订接待计划，落实接待计划，做好统计工作，建立业务档案4个环节。

旅游服务采购是计调最基本的业务，旅游服务采购的成效，直接关系旅行社经营活动的成败。旅行社采购策略包括集中采购、分散采购和建立采购协作网络3种，旅游服务采购的内容包括交通服务的采购、住宿服务的采购、餐饮服务的采购、游览景点和参观单位服务的采购、购物和娱乐服务的采购、旅行社接待服务的采购。

旅行社计调管理主要有旅行社计调业务管理、计调人员的素质要求、旅行社计调使用的工具与手段的管理。

【复习思考题】

1.简述旅行社计调业务的发展过程。

2.旅行社计调业务实施步骤有哪些？

3.什么是旅游服务采购？旅游服务采购策略有哪些？

4.旅游服务采购的内容有哪些？

5.旅行社计调管理包括哪几个部分？

【实训】

1. 走访一家本地旅行社,了解其旅游服务采购的基本环节和内容。

2. 到本地的各类饭店(有星级的饭店和没有星级的饭店)去调查,了解各类房价(单间、标准间、套房)的门市价、团体价和折扣价,比较它们的差别。

【案例分析】

旅行社计调工作八大禁忌

仪孝法　日照职业技术学院

计调工作作为旅行社工作的核心,对他的从业人员有尤其严格的要求,但对于一些初次从事计调工作的人员来说,总有一些工作做得不到位,即使对于一些老计调来说也容易犯一些常识性错误。以下是笔者总结出的旅行社计调工作八大禁忌,与大家共勉。

第一,口头确认或不明确确认。计调在与相关合作单位确定吃、住、行、游、购、娱等方面的接待事宜时,必须要以接收到对方盖有公章或者业务专用章的确认函或者接收到对方盖有公章或者业务专用章传真确认件为准,并加以核实。不能接受对方的口头确认或者网络聊天确认,即使对方是很熟的合作对象也不可以。因为口头确认和网络聊天确认的内容存在很大的变数,尤其是在旅游旺季,相关接待事宜较难得到保证,甚至造成与对方要求标准的不一致,从而给本社声誉造成不可弥补的损失。例如,某沿海旅游城市一家旅行社在 2007 年接待河北客人的时候,组团社一次性地确认了两批团队。由于传真确认件不是十分清楚,地接社计调也没有详细查看,电询了对方导游的电话号码后作行程安排,结果漏掉了第二批团队,致使第二批客人到达该城市游览时无房可住。时值旅游旺季,无法按照对方标准来安排,最后甚至让第二批客人露宿街头。此次事故造成的影响无论是组团社还是地接社,都是巨大的。后来,组团社联合许多旅行社集体封杀地接城市的这个旅行社,不再与其合作。口头确认的事宜对对方缺少法律意义上的约束,对方极有可能为了追逐更高的利润或者受其他因素的影响而撤销对你的接待承诺。一旦对方撤销对你的接待承诺,你又没有接到变更通知,在旅游淡季时节也许可以变通接待事宜,但旅游旺季时节对计调人员来说,绝对是严峻的工作挑战。处理不当会导致严重的经济损失和名誉损失。

第二,工作无条理。计调需要处理各种各样的日常或者突发事件,也需要与各种各样的人打交道,这就要求计调人员做事要有条理、有计划,要分清轻重缓急与先后顺序,更要预先准备好各种情况下的处理预案。计调要对每一个运行团队的基本情况烂熟于心,并适时进行双向的信息沟通。

计调要有一个机敏灵活严谨的大脑,要随身带一个大笔记本,把经常用到的各种信息分门别类地记下来,尤其是易忘但又需要特殊注意的一些事情更要随时记下来,每天都看上几遍,以备忘。这些笔记可以写得很有条理,也可以只是几个关键词,只要自己能看懂就可以。

第三,延误回复。计调人员对每一件需要你尽快给予回复的要求都要引起足够的重视,绝对不能拖延或者应付。否则,要么耽误事情的有效处理,要么会失去客户。比如,对方要求你提供一个产品的报价,或者一条旅游线路设计,你必须尽快从自己的资料库中提取相关信息,并进行加工润色之后,在 3 ~ 5 分钟回复过去,否则对方会因等待焦虑转而寻求其他合作单位。如果自己实在忙不过来，应该请其他计调人员给予协助。切忌对不熟悉的旅游产品和线路胡乱报价，否则，要么影响自己公司的经济收入，要么影响公司的信誉，失去客户对公司的信任。

第四，滥用通信设施。计调人员对打出或打入的电话都应该言简意赅，快捷明了，不能闲扯过多的无关话题，也不能拨打私人电话，更不能用来谈情说爱甚至"话聊"。实在不能兼顾时，要采用双手机或双卡或多手机的形式，并要以旅行社事务为主，否则会导致许多业务电话既不能打进也不能打出，会耽误旅行社业务的及时有效处理。与之相对应的是，计调必须保证24小时开机，不论上班时间还是下班时间都应该保证自己的联系方式是畅通的，除非重大事项，不能无故关机。目前旅游市场上的年轻化大有愈演愈烈之势，而且部分年轻人有比较多的共同话题，经常以工作之需的名义互相聊天，套近乎，从而达到拉住客户的目的。但是，这种既浪费时间又浪费资源的方法是不可取的，在你与对方互相恭维的时间里，如果用在如何把团队做好上，你会得到更多的客户。充分利用好通信设施，也是一个作为合格计调的必要素质。某旅游城市的地接社计调在安排好本天的工作项目后外出，晚间，计划第二天到达的团队出于事故原因提前一天抵达该市，可是负责安排本项工作的地接计调由于手机故障，电话始终接不通，最后，组团社在万般无奈之下选择了其他合作伙伴，从而造成了地接社的巨大损失。

第五，作业不精心。计调人员要缜密严谨、心细如发、目光如电，要能够发现接待计划中的细微变动，要对特殊要求仔细研究，要有重复检查及细节检查的意识，要将每一项需要向接待人员交代的注意事项都落实到书面上，不能只是在脑子里过一下或者临时现想，否则就会有遗漏而存在隐患，不利于接待计划的正常执行。计调的文档管理要规范有序，需要什么材料都能在最短的时间之内找到，不能一团乱麻。特别对顾客有特殊要求的，比如有宗教信仰的客人的用餐要求，住宿时需要安排几个单人间及行程安排上的种种特殊要求，一定要牢记，要交代明细，同时在团队抵达之后要对本社工作人员再三叮嘱。

第六，行程安排不合理。计调要对本接待区域的吃、住、行、游、购、娱等事项全面了解并实地查看，还要掌握这些事项的最新变化，要以最优的组合规划，妥善安排旅游接待计划。对一些诸如看日出、观潮汐、进场馆、游宫观、赏比赛的事项，要严格掌握时间、地点、规则、禁忌、路线等特殊要求。要以最合理、最经济的方式安排行程，既方便旅游者，也方便己方的接待人员，更是为自己减轻工作负担。要适时与有关接待人员（包括导游与司机）进行信息沟通，虚心听取他们的意见和建议。尤其要掌握最新的景区信息变化，否则将会给行程造成巨大的影响，甚至对本社利益造成巨大损失。例如，某市某景区由于内部矛盾正在封闭，没有及时通知旅行社，同时旅行社也没有仔细询问，依然按照常理安排日常行程，结果抵达某景区之后，无法游览，因此造成客人不悦。由于该景区距离其他景区较远，在与客人沟通无果的情况下，地接社只能贴钱给客人安排异地的一个著名景区做弥补，既造成了本社信誉问题，还蒙受了经济损失。针对不同线路不同行程，计调人员一定要做到心中有数、合理安排。

第七，与外联人员缺乏有效沟通。计调在安排团队接待计划及接待人员时，一定要联系本团的外联人员，向他详细了解本团队的有关信息及特殊要求，并据此作出有针对性的接待计划，按照一般经验制订的接待计划是不符合特殊团队要求的。只有加强沟通、增进了解，才能给游客更舒心的服务。根据团队的特点提供相应的介绍与沟通，尽快减少客人在异地的这种不安全感，能够为更好、更顺利地进行旅游行程提供巨大的帮助。

第八，对合作社缺乏了解。计调在联系合作旅行社时要对其进行深入了解，如规模、行业信用度、团量等信息是必须要掌握的，否则就会因图便宜而吃大亏。随着我国旅行业的蓬勃发展，一些人投机到旅游行业里，不讲诚信，抓住一个宰一个，合作一次骗一次的非常规旅游人员也不少。因此，计调人员在互相合作之前，要对合作方有一定的认知，不然，可能会赔了夫人又折兵。同样的道理，寻求如酒店、餐厅、旅游车、票务代理、导游、景点、商店等合作单位时也必须全面掌握有关信息。

结合本案例分析旅行社计调在旅行社经营中的作用。

第 **7** 章

旅行社团队旅游
接待业务

旅行社团队旅游接待业务是旅行社业务流程中的一个重要经营业务。本章重点讲述了旅行社团队旅游接待业务工作的特点；旅行社团队旅游接待业务的运作方法和程序；旅行社团队旅游接待业务的管理和对导游人员的管理等几个方面的内容。

7.1 旅行社团队旅游接待业务的特点

团队旅游接待业务是旅行社根据事先同旅游中间商达成的旅游合同或协议，对旅游团队在旅游过程的6大环节中的各项活动提供具体的组织、安排、落实工作的过程。旅游团队一般分为入境旅游团队、出境旅游团队和国内旅游团队3种类型，旅行社的团队旅游接待业务也相应分成了入境旅游团队旅游接待业务、出境旅游团队旅游接待业务和国内旅游团队旅游接待业务3种类型。不同类型的团队旅游接待业务既有其共性特点，也存在着各自比较明显的个性特点。

7.1.1 团队旅游接待业务的共性特点

团队旅游接待是旅行社接待业务的主要形式之一，无论是入境团队旅游接待、出境团队旅游接待，还是国内团队旅游接待，都具有一些基本相同的特点。旅行社接待部门和接待人员应认真研究这些特点，搞好各种旅游团队的接待服务。

1）计划性强

团队旅游接待的第一个显著特点是计划性强。旅游团的旅游计划往往是一个相互连接的整体，旅行过程中上下站之间的衔接十分重要。旅游计划中出现的任何纰漏都可能给整个旅游活动造成严重影响，并会给旅行社和旅游者带来经济损失和心理挫伤。因此，严格地按照旅游计划接待团队旅游者是每一个提供接待服务的旅行社的职责。

团队旅游一般均在旅游活动开始前由旅行社同旅游者或旅游中间商签订旅游合同或旅游接待协议。这种合同或协议是旅行社同旅游者之间的契约性文件，旅行社必须严格按照旅游合同或旅游协议上的规定和要求，认真、全面地安排旅游者在整个旅游期间的交通、住宿、餐饮、游览参观、观赏娱乐节目等活动，并提供符合标准的接待服务。除了人力不可抗拒的原因之外，旅行社不得擅自改变旅游团的旅游线路、旅行时间、服务等级等。如果确需对旅游计划进行修改，必须事先征得团队多数旅游者的同意。

另外，对于旅游线路中所经停的各地接待旅行社来说，它们还必须根据组团旅行社下发的旅游团队接待计划，制订旅游团在当地的活动日程，并加以全面落实。旅游接待计划是组团旅行社同各地接待旅行社之间达成的契约性文件，接待旅行社一旦接受了组团旅行社的接待委托，就必须不折不扣地执行旅游接待计划，不得擅自改动，更不准采取各种手段降低服务标准，损害旅游者的合法权益。

2）接待技能要求高

团队旅游接待对旅行社接待人员的接待技能要求比较高。尽管散客旅游接待同样需要旅行社接待人员提供技能性强的服务，但是由于团队旅游的人数多，成员之间的关系比较复杂，不少旅游团内的旅游者在旅行开始前根本互不相识，需要在有限的旅游期间内相互适应，这给旅行社接待工作带来了更大的难度。因此，旅行社在安排团队旅游接待人员时，必须针对旅游团队的这一特点，选派责任心强、带团技能高的导游员担任领队、全程陪同或地方陪同。

3）协调工作多

团队旅游接待是一项综合性很强的旅行社业务，需要旅行社在接待过程中及接待工作开始前和结束后进行大量的沟通和协调工作。首先，团队旅游的人数比较多，在旅游目的地停留的时间一般也比较长，通常需要由旅行社同许多其他旅游服务企业共同协作才能完成接待工作。因此，团队旅游接待涉及各个方面，做好各方面的沟通和协调工作是旅行社圆满完成团队旅游接待工作的重要条件。其次，在团队旅游接待集体中，往往存在着代表客源地组团旅行社的旅游团领队，代表旅游目的地组团旅行社的全程陪同和代表当地接待旅行社的地方陪同，他们既要维护各自旅行社的利益，又要共同维护旅游者的利益，因此，需要经常就接待中出现的问题进行磋商，相互协调。最后，旅游团内的旅游者来自四面八方，具有不同的生活经历和习惯，所受的教育程度也不同，在他们之间往往存在着不同的价值观，对事物的看法也常会出现分歧。因此，旅行社的接待人员在旅游过程中必须随时注意旅游团内的动向，一旦团内出现分歧或矛盾，应及时设法加以调解，保持旅游团内的和谐气氛。

【补充阅读资料 7.1】
作为一个导游员，应该怎样与游客沟通？

在旅途中，导游员经常要和游客打交道，交谈是一门学问、一种艺术。懂得这门艺术的导游员，能与游客交流感情、增进了解；不懂得交谈艺术的导游员，游客可能会不理解你，不仅可能会引起误会，还可能不听你的指挥，甚至吐出一句"真言"："话不投机半句多。"这种情况的出现对导游员带团极为不利，因此导游员应该重视这个问题。导游员在与游客交谈时，要善于倾听游客的讲话，只有这样才能真正起到双向交流与沟通的作用。有句俗话说得好："会说的不如会听的。"导游员如果不去认真听、善于听，怎么能了解游客的心声呢？

与游客交谈时，导游员的态度和语气是极为重要的。交谈时既不要以自己为中心，滔滔不绝，容不得游客插嘴，也不要不顾他人喜怒哀乐，没完没了地说，显示自己的才华，更不要夸大，危言耸听。这些都会给人留下自私、傲慢和散漫的印象，也是一种不尊重人的表现。导游员讲话时的目光要保持平视，眼神要轻松柔和地望着对方，但不要张得很大或直愣愣地盯住别人。适当地做些手势也是必要的，但是不尊重他人的举动也是不应该出现的，比如，挖耳朵、摆弄手指、双手插在口袋里、不时地看手表等。这些举动同样会使游客觉得导游员心不在焉、傲慢无礼。听游客讲话时，导游员要注意自己的神态，切忌东张西望，或表现出一副漫不经心或不耐烦的表情；而是要表现出对游客谈话内容的兴趣，并适时地点头、微笑，或简单重复游客讲话的要点，必要时给予一些称赞和赞同。听游客讲话时要让其把话讲完，不要在游客讲得正起劲时突然将其打断或抢白，或提出不同看法和意见等。若在听游客讲话时有急事或身边手机响了，应向游客表示歉意，切忌一走了之，这同样是一种失礼的表现。总之，导游员要在尊重游客的基础上认真倾听游客讲话。如果游客讲错了话，只要是无关大局或非原则之处，导游员也不必介意。

【补充阅读资料 7.2】

黑龙江责令 14 家旅行社停业整顿

2019-10-11　来源：中国旅游报（数字报）

本报讯（孟令熙）笔者近日从黑龙江省文化和旅游厅获悉，今年入夏以来，黑龙江省文化和旅游厅完善综合监管机制，加快文化市场综合执法改革进程，加大对违法违规行为的处罚力度，进一步净化了黑龙江省文化和旅游市场经营环境。截至目前，全省各级文化和旅游部门共实施重点行政处罚 25 起，累计罚款 46 万元，14 家旅行社停业整顿，1 名导游员被吊销导游证。

25 起重点行政处罚包括：24 家旅行社因涉及不向接受委托的旅行社支付接待和服务费用、接待不支付或者不足额支付接待和服务费用的旅游团队等违法事由，接受责令改正、停业整顿、罚款等行政处罚；1 名导游员因擅自变更旅游行程及安排另行付费旅游项目，受到没收违法所得、处以 2 000 元罚款并暂扣导游证 1 个月的行政处罚。

今年国庆假期，黑龙江省文化和旅游厅创新检查方式，采取"固定巡查＋机动检查"的模式，通过省、市、县三级联动，对哈尔滨、佳木斯、伊春等多个地市的重点景区、文化旅游场所开展全方位、多层次检查。各检查小组以"执法日记"的形式将每日检查情况进行通报和公示，总结执法过程中发现的问题和探索解决的途径。

7.1.2　团队旅游接待业务的个性特点

旅行社接待的团队旅游一般分为入境团队旅游、出境团队旅游和国内团队旅游。这些团队旅游的接待工作有相同的地方，也有不同的地方。所谓不同的地方就是指团队旅游接待的个性特点。旅行社在接待不同类型的旅游团时，不仅要研究团队旅游接待的共性特点，还应注意研究不同类型团队旅游的个性特点，以便提供具有针对性的服务。

1）入境团队旅游接待

入境团队旅游是指由旅行社通过境外旅游中间商招徕和组织的境外旅游团队到中国内地旅行游览的活动。接待入境旅游团队是我国许多从事国际旅游业务的国际旅行社的主要经营业务。一般的入境旅游团队由境外某地启程，在我国某个对外开放的口岸入境，并在境内进行一段时间的游览参观活动，最后从入境的口岸或另外的开放口岸出境返回原出发地。

入境团队旅游接待的主要特点如下：

（1）停留时间长

入境旅游团队在旅游目的地停留的时间一般都比较长。除了少数港澳同胞来内地旅游的团队外，多数入境旅游团队在中国内地旅游时，通常在几个甚至十几个城市或旅游景点所在地停留。因此，入境旅游团队的停留时间少则一周，多则十几天，少数入境旅游团队曾经创下在内地旅游时间长达 40 多天的纪录。由于在旅游目的地停留的时间长，因此入境旅游团队在旅游期间的消费一般较多，能够给旅游目的地带来比较多的经济收益。为此，旅行社在接待入境旅游团队时，应针对这个特点，为入境旅游团队安排和落实其在各地的生活服务和接待服务，使旅游者慕名而来，满意而归。

（2）外籍人员多

入境旅游团队多以外国旅游者为主体，其语言、宗教信仰、生活习惯、文化传统、价值观念、审美情趣等均与我国有较大差异。在海外华人所组成的旅游团队中，不少海外华人及其子女因长期居住在国外，在生活习惯、使用语言、价值观念等方面也与当地居民极不相似。例如，许多来华旅游的海外华人已经基本上不会讲汉语，或者根本听不懂普通话了。因此，旅行社在接待入境旅游团队时，必须充分尊重他们，为其配备熟悉其风俗习惯、文化传统并能够熟练地使用外语进行导游的人员担任入境旅游团队的全程陪同或地方陪同。

（3）预订期长

入境团队旅游的预订期一般比较长，从旅游中间商开始向旅游目的地的接待旅行社提出接团要求起，到旅游团队实际抵达旅游目的地时止，旅行社同旅游中间商之间需要进行多次的联系，不断地对旅游团队的活动日程、人员构成、旅游者的特殊要求等事项进行反复磋商和调整。另外，旅游中间商还要为旅游团队预订前往旅游目的地的交通票、申请和领取护照及签证等手续，组织分散各地的旅游者在事先规定的时间到指定地点集合，组成旅游团队并搭乘预订的交通工具前往旅游目的地。因此，相对于国内团队旅游，入境团队旅游的预订时间一般比较长，有利于接团旅行社在旅游团队抵达前充分做好接待准备工作，落实各项旅游服务安排。

（4）落实环节多

在各种团队旅游接待工作中，入境旅游团队接待业务要求接团旅行社负责落实的环节最多。入境旅游团在旅游目的地停留的时间和地点比较多，其旅游活动往往涉及旅游目的地各种有关的旅游服务供应部门和企业。为了安排好入境旅游团的生活和参观游览，接待旅行社必须认真研究旅游接待计划，制订出缜密的活动日程，并逐项落实整个旅行过程中的每一个环节，避免在接待中出现重大人为事故。

（5）活动日程变化多

入境团队旅游的活动日程变化比较多，如出发时间的变化、旅游团人数的变化、乘坐交通工具的变化等。因此，接团旅行社在接待过程中应密切注意旅游团活动日程可能出现的变化，及时采取调整措施，保证旅游活动的顺利进行。

2）出境团队旅游接待

出境旅游团的接待业务是指我国一些经过特许经营中国公民自费出国旅游业务的旅行社，组织中国公民出境旅游的团队接待业务。目前，根据《中国公民出国旅游管理办法》规定，中国公民自费出国旅游主要以团队形式进行。出境旅游团的接待业务比较简单，主要是委派领队负责对整个旅游计划的实施全过程进行监督，沿途照顾旅游者的生活，担任旅游团出境前和返回境内抵达旅游者的出发地之前的陪同工作。尽管如此，出境旅游团的接待业务仍有其不同于入境旅游团和国内旅游团接待业务的一些特点。

（1）活动日程稳定

出境旅游团的活动日程一般比较稳定，除非发生极其特殊的情况，否则它的活动日程很少发生变化。无论是组织出境旅游团的旅行社还是负责在旅游目的地接待的旅行社，都必须严格按照事先同旅游者达成的旅游协议，安排旅游团在境外及境内的各项活动。组织出境旅游的旅行社应委派具有丰富接待经验的导游员担任出境旅游团的领队，负责在整个旅行途中关照旅游者的生活。

（2）消费水平

出境旅游团的消费水平比较高，他们一般要求在旅游期间乘坐飞机或豪华客车，下榻在档次比较高的饭店，并要求在就餐环境比较好的餐厅用餐。此外，出境旅游团的购物欲望比较强烈，采购量和采购商品的价值均较大。据一些担任过出境旅游团领队的导游员和旅行社经理反映，我国出境旅游团在旅游目的地的购物消费甚至超过来自某些发达国家的旅游者，深受当地商店经营者的欢迎。因此，旅行社的领队陪同出境旅游团在境外旅游期间，应在当地接待旅行社导游人员的配合下，组织好旅游者的购物活动，满足他们的需要。

（3）外语水平比较低

目前，我国参加出境旅游的旅游者，除个别人外，外语水平一般比较低，许多人甚至根本不懂外语。到达境外后，同当地人交流成为一个严重的问题。有些旅游者由于既不会讲当地语言，也不懂英语，结果闹出不少的误会和笑话，甚至发生上当受骗的事情。因此，旅行社应选派精通旅游目的地语言或英语的导游员担任出境旅游团的领队，在境外充当翻译，以帮助旅游者克服语言方面的障碍。

3）国内团队旅游接待

国内旅游团队的类型比较多，包括旅游客源地附近的周末旅游、省内旅游和省际旅游。我国的国内团队旅游起步较晚，但发展势头猛烈，发展潜力大，是一种具有广阔发展前景的旅行社产品。国内旅游团的接待业务具有准备时间短、日程变化小、消费水平差别大和讲解难度小的特点。

（1）准备时间短

国内旅游团的预订期一般比较短，而且由于不需要办理护照、签证等手续，因此国内旅游团的成团时间较短。有些时候，从旅游者提出旅游咨询到旅游团成团出发，只需要一周的时间，使得旅游客源地的组团旅行社来不及用书面形式及时通知旅游目的地接待旅行社，只好先用电话通知，然后再补发书面旅游计划。旅行社在接待国内旅游团时常会感觉准备时间不像接待入境旅游团或出境旅游团那样充裕。针对这个特点，旅行社一方面应在平时加强对接待人员的培训，使他们熟悉国内团队旅游接待的特点和要求，以便能够在接到旅游接待计划后在较短时间内制订出当地的活动日程，做好各项接待准备；另一方面，旅行社应根据当地旅游资源和本旅行社接待人员的特点，设计出针对不同国内旅游团的接待规范和标准活动日程，使接待人员能够按照接待规范和标准活动日程进行接待准备，提高接待准备工作的效率。

（2）日程变化小

国内旅游者一般对于前往的旅游目的地具有一定程度的了解，并能够在报名参加旅游团时对旅游活动日程作出比较理智的选择，因此他们很少在旅游过程中提出改变活动日程的要求。另外，国内旅游者往往把旅行社是否严格按照事先达成的旅游协议所规定的活动日程安排看成旅行社是否遵守协议，保证服务质量的重要标志。所以，他们对于旅行社更改活动日程的反感较之入境旅游团和出境旅游团更加强烈。旅行社在接待国内旅游团时，必须注意到国内团队旅游接待业务的这一特点，尽量避免修改活动日程。

（3）消费水平差别大

参加国内旅游团的旅游者消费水平参差不齐，有些消费水平高的旅游者可能要求在档次较高的星级饭店下榻和就餐，乘坐豪华客车，增加购物时间；而另一些消费水平较低的旅游者则可能对住宿、餐饮、交通工具等要求不高，希望增加参观游览时间，减少购物时间。旅行社在接待不同的国内旅游团时，应根据他们的消费水平和消费特点，在征得旅游团全体成员或绝大多数成员同意的前提下，对活动日程做适当的修改，以满足不同旅游者的需要。

（4）讲解难度小

国内旅游团在游览各地旅游景点时，一般对这些景点事先有所了解。另外，除了少数年龄较大的旅游者外，多数国内旅游者具有一定的文化水平，对于导游员在讲解过程中使用的历史典故、成语、谚语等比较熟悉，容易产生共鸣。因此，导游员在讲解中可以充分运用各种方法，生动地向旅游者介绍景点的情况，而不必像接待入境旅游团那样，因为担心文化上的差异和语言方面的困难而不得不放弃一些精彩的历史典故介绍，也不必担心因旅游者无法理解导游讲解中所使用的各种成语、谚语、歇后语等而影响导游讲解的效果。

7.2 旅行社团队旅游接待业务运作

团队旅游接待业务是一个由旅游团抵达前的准备接待阶段、旅游团抵达后的实际接待阶段和接待完成旅游团离开后的总结阶段所构成的过程。在这3个不同的阶段中，旅行社应采取不同的方式进行管理，使接待工作得以圆满完成。

7.2.1 团队旅游接待服务的程序

团队旅游接待服务的程序包括领队的接待服务程序、全程导游员的接待服务程序和地方导游员的接待服务程序 3 个类型。每个类型的接待程序都涉及前面提到的 3 个阶段。

1）领队的接待服务程序

领队是旅游团的领导和代言人，既是旅游团的服务人员，又是旅游者合法权益的维护者。领队在客源地组团旅行社、旅游目的地组团旅行社、接待旅行社以及旅游团成员同全程导游员和地方导游员之间充当联系人和协调人的角色。

（1）服务准备

①了解和熟悉所率领旅游团的情况、特殊要求、旅游线路和旅游计划。

②核对游客护照、签证和团队名单、出入境登记卡、海关申报单、旅游证件、机票，检查全团预防注射情况，准备多份境外住房分配名单。

③做好物质准备，如导游证、机场税款和团队费用、社旗、行李标签等。

④开好出境前说明会，内容包括致欢迎辞、旅游行程说明，介绍目的地国家或地区相关法律法规、风俗习惯，出、入境手续，外汇兑换与注意事项等。

（2）全程陪同服务

①向旅游者发放通关时向口岸的边检机关出示、提交旅游证件和通关资料；向口岸的边检机关提交必要的团队资料（如团队名单、团体签证、出入境登记卡等），带领全团办理通关手续和登机手续，协助托运行李。

②到达目的地国家或地区后，带领全团办理入境手续。

③与接待方旅行社的全程导游员和地方导游员接洽，告知旅游团实到人数，转达游客的要求、意见和建议。

④协助接待方导游人员组织和安排旅游活动，监督旅游计划的实施，若发现存在不履行合同的情况，要代表旅游团进行交涉，维护游客的合法权益，并密切关注和保护游客生命财物安全，妥善处理发生的事故。

⑤维护旅游团内部团结，协调游客之间的关系，妥善处理各种矛盾。

⑥协助接待方导游人员清点旅游团行李、分配住房、火车铺位、登机卡等，保管好旅游团集体签证、团员护照、机票、行李卡、各国入境卡、海关申报卡。

（3）后续工作

①带领旅游团回到出发地后，要诚恳征求游客的意见和建议。

②代表旅行社举行送别宴会，并致欢送辞。

③处理好送别旅游团后的遗留问题，如游客委托事项、可能的投诉等。

④详细填写"领队小结"，整理反映材料。

⑤向组团社结清账目，归还物品。

2）全程导游员的接待服务程序

全程导游员是旅游目的地组团旅行社派出的旅游团接待人员，负责监督旅游接待计划的全面落实并在沿途照顾旅游团的生活以及协调领队、地方导游员、司机等旅游接待人员的协作关系等工作。全程导游员的接待服务程序分为准备接待、迎接服务、途中服务和结束工作4个阶段。

（1）服务准备

全程导游员带领旅游团在外少则数天，多则数周，加上旅行中可能出现的不可预测因素，使全程导游员服务更具艰巨性和复杂性。因此，为了做好接待工作，全程导游员应做好充分的准备工作。

①熟悉接待计划。上团前，全程导游员应熟悉和研究旅游团的接待计划，查阅相关材料，了解旅游团全面情况，掌握其特点和要求，以确定基本接待方案（包括接待服务的重点、服务方向和要注意解决的问题）。

熟悉旅游团的基本情况。记住旅游团名称（或团号）、国别（地区）、人数和领队姓名；了解团内游客的姓名、民族、职业、性别、年龄、宗教信仰、生活习惯，团内知名人士和有无需要特殊照顾的对象。

熟悉旅游团计划行程。了解旅游团所到各地地接社情况（地址、联系人、联系电话及地方导游员情况）；了解旅游团抵、离各地时间，所乘交通工具，以及交通票订妥与否，是否需要确认等；了解旅游团所经各地下榻饭店的名称、位置、星级与特色；了解本团旅游线路、餐饮标准、规格，有无禁忌；了解计划中有无特殊安排，如会见、座谈、特殊文娱节目、额外游览项目，以及是否需要收费；了解并注意计划中有无未决事项或困难。

②物质准备。上团前，要办妥所需旅行手续，如赴特区的边防通行证，带齐必要证件，如身份证、导游证、胸卡等；准备好必要票据和物品，如接待计划、机票、行李卡、通信录、名片等；准备适量现金，以备途中所需，如乘长途火车在车上用餐等。如果旅游团旅行线路上有不对外开放的地点，应事先通知旅行社和有关部门为其办理。

③充实相关知识。根据旅游团类型和实际需要准备相关知识，如客源国（地区）历史、地理、政治、习俗知识、专项旅游团所需专业知识等；沿途各站不太熟悉的主要景观、市容民情、风俗习惯知识等。

④与有关人员联系。出发前与组团社联系，听取意见和指示，确认有无现收费用等特殊要求；接团前一天与第一站地接社联系，互通情况，妥善安排接团相关事宜。

（2）首站（或入境站）接团服务

①迎接旅游团。接团当天，全程导游员应与地方导游员核实旅游团所乘交通工具抵达的准确时间，并提前半小时到达接站地点，与地方导游员一起迎候旅游团；协助地方导游员认找旅游团，接到后向领队自我介绍，并立即与领队核实实到人数、行李件数、住房和其他方面特殊要求，如人数有变应立即通知组团社；在机场，协助地方导游员、领队向行李员交接行李。

②致欢迎辞。在接站地至饭店途中旅行车上代表组团社和个人向旅游团致欢迎辞，内容包括表示欢迎、自我介绍和介绍地方导游员、表示提供服务的真诚愿望和预祝旅行顺利

愉快等。

③概况介绍。致欢迎辞后，全程导游员应向全体游客扼要介绍整个行程中的各站名称、主要活动项目、住房、交通情况，以及旅游中的注意事项，使游客对行程概况有所了解。

（3）入店服务

①协助领队办理旅游团入住手续。旅游团进入饭店后，首先应协助领队办理旅游团住店手续，请领队分配住房；掌握全团住房分配名单并与领队互通各自房号或将自己房号告知全团游客；热情引领游客进入客房；掌握饭店总服务台电话等。

②核商日程，照料全团。与领队核对和商定旅游活动日程，核商时，应以组团社接待计划为依据，尽量避免大的变动，小的变动可主随客便（如不需增加费用，上下午节目对调），无法满足的要求要详细解释，如遇难以解决的问题，应及时反馈给组团社，并迅速答复领队；日程商定后，请领队向全团宣布；若地方导游员不住饭店，负责照料全团游客。

（4）各站服务

在旅游团各站的旅游中，全程导游员要与领队、地方导游员建立起良好的合作关系，多通信息，友好协商。

①做好旅游线路上各站之间的联络工作，通报有关情况，转达游客的要求。

②监督各地服务质量，酌情提出改进的意见和建议；若活动安排与上几站重复，应建议地方导游员作必要调整；若发现有降低质量标准的现象和问题，要及时向地方导游员提出，争取改进和弥补，必要时向地接社反映，并在"全程导游员日志"中注明。

③照顾好旅途中游客的生活，协助安排好其住宿、饮食、娱乐和休息。

④保护游客的安全，提醒其保管好证件和财物，预防和协助处理各种问题和事故（如患病、走失、发生交通或治安事故等）。

⑤做好宣传和介绍工作，回答游客的问询，随机进行旅游调研。

（5）离站、途中、抵站服务

①离站服务。旅游团每离开一地前，全程导游员应做好同下站的衔接工作，主要有：提前提醒本站地方导游员落实离站的交通票据及核实离站的准确时间；若离站时间有变，应立即通知下一站或通过地接社通知，以防空接或漏接；协助领队和地方导游员妥善办理离站事宜，向游客讲清行李的有关规定并提醒游客带好旅行证件；协助领队和地方导游员清点和交接托运行李，妥善保存行李票；按规定与地接社办妥财务结算手续；若遇航班推迟起飞或取消，要协同机场人员和地方导游员安排好游客的食宿。

②途中服务。在旅游过程中，游客途中若需用餐，上车（船）后应尽快与餐车（厅）负责人联系按团体餐标准订餐，讲清酒水用量与禁忌要求；利用长途旅行之机向游客做些专题讲解或组织些文娱活动，以活跃旅途生活；若有晕机（车、船）游客，应予特别关照，若有游客突然患病，应立即采取相应措施，并争取乘务人员协助。

③抵站服务。所乘交通工具即将抵达下一站时，全程导游员应提醒游客整理和带齐随身物品，下机（车、船）时注意安全；下飞机后凭行李票领取行李，检查行李有无丢失或

破损，若有，应立即到机场登记处联系处理，对行李受损游客做好安抚工作并与领队、地方导游员一起清点行李，向行李员交接；出站时应举社旗走在旅游团前面，以尽快与地方导游员取得联系，如出现无地方导游员迎接的情况，应立即与地接社联系，告知具体情况；乘火车抵达下一站，应将行李票交地方导游员或行李员；向地方导游员介绍领队和旅游团情况及计划外的要求；组织游客上车，提醒游客注意安全，并清点人数。

（6）末站服务

①出境前的准备。全程导游员要与领队核实出境交通票，并协助确认（如该团在华停留时间较短或出入境不在同一地需提前在入境时确认机座）；提醒游客随身携带好海关申报单、购物发票、换汇清单特别是购买文物与中药材的证明及旅行证件；提醒游客提前结清各种账目。

②主动征求游客意见。全程导游员要主动征求游客对全程旅游服务工作的意见和建议，对游客一路的合作表示感谢，对工作中出现的失误或服务不周表示歉意，欢迎他们再次光临；请领队和游客填写征求意见表并在其上签名；送站途中向游客致欢送辞，再次提醒游客带齐出境所需证件；提前落实自己的返程交通票。

③送站服务。全程导游员要严格按照规定保证出境旅游团提前120分钟到达机场（国内航班提前90分钟，火车提前60分钟）；向领队和游客介绍如何办理出境手续；旅游团行李抵达后，与地方导游员、领队一起清点行李，请游客自带行李进入隔离区办理出境手续；游客进入隔离区后，方可离开。

（7）后续工作

送走旅游团后，全程导游员应认真处理好旅游团遗留的问题，认真、按时填写"全程导游员日志"或其他旅游行政管理部门（或组团社）所要求的资料。如有重大情况，要向组团社做专题汇报；撰写旅游行政管理部门和组团社要求提供的资料；按财务规定，尽快结清该团账目；归还所借物品。

3）地方导游员的接待服务程序

地方导游员接待服务程序是指地方陪同导游人员从接受旅行社下达的旅游团接待任务起，到旅游团离开本地并做完善后工作为止的工作程序。地方导游员接待服务的目的是确保旅游团在当地的游览参观活动的顺利进行。为此，地方导游员应严格按照接待计划的要求，以及全程导游员的意见和建议，做好游览参观过程中的导游讲解和计划内的食宿、游览、购物和文娱活动，妥善处理各方面的关系和可能出现问题。地方导游员应严格按照服务规范提供各项服务。

（1）服务准备

地方导游员做好接团前的各项准备工作是向游客提供良好服务的前提，游客是否满意，旅游接待计划能否圆满实施，在很大程度上取决于各站地方导游员的导游服务。地方导游员千头万绪，事无巨细，因此应进行认真、细致、周密的考虑，事前做好各种充分的准备，以避免临阵出错或手忙脚乱。

①熟悉旅游团接待计划。接待计划是组团旅行社委托各地方旅行社组织落实旅游团活

动的契约性安排，是导游人员了解该旅游团情况和安排活动日程的主要依据。地方导游员在旅游团抵达之前要仔细、认真地阅读接待计划和有关资料，准确地了解该团的服务项目和要求，重要事宜要做好记录并弄清以下情况。

A. 旅游团基本情况。旅游团团名、代号、人数、住房、用车情况，餐饮标准；旅游团在食、住、行方面的特殊要求，有否需要特殊服务的游客（如残疾、高龄游客等）；旅游团出发国（地区）、领队和游客姓名、性别、职业、年龄、宗教信仰等；旅游团抵离本地所乘交通工具的班次（车）、时间和机场（车站）的名称及需要在本地办理的事项，如赴下一站的交通票（交通票是否有变更），赴未开放地点的通行证等；组团旅行社名称，联络人姓名、电话，旅游团种类（全包价、半包价、小包价），旅游团等级（豪华、标准等），以及费用结算方法。

B. 该团的特殊要求和注意事项。该团在住房、用车、游览、用餐等方面有何特殊要求；该团是否需要有关方面负责人出面迎送、会见、宴请等礼遇；该团是否有老弱病残等需要特殊服务的客人。

②落实接待事宜。在旅游团抵达前一天，落实接待该团的交通工具、住宿、饮食和行李运输；如当地是入境站，应与全程导游员提前约定接团时间、地点。

③做好上团时所需知识和物质准备。准备好接待计划、导游证、胸卡、导游旗、接站牌、门票结算单、餐饮结算单、游客意见反馈表、名片、记事本等；备齐有关部门和单位，如饭店、餐厅、商店、机场、车站、剧场、车队及行李员的问讯、联系电话；准备好旅游团所需的专业知识、当地计划安排的不熟悉景点的知识、当前热门话题、国内外重大新闻及游客可能感兴趣的其他话题等。

（2）迎接服务

迎接服务是地方导游员的初次亮相，应为游客留下良好的第一印象。在接站过程中，地方导游员应使旅游团（者）在接站地点得到及时、热情、友好的接待，了解在当地参观游览活动的概况。

①迎接客人前的业务安排。出发迎接旅游团前，要再次与机场或车站核实该团所乘交通工具抵达当地的准确时间；与司机联系，商定出发时间，确保接团旅游车提前半小时抵达接站地点并商定停车位置；抵达机场或车站后，再次核实旅游团所乘交通工具抵达的准确时间；通知行李员该团行李的运送地点。

②接站服务。持接站标志站在出口醒目位置迎候和认找旅游团，问清组团社名称、全程导游员和领队姓名，如所接团无全程导游员、领队，应向游客核实旅游团团名、人数、国别（地区）及团员姓名。地方导游员与全程导游员、领队接头时，要自我介绍，核实实到人数，向游客表示欢迎，如实到人数与计划不符，要及时通知地接社。在机场，要协助游客将行李集中一起，与全程导游员、领队一起清点件数，如无破损或丢失，与行李员进行交接；如有破损或丢失，应协助当事人到机场登记处办理行李丢失或赔偿申报手续。在火车站，要向全程导游员或领队索取行李托运单，点交行李员。

接到客人时，在提醒客人带齐手提物品后，在前引导游客至停车位置，面带微笑站在车门一侧搀扶或协助游客上车。待游客落座后，检查行李架上物品是否放稳，并默点人数，到齐后请司机开车。

（3）赴饭店途中服务

从机场或车站至饭店的沿途服务是地方导游员首次向游客提供的导游服务，除了要表现出热情友好之外，还应在气质、学识和语言方面展现自身的职业素养，以赢得游客的信赖，给他们留下可信、可靠的良好形象。这段行程的服务主要内容如下：

①致欢迎辞。站在旅游车前部面向游客致欢迎辞，内容包括代表旅行社、本人和司机欢迎游客光临、自我介绍和介绍司机、表示提供优质服务的诚挚愿望和祝愿旅游愉快顺利。

②本地概况介绍。致欢迎辞后，介绍本地概况，内容包括当地名称、地理位置、人口、气候、发展概况、社会生活、文化传统及土特产品等。

③沿途风光导游。沿途风光导游讲解内容要简明扼要、取舍得当，见人说人、见物说物，要与所见景物和游客观赏兴致同步、灵活机动，导游员要反应敏捷。

④下榻饭店介绍。内容包括饭店名称、地理位置、距机场（或车站）距离、星级、规模、主要设施、设备、服务项目等，以使游客事先有所了解，有利于安定游客心情。

（4）入店服务

旅游者抵达饭店后尽快办理好入住手续，及时了解饭店的基本情况和住店注意事项，熟悉当天或第二天的活动安排。

①介绍饭店主要服务设施。内容包括中西餐厅、娱乐场所、商品部、外币兑换处、公共卫生间、楼梯等的位置及饭店具有的特殊服务项目，并讲清住店注意事项。

②协助全程导游员、领队办理旅游团住店手续。请领队向饭店总服务台提供一份游客住宿名单，如领队未提前准备好，地方导游员应将全团护照或身份证收齐，交总服务台；请领队分发住房卡，与全程导游员、领队互通房号和电话号码，以便有事时联系。

③宣布当日或次日活动安排。在游客进住房间前，宣布当日或次日活动安排出发时间、停车地点和车型、车号；介绍饭店内就餐形式、地点、时间；确定叫早时间，并通知总服务台。

④核对和照顾行李进房。行李抵达后，与行李员核对行李，并协助将行李送到客人房间。

⑤协助处理游客入住后的各类问题。游客入住时，可能面临某些问题，需地方导游员及时处理。如房门打不开、客房卫生不符标准、设施不全或损坏、行李错投等，需要及时与饭店联系解决。

⑥核商活动日程安排。与全程导游员、领队一起核对和商定旅游团在当地的活动安排，听取领队代表游客所提的意见与要求，这是对其权限的尊重和给予的必要礼遇，并根据核商过程中出现的不同情况采取相应的措施。若全程导游员、领队手中的接待计划与地方导游员手中的接待计划有部分出入，应及时报告地接社，查明原因，如是地接社的责任，应实事求是地说明情况并诚恳地道歉。若商讨的日程只涉及较小的修改而不涉及费用问题，可适当满足其要求。若增加个别项目，应及时报告旅行社，对合理而又可能满足的项目应尽力予以安排，若增加的项目涉及费用，应向领队讲清，按规定收费。若提出的要求无法满足，应耐心解释，说明困难并表示歉意。若提出的要求涉及接待规格，一般应予婉拒，

说明我方不便单方面不执行合同，如有特殊理由，领队又坚持，必须请示地接社，视情况而定。

⑦带领旅游团用好第一餐，并将领队介绍给餐厅经理或主管服务员。

（5）参观游览服务

参观游览是游客旅游活动的核心内容，也是导游服务的中心环节。地方导游员应认真准备、精心策划、热情服务、生动讲解，使参观游览全过程安全、顺利，使游客在详细了解景点景观背景、特色的同时，获得美的享受。

①出发前的服务。每天出发前，应提前2分钟到达集合地点，并提前与司机联系，准时将旅行车开至集合地点；核实、清点实到人数，若有的游客未到，应向领队和其他游客问明原因，若有的游客愿意留在饭店或不随团活动，应问清情况并妥善安排，必要时报告饭店有关部门。上车时，应站在车门一侧，扶助老弱游客上车。上车后，向游客介绍当日天气预报和游览点的地形与行走路线的长短，必要时提醒游客带好衣服、雨具或换鞋，并再次清点人数。

②途中导游。开车后，应向游客详述当日活动安排，内容包括午、晚餐时间、地点，上、下午参观游览项目所需时间与简要情况，向游客介绍沿途景物、风光，回答游客的问询，并随机报告当日国内外重大新闻，如途中时间较长，还应适当开展娱乐活动，以活跃气氛。

③景点导游、讲解。抵达景点后，要提醒游客记住旅游车标志、车号、停车地点和开车时间。在景点示意图前，对景点进行概括性介绍，如景点的历史背景或自然成因、景点规模和主要特色等，并向游客讲明游览路线、所需时间、集合时间、地点及参观游览中注意事项。在游览中，要做到引导与讲解相结合，集中与分散相结合，劳逸适度，讲解时语言要清楚、生动，富有表达力，以增长游客的知识和获得美的享受。游览中，要随时清点游客人数，注意游客安全，防止游客走失。

④参观点的翻译服务。旅游团赴参观点（如博物馆、学校、医院、幼儿园等），需地方导游员提前联系，落实时间与参观内容，到达参观点后，一般先由主人介绍，然后引领参观。对海外游客和少数民族游客，地方导游员要担任翻译。翻译要正确，语言要通俗易懂。若介绍人表达有不妥之处，地方导游员在翻译前要进行提醒，请其纠正，如来不及可改译或不译，事后要向介绍人说明。翻译时要把好关，以免泄露有价值的经济情报。

⑤返程中的导游讲解。返程时，地方导游员应回顾当天游览参观的内容，必要时做些补充讲解，并回答游客的问询。若旅行车不从原路返回，应做好沿途的风光导游。回饭店前，要宣布晚上和次日活动日程，出发时间与集合地点，提醒游客带好物品，外出时最好结伴同行，并带上饭店地址和电话号码，然后照顾好游客下车。

（6）其他服务

旅游活动是丰富多彩的，游客除了主要进行参观游览之外，还会参与一系列其他活动，如在饭店外品尝餐食、到商店购物、观看文娱节目、会见某方面人士、观察当地居民生活等。这些活动是游客旅游需要的一部分，是参观游览活动的延续和补充，地方导游员要以与带领游客参观游览一样饱满的热情做好这方面的导游服务工作。

①在店外用餐服务。游客在饭店外用餐包括旅游活动中在外面餐馆用餐和品尝风味餐。

A. 在外面餐馆用餐。在外面餐馆用餐，是指根据旅游活动的安排导游人员带领游客在旅游景点或附近的定点餐馆用餐。对这种用餐，地方导游员要事先对后勤联系的用餐地点、时间、人数、标准和特殊要求进行核实。用餐时，要引导游客进餐厅入座，介绍餐馆和菜肴的特色及酒水类别，向领队告之全程导游员和自己的用餐地点及餐后的出发时间。用餐过程中，地方导游员要巡视游客用餐情况 1 ~ 2 次，查看餐馆是否按规定的标准供应菜肴，有否卫生等质量问题，询问客人对菜肴的意见和要求。用餐后，应严格按实际用餐人数、标准、饮用酒水数量，填写"餐费结算单"，与餐馆结账。

B. 品尝风味餐。品尝风味餐有两种情况：一种是计划内的；另一种是计划外的。对于计划内的风味餐，地方导游员要事先就用餐人数、标准和时间进行落实。对于计划外的，即游客自费品尝的风味餐，地方导游员应讲明订餐的标准，并协助游客同有关餐馆联系。风味餐订好后，若游客又不想去，地方导游员应奉劝客人在约定的时间前往餐馆用餐，说明不去要赔偿餐馆损失。若游客邀请全程导游员、地方导游员参加，可视情况予以允诺，但是在这种情况下，要注意用餐时不能反客为主。不管是计划内的，还是计划外的风味餐，地方导游员都应向客人介绍菜肴和吃法，并进行广泛交谈。

②购物服务。购物是游客旅游消费的一个重要组成部分，对旅游目的地具有重要的经济意义，同其他旅游消费项目相比，游客的购物消费弹性最大。因此，地方导游员做好购物服务意义重大。一是要到正规商店购物；二是不得欺骗、胁迫游客消费或者与经营者串通起来欺骗、胁迫游客消费。

进商店购物前，要向全团讲清购物的注意事项。购物中，要向游客介绍商品特色，承担翻译工作，如游客需要可协助其办理托运手续。对商店不按质论价、销售伪劣商品，不提供标准服务，应向商店负责人反映，以维护游客合法权益。在地摊上购物时，要提醒游客不要上当受骗；对小贩的强拉强卖，行为要进行干预。

③文娱活动服务。文娱活动是游客旅游需要的一部分，在旅游接待计划中都有安排，一方面，可以向游客传播文化知识；另一方面，可丰富游客的旅行生活。计划内的文娱活动，地方导游员要陪同前往，并在途中对节目的内容和特点向游客做概要介绍。入场时，要引导游客入座，介绍剧场的设施和位置，回答游客的问题。观看节目时可适当指点，但不宜逐一解说。剧间休息和剧终散场时，要提醒游客注意安全，不要走散和遗忘物品。

在大型娱乐场所，地方导游员要主动与全程导游员、领队配合，注意本团游客的动向和周围的环境，提醒游客注意安全，不要走散。若遇重大节庆活动或有关单位组织大型舞会邀请游客参加时，地方导游员应陪同前往。游客自行参加的舞会或文娱节目，可代其购票。若游客邀请地方导游员参加，地方导游员可视自己情况而定，若不愿参加，可婉言谢绝。若参加，应注意适度，无陪舞义务。

④会见活动服务。在旅游过程中，游客的会见活动也常有发生，如会见同行、会见某方面负责人、会见亲友等。在这些会见活动中，地方导游员也应提供相应的服务。若是外国游客，还可能提供翻译服务。当外国游客会见中国同行或中国某方面负责人，地方导游员充当翻译要注意不能喧宾夺主，翻译中要忠于原话，尽可能与讲话人风格保持一致。若

讲话人的言语有明显错误，要予以提醒或不译。若会见时另有翻译，地方导游员可坐一旁静听。在会见时，地方导游员要了解是否互赠礼品，礼品中有无应税物品，若有应提醒其办妥必要的手续。若游客要求会见在华亲友，地方导游员应协助联系，一般不参加会见，也无充当翻译的义务。若游客要求会见本国驻华使、领馆人员，地方导游员也应协助联系，一般不宜陪同前往。

（7）送客服务

旅游团（者）结束本地参观游览活动后，地方导游员服务应使旅游者顺利、安全离站，遗留问题得到及时妥善的处理。送客服务是地方导游员导游服务的最后一环，地方导游员应善始善终，对接待过程中曾发生的某些不愉快的事情，应尽量做好弥补工作。

①送行前的服务。

A. 核实、确认交通票据。若当地是海外游客在华最后一站，旅游团已订妥回程国际或地区航班座位，地方导游员应提醒或协助领队在离境72小时以前确认机座。若当地是中途站，在游客离站前一天，地方导游员应该核实旅游团离开的机（车、船）票，内容包括团名、人数、全程导游员姓名、去向、航班（车次、船次）、起飞（开车、起航）时间、哪个机场（车站、码头）等。若发现航班（车次、船次）或时间有变更，应向计调了解是否已将变更情况通知到下一站，以防下站漏接。

B. 商定行李出房时间。离站前一天，地方导游员要向地接社行李员了解其同饭店行李员交接游客行李的时间，然后同饭店行李部商定全程导游员、领队、地方导游员与饭店行李员四方一起交接行李的时间。最后，再同领队、全程导游员一起商定游客行李出房时间，商定后再通知游客，并讲清行李托运的有关规定和注意事项。

C. 商定集合出发时间。由于司机比较了解路况和行程，地方导游员应先同旅行车司机商量旅游团离店时间，然后再同领队、全程导游员商议，确定后及时通知游客。按规定，旅游团乘坐火车、轮船离站要提前60分钟抵达车站或码头，乘坐国内航班要提前90分钟到达机场，乘坐国际航班要提前120分钟到达机场。如果旅游团次日离站时间较早，地方导游员应同领队、全程导游员商定叫早和早餐时间，并通知饭店有关部门和游客。如果乘早班飞机或火车需改变用餐时间、地点和方式（如带饭盒），地方导游员应通知饭店有关部门做出安排。

D. 协助游客处理与饭店的有关事宜。离站前一天，地方导游员应提醒和督促游客尽早结清与饭店的有关账目，如洗衣费、长途电话费、食品饮料费等。与此同时，地方导游员要及时将旅游团离店时间通知饭店有关部门，请他们及时与游客结清有关账目；若游客损坏了客房中的设备，地方导游员要协助游客妥善处理好有关赔偿问题。

E. 及时归还证件。一般情况下，地方导游员不应保留旅游团的旅行证件，而应用毕后及时归还。在离站前一天，地方导游员要检查自己的物品，看是否保留有游客的旅行证件，若有，应立即归还，当面点清。若旅游团出境，要提醒领队备齐全团护照和申报表，以便边防站和海关检查。

②离店服务。

A. 集中交运游客行李。离店前，地方导游员应与领队、全程导游员一起清点游客行李件数（包括全程导游员行李），检查行李是否锁好、捆扎好，然后按商定的时间交付饭店行李员填写行李运送卡，行李件数要当着行李员的面点清，并告知领队和全程导游员。

B.提醒游客有关事宜。离店前，地方导游员应询问游客是否结清了与饭店的账目，提醒游客带好物品，请他们将客房钥匙交还服务台。地方导游员要同时与饭店办好退房手续，若无特殊原因，应在中午12时以前办理完毕（或通知有关人员办理）。

C.协助游客登车。上车时，地方导游员应站在车门一侧，搀扶和协助游客登车，游客上车入座后，要仔细清点人数，并再次提醒游客检查所带物品，是否有遗忘在饭店，是否将证件随身携带。

③送行服务。

A.致欢送辞。地方导游员致欢送辞如同致欢迎辞给游客留下良好第一印象一样，也应给客人留下最后难忘的深刻印象，以把同客人之间的感情推向高潮。因此，致欢送辞一要真挚，二要留有余地。就共性来说，欢送辞应包括回顾游客在当地的旅游活动，对他们的合作表示感谢，对游客的离去表示惜别之情，诚恳地征求游客对接待工作的意见和建议。若游客在当地的旅游活动中有不顺利或服务有不足之处，地方导游员应借此时之机向游客表示歉意，期待再次重逢，祝游客旅途平安顺利。然而就个性来说，每个旅游团的情况均不一样，地方导游员应根据游客的满意程度、旅途中遇到的问题，以及客人的不同国度和文化层次等方面的情况，有针对性地调整欢送辞的内容和运用的语言。致欢送辞的地点既可以在行车途中，也可以在机场（车站、码头）。若在行车途中，要考虑不要在欢送辞致完后还留下较长的时间。

B.协助办理离站手续。到机场（车站、码头）后，地方导游员要协助游客下车，提醒他们带好随身物品，并检查车内有无游客遗留的物品。地方导游员要迅速与地接社行李员联系，将取来的游客交通票据、行李托运单或行李卡一一点清后交全程导游员或领队，请其清点核实。需要垫付机场建设费的旅游团，要按计划办理，回旅行社后再凭票据报销。与全程导游员办好财务拨款结算手续并保管好单据。将游客送至站台或机场安检处，待火车启动或飞机起飞后，地方导游员方可离开。若航班因故推迟，地方导游员要关注变动的起飞时间，必要时协助机场安排游客的食宿事宜。

若所送游客是乘当地出境的国际航班（列车、轮船），地方导游员应同领队、全程导游员一起与地接社行李员交接行李，清点无误后协助将行李交给每位游客，由游客自行携带行李办理托运手续。地方导游员要向领队和游客介绍办理出境手续的程序，将游客送至隔离区后方可离开。与全程导游员办理财务拨款结算手续并保管好单据，将返程交通票交予全程导游员。与旅行车司机核实用车公里数，在用车单据上签字并保管好用车单。

（8）后续工作

送走游客并不意味着导游服务工作的结束，地方导游员还应做好下列工作：

①归还所借物品，结清账目。送走游客后，地方导游员要将所借物品归还地接社，并在规定的时间内填写清楚有关接待和财务结算表格，将保存的各种单据、接待计划、活动日程表上交有关人员，与财务部门结清账目。

②处理遗留问题。下团后，地方导游员要认真、妥善地处理好游客遗留的问题。若游

客有遗忘在饭店客房或旅行车上的物品，地方导游员应及时交地接社转交客人；若游客委托地方导游员办理一些事情，应按有关规定和领导指示办理。

③做好陪同小结。地方导游员应认真做好陪同小结，实事求是地汇报接待情况，对于游客的意见和建议，力求引用原话，并注明游客的姓名和身份。若旅游中发生了重大事故，要整理成专门材料，交地接社和组团社，材料内容包括事故发生的时间、地点、情况、缘由、处理经过、游客的反应以及应该吸取的教训等。

【补充阅读资料 7.3】
地陪、全陪、领队之间有矛盾，导游员应该怎么办？

在整个旅游过程中，地陪、全陪、领队之间有矛盾完全属正常现象。其原因也很简单，因为各方都要维护各自旅行社以及本人的利益，有时因角度不同，看问题的观点不同，做法不同，出现一些意见、分歧、矛盾等都是导游工作过程中常见的现象，只要通过各自的努力是完全可以解决的。

7.2.2　团队旅游接待管理

团队旅游接待是许多旅行社重要的经营业务之一，也是旅行社重要的经营收入渠道之一。旅行社团队旅游接待水平的高低将直接影响到旅行社的最终经营效益和旅行社在旅游市场上的声誉。因此，旅行社必须注重对团队旅游接待的管理。旅行社团队旅游接待管理主要体现在建立标准化接待服务程序和接待过程管理两个方面。

1）建立标准化接待服务程序

建立标准化接待服务程序是旅行社加强团队接待管理的重要手段之一。为了保证团队旅游接待服务的质量，旅行社根据《中华人民共和国旅游法》《旅行社条例》《旅行社条例实施细则》《导游管理办法》制定标准化接待服务程序，一般说来，旅行社制定的标准化接待服务程序应包括以下内容：

①实行"三定"，即将旅游者安排到定点旅馆住宿、定点餐馆就餐、定点商店购物，并确保向旅游者提供符合合同规定的服务。

②采取必要措施以保证旅游者人身财产安全，完善行李交接手续，保证旅游者行李运输安全和准确无误。

③接待旅游团的导游员必须通过全国导游人员资格考试，取得文化和旅游部颁发的导游证，并在接待旅游团前做好一切接待准备工作。

④制订旅游活动日程时，应将文娱活动作为固定节目安排。

⑤热情接待所有旅游者，做到一视同仁，不得以旅游者的国籍、民族、种族、肤色、职业、性别、年龄、宗教信仰等为理由歧视他们。

标准化接待服务程序一经建立，旅行社的接待部门便应不折不扣地加以贯彻执行，接待人员不得以任何理由拒绝履行它所规定的服务内容。旅行社管理人员应该加强对导游员和其他接待服务人员的培训，使他们熟悉接待服务程序的各项内容和质量标准，严格按照程序向旅游团提供标准化服务。此外，旅行社接待部门和质量管理部门的有关人员还应定期检查和不定期抽查接待人员的实际接待工作，发现问题，立即纠正。同时，接待部门和质量管理部门的负责人还应该经常就接待服务程序征求导游员和旅游者的意见，不断地加以补充和完善。

2）接待过程的管理

接待过程的管理是旅行社接待部门根据标准化接待服务程序对旅游团接待过程中的各个阶段所实施的管理。由于接待过程中各个阶段具有各自不同的特点，因此各个阶段的管理重点也存在一些差异。通常，旅行社接待部门分别按照接待过程中准备接待阶段、实施接待阶段和总结阶段的不同特点对其进行侧重点不同的控制和管理。

（1）准备接待阶段的管理

旅行社接待部门在准备接待阶段所实施的管理包括委派适当的接待人员和检查接待工作的准备情况两个方面。

①委派适当的接待人员。接待部门在接到本旅行社销售部门或客源地组团旅行社发来的旅游计划后，应根据计划中对旅游团情况的介绍和所提出的要求，认真挑选最适合担任该旅游团接待工作的导游员。为了能够做到这一点，接待部门负责人应在平时对该部门导游员的性格、能力、知识水平、身体条件、家庭情况、思想状况等进行全面了解，做到心中有数。当接待任务下来时，接待部门经理便能够根据旅游团的特点，比较顺利地选择适当的导游员承担接待任务。

②检查接待工作的准备情况。接待部门经理应在准备接待阶段注意检查承担接待任务的导游员准备工作的进展情况和活动日程的具体内容。对于进展较慢的导游员，应加以督促；对于活动日程中的某些不适当的安排，应提出改进意见；对于重点旅游团的接待计划和活动日程，应予以特别关照；对于经验较少的新导游员，则应给以具体的指导。总之，接待部门经理应通过对接待工作的准备情况进行检查，及时发现和堵塞漏洞，做到防患于未然。

（2）实际接待阶段的管理

实际接待阶段是指从旅游团抵达本地开始旅游活动到旅游团结束在本地的活动，离开本地前往其他城市或地区为止的阶段。这个阶段是旅行社接待管理的最重要时期。由于担任接待工作的导游员往往单独带领旅游团活动，接待部门难以随时保持对接待人员的控制，而接待过程中发生的问题又多集中在这个阶段，因此，这一阶段的管理是旅行社接待管理工作中最困难也是最薄弱的环节。旅行社接待部门经理应该特别重视这个阶段的管理，使旅游团的接待服务工作能够顺利完成。

实际接待阶段的管理包括建立请示汇报制度和接待现场抽查与监督两项内容。

①建立请示汇报制度。旅游团队接待工作是一项既有很强的独立性又需要由旅行社加以严格控制的业务工作。一方面，担任旅游团接待工作的接待人员特别是导游人员应具有较强的组织能力、独立工作能力和应变能力，以保证旅游活动顺利进行。那种动辄就请示汇报，不肯动脑筋或不能动脑筋想办法解决问题，遇到困难绕着走的人不能够胜任独立接

待旅游团的重任。另一方面，凡事不请示、不汇报，特别是遇到旅游接待计划须发生重大变化的情况也不请示，擅作主张，甚至出了事故隐匿不报的做法也是极端错误的。为了加强对旅游团接待过程的管理，旅行社应根据本旅行社和本地区的具体情况，制定出适当的请示汇报制度。这种制度既要允许接待人员在一定范围内和一程度上拥有随机处置的权力，以保证接待工作的高效率，又要求接待人员在遇到旅游活动中的一些重大变化或发生事故及时请示旅行社相关管理部门，以取得必要的指导和帮助。只有建立和坚持这种适当的请求汇报制度，才能保证旅游团的接待顺利进行。

②接待现场抽查与监督。除了建立适当的请示汇报制度以保证接待人员能够将接待过程中发生的重大情况及时、准确地传达到旅行社接待部门，使接待部门经理和旅行社总经理等有关的管理人员能够随时掌握各旅游团接待工作的进展情况外，旅行社还应建立旅游团接待现场抽查和监督的制度，由接待部门经理或总经理等人在事先未打招呼的情况下，亲自到旅游景点、旅游团下榻的饭店、就餐的餐馆等旅游团活动的场所，直接考察导游人员的接待工作情况，并向旅游者了解对接待工作及各项相关安排的意见，以获取有关接待方面的各种信息。旅行社接待管理人员通过现场抽查和监督，可以迅速、直接地了解接待服务质量和旅游者的评价，为旅行社改进服务质量提供有用的信息。

（3）总结阶段的管理

总结阶段的管理主要是通过对接待过程中发生的各种经验教训进行总结和对旅游者提出关于接待人员的表扬和投诉进行处理，增强接待人员的思想认识、知识水平和业务能力，以提高旅行社团队旅游接待的整体水平。旅行社在总结阶段的管理方式主要是建立接待总结制度和处理旅游者的表扬和投诉。

①建立接待总结制度。为了达到提高旅游团接待工作效率和服务质量的目的，旅行社应建立总结制度，要求每一名接待人员在接待工作完成后，对接待过程中发生的各种问题和事故、处理的方法及其结果、旅游者的反映等进行认真总结，必要时应写出书面总结报告，交给接待部门经理。接待部门经理应认真仔细阅读这些总结报告，将其中的成功经验加以宣传，使其他接待工作人员能够学习借鉴，并将接待中出现的失误加以总结，并提醒其他人员在今后的接待工作中尽量避免犯同样的错误。通过总结，达到教育员工、提高接待水平的目的。

此外，接待部门经理还可以采用其他方式对旅游团队接待过程进行总结。例如，旅行社接待部门经理可以采取听取接待人员当面汇报、要求接待人员就接待过程中发生的重大事故写出书面总结报告、抽查接待人员填写的陪同日志及接待记录等方式进行总结。通过这些总结方式，旅行社接待管理人员能够更好地了解旅游者接待情况和相关服务部门协作情况，及时发现问题，采取补救措施。

总之，旅行社接待管理人员要通过总结旅游团队接待情况，不断积累经验，以便进一步改进产品、提高导游人员业务水平和完善协作网络。

②处理旅游者的表扬和投诉。处理旅游者对导游员接待工作的表扬和投诉是总结阶段中旅行社接待管理的另一项重要内容。一方面，旅行社通过对优秀工作人员及其事迹的宣扬，可以在接待工作人员中树立良好的榜样，激励旅行社接待人员不断提高自身素质；另一

方面，接待管理人员通过对旅游者提出的针对导游员接待工作投诉的处理，既教育了受批评的导游员本人，也鞭策了其他接待人员，使大家在今后的接待工作中不再犯类似的错误。

7.3　旅行社导游人员管理

除了少数特种旅游团队外，旅游团的接待任务通常由导游人员负责。他们受接待旅行社的委派，为旅游团具体安排旅行和游览事项，并提供向导、讲解和旅途服务。旅行社应当注重导游员的管理，因为具有良好素质和工作态度的导游员是旅行社团队旅游接待成功的重要保障，也是旅行社接待水平和服务质量的体现。

7.3.1　导游人员的分类

旅游团队形成后，将依靠旅行社派出的导游人员来完成约定的服务。导游人员由于业务范围和内容的不同，服务对象和使用的语种不同，其业务性质和服务方式也不尽相同。我国通常采用下列标准对导游人员进行分类。

1）按服务区域划分

我国习惯上将旅游团队分为出境旅游团队、入境旅游团队和国内旅游团队3类。不同的团队，导游员工作的区域不同，工作的对象不同，导游的职责也不尽相同。因此，我们根据导游人员服务区域和业务内容的差异，将导游员分为领队、全程导游员、地方导游员及景点（区）讲解员四大类。

（1）领队

领队，又叫国际陪同导游员，是出境旅游团队中，由旅游客源地组团旅行社派出的导游人员。如外国访华团队中的外方导游员，我国出境旅游团队中的中方导游员等。领队作为组团旅行社的代表，负责对旅游团队内部管理和沿途各站的协调联络工作，并对旅游地接待旅行社的服务内容和服务质量进行全程监控。

根据国家旅游局规定，要从事国际领队业务的领队，必须在取得导游证的基础上由旅行社上报所在地的旅游主管部门备案后才能上岗。熟练的外语能力和丰富的目的地客源国知识，是领队人员必备的素养。

（2）全程导游员

全程导游员，又称全程陪同导游员，是在中国国内旅游团队中由组团旅行社派出的导游人员，负责旅游团队在国内的全程陪同工作。由于旅游团队性质的不同，通常将全程导游员分为以下两种：

一是国际入境旅游团队（即来华旅游的境外旅游团队），由中方总接待旅行社派出的导游人员称为全程导游员，主要负责安排外国团队在华的全部行程。中方总接待旅行社实际上是旅游产品的总经销商，当客人需要到中国各地旅行时，他们再把行程的一部分分销给各地的地方接待旅行社，由各地派遣地方导游员负责安排在当地的行程。

例如，美国某旅行社组织了35人的旅游团队到中国旅行，行程15天，旅游线路是北京—成都—拉萨—上海，最后从上海出境。美国旅行社将团队在中国境内的行程交由中国和平国际旅行社安排，那么，中国和平国际旅行社是接待外国团队的总接待旅行社（又称国内组团社），是旅游产品的总经销商。再由其联系北京、成都、拉萨和上海的旅行社作为分销商，具体负责团队在当地的旅游活动。这种情况下，由中国和平国际旅行社派出的导游人员就叫全程导游员，他将从客人入境起一直陪同到客人出境。

二是中国人在国内旅游，由组团旅行社派出的全程陪同导游人员也称全程导游员。如四川某旅行社组织华东五省市双飞五日游团队，该旅行社一般情况下将派出导游员全程陪同团队旅行，这位陪同就叫全程导游员。

（3）地方导游员

地方导游员，是旅游目的地接待旅行社派出的导游人员，作为旅游产品的分销商，具体负责旅游团队在当地的行程安排、生活服务和讲解服务。

（4）景点讲解员

景点讲解员，是在重要景区景点或参观场所为旅游者提供导游讲解的人员。他们具有较专业的知识，熟悉景点情况，受雇于所在旅游景区景点，并由当地旅游主管部门与所在的景区景点负责业务培训和日常管理。讲解员只能在限定的景区景点，并经该景区景点讲解服务部门委派才能从事讲解服务。讲解员不得擅自接团或超越旅游景区景点的范围服务。

以上导游人员中，领队、全程导游员和地方导游员直接陪同团队旅行，组成了旅游团队中的导游集体，是我国导游队伍的中坚力量。三者都必须参加全国导游人员资格考试，取得资格证书后才能上岗。

景区景点讲解员可以不参加导游资格考试，但必须经所在地市州旅游行政主管部门或其委托的县级旅游行政主管部门会同景区景点管理机构考试合格，取得讲解证后才能上岗。

2）按职业性质划分

导游人员分为专职导游员、兼职导游员和自由职业导游员3类。

（1）专职导游员

专职导游员，一般为旅行社的正式员工，是我国导游队伍的主体，以导游工作为其主要职业，与旅行社签有正式的用工合同，享受旅行社提供的基本工资和劳保福利。

（2）兼职导游员

兼职导游员，即业余导游人员，他们取得了导游资格证书，被旅游接待单位临时聘用，在本职工作之外，利用业余时间从事导游工作。他们中不少人是各行各业的行家里手，专业知识丰富，对于提高导游服务水平，促进专项旅游产品的开发，以及补充导游队伍的不足，满足旅游市场淡、旺季对导游需求的变化等都具有积极的意义。

目前，我国的导游人员一般归口到旅行社或导游服务公司注册管理。原则上旅行社以专职导游员为主，导游服务公司以兼职导游员为主。但随着旅行社改革的深入，已出现部分旅行社将自己的导游员划归导游服务公司或者旅行社其他业务人员兼职导游业务的现象。因此，我们判断导游员职业性质的标准，就不能再简单地以是不是为旅行社从事专职导游工作为依据，而应该注意是否以导游业务为主业。

（3）自由职业导游员

自由职业导游员，是指那些以导游为主要职业，但是却不专门受雇于某一家旅行社的导游员。自由职业导游员往往同时与多家旅行社签订合同，按照合同上规定的条件为这些旅行社服务。旅行社只在自由职业导游员接待旅游者期间向其支付工资，其余时间其则自谋收入。

西方国家的导游员队伍主体就是由自由职业导游员构成的，我国现在也有不少的自由职业导游员，而且人数在不断发展。

3）按使用的语言划分

按导游使用的语言划分，导游人员有中文导游员和外语导游员之分。

（1）中文导游员

中文导游员是指能够用普通话从事导游服务的人员。他们主要的服务对象是国内旅游的中国客人和入境旅游的港、澳、台同胞以及华侨、华裔客人。

（2）外语导游员

外语导游员是指运用各种外语从事导游服务的人员，他们的主要服务对象是入境旅游的外国游客。

4）按导游的等级划分

将导游人员分为4级，即初级导游员、中级导游员、高级导游员、特级导游员。

（1）初级导游员

获导游资格证书1年后，从技能、业绩和资历多方面对其进行考核、考试，考核、考试合格者自动成为初级导游员。

（2）中级导游员

获得初级导游员资格2年以上，业绩明显，考核、考试合格者晋升为中级导游员。

（3）高级导游员

取得中级导游员资格4年以上，业绩突出、水平较高，在国内外同行中有一定影响，考核、考试合格者晋升为高级导游员。

（4）特级导游员

取得高级导游资格5年以上，业绩优异，有突出贡献，有高水平的科研成果，经考核、考试合格者可晋升为特级导游员。

【补充阅读资料 7.4】

导游资格考试

《导游人员管理条例》规定：具有高级中学、中等专业学校或者以上学历，身体健康，具有适应导游需要的基本知识和语言表达能力的中华人民共和国公民，可以参加全国导游资格考试。经考试合格的，由文化和旅游部委托省级文化与旅游行政部门颁发导游资格证书。

7.3.2　导游人员的素质

　　旅游团的接待成功与否在很大程度上取决于导游人员的工作情况，旅游团对旅游接待工作是否满意，关键在于导游人员的工作态度、整体素质和业务水平是否能够满足旅游团的需要。在实际接待工作中，常会发生这样的事：尽管旅游者对于旅游过程中的某个旅游服务设施不甚满意，但是由于导游人员在旅游途中提供了优质的服务，使旅游者对于整个旅游过程感到满意，并可能消解因旅游设施的不足所造成的不快。然而，如果导游人员的接待工作发生差错，那么任何优质的旅游服务设施也无法弥补因导游工作的差错给旅游者造成的不良印象。因此，旅行社在为旅游团选择接待人员时必须十分谨慎，要从那些基本素质、知识水平和业务能力均优的导游员中挑选出担任旅游团接待任务的人员。

1）导游人员应具备的基本素质

　　导游服务的质量在很大程度上取决于导游员的从业素质。导游员的素质受制于导游职业的规定性，其从业素质主要表现在敬业精神、知识结构、技能水平、个性品质和身心素质5个方面。

　　（1）敬业精神

　　导游员作为"民间大使"，沟通人们相互间的了解和友谊。导游工作难度高，流动性大，体力消耗也大。如果说，一名出色的导游员要具备很多条件，那么，敬业精神是最基本的。一个对导游工作没有热情、没有责任感的人是不会有所成就的。

　　①强烈的责任感。导游员接受旅行社的委派，领取接待计划之后，旅行社的利益和信誉以及全体游客的消费和安全都交付给了导游员，导游员对工作的负责程度同时影响到两方面的利益。如果导游员缺乏责任感，致使旅游活动受损，旅行社"赔了夫人又折兵"，而旅游者美好的假期也就成了不悦的回忆。责任感是一种对工作的负责态度，导游员强烈的责任感既表现在对旅行社的负责，维护旅行社的利益和形象，并通过导游接待使旅行社获得更多的客源，有人说"导游员是旅行社的宝贵财产"，含义即在此。导游员要处处为旅游者着想，负责旅游者的安全，关心旅游者的旅游满足程度，不使旅游者的利益受损。例如，国旅北京分社一名导游员，一次在带团游览天坛时，发现有四五个神色异常的男青年围住一正在独自拍照的游客。高度的工作责任感使她感到这几个人可能有问题，于是她指着那位拍照的客人站立的方向对大家说："请大家往那边看，在那里，可以拍到天坛的全景。"全团客人的视线一下子都集中到那位客人身上，只见客人旅游包的拉链已被打开，但还没有丢失东西。

　　②忘我的投入感。如果说强烈的责任感是导游员立足事业之本，那么忘我的投入感是导游员事业发达之源。导游工作在外人看来轻轻松松、舒舒服服，坐飞机、住宾馆、吃佳肴、游山玩水，但导游工作的艰辛只有导游员自己才知。黄山奇景，令人陶醉，一个旅游团登了山走了，导游员却还要带下面的团再去登山，导游员所能感受到的只是脚下那条走

过成百次的老路，已经看厌了的山和树以及体力消耗。旅游旺季时，导游员往往是团套团，整日在外工作，没有正常的生活秩序，家庭得不到照顾，在这种情况下，需要有忘我的工作精神。

（2）职业态度

态度是对人对事的一种心理反应倾向，它常常以积极的方面如喜欢、赞成，或消极的方面如厌恶、反对等形式表现出来。导游的服务特性，决定了其职业态度只能是积极的。有人说："一个导游员可能在实际知识上是很出色的，但如果他对游客没有基本的积极态度，那就很难发挥他的实际能力，感情上的障碍将会使他从失败走向失败。"

旅游者的心理和行为特征决定了导游员积极态度的基本内容。一是热情。初次见面，导游员笑脸相迎，会使游客在"宾至如归"的温暖氛围中消除陌生感和不安心理。有的国家已把能否保持热情的态度作为录取导游员的标准之一，如日本。二是主动。主动介绍自己，介绍景物，以满足游客的好奇心，并主动去帮助游客解决实际问题。三是耐心。旅游者出门远游，其行为一般要比平常散漫得多，而且希望样样如意，当旅客发脾气时，导游员要有耐心，不能与之争吵。某一旅游团在上一站因受到了不公正待遇，当导游员在机场主动与游客打招呼、问好时，游客却一个个毫无表情。尽管如此，导游员仍然面带微笑，热情引导游客上车，并不厌其烦地为其介绍讲解本地情况。这种积极的服务态度，终于使游客露出笑容。临分别时，游客们一一拉住导游员的手，一再表示感谢。积极的态度对导游工作至关重要，有时还能弥补导游员的许多不足，帮助导游员渡过难关。

（3）职业道德

导游员的敬业精神还表现在职业道德上。职业道德也叫行业道德，是社会道德在各个特定职业领域内的具体体现。导游作为社会的一种职业，理应有自己的职业道德。我国的导游职业道德是导游员在导游活动中应遵循的道德要求和行为规范，也是我国社会主义道德的基本要求在导游活动中的具体体现。

我国的导游职业道德规范是在导游工作实践中形成的，它已有规范化的文字表述，即热情友好，宾客至上；文明礼貌，优质服务；真诚公道，信誉第一；不卑不亢，一视同仁；相互协作，顾全大局；遵纪守法，廉洁奉公。

①热情友好，宾客至上。这是导游职业道德中一项最基本的道德规范，是导游员同旅游者正确相处的一条行为准则。客源是旅游业的生命线，唯有热情友好，宾客才能至上。"宾客至上"是导游工作的出发点。

②文明礼貌，优质服务。它是导游员同旅游者正确相处的又一行为规范。没有优质的服务，导游工作也就失去了最基本的内容，也就谈不上真正的"宾客至上"。因此，它还是衡量导游服务质量最重要的一项标准。

③真诚公道，信誉第一。它是导游员正确处理旅游企业与旅游者之间利益关系的一项行为准则。旅游业作为一项经济性产业，其产品的销售要立足于公道，以维护自己的信誉。

④不卑不亢，一视同仁。它是导游员在国际交往中的一项行为准则，是爱国主义、国

际主义在导游活动中的具体体现。导游员不可贪图小利而丧失国格、人格，也不因个人的好恶而厚此薄彼。

⑤相互协作，顾全大局。它是导游员正确处理各方面关系的行为准则。旅游产品综合性的特点决定了向旅游者的供给涉及许多部门，各部门要本着大局观念，发扬协作精神，共同推动我国旅游业的发展。

⑥遵纪守法，廉洁奉公。它是导游员奉行的又一项基本的职业道德要求，是导游员良好的思想品德在导游活动中的具体体现。一个不廉洁奉公的导游员不可能是好的导游员，不遵纪守法更是错误的。每个导游员都要讲职业道德，并且把它贯彻在导游实际工作中，才有敬业可言。

2）知识结构

旅游消费不像其他消费，用金钱可换等价物质。旅游的意义更在于一种体验，一份回忆。旅游者希望通过一次难忘的经历使自己的阅历变得丰富起来。美好的景物虽然无法带走，但景物可以化作美感和知识藏在游客的心中。因此，旅游者理想中的导游员是上知天文、下知地理的"百科全书"。在"知识爆炸"的时代，无所不知的人并不存在，但导游工作范围之广使导游员唯有努力使自己不断充实，才能胜任导游工作，才能接近旅游者所希望的那样知识广博。导游服务同其他旅游服务最大的不同点在于导游员是用知识来进行服务，而且这种知识的范围同旅游所涉及的范围一样广泛。

导游服务是一种知识性的服务。一般认为，导游员应该是"杂家"。事实上任何一种职业的知识面都是越宽越好。在一般意义上，知识的"杂"是一个外延无限大的概念，世上的知识个人无法门门通晓。既然导游是门科学，导游知识就应有自己的构造体系，这种体系不是各种知识的拼盘，而是按照导游学科内在要求所组成的系统，它使导游知识呈个性化，而缺乏知识个性的学科是不成熟的学科。

导游员的知识要"杂"，但又要尽可能"专"。没有"专"，导游知识的"杂"是零散的，不成系统的；有了"专"，"杂"的知识就有可能贯串起来。

按照知识的用途，人类的知识大致可分为两大部分：一是基础理论部分，它构成了知识的框架，具有相对稳定性的特点；二是信息和情报部分，它是知识结构中相对活跃的部分。同其他学科一样，在导游学科的知识构造体系中，应包括理论知识、专业知识和基础知识。

（1）理论知识

理论是系统化的理性认识，科学的理论都是在社会实践的基础上产生并经社会实践检验和证明的理论，一般都有方法论的意义。根据导游的对象和特点，导游学科的理论知识对导游工作具有指导意义，它包括哲学、心理学、社会学、管理学、美学、文化人类学、传播学、旅游学、旅游经济学等学科的一般理论。

（2）专业知识

导游专业知识是根据导游的具体操作内容和过程来确定的。导游专业知识是导游员从业的必备条件，是导游知识构造体系中的骨干部分，具有区别于其他学科知识构造体系的个性特点。它可以包括导游学、导游心理学、导游形体美学、导游讲解原理与技巧、导游人际沟通、导游管理、世界导游发展历史、旅游业务知识、导游辞写作、模拟导游、导游案例分析等。

（3）基础知识

导游基础知识是与导游业务相关的具有基础性的知识部分。它也是导游员进行导游服务不可缺少的，如历史知识、地理知识、政策法规知识、文学艺术知识、建筑园林知识、中国社会概况、世界概况、客源国概况、景点知识等。

由于导游员行万里路，又是与形形色色的游客打交道，因此导游员在求得知识方面具有得天独厚的优势。一位导游员曾深有感触地说："导游这一行干了好多年，最使我高兴的是在带团过程中，从游客身上学到了很多东西。"知识在于学习，在于钻研，在于积累，要大量阅读，要勤做笔记。

3）技能水平

导游是操作性较强的一种工作，因此，技能对导游员来说是比知识更为专门的素质。英国伦敦旅游局导游培训班的教学大纲强调指出："知识是导游的基础，这种知识必须是有根据的，经过选择的，而且能很好地表达出来。但是，仅有知识还不够，一个好的导游员必须有活泼、愉快的气质，要有能引起旅游团的热情和信心的能力。但是个人的性格和气质好还不够，对一个成功的导游员来说，比知识和性格更为重要的是：导游技能要高超，处理事情的能力要强，专业工作要精通，而且这些能力要为他们的雇主和旅游者所欣赏。当然，这样的技能仅在课堂上是学不到的，而当今导游又极需要这样的技能，只有在实践中才能学会和提高这种技能。"

技能是指掌握和运用专门技术的能力。根据技能的性质和特点，技能可分为操作技能和心智技能两大类。导游技能是保证导游员完成导游活动的潜能系统，它的高低将直接影响导游活动的效果。导游技能更多地属于心智技能，根据导游工作的内容和特点，导游员应掌握5种专门技能。

（1）语言能力

导游职业对导游员提出了很高的语言要求，"江山之美全靠导游之嘴"。导游员若要赢得高质量的导游服务，就要在语言表达上坚持不懈地下功夫。导游语言主要是一种口头语言，又称言语。就导游员语言能力的内容而言，主要由两部分组成：一是对语言知识的储备与把握；二是对语言运用的具体环境（即语境）的熟悉与调适。一方面，语言是一个有内在规律的符号系统，语言由语音、词汇、语义、语法等要素构成，导游员的语言能力表现在对这些要素知识的储备和把握上，即既要懂得准确的发音和语调，又要掌握一定量的词汇以及各种词汇的联系和区别，如同义词、异义词等；同时，还要把握各种句型的运用法则，有了这些语言知识的储备，就有可能化为一种实际的能力。另一方面，导游语言的传播是以一定的时空为条件，以一定的游客为对象所进行的有目的的活动。因此，导游员的语言能力又表现为对语言环境的调适上，即对具体的语言环境作出判断，并调整导游语言所要表达的内容和形式，以与特定的环境相适应。

（2）交际能力

导游工作说到底是与人打交道。无论是旅游者，还是旅游产品各供给单位的接待人员，导游员都必须与之进行交往。可以说，交际能力的强弱已成为导游员能力强弱的一个标志。

按照人际关系的媒介来划分，导游员同旅游者和旅游各供给单位之间的关系都属于业缘关系，即人们是以从事共同的或有关联的社会活动而结成的人际关系，它是一种人与人之间直接的角色关系。只是导游员同这两者的关系是不平等的，导游员同旅游者为主客关系，而导游员同旅游各供给部门的关系则为协作共事的关系。因此，导游员在同两者的交往中，其交往内容和形式都有差异。一般来讲，导游员同旅游者的交往、沟通相对困难些。

导游员是主体，导游员在与旅游者的交往沟通过程中处于主导地位。导游员通过展示自己的魅力（如良好的职业态度、丰富的知识、准确生动的语言，去增加对旅游者的吸引力，同时倾听旅游者的呼声，满足旅游者的要求，增强凝聚力，从而影响旅游者心理和行为，达到互动的目的。

（3）管理才能

导游活动是一种动态的过程，要使几十人的旅游团队的旅游消费井然有序，不出差错，导游员就得有一定的管理才能。导游员的管理才能主要表现在对旅游活动的决策、组织、协调和控制等方面。旅游团一般都有活动计划，导游员必须根据这一计划进行细加工，既要保证计划上的游览参观项目——实施，又要在有限的时间内使旅游者玩有所值，如先看什么后看什么，哪里可以购物，哪里可以休息，甚至在什么地方可以上厕所，以及所要花费的时间等都要事先计划好，从而组织旅游者按这一"细计划"进行活动。尽管旅游团本身对旅游者有一种约束的功能，但旅游团中总有些"活跃分子"会"出格"；同时，旅游供给中的差错和缺陷也会干扰旅游活动的顺利进行。为此，导游员一方面要同旅游接待单位进行交涉，进行协调；另一方面，导游员又要设法调控旅游者的游兴，让游客随自己登山观云，荡舟涉水，对"活跃分子"的行为偏差进行控制。优秀的导游员就像指挥家，让旅游团的音符随着指挥节奏而跳动。

（4）应急能力

对旅游活动中突发故障的应急处理，是导游员素质的又一重要指标。

突发故障或来自旅游团的内部，如旅游者突然发病，旅游者间发生争吵与斗殴等，或产生于旅游者接待单位的供给过程中，如客房里有蟑螂、班机误点等。由于旅游故障大多来得突然，后果较严重，因此导游员必须具有应付各种情况变化的心理准备、经验和实际处理能力。例如，某导游员送团出发，汽车行驶途中突然抛锚，这时离飞机起飞还剩下1小时，等车队派车前来接应时间不够，导游员赶紧下去拦车，但未拦住。这时，有一辆本社的旅游车在路口恰遇红灯停下，导游员急忙奔向那辆车。司机说要去饭店接团，导游员说，出什么漏子我顶着，现在请赶紧把我的团送往机场。司机答应了，赶在飞机起飞前到达了机场。这就是一种应急处理能力。

能否及时、果断、合情合理合法地处理突发性故障，是对导游员应急能力的考验，而加强应急心理的锻炼也将有助于提高导游员应付突发性故障的能力。

（5）专项技能

①外语能力。对翻译导游员来说，至少应掌握并熟练运用一门外语。外语是翻译导游员同国外旅游者交流的工具和基础，翻译导游员必须过"外语关"，其外语水平应达到熟练听、说的程度，最好还能知晓外语的一些俚语及其用法。即使是从事国内游客接待工作，导游员也应掌握并熟练运用一门外语。

②救护技能。能掌握救护技能的导游员，会更受旅游者的欢迎。对于导游员来说，掌握一些旅游保健和救护技能是必需的。如对晕车（船、飞机）、中暑、食物中毒、骨折、有心脏病等的旅游者，要会急救与护理。

③摄影技能。把出门旅游的情景拍摄下来已越来越成为广大旅游者的喜好。因此，导游员掌握摄影技能，既能更好地为旅游者服务，也便于记录自己的导游历程。

④驾驶技能。导游员也不妨学一点驾驶的技能。当司机在半途上不能继续驾驶的时候，有驾驶执照的导游员就能解燃眉之急。

⑤其他技能。掌握魔术、唱歌、跳舞、讲故事等技能的导游员，会更受旅游者的欢迎，因为人人都需要娱乐，尤其出门在外的旅游者。

4）个性品质

个性是指一个人比较稳定的心理特征的综合，它作用于行为时表现出一贯的行为方式。由于个体的先天生理素质和社会实践活动的各不相同，使得每个人都具有独特的个性。旅游心理学指出，个性的不同，使得每个人在旅游选择和旅游行为方面会有不同的表现倾向。旅游是一种自主行为的选择，导游却是一种有规范性的工作。作为一种同人打交道的导游工作，对从业人员的个性品质有一定的倾向性规定。良好的个性品质在某种时候会稳定事态，会使导游员保持积极的心理倾向。

（1）自信

当导游员面对初来乍到、略有不安的旅游者的时候，导游员所表现出来的对旅游活动早有安排，对自己能胜任本次导游工作的信心，会使旅游者安定许多。自信是一个人对自身能力的肯定，倘若自己对自己都缺乏信心，那么，旅游者又如何有信心把不确定的行程交付给你呢？

对人际交往来说，害羞、自卑是一种严重的心理障碍。导游员在出色完成导游任务的同时，也要赢得游客的心。导游员在同游客的交往中，其吸引力的强弱程度取决于多种因素，如文化素养的深浅，内在气质的雅俗，语言表达的畅涩等，一个人要在各方面都达到相当优秀的程度是相当困难的，而自信却可以弥补自身在某些方面的不足，有自信的导游员会处处显得落落大方，大方就是一种吸引力。自信是导游员重要的个性品质，它能唤起导游员良好的自我感觉。导游员对旅游者有吸引力，就是导游成功的一半。

（2）随和

"宾客至上"反映到导游过程中，就是要处处为游客着想，要以主人翁的胸怀宽待游客。旅游者是参差不齐的，有的旅游者表现出让导游员愤慨的情况，如蛮不讲理、过分挑剔、看不起导游员等。但不管怎么样都不能粗暴地对待"上帝"，随和的品质使导游员避免很多冲突。

孤傲的导游员是不受欢迎的，甚至是让游客讨厌的。随和地与旅游者交往不仅是旅游服务的需要，而且还是必需的。导游员的随和品质，表现在一方面要理解、容忍旅游者的过激言行，要同个性各异、文化素养各异的旅游者进行交往、沟通，不能"择善而交"；另一方面，要谦虚，不要自信过头，更不要自恃是旅游者的领导者，要善于采纳旅游者有益的建议，听取意见和批评。

随和并不是没有原则，随和是一种修养，一种度量。

（3）理性

"客人吃着你看着，客人玩着你干着"，这从一个侧面说明导游员不能同旅游者一起"享受"。游客吃的时候，你要查看菜肴的质量是否符合标准；游客玩的时候，你又要处处关心旅游者人身和财物的安全。所有这些，都要求导游员具有理性的心理品质。

有的旅游者在旅游过程中会因神经突然松弛而出现一种"旅游病"，如丢三落四，不遵守时间，随意活动。如果导游员不加以约束，任旅游者吃、玩，"旅游病"就有可能演变成一种灾害。冷静是导游员理性品质的一个重要侧面，听取游客的投诉，观察旅游者的动向，处理旅游中的各种问题，都要冷静。当然，导游员的冷静不是冷漠、没有热情，相反，导游员要表现出极大的热情，以热情扫走旅游者的倦意，以热情唤起旅游者的游兴，只是导游员要在热情中保持一份冷静。

（4）自制

导游员有自己的喜怒哀乐，有自己的爱好兴趣，但导游员的角色规范要求导游员喜不失态，怒不变容，要具有良好的自我控制的心理品质。

自制是导游员意志品质的一个重要侧面。有时，导游员一天带团下来，辛辛苦苦，听到的却是："你怎么不带我们去××景点。"有时导游员一忍再忍，而游客却步步紧逼。不与旅游者争吵是导游员的带团纪律，而能自我控制是避免导游员与旅游者发生争吵的有效手段。导游员的自制品质不仅表现在同旅游者相处的关系上，还表现为导游员心境的自我调节。心理学指出，每个人都有情绪周期，一段时期情绪高涨，而另一段时期情绪就有可能低落。不使情绪高涨得忘乎所以，也不使低落的情绪影响到带团的效果，这就需要导游员进行自我调节情绪。强烈的角色意识是导游员进行自我控制的心理基础，而自我暗示则可达到自制的效果。

（5）灵敏

导游工作涉及面广，流动性大，还会遇到一些意料不及的因素，使得导游工作随时有受阻的可能。而且，导游员是独立地进行操作的。因此，导游员对周围环境就更要保持一份警觉和敏感。

灵敏是指具有灵活思辨、快速反应、敏捷动作的心理品质，对旅游者的提问、反问，对旅游者的一些散漫的行为，对一些将成事故的苗子，以及在解决问题时选择替代方案等方面，导游员都要处处显示出灵敏的心理品质。导游员感觉迟钝会使旅游活动受损的概率增大，而导游员的灵敏则有助于减少麻烦和旅游故障。外国旅游者对我国公路状况有微词，对司机开车有担忧，一位导游员捕捉到这一信息后及时向全车游客解释道："我们这辆车的司机是一位开了 15 年车的司机，经验丰富，技术娴熟，从未发生过任何交通事故，他将把各位安全地送到酒店。"这样一来，车内的气氛立刻变得轻松、活跃起来。灵敏的心理品质源于平时不懈的训练，源于导游工作的责任感。

导游员应具有的个性品质还有很多，如诚实、可靠、开朗、体贴。在开放型的现代社会，谁拥有良好的心理品质，谁获得成功的可能性就更大些。导游员必须完善自我，努力使自己的个性品质变得受人欢迎。

5）身心素质

导游工作是一项脑力劳动和体力劳动高度结合的工作，工作纷繁，量大面广，流动性强，体力消耗大，而且工作对象复杂，诱惑性大。因此，导游员必须是一个身心健康的人，否则很难胜任工作。身心健康包括身体健康、心理平衡、头脑冷静和思想健康 4 个方面。

（1）身体健康

导游员从事的工作要求他能走路会爬山，能连续不间断地工作。领队、全程导游员、地方导游员都要陪同旅游团周游各地，变化着的气候和各地的水土、饮食对他们和身体素质都是一个严峻的考验。因此，导游员要有健康的体魄。

（2）心理平衡

"客人吃着你看着，客人玩着你干着"，这从一个侧面反映出导游员不能同旅游者一起"享受"而产生的不平衡心理。导游员必须具有良好的心理素质，时刻明白自己的角色——服务员，自己的任务——提供服务，旅游者就是享受服务的，导游员与旅游者的关系是一种提供服务与接受服务的关系。导游员要很快进入"角色"并且能始终不受任何外来因素的影响，在旅游者面前显示出良好的精神状态。

（3）头脑冷静

在旅游过程中，导游员应始终保持清醒头脑，处事沉着、冷静、有条不紊，处理各方面关系时要机智、灵活、友好、协作，处理突发事件及旅游者的挑剔、投诉时要干脆利索，要合情、合理、合法。

（4）思想健康

导游员应具有很强的是非观念和自控能力，能够抵制形形色色的物质诱惑和精神污染。

【补充阅读资料 7.5】

文化和旅游部关于实施旅游服务质量提升计划的指导意见（节选）

文化和旅游部　2019 年 1 月 16 日

一、提升旅行社服务水平

旅行社是整合旅游要素的龙头企业，也是服务质量问题比较集中的领域。要针对旅行社服务不规范、不透明、不诚信等重点问题，不断提高服务水平。

（一）政府行动

1. 完善旅行社退出机制，依法依规清理一批不缴纳旅行社质量保证金、长期未经营业务和违法违规的旅行社。

2. 全面开展旅行社等级评定及复核行动，进一步提高旅行社管理水平和综合竞争力。

3. 规范旅行社经营活动，推动服务信息透明化，防范旅行社领域系统性经营风险。

4. 探索建立优质旅游服务承诺标识和管理制度，建立完善优质旅游服务品牌培育、评价和推广机制。积极参与"中国品牌日"活动。

（二）市场主体和行业组织行动

1. 旅行社要完善内部管理、人员培训制度，不断规范服务流程，对照《旅行社等级的划分与评定》标准，全面提高服务水平。

2. 各级旅行社协会要加强旅行社行业自律，通过开展旅游线路创意设计大赛、旅行社服务技能大赛等方式，推动旅行社增强新产品研发能力，提升旅游综合服务技能。

二、规范在线旅游经营服务

在线旅游经营服务是互联网时代新型的旅游经营和服务方式，也是服务质量提升的关键领域，要切实解决在线旅游经营服务出现的新问题，推动在线旅游行业健康可持续发展。

（一）政府行动

1. 制定在线旅游经营服务管理相关规定，规范在线旅游企业经营服务行为。

2. 建立符合在线旅游经营服务规律的市场检查制度，依法依规实施监督检查。

3. 会同市场监管、公安、网信、电信主管等部门开展市场监督检查和联合执法，打击违法违规经营行为。

4. 引导和支持在线旅游企业成立行业组织，发挥其沟通、协调、监督和研究等作用，加强行业自律、倡导诚信经营，提升服务质量。

（二）市场主体和行业组织行动

1. 在线旅游企业应不断完善风险提示、信息披露、资质审核、应急管理等制度，提供良好的在线旅游消费环境。

2. 在线旅游企业应全面排查境内外自助游产品，发现不合格自助游产品立即下架，对涉及高风险的攀岩、冲浪、浮潜等自助游项目，在宣传销售等环节加强安全风险提示。

3. 在线旅游企业和行业组织可制定相关服务标准，充分发挥游客网络评价的监督作用，不断提升服务质量。

三、提高导游和领队业务能力

导游和领队是旅游服务和形象的重要窗口，是传承和弘扬中华优秀文化和社会主义核心价值观的重要力量，是提升旅游服务质量的关键因素。要下大力气解决导游和领队服务意识不强、专业技能不高、职业素养不足、执业保障不够等问题，不断提高其服务能力。

（一）政府行动

1. 完善导游人员资格考试和等级考核制度，提升中高级导游员在导游队伍中的比重，增强导游的职业自尊和荣誉感。

2. 实施导游和领队专业素养研培计划。加强国情和执业地区省情、市情、乡情以及旅游区点的历史、人文、地理、气候等应知应会的通识类知识储备，不断提升导游和领队文化底蕴、理解能力、表达能力和外语能力，增强主动传承和弘扬社会主义核心价值观的意识。开展应急培训和演练，增强应急处置、沟通协调和风险防控能力。建立完善校企合作培训机制，充分发挥高校、旅游职业院校、研究机构等师资和设施等优势，建立并巩固一批研培基地，提升研培质量。用5年左右的时间，实现对全国持证导游轮训一遍的目标，有条件的地方可由导游行业组织来承担导游培训任务。

3.加快推进导游体制机制改革工作。探索建立体现导游专业技能、职业素养、执业贡献、从业年限等综合因素的职业评价制度，促进导游薪酬和社会保险制度落实，依法保障导游合法劳动权益。

4.举办导游大赛，培育一批职业素养好、服务技能强的先进典型。

（二）市场主体和行业组织行动

1.市场主体和导游行业组织应加强对专职和兼职导游人员的管理，完善导游和领队的培训和管理制度，有条件的企业可制定领队执业相关标准。旅游区点可探索聘请专业技术人员特别是退休专家、教师等从事专业讲解工作。

2.导游等行业组织要维护导游和领队的合法权益，加强对先进人物和典型事迹的宣传推广，表彰一批优秀人员，提升职业荣誉感。

四、增强旅游市场秩序治理能力

平稳有序的旅游市场秩序是现代治理能力的重要体现，是旅游服务质量提升的重要指标。要不断增强发现旅游市场秩序薄弱环节、解决当前突出矛盾和长期积累矛盾的能力，提升治理水平，推动旅游市场秩序持续向好。

（一）政府行动

1.提升发现问题的能力。加强旅游市场秩序舆情监测，及时发现问题、妥善处置、总结经验，并据此完善相关政策和制度。全面梳理本地区旅游市场秩序问题的特点和规律，对具有本地个性特点的问题，出台有针对性的整治措施。对本地旅游市场秩序问题要有研判和预防措施。

2.按照"谁审批、谁监管，谁主管、谁监管"的原则，强化旅游市场综合监管，对具有共性的"黑社""黑导""黑车"和"黑店"等违法违规行为，联合市场监管、公安等部门，加大打击力度。保持对"不合理低价游"、强迫或者变相强迫消费、虚假宣传等高频违法行为的高压态势。

3.畅通旅游投诉渠道，制定旅游市场"诉转案"工作规范，推进"诉转案"、行政执法与刑事司法相衔接工作，加强有效衔接，实现高效处理。及时公布违法违规典型案例，强化震慑。

4.加强执法队伍建设，强化法制宣传教育，完善执法培训体系，提高执法办案量，提升执法程序规范化水平，不断增强执法人员的执法办案能力。

5.创新监管方式，提高监管能力。全面推广使用全国旅游监管服务平台，运用大数据实现精准监管和分类监管。支持和鼓励重点旅游地区先行先试，创新现代旅游治理机制。

（二）市场主体和行业组织行动

1.市场主体须自觉遵守《中华人民共和国旅游法》等相关法律法规，增强依法规范经营意识，注重培育和提升企业形象。

2. 旅游协会等行业组织应创新活动形式，通过活动、培训、研讨会、行业评奖等多种形式，大力倡导依法规范经营。

五、建立完善旅游信用体系

信用是市场的基石，信用制度是旅游服务质量提升的重要保障。要适应旅游市场监管的新形势新需要，以建立"黑名单"和"重点关注名单"制度为突破口，加快建立以信用监管为核心的新型旅游监管制度，不断完善旅游信用体系。

（一）政府行动

1. 建立"黑名单"制度。出台旅游市场黑名单管理办法，将具有严重违法失信行为的旅游市场主体和从业人员、人民法院认定的失信被执行人列入全国或地方旅游市场黑名单，实施惩戒。

2. 建立"重点关注名单"制度。出台旅游市场重点关注名单管理办法，将具有违法失信行为的旅游市场主体、从业人员列入重点关注名单，实施惩戒。

3. 支持和鼓励社会力量积极参与旅游行业信用建设，推进征信、评信与用信。

（二）市场主体和行业组织行动

1. 旅游市场主体和从业人员应将诚信作为服务的基本理念和自觉行为，不断提升企业诚信口碑。

2. 行业组织应完善行规行约，组织开展行业诚信建设、质量评议等活动，促进行业规范诚信经营。

【案例分析】

两名从业人员被列入旅游市场黑名单

2019-11-29　10:47　来源：中国旅游报

11月28日，文化和旅游部发布公告，决定将两名存在违法违规行为的从业人员纳入全国旅游市场黑名单。有效期自2019年7月9日至2022年7月8日。

被纳入黑名单的两名从业人员分别为桂林市盛迦国际旅行社有限公司总经理冯辉及该旅行社导游员赵媛媛。根据此前桂林市文化广电和旅游局发布的公告，2019年5月30日至6月3日，桂林市盛迦国际旅行社有限公司通过不合理低价引诱游客，并通过安排购物隐瞒获取回扣的真实目的，在未与游客签订合同的情况下，委派导游员赵媛媛组织接待了团号为"L-GX008362019DJ3390"的52人桂林5天4晚汽车团。2019年6月2日上午，导游员赵媛媛以语言威胁等方式，给游客造成极大的心理压力，变相强迫游客在购物店"桂林市丽丝家纺有限公司"购买了1.95万元的产品。桂林市盛迦国际旅行社有限公司以及导游赵媛媛违反了《中华人民共和国旅游法》《旅行社条例》《导游管理办法》等有关条例。桂林市文化广电和旅游局以及桂林市公安局秀峰分局依法对两人作出处罚。

根据文化和旅游部《旅游市场黑名单管理办法（试行）》，对列入旅游市场黑名单的旅游市场主体和从业人员的惩戒措施包括，限制其担任旅游市场主体的法定代表人或者主要负责人；对其新申请的旅游行政审批项目从严审查；将其严重违法失信信息通报相关部门，实施联合惩戒；在高消费旅游方面实施惩戒等。同时，该管理办法规定，鼓励黑名单主体通过纠正失信行为、消除不良影响等方式修复信用，修复后可按照程序移出黑名单。

【本章小结】

本章介绍了团队旅游接待业务的特点、导游人员的素质和管理方法、团队旅游接待业务的运行与管理程序。团队旅游业务分为入境团队旅游接待、出境团队旅游接待和国内团队旅游接待3种类型，各有不同的特点和要求。导游员是团队旅游接待的关键，其工作态度、整体素质和业务水平是旅游服务质量的重要保证。因此，导游员选择和管理是旅行社的一项重要工作。团队旅游接待业务的运行程序包括旅游团队抵达前的准备接待阶段、旅游团抵达后的实际接待阶段和旅游团结束旅游离开后的总结阶段。

【复习思考题】

1. 预报计划的目的是什么？预报的旅游计划应包括哪些内容？
2. 什么是旅游计划？一份正式的旅游计划必须包括哪些内容？
3. 怎样写书面确认？
4. 团队旅游接待服务中全程导游人员的接待程序是什么？
5. 为什么说在组团社自订房的情况下，地接社仍然要向饭店进行生活委托安排？

【实训】

1. 走访本地的一家旅行社，了解该社团队旅游业务是怎样运作的。
2. 分别走访本地三星级酒店和四星级酒店，了解旅行社的团队房价和门市房价的不同之处。

【案例分析】

庐山7日游

来自全国各地的20名旅游者参加了地区收费标准最高的A旅行社组织的"庐山7日游"，目的是想图个安全、方便，他们都与A旅行社办好了手续，交纳了旅游费每人780元，双方约定除了不包吃饭，其他费用全包。

按照预订的时间，20名旅游者从南京乘轮船四等舱，开始了庐山7日游活动。组团旅行社临行时告诉旅游者们："你们尽管放心上船吧，船到九江码头，负责接待的B旅行社就会派人来接你们，并且会为你们安排好一切。"可船到九江码头后，一切安排都使他们大失所望。早晨船一到岸，一名自称是来接船的B旅行社的导游领着这20名游客，步行到九江市长途汽车站，一起乘公共汽车去庐山。到了庐山脚下的一个小镇，该导游就把大家引进一家既不能洗澡，又没有饭吃，卫生条件还极差的农家大院房住下，让游客们自己到附近饭店买饭吃。第二天出游开始，这位导游陪着与他同来的一位小姐一块旅游，把游客们远远抛在后面，根本不照应。而20名游客中有的人年老体弱，爬山进度很慢，不一会儿就掉队走散了，只好半路扫兴而归，返回住所。其他游客也是互相照顾，自行安排游玩活动，自己问路，自己买门票。他们向庐山风景区内挂牌服务的正式导游一打听，人家说根本就不知道B旅行社的名字。后来大家各方打听，也查不到这个旅行社。在随后几天的旅游中，游客们无法找到导游，也找不到负责接待的 B 旅行社。游客们非常愤慨，回到南京后，就立即要求组团旅行社赔偿损失。

请分析：游客的要求合理吗？如果他们的要求合理，应得到哪些赔偿？

第 **8** 章

旅行社散客旅游
接待业务

　　近年来，散客旅游市场迅速发展，散客旅游产品有着巨大的市场潜力。本章重点介绍旅行社散客旅游产品的类型；旅行社散客旅游业务的运作方法；旅行社票务中心的类型和设立程序；开账与结算计划对旅行社票务中心的促进作用以及旅行社票务业务的操作技巧。

8.1　旅行社散客旅游产品的类型

　　散客旅游是相对于团队旅游的一种旅游产品，与团队旅游产品最大的不同是其销售对象的不同。团队旅游产品是旅行社向某个旅游团队销售的产品，而散客旅游产品则是以零散的旅游者作为主要的服务对象。近年来，针对散客旅游市场迅速发展这一趋势，越来越多的旅行社认识到散客旅游产品巨大的市场潜力，开始大力经营散客旅游业务，开发出各种各样的散客旅游产品以扩大市场份额。

　　旅行社经营的散客旅游产品种类很多，主要有交通集散地接送服务、代办交通票据和文娱票据、代订饭店客房及餐饮服务、代客联系参观游览项目、代办出国签证和入境签证、代办旅游保险、提供旅游咨询、组织1日游、半日游等选择性旅游项目。根据散客旅游业务的性质，可以把散客旅游产品大致分为旅游咨询业务、单项委托业务和选择性旅游业务3种类型。

8.1.1　旅游咨询业务

　　旅游咨询业务是旅行社散客部人员向旅游者提供各种与旅游有关的信息和建议的服务。这些信息和建议包括的范围很广，主要有旅游交通、食宿餐饮、旅游景点知识、各种旅游产品价格、旅行社产品种类等方面。虽然旅行社在提供旅游咨询服务时并不向旅游者收取费用，但旅行社通过提供咨询服务往往可以引导旅游者购买本旅行社的产品，是旅行社扩大产品销售和经营收入的一条重要渠道。

　　旅游咨询业务主要分为电话咨询服务、信件咨询服务和即时咨询服务。

1）电话咨询服务

　　电话咨询服务是指旅行社散客部人员通过电话回答旅游者关于旅行社产品及其他旅游服务方面的问题，并向其提供购买本旅行社有关产品的建议。散客部人员在提供电话咨询服务时特别要注意尊重客人，要认真倾听客人提出的问题并耐心地给予回答。在回答客人的咨询时应采取积极的态度，主动向旅游者提供各种合理的建议，抓住时机向他们大力推荐本旅行社的各种旅游产品。

2）信件咨询服务

信件咨询服务是指旅行社散客部人员以书信或 E-mail 形式答复旅游者提出的关于旅游方面和旅行社产品方面的各种问题，并提供各种旅游建议的服务方式。目前，旅行社散客部的信件咨询服务主要利用网络或传真设备进行。在给旅游者进行信件书面答复时应注意用语规范、意思明确。

3）即时咨询服务

即时咨询服务是指旅行社散客部人员接待前来旅行社门市柜台进行咨询的旅游者，回答他们提出的有关旅游方面的问题，向他们介绍旅行社散客旅游产品，提供旅游建议。在即时咨询过程中，旅行社接待人员应热情友好，面带微笑，主动进行自我介绍，仔细认真倾听旅游者提出的问题，并耐心进行回答。对于旅游者提出的重要事项，接待人员最好将旅游者的问题和要求记录下来。此时，应不失时机地为旅游者提供旅行社有关旅游产品和宣传资料，让旅游者带回去阅读，以便加深旅游者对旅行社及其产品的印象，为旅行社争取客源。

8.1.2 单项委托业务

单项委托业务是旅行社经营的重要散客旅游产品，主要包括受理散客旅游者来本地旅游的委托、办理散客旅游者赴外地旅游的委托和受理散客旅游者在本地的单项旅游服务委托。

1）受理散客旅游者来本地旅游的委托业务

旅游者在外地委托当地的旅行社办理前来本地旅游的业务，并要求本地的旅行社提供该旅游者在本地旅游活动的接待或其他旅游服务。旅行社散客部工作人员应在接到外地旅行社的委托通知后，立即按照通知的要求办理旅游者所委托的有关服务项目。如果旅游者要求旅行社提供导游接待服务，散客部应及时委派本部门的导游员或通知接待部委派导游员前往旅游者抵达的地点接站并提供相应的导游讲解服务和其他服务。

如果旅行社认为无法提供旅游者所委托的服务项目，应在接到外地旅行社委托后 24 小时内发出不能接受委托的通知。

2）办理散客旅游者赴外地旅游的委托业务

多数旅行社规定，散客旅游者应在离开本地前 3 天到旅行社办理赴外地旅游的委托申请手续。旅行社散客部在接到旅游者提出的委托申请后，必须耐心询问旅游者的旅游要求，认真检查旅游者的身份证件。如果旅游者委托他人代办委托手续，受托人必须在办理委托时出示委托人的委托信函及受托人的身份证件。

旅行社散客部人员在为旅游者办理赴外地旅游委托手续时，应根据旅游者的具体要求，逐项填写《委托代办支付券》。填好后，散客部人员将《委托代办支付券》的第一联和第二联交给旅游者，将第三联和第四联留下。

旅游者在旅行社办理旅游委托后又要求取消或变更旅游委托时，应至少在出发前一天到旅行社办理取消或变更手续，交纳相关费用并承担可能由此造成的损失。对于取消旅游委托的旅游者，旅行社经办人员应收回《委托代办支付券》，并将其存档。

3）受理散客旅游者在本地的单项旅游委托业务

散客旅游者在到达旅游目的地前，可能并未办理任何旅游委托手续，当他到达旅游目的地后，由于某种需要到旅行社申请办理在当地的单项旅游委托手续。旅行社散客部人员在接待这些旅游者时，应首先问清楚旅游者的委托要求，并讲明旅行社所能提供的各项旅游服务及收费情况，然后根据旅游者的申请和要求，向其提供相关的旅游服务。如果旅游者委托旅行社提供导游服务，旅行社应在旅游者办妥委托手续并交纳费用后，及时通知接待部门委派导游员为其服务。

8.1.3　选择性旅游服务

选择性旅游是指由旅行社为散客旅游者所组织的短期旅游活动，如包价旅游的可选择散客的市内游览、晚间文娱活动、风味品尝、到近郊及邻近城市旅游景点的半日游、1日游、多日游等项目。根据国际旅游市场的发展趋势和我国实行黄金周制度以来，出现了周末游、黄金周旅游热潮，不少旅行社已将目光转移到散客旅游这一大有潜力的新市场来，纷纷推出各种各样的散客旅游产品，以增加旅行社的经济效益和社会效益，扩大知名度。我国有些地区甚至出现了专营散客旅游产品的旅行社。

开展选择性旅游业务，关键在于销售和接待两个环节的服务。

1）选择性旅游产品的销售

旅行社销售选择性旅游产品的主要渠道是散客部的门市柜台，此外，还有外地的旅行社、饭店、旅游交通部门、海外经营出境散客旅游业务联系的旅行社等销售渠道。选择性旅游产品的销售需要做好如下工作：

（1）设立门市柜台

门市柜台是选择性旅游产品销售的主要途径。旅行社应根据散客的客源结构、旅行习惯等特点，有针对性地开展门市招徕业务。除了在旅行社散客部所在地设立门市柜台外，旅行社还应设法在当地的飞机场、火车站、长途汽车站、水运码头、旅游饭店及闹市区等地设立销售柜台以招徕散客旅游者。

（2）建立销售代理网络

建立销售网络是旅行社销售选择性旅游产品的另一种途径。旅行社应与国内其他地方的旅行社建立相互代理关系，代销对方的选择性旅游产品。此外，旅行社还应设法与海外经营出境散客旅游业务的旅行社建立代理关系，为本旅行社代销选择性旅游产品。

（3）设计选择性旅游产品

旅行社应针对散客旅游者的特点设计和编制出各种适合散客旅游者需要的选择性旅游

产品。这些产品包括半日游、1日游、多日游等包价产品；游览某一景点、品尝地方风味、观赏娱乐节目等单项旅游产品；购物游等组合旅游产品。选择性旅游产品的价格应当以"拼装式"的方式计算，即每一个产品的构成部分均有各自的价格，包括产品的成本和旅行社的利润。旅行社将这些产品目录，放在门市柜台或赠送给代销单位，供旅游者选择。

2）选择性旅游服务的接待

接待购买选择性旅游产品的旅游者是散客旅游业务的另一个重要环节。由于选择性旅游具有品种多、范围广、订购时间短等特点，因此，选择性旅游的接待工作比团队包价旅游更为复杂和琐碎。旅行社在选择性旅游的接待业务中就要抓好以下两个方面的工作：

（1）及时采购

由于选择性旅游产品的预定期极短，所以旅行社的采购工作应及时、迅速。旅行社应建立和健全包括饭店、餐饮、景点、文娱活动场所、交通部门等企业和单位的采购网络，确保旅游者预订的服务项目能够得以实现。此外，旅行社还应经常了解这些企业和单位的价格、优惠条件、预订政策、退订手续等情况及其变化，以便在保障旅游者的服务供应前提下，尽量降低产品价格，扩大采购选择余地，增加旅行社的经济效益。

（2）搞好接待

选择性旅游产品购买者多数是来自不同地方的散客旅游者临时组成，一般不设领队和全陪导游员。因此，与包价旅游团队的接待相比，选择性旅游团队的接待工作难度更大，需要配备经验比较丰富、独立工作能力较强的导游人员。在接待过程中，导游人员应组织安排好各项活动，随时注意旅游者的反应和要求，在不违反旅游者承诺和不增加旅行社经济负担的前提下，根据大多数旅游者的要求可以对旅游活动内容作适当的调整。

【补充阅读资料 8.1】

私人定制旅游

来源：网络

高端定制旅游业务源于欧洲，英国、法国等国家率先将专属的个人私人定制作为一种时尚的个性化消费方式在本国中产阶级中推广，继而扩展到全民。目前，国内的高端私人定制旅行社数量不多，不过已粗具规模。

目前国内各大定制旅行网可以定制的主题就有豪华游艇之旅、直升机旅游、摄影之旅、极地之旅、环保之旅、海岛蜜月、酒庄品酒之旅、奢华钟表之旅、时尚之旅、婚礼假期、古堡会议、高尔夫假期等，是囊括了海陆空、三维一体化的专业私人定制旅行。如此多精彩纷呈的旅游主题，相信可以满足各种不同的旅游者的需求。虽然是一样的风景，但不同的玩法，却能带给旅游者非一般的旅游享受。

私人定制是当下社会现代人注重自我体验的一种现象，我们每个人都是与众不同、独一无二的，应该有不同的感受。定制旅游正是这样一种根据旅游者的个性化需求，以旅游者为主导进行整体行程设计的旅行计划，让旅行更符合各个旅游者与众不同的预期，从而让自己的旅行不留遗憾。

相较于传统的旅游方式，私人定制旅游更舒心、更方便。传统的由旅行社指定全部产品的内容、行程、标准及出发时间的模式，将被全面打破，而改由菜单式定制，由客人任意选择出发的时间、天数，以及每一个行程内容、每一个住宿房型、每一种餐饮形式，定制产品将完全由客人 DIY 完成。

随着私人定制旅行业的发展，人们会逐渐放弃那种枯燥的观光旅行方式。相信人们在体验过定制旅游之后，就会爱上定制旅游带给自己的独特感受。这种拥有独立的思想、自我的品位、中意的色彩、欣赏的主题的旅游方式，每一个追求高品质生活的人都会爱上。私人定制旅游，能带你去任何想去的地方。

8.2 旅行社散客旅游业务运作

8.2.1 旅行社服务网点

旅行社服务网点是旅行社的一个重要对外窗口，已经成为许多旅行社经营各种业务如出境旅游业务、散客旅游业务的重要客源渠道。在旅行社经营中，散客旅游产品的主要销售渠道就是旅行社设立的旅行社服务网点。因此，旅行社经营管理人员必须十分重视旅行社服务网点业务。

1）旅行社服务网点的设立

旅行社服务网点的设立是旅行社开展业务的第一步，涉及选择服务网点设立的地点和服务网点内外的装饰与布局。一些对旅行社不甚了解的旅游者往往从旅行社服务网点的坐落地点和里面的布局来判断旅行社是否有实力及旅行社的产品质量，并决定是否向该旅行社服务网点人员进一步了解旅行社的产品内容和价格以至于决定是否购买。尽管这样做有一定的片面性，但是事实上许多人采取这种方法。因此，旅行社服务网点的设立不可忽视。

选择地址是旅行社设立服务网点的开端。服务网点是否坐落在适当的地点对于旅行社服务网点业务的开展具有重要意义。如果旅行社服务网点的地址选择不当，可能会对旅行社服务网点业务产生不利影响。而坐落在适当地点的服务网点却会给旅行社带来一定的经济效益。

由于旅行社经营业务和经营风格的差异，旅行社在选择服务网点地址的标准上也不尽相同。一般来说，旅行社在选择服务网点坐落地点时主要考虑的因素有 3 个。

（1）目标市场

旅行社在选择服务网点地点时首先应考虑其产品的目标市场，并根据其产品的目标市场来设立服务网点。例如，以组织当地居民外出旅游为主要目标市场时，旅行社可以把服务网点设立在人口稠密的居民区；商务旅游者为主要目标市场的旅行社则通常把服务网点设立在商务饭店内或附近繁华地区；以中转过境客人作为目标市场的旅行社应在机场、车站、码头等处设立门市柜台。总之，服务网点的地址不可选在距离其目标市场所在地较远的地方。

（2）方便顾客

方便顾客是旅行社选择服务网点地点时需要考虑的第二个因素。一般说来，旅游者很少愿意到距离自己住所或工作单位较远的旅行社服务网点进行旅游咨询，他们也不愿意为了了解旅行社产品而爬楼梯。因此，旅行社应该设立在居民区、商业区、机关企事业单位较为集中的地方，而且一般都设在临街的门市。如果旅行社将服务网点设在饭店里，应设在大厅比较显眼方便的地方，以方便旅游者的选择。

（3）位置醒目

旅行社在选服务网点地点时，还要考虑所选择的地点是否容易被旅游者所找到。通常旅行社把服务网点设在主要交通干线上，而不会设在偏僻的小巷里。即使在交通干线上，也要选择适当的位置，使人们能够从较远的地方也能清楚地看到。例如，在一条街上，服务网点的最佳位置应是面对人流或车流的入口处，而不是背向人流或车流的地方。

2）服务网点接待人员的素质要求

旅行社服务网点是旅行社的一个重要对外窗口，门市接待工作人员素质的高低将直接影响旅行社的形象。旅行社在选择服务网点接待工作人员时，除了要求他们必须具备良好的职业道德和健康的身体外，还应要求他们具有以下业务素质：

（1）精通散客旅游产品知识

服务网点接待人员首先应具备的业务素质是精通散客旅游产品知识，熟悉产品的内容及在什么时候、以什么价格能够获得这些散客旅游产品。另外，门市接待人员还应能准确地判断各种散客旅游产品的质量，并能清楚地了解不同散客旅游产品的主要特色，以满足不同旅游者的需要。

（2）理解散客旅游者的需求

服务网点接待人员必须能够很好地理解散客旅游者的需求。为了能够做到这一点，服务网点接待人员必须具备良好的提问能力和倾听能力，能够从旅游者的回答中抓住问题的关键和实质，发现散客旅游者的真正需求。

（3）善于推销散客旅游产品

服务网点接待人员必须具备较强的产品推销能力。在旅游者的咨询过程中，积极主动地向旅游者介绍本旅行社的散客旅游产品类型，并善于抓住稍纵即逝的机会，引导旅游者购买。

（4）具有较高的文字水平

在旅行社的服务网点接待过程中，接待人员除了回答旅游者提出的各种问题并提供咨询意见和建议外，还要填写各种表格和起草各种业务文件。因此，要求门市部接待人员应具有较高的文字水平。

3）服务网点接待人员的岗位职责

服务网点接待人员的岗位职责包括介绍旅行社散客旅游产品、提供各种旅游咨询、办理各种散客旅游产品销售业务和处理各种文件。

（1）介绍散客旅游产品

服务网点接待人员的岗位职责是向到访的旅游者介绍旅行社的各种散客旅游产品。为了做好这项工作，门市部接待人员必须做到：

①熟悉主要目的地的有关情况。

A.主要旅游景点的名称、坐落地点、行车路线、车程、门票价格、开放时间。

B.本地区饭店、旅馆、餐厅、市内交通等旅游服务设施的类型、价格。

C.本地区主要娱乐场所、购物商店等情况。

D.旅游目的地国家或地方政府的有关法律、法规、政策。

E.旅游目的地居民的民族风俗、生活习惯、宗教信仰、当地的特色饮食、土特产及其对外来旅游者的态度等。

F.旅游目的地的接待能力。如接待散客旅游者的基本价格、能够提供的散客旅游活动项目，拥有哪些语种的导游人员等。

②掌握本旅行社的主要散客旅游产品的情况。

A.散客旅游产品的种类、价格。

B.办理单项旅游服务的手续、费用。

C.提供选择性旅游活动的内容、价格、出发日期及时间。

（2）提供旅游咨询服务

提供旅游咨询服务就是向旅游者提供与旅游有关的各种信息，包括交通信息、饭店信息、旅游资源信息、价格信息和旅行社业务信息等。这项工作涉及面广。因此，要求从业人员必须熟悉基本业务知识，善于收集整理各方面的资料，建立与各相关单位的横向联系，随时了解并掌握新的信息，这样才能准确有效地为旅游者服务。

在旅游咨询服务时，接待人员应做到：

①严格遵守工作纪律，随时保持柜台整洁。

②热情服务，耐心解答，礼貌待客。

③严格执行各项收费规定和要求，预收款项当面点清。

④严守外事纪律，遵守保密守则。

（3）销售散客旅游产品

当旅游者决定购买时，服务网点接待人员应抓住时机，及时为旅游者办理有关手续，并在适当的时候向旅游者推荐本旅行社其他相关旅游产品，以扩大旅行社的销售收入。在办理有关手续时，接待人员应做到：

①请旅游者出示有效身份证件，并认真地检查、填写。

②询问旅游者的费用支付方式。如果旅游者使用信用卡结算，应检查信用卡的有效性。如果用转账支票付账，应注意检查支票的有效期限。如果旅游者支付现金，则应当面点清。

③及时向有关旅游服务设施办理订票、订房、订餐等手续。如果旅游者到外地旅游，应及时通知目的地旅行社做好接待准备。

④处理各种文件。门市接待人员应认真整理业务过程中的各种文件，将这些文件存入

相关的档案中或输入计算机中，并妥善保管。

如果旅游者未表示购买本旅行社的产品，接待人员仍然要热情为其解答各种问题，不得流露不满情绪。

8.2.2　散客的接待工作

散客旅游与团队旅游在接待工作和接待程序上有许多相似的地方，但也有不同之处。地陪导游人员不能全盘照搬团队旅游的导游服务程序，而应掌握散客旅游服务的特点。散客部导游人员随时办理接待散客的业务，按散客的具体要求提供办理单项委托服务的事宜。一般情况下，柜台工作人员先用电话通知散客部计调人员，请其按要求配备地陪导游人员和车辆，并填写《旅游委托书》。最后，地陪导游人员按委托书内容进行服务准备。

1）接站服务

（1）服务准备

导游员接受迎接散客的任务后，应认真做好迎接准备工作，这是接待好散客的前提。

①认真阅读接待计划。导游员应明确迎接散客游客的日期、航班或车次、抵达的时间；散客的姓名及人数、下榻的饭店；有无航班或车次以及人数的变更；提供哪些服务项目，是否与其他散客合乘一辆车至下榻的饭店等。

②做好出发前的准备。导游员要准备好迎接散客的姓名或小包价旅游团的欢迎标志、地图，随身携带的导游证、胸卡、导游旗或接站牌，检查所需票证是否带齐。

③联系交通工具。导游员要与计调部或散客部确认司机姓名并与司机联系，约定出发的时间、地点、了解车型、车牌号。

（2）接站服务

接站时要使散客或小包价旅游团受到热情友好的接待，让游客有宾至如归之感。

①提前到接站点等候。导游员要提前20～30分钟到接站点等候客人的到来。

②迎接游客。散客游客迎接比团队游客迎接要困难，因为人数少，稍有疏忽就可能出现漏接。因此，在航班或车次抵达时，导游员和司机应站在不同的出口迎接游客。

（3）沿途导游服务

从机场或车站、码头至下榻的饭店途中，导游员对散客应像对团队游客一样进行沿途导游，介绍所在城市的概况，下榻饭店的地理位置和设施，以及沿途景物和有关注意事项等。对个体散客，沿途导游服务可采取对话的形式进行。

（4）入住饭店服务

导游员应尽快协助游客办理完成入住登记手续，并热情介绍饭店的服务项目及入住的有关注意事项，与游客确认日程安排和离店的有关事宜，并在适当的时候，随机问询游客在本地停留期间还有哪些需要旅行社为其代办事宜，表示愿竭诚为其提供服务。

2）导游服务

由于参加散客旅游的游客通常文化层次较高，而且有较丰富的旅游经验，因此他们对服务的要求高、更重视旅游产品的文化内涵。同时，接待散客对导游人员的素质要求也比较高，导游人员要有高度的责任感，多倾听散客的意见，做好组织协调工作。

在游览过程中，散客旅游因无领队、全陪，因此相互之间互无约束，集合很困难，导游人员更应尽心尽力，多做提醒工作，多合理建议，努力使散客参观游览安全顺利。

（1）出发前的准备

出发前，导游人员应做好有关的准备工作，如携带游览券、导游小旗、宣传材料、游览图册、导游证、胸卡、名片等，并与司机联系集合的时间、地点，督促司机做好相关的准备工作。导游人员应提前10～15分钟抵达集合地点，引导散客上车。

（2）沿途导游服务

散客的沿途导游服务与旅游团队大同小异。如果导游人员接待的是临时组合起来的散客团，初次与散客见面时应致欢迎辞。导游人员在做好沿途导游时，还要特别向散客强调在游览过程中注意人身和财物安全。

（3）现场导游讲解

抵达旅游景点后，导游人员应对景点的历史背景、特色等进行讲解，引导游客参观，回答游客的提问。并注意观察游客的动向和周围的情况，以防游客走失或发生意外事故。

（4）其他服务

由于散客自由活动时间较多，导游员应当好他们的参谋和顾问。可以介绍或协助晚间娱乐活动，把可观赏的文艺演出、体育比赛以及饭店的活动告诉游客，请其自由选择，但应引导他们去健康的娱乐场所。

3）送站服务

游客在结束本地的参观浏览活动后，为了使游客顺利、安全地离站，导游应做好以下工作。

（1）详细阅读送站计划

导游员必须要明确所送散客的人数、姓名、离开本地的日期、所乘航班或车次以及有无相关的变更等，并提前24小时与散客游客确认送站时间和地点。

（2）饭店接送散客

按照与散客约定的时间，导游员必须提前20分钟到达饭店或约定地点，协助散客办理离店手续，交还房间钥匙，付清账款，清点行李，并提醒客人带齐随身物品。

（3）送站工作

在送散客到机场（车站、码头）途中，导游员应向游客征询在本地停留期间或游览过程中的感受、意见或建议，并代表旅行社向游客表示感谢。游客到达机场（车站、码头）后，导游人员应提醒和帮助游客带好行李物品，协助游客办理相关离站手续，并向机场（车站、码头）工作人员确认航班或车次是否准时离开，若确认能准时离开，导游员应将游客送至隔离区或入口处同其告别，并表达对游客的美好祝愿。

（4）结束工作

由于散客经常有临时增加的旅游项目或其他的变化而需要导游员向游客收取的各项费

用，因此，在完成接待任务后，导游员应及时结清所有账目，并及时将有关情况反馈给旅行社。

【案例 8.1】

不要以小失大

有两位顾客收集了多家旅行社的"昆明—大理—丽江"游的旅游宣传资料，他们携带这些资料来到一家在当地有较高知名度的旅行社门市部进行咨询。门市接待人员与两位顾客认真分析了各家旅行社的产品后，向两位顾客介绍了本旅行社该产品的过人之处，并取得了两位顾客的认同。正欲办理手续签约的时候，顾客却没有足够的现金。门市接待人员说："没关系，麻烦你们明天再来一趟。"

请分析该旅行社门市接待人员在服务过程中有哪些不足之处？

8.3 旅行社票务业务

随着散客业务的发展，代客订购交通票据已成为旅行社重要的业务之一。在国外，不少旅行社以代客订购交通票据，尤其是飞机票据作为主要的经营业务。我国也有很多旅行社建立起票务中心，作为航空公司的客票代售点直接向旅游者出售飞机票。本节主要介绍旅行社航空票务业务及其管理。

8.3.1 票务中心的设立

建立票务中心是旅行社开展票务业务的首要步骤。目前，我国旅行社设立的票务中心主要经营飞机票的代销业务，有些票务中心还兼营火车票、长途汽车票、轮船票的代销业务。

1) 航空票务中心的类型

（1）一类航空票务代理

一类航空票务代理，是指具有经营代售国际航线和国内航线机票业务资格的旅行社票务中心。它有权代售国际航线航空客运机票，中国香港、澳门、台湾地区航线航空客运机票和其他国内航线航空客运机票。目前，根据国际航空运输协会的规定，代售国际及中国香港、澳门、台湾地区航线客运机票可获得票额 9% 的佣金，代售国内航线客运机票可获得票额 3% 的佣金。在具体的业务操作中，不同的航空公司又根据其自身的经营特点，对代售机票的佣金做出不同的规定。

（2）二类航空票务代理

二类航空票务代理，是指具有经营代售国内航空客票资格的旅行社票务中心。它有权代售我国除香港、澳门、台湾地区航线以外的其他国内航线航客客运机票。按照我国各航空公司的规定，二类航空票务代理代售国内航空客票可获得票额 3% 的佣金。

2）设立航空票务中心的条件

根据国家的有关规定，我国旅行社设立航空票务中心需要具备以下条件：

①具有独立的营业场所。

②拥有适当的通信器材，如电话、传真机、计算机等。

③拥有 3 名以上经过专业培训并获得航空运输销售代理业务岗位合格证书、销售代理人员证书或岗位培训证书的专职销售人员。

④具有一类航空票务代理资格的旅行社票务中心拥有的注册资金不少于 150 万元人民币。

⑤具有二类航空票务代理资格的旅行社票务中心拥有的注册资金不少于 50 万元人民币。

3）设立航空票务中心的程序

旅行社设立航空票务中心的具体程序如下：

①建筑、购买或租赁独立的营业场所。

②购置电话、传真机、计算机等通信器材。

③招聘拥有销售航空客票代理资格的人员或选送适当人员参加民航部门举办的专业培训。

④由会计师事务所出具注册资金的验资证明。

⑤申请设立一类航空票务代理资格的旅行社，须持有用于经营航空票务代理业务的营业场所产权证明或租赁证明、通信器材的购买发票、上岗人员资格证书、会计师事务所出具的验资证明和设立票务中心的申请报告等，向中国民用航空总局提出申请。

⑥申请设立一、二类航空票务代理资格的旅行社，须持有用于经营航空票务代理业务的营业场所产权证明或租赁证明、通信器材的购买发票、上岗人员资格证书、会计师事务所出具的验资证明和设立票务中心的申请报告等，向中国民用航空地区管理局提出申请。

⑦经民航管理部门审核并批准后，领取经营证书。

⑧持民航管理部门颁发的经营证书，到当地工商行政管理部门登记，申请办理营业执照。

⑨到所在地银行开立账户。

8.3.2　开账与结算计划

开账与结算计划是国际航空运输协会于 1978 年提出的用于规范民用航空公司销售航空客票程序的一个组织。目前，我国许多旅行社的票务中心加入了该组织。开账与结算计划的采用对减少过去由于不同航空公司各自印制飞机票给票务代理在代销过程中造成的混乱和给旅客造成的不便起到了积极的作用，有利于航空客票销售的标准化和程序化。

1）开账与结算计划的作用

开账与结算计划采用之前，各家航空公司分别印制该公司的航空客票，并委托旅行社等票务代理代售其客票。由于一家旅行社往往充当数家航空公司的票务代理，因此，需要分别从不同的航空公司领取各种航空客票，并分别与不同的航空公司结算。这种代售和结算方式给旅行社票务中心增加了机票分类、保管、结算、编写销售报表等方面的工作量，而且也增加了代售过程中出现差错的风险。随着开账与结算计划的引进，旅行社代售航空客票的程序出现了明显的简化，提高了代售工作的效率并降低了票务中心的经营成本。

开账与结算计划对旅行社票务中心的促进作用主要体现在以下几个方面：

（1）减少航空客票种类

开账与结算计划采用之前，旅行社在代售民航公司的航空客票时，需要向其所代理的各家航空公司领取由该公司印制和使用的专用机票，并根据旅游者所乘坐的航空公司航班销售该公司的航空客票。由于在一条国际和国内航线上存在多家客运航空公司，因此旅行社的票务中心需要分类贮存和使用各种航空公司的航空客票。这样，无论在经营成本方面还是在工作效率方面，都给旅行社增加了不少困难。现在，旅行社票务中心加入开账与结算计划后，只使用一种标准的中性航空客票，即没有任何航空公司标志的通用航空客票。当旅游者要求乘坐某家航空公司的航班时，票务人员只需在通用的航空客票上标注该航空公司的名称和航班号码，即可使旅游者获得一张该公司的正式航空客票。旅游者可持此票乘坐该航空公司的飞机旅行。这种方法减少了旅行社因分类贮存和使用各家航空公司客票所带来的不便，既有利于降低经营成本，又能够提高票务人员的工作效率。

（2）简化结算程序

开账与结算计划采用之前，旅行社必须定期向其所代理的各家航空公司寄送关于该公司航空客票销售情况的财务报表，并按照代售各家航空公司客票的数量和金额分别同各家航空公司结算。这种结算程序比较复杂，旅行社往往需要花费较多人力和财力编制和寄送大量的报表进行结算，增加了旅行社票务中心的经营成本和工作负担，降低了票务中心的经营利润，成为许多旅行社的一个沉重负担。现在，旅行社通过采用开账与结算计划的结算程序，只需向开账与结算计划所指定的银行寄送一份综合性的销售报表，并直接与该银行进行结算，即可完成结算程序。银行在与旅行社结算后，根据旅行社的综合性销售报表，再分别同有关的各家航空公司结算。这种方法既减轻了旅行社的工作负担，又降低了旅行社用于编制和寄送报表及分别结算的成本，有利于旅行社经营利润的增加。

2）加入开账与结算计划的程序

（1）申请加入国际航空运输协会

申请加入开账与结算计划的旅行社，必须是国际航空运输协会的成员。只有加入国际航空运输协会，旅行社才有资格申请加入开账与结算计划及使用中性航空客票经营销售代理业务。因此，旅行社在申请加入开账与结算计划之前，应首先申请加入国际航空运输协会。旅行社申请加入国际航空运输协会的程序是：

①参加培训。根据国际航空运输协会的规定，凡申请加入该组织的旅行社，必须经过

其指定机构进行的业务培训。培训合格后，受训人即可获得由国际航空运输公司协会颁发的资格证书或由国际航空运输协会和世界旅行社协会联合会联合颁发的培训结业证书。

②办理担保手续。根据国际航空运输协会的规定，申请加入该组织的旅行社，还须到其所在地的省、自治区、直辖市一级的中国工商银行办理担保手续，由该银行出具"不可撤销的担保函"。根据国际航空运输协会的规定，担保函须每年办理一次，担保金额根据旅行社上年度售票量的升降而增减。

③提出申请。凡希望获得国际航空运输协会成员资格的旅行社应首先向该组织的有关部门提出加入申请。在我国，旅行社应向国际航空运输组织驻中国办事处提出申请。在申请书中应注明旅行社的名称、类别、注册资金、营业地点、经营范围、法定代表人姓名等，说明申请加入国际航空协会的原因，并附有培训结业证书、上岗资格证书、代理人批准通知书、银行担保函等证明文件。国际航空运输协会对提出申请的旅行社进行审查，经审查合格，可批准其加入该组织，成为其正式成员。

（2）申请加入开账与结算计划

旅行社经审查合格，被批准加入国际航空运输协会后，便可向开账与结算计划驻北京办事处提出加入该计划的申请。旅行社在申请时应呈交申请书、各种证明文件、国际航空运输协会批准证书和文件等材料。经审核批准后，旅行社便正式加入了开账与结算计划，可向该组织领取代理航空客票销售业务专用的中性航空客票。该种客票上只有国际航空运输协会的标记，而无任何航空公司的标记。

【补充阅读资料 8.2】

团队机票

来源：网络

团队机票是指 10 人以上预订机票，一般需要提前申请，各航空公司根据当时航班的销售情况以及团队人数安排确认折扣舱位和票价。一般提前 7～10 天申请，也可本月申请下个月某时段的折扣。离起飞时间越接近，申请到团队折扣票价的可能性越小。团队票退票规定不同于散客退票规定，各航空公司按照各自的规定，会收取相应的退票手续费。

国际航班的团队机票由航空公司委托的旅行社作为指定代理，事先向航空公司订下若干数目的机位，作为举办团体旅行之用。按规定，这种团体机票不能出售给个别旅游人士，但实际上，某些航线上的特价机票，事实上是团体机票而通过指定的代理出售的。因此，购买时应该注意其有效性及能否退回程票。某些团体票在机票上注明不能退款，如出于签证或其他原因延误，引致不能出发或回程，损失很大，必须小心注意。

【本章小结】

本章主要介绍了旅行社散客旅游产品的类型、旅行社票务业务的内容及操作程序。旅行社散客业务包括单项委托服务、旅游咨询服务和选择性旅游服务 3 大类型。旅行社票务业务包括票务中心的设立、开账与结算计划、票务中心的业务流程 3 大板块。票务中心的设立是旅行社开展票务业务的首要步骤，开账与结算计划的采用有利于航空客票销售的标准化和程序化，票务中心的业务流程包括准备客票、预订客票、销售客票、退票和销售结算5项内容。

【复习思考题】

1. 什么是散客旅游业务？散客旅游业务包括哪些类型？
2. 旅游服务网点接待人员要具备哪些业务素质？
3. 旅游服务网点工作人员怎样才能做好旅游产品的销售工作？
4. 旅行社应具备什么样的条件才能设立航空票务中心？
5. 旅行社设立航空票务中心的程序是什么？
6. 航空客票的代售程序涉及哪些内容？

【实训】

1. 走访本地几家旅行社，了解他们有哪些散客旅游产品？
2. 请以旅游者的身份选择你所在地区的几家旅行社，并分别做上门咨询和电话咨询，比较其服务技能与服务质量的高低。

【案例分析】

"北京包机双飞送天津"旅游产品引发的对话

某旅行社面向散客市场推出的"北京包机双飞送天津"产品一投放市场，就因为价格便宜，且有"送"天津而引起了众多旅游者的青睐。在启程前一天，门市还有6个头等舱的机位。这天下午，有顾客来电话咨询，以下是该旅行社门市员工和旅游咨询者的对话：

员工：您好！某某旅行社。

顾客：请问"北京包机双飞送天津"还有没有？

员工：有的，还有6个头等舱，但价格比普通舱每人要高200元，要1998元。

顾客：你们在广告上不是说是1798元吗？没有说头等舱要高出200元呀？

员工：是的，我们在广告上是没有这条说明。

顾客：我们刚好有6个人，但1998元的价格不行。如果1798元可以的话，我们过来办手续。

员工：对不起，这不行。

顾客：（沉默片刻）没有别的办法吗？

员工：没有。

顾客：（沉默片刻）

员工：再见。

请分析：

1. 写出旅游服务网点工作人员的正确回答内容。

2. 与几位同学一块去旅行社做一次旅游咨询，并对旅游服务网点员工的推销进行讨论，写出点评。

第 **9** 章

旅行社的
财务管理

　　旅行社财务管理是旅行社管理的重要内容。本章从旅行社财务管理的内容出发，介绍旅行社流动资产和固定资产的管理；旅行社成本费用的控制、营业收入与利润的管理；旅行社会计核算和业务往来核算，以及如何运用财务报表对旅行社的经营状况进行分析。

9.1　旅行社资产管理

　　资产管理是旅行社财务管理的一项重要内容。资产是旅行社所拥有的全部资本的具体化。旅行社凭借所拥有的资产经营各种旅游产品，并获得预期的经济收益。旅行社的资产构成与饭店等其他旅游企业基本相同，主要由流动资产、固定资产、无形资产和其他资产组成。但由于各种资产所占的比例与其他旅游企业相差比较大，因此，旅行社资产管理具有一定的特殊性。目前，我国大多数旅行社资产管理的重点是流动资产管理和固定资产管理。

9.1.1　旅行社流动资产管理

　　流动资产是指旅行社可以在一个营业周期（通常为1年）内将其转变成现金或者耗用的资产。旅行社流动资产主要由货币资产、生息资产、债权资产和存货资产4个部分构成。它是旅行社业务经营活动不可缺少的重要条件之一。同旅游业的其他部门相比，旅行社的流动资产在其总资产中占有较大的比重。因此，控制流动资产的规模和内部构成比例，加速流动资金周转便成为旅行社财务管理的重要内容。

　　因为旅行社的经营业务与其他类型的旅游企业如饭店等不同，在其经营过程中不需要保持大量的存货资产。所以旅行社对流动资产的管理主要是对货币资产、生息资产和债权资产3项资产进行管理。

1）货币资产管理

　　旅行社的货币资产，主要包括现金和银行存款。它是旅行社所有资产中最具有流动性的一种资产。现金经常用于向旅游供应部门和企业采购各种旅游服务、支付旅行社各类劳务及其他各种费用、偿还到期的债务等。银行存款主要用于旅行社的各种经济往来与结算、发放工资和补充旅行社的库存现金等。现金虽然具有很强的支付能力，但在未使用前不能给旅行社带来任何利润，反而还需要承担一定的筹资成本。旅行社将现金存入银行所获得的利息也是微乎其微的。所以，在保证经营活动顺利进行的前提下，旅行社必须设法缩短现金在周转过程中所占用的时间，减少实际占用的现金总量。旅行社在货币资产管理中主要采取以下措施：

（1）确定旅行社的现金库存限制

随着我国市场经济制度的逐步确立，许多商业银行已经不再为旅行社核定库存现金的限额。因此，旅行社必须根据本企业在日常经营活动中的需要，自行确定库存现金的数量。旅行社日常开支所需的现金数量要适宜，既不能出现经营中现金短缺的现象，也不能造成资金的闲置和浪费。

（2）严格控制现金的使用范围

除以下各项款项可用现金支付以外，旅行社不应随意扩大现金使用范围。

①职工工资、各种工资性津贴和支付给个人的各种奖金。

②各种劳保、福利费用以及国家规定的对个人的其他现金支出。

③个人劳动报酬，包括稿费、讲课费及其他相关工作报酬。

④出差人员必须随身携带的差旅费。

⑤结算起点以下的零星支出。

⑥确定需要现金支付的其他支出。

（3）严格现金收支管理

旅行社应将现金收入于当日存入开户银行。旅行社不得坐支现金，即不得从本企业的现金收入中直接支付。

（4）加强银行存款管理

按照国家有关规定，旅行社作为经营企业必须在所在地的银行开立账户。为保证银行存款与旅行社日记账所记业务及金额的一致性，旅行社财务人员应定期与银行对账。银行则应定期编制对账单，列明旅行社在一个会计期内，通过银行实际收付的资金。旅行社应将日记账与对账单认真核对，如发现不符，要及时查明、调整。旅行社对其银行存款要加强管理，不准出租、出借账户，不准套取银行信用，不准签发空头支票或远期支票。

（5）严格控制现金支出

旅行社应当充分利用商业信用所提供的方便，减少现金的占用时间，从而达到节约现金的目的。旅行社应严格控制现金支出，尽量避免在应付账款到期日之前支付现金，并设法减少某些不十分必要的开支或推迟支付的时间。

2）生息资产管理

为了减少因在企业内保持超出日常开支所需的货币奖金而蒙受利润损失，旅行社应将其暂时闲置的货币资金投资于生息资产。生息资产亦称短期有价证券或金融资产，主要包括期限在一年以下的国库券、商业票据、银行承兑汇票和可转让定期存单等。生息资产一般具有3个特点：一是能够在短期内变成现金；二是能够产生较多的利息；三是市场风险小。生息资产由于这些优点，因此又常被看成"准现金"。但是，生息资产有时候也会出现因为货币市场上供求关系的变化而出现价格波动，在个别情况下某些票据也存在违约风险等情况，这些都是旅行社资产管理者应予以注意的。

3）债权资产管理

旅行社的债权资产主要是指应收账款。应收账款在旅行社的流动资产中占有较大的比例。旅行社的经营活动是组团和接团，正常情况应该是组团社先收费后接待，但实际情况往往不是这样，许多旅行社是先接待后收费。这样就出现了中间商大量占用组团社资金的现象。接团社从事接待业务，其收入来源是组团社拨款，其业务程序是先接团后结算，无论是对组团社还是接团社而言，应收款的数量都是很大的。为此，加强旅行社应收款的管理就具有重要意义。

（1）制定和执行适当的信用政策

旅行社的债权资产状况取决于旅行社制定的信用政策及其执行情况。当信用政策宽松时，债权资产和旅行社的业务量往往增加，一方面，导致边际利润的增加和市场占有量的扩大；另一方面，也容易造成应收账款回收的管理费用及坏账损失增加。当信用政策紧缩时，一方面，可以减少回收应收账款的管理费用及坏账损失的风险；另一方面，却不利于边际利润的增加和市场占有量的扩大。因此，旅行社必须根据自身所处的市场条件及客户的资信状况，制定适当的信用政策。

①制定信用政策。旅行社制定信用政策，应针对不同的客户规定出相应的信用标准、赊销条件及收取账款的程序。对新客户应该先进行充分的资信调查，设法了解其财务状况，以便决定是否向其提供信用。对已经同旅行社建立了良好关系的老客户，只要没有大幅度地增加赊欠的应收账款，旅行社就可以继续提供信用。

②规定赊款条件。目前我国的旅游市场条件下，旅行社为了扩大市场占有量，吸引更多的客户从而获得更大的边际利润，应允许部分客户在一定的条件下先送客人后结算。然而，这种赊销信用经常是无担保的，而且多数客户不在旅行社的所在地。当客户无力偿付欠款时，旅行社虽有权索取欠款，但因为没有担保物，使旅行社承担了更大的风险。所以，旅行社在允许客户欠款时，应该规定赊销的条件、赊欠的最长期限及赊欠的最高限额等。另外，为了鼓励客户尽快付款，旅行社可做出规定，如果客户能够在一定期限内偿付欠款，则可以享受一定比例的现金折扣。这些措施可以使旅行社降低坏账的风险。

③规定收取应收账款的程序。为了减少坏账的损失，旅行社应该制定一套行之有效的收取应收账款的程序。例如，旅行社应在一笔欠款刚过偿付期时，立即给客户发函或打电话进行催讨。如经过数次催讨后客户仍继续拖欠，旅行社可以停止向其提供赊销信用直至诉诸法律以求解决。由于催讨客户欠款须支付一定的费用，因此旅行社应制定催讨欠款费用的限额。当旅行社认为继续催讨欠款已经得不偿失时，应该立即停止催讨而将这笔欠款经报批后作为坏账损失注销。

（2）应收账款的管理方法

①比较应收账款的回收期。比较应收账款的回收期是指旅行社将应收账款的实际回收期同规定的回收期进行对比，找出两者的差距，分析出问题所在，以便采取相应的纠正措施。

②分析账龄。旅行社可将所有赊销客户赊欠的应收款按时间长短顺序编制成表，找出拖欠时间超过规定回收期的客户并分析拖欠的原因，从而确定每一位客户的信用程度。旅行社可以根据分析的结果采取相应的措施，降低坏账的风险。

③定期检查客户的应收账款。旅行社在应收账款的管理中，可以采取定期检查客户应收账款偿付情况的办法。检查的主要内容包括客户对本旅行社招徕客源的重要程度及其占旅行社总接待量的比重，应收账款的支付情况，客户未能及时偿付欠款的原因等。通过检查，旅行社可以对客户进行信用评价，判断发生坏账的可能性，并根据客户的信用状况重新确定向其提供信用的条件。

（3）建立坏账准备金

为弥补坏账损失，旅行社可在年终根据国家有关规定提取坏账准备金，坏账准备金计入旅行社的管理费。发生坏账损失时，旅行社可冲减坏账准备金。当年发生的坏账损失超过上年计提的坏账准备金部分，计入管理费；少于上年计提部分，冲减管理费。旅行社如收回已核销的坏账，则划归坏账准备金。对没有计提坏账准备金的旅行社，发生坏账损失，记入管理费。

【案例 9.1】

账龄分析

为了加强对应收账款的管理，国宇旅行社定期对应收账款进行账龄分析。以下是 2009 年 8 月和 9 月的应收账款账龄情况：

账龄	8 月份	9 月份
30 天以内	63%	59%
31 ~ 90 天	22%	16%
91 ~ 180 天	11%	14%
180 天以上	4%	11%

［分析提示］

从上面的账龄分析可以看出，在 9 月份，国宇旅行社的客户拖欠时间有所延长，尤其是拖欠时间超过半年的应收账款占全部赊销额的比例比 8 月份上升了 7 个百分点，说明应收账款的催收工作有待加强，以降低发生坏账损失的风险。

9.1.2 旅行社固定资产管理

固定资产是指使用年限在 1 年以上的房屋、建筑物、机械、运输工具和其他与生产经营有关的设备等。不属于生产经营主要设备但单位价值在 2 000 元以上，并且使用年限超过两年的物品也应当作为固定资产。旅行社的固定资产相对于其他旅游企业如宾馆是比较少的，主要是房屋、建筑物和运输工具。但近年来，随着旅行社集团化的发展，一些大、中型旅行社也开始购置较多的房屋、汽车等固定资产，从而提高了固定资产在总资产中的比重。因此，加强固定资产的管理，已经具有越来越重要的意义。

1）固定资产的计提折旧

（1）计提折旧的固定资产范围

计提折旧的固定资产包括房屋和建筑物；在用的机器设备、运输车辆；季节性停用、修理停用的设备；融资租入的设备；以经营租赁方式租出的固定资产。

不准计提折旧的固定资产包括房屋、建筑物以外的未使用、不需用的机器设备；以经营租赁方式租入的固定资产；已提足折旧仍继续使用的固定资产和未提足折旧提前报废的固定资产；国家规定不提折旧的其他固定资产（如土地等）均为不准计提折旧的固定资产。

（2）固定资产计提折旧的方法

根据《企业会计准则》规定，固定资产折旧应当根据固定资产原值、预计净残值、预计使用年限或预计工作量，采用年限平均法或工作量法计算。根据《企业财务通则》的规定，固定资产折旧，从固定资产投入使用月份的次月起，按月计提；停止使用的固定资产，从停用月份的次月起，停止计提折旧。旅行社计提折旧的方法一般分为两种，即平均年限法和工作量法。

①平均年限法。又称为直线法，是我国目前最常用的计提折旧方法。旅行社采用平均年限法计提固定资产的折旧时，先以固定资产的原始成本扣除净残值，然后按照固定资产的预计使用年限进行平均分摊，计算每年或每月的折旧额和折旧率。这是一种较为简易的折旧计提方法，通常用于房屋等建筑物和贵重办公设备的折旧计提。

平均年限法的计算公式：

$$年折旧率 = \frac{1 - 预计净残值率}{固定资产的预计使用年限} \times 100\%$$

$$月折旧率 = \frac{年折旧率}{12}$$

月折旧额 = 固定资产原始价值 × 月折旧率

固定资产净残值率，一般按照固定资产原值的 3% ~ 5% 确定。对不同的固定资产，旅行社应按其类别规定具体的折旧年限。目前，国家对于不同类别固定资产折旧年限的规定为：营业用房 20 ~ 40 年，非营业用房 35 ~ 45 年，简易房 5 ~ 10 年，建筑物 10 ~ 25 年；大型客车（33 座以上）行驶 30 万千米或 5 ~ 10 年，中型客车（32 座以上）行驶 30 万千米或 7 ~ 8 年，小轿车行驶 20 万千米或 5 ~ 7 年，行李车行驶 30 万千米或 7 ~ 8 年，货车行驶 50 万千米或 12 年，摩托车行驶 15 万千米或 5 年。

②工作量法。有些固定资产（如接待旅游者的旅游大客车）在不同的经营期间使用的程度不均衡，发生的磨损程度也相差较大，难以用平均年限法确定其每年的折旧额。对于这类资产，旅行社可以采用工作量法来计提折旧。工作量法是一种以固定资产的具体使用时间或使用量为自变量，且与年限无绝对直接依存关系的折旧方法。这种折旧计提方法适用于汽车等固定资产。

工作量法的计算公式：

$$单位工作量折旧额 = \frac{原值 \times （1-预计净残值率）}{预计使用年限内可以完成的工作量}$$

2）固定资产的处理

（1）修理费用的提取

旅行社发生的固定资产修理费用，计入当期成本费用。对数额较大、发生不均衡的修理费用，可以分期摊入成本费用，也可以根据修理计划分期从成本中预提。

（2）固定资产盘亏、盘盈及报废处理

对盘亏及毁损的固定资产应按原价扣除累计折旧、过失人及保险公司赔款后的差额计入营业外支出。对盘盈的固定资产应按其原价减估计折旧后的差额计入营业外收入。

对出售或清理报废固定资产变价净收入（变价收入、残料价值减清理费用后的净额）与固定资产净值（原价减累计折旧）的差额，计入营业外收入或营业外支出。

9.2 旅行社成本费用管理

旅行社成本费用管理是旅行社财务管理的一项重要内容。旅行社管理者在进行成本费用管理的过程中，应按照客观经济规律的要求，特别是价值规律的要求，对旅行社的经营成本进行计划、控制、核算和分析，以促进旅行社人、财、物等资源的合理开发和利用，不断降低成本费用，提高经济效益。

9.2.1 旅行社成本费用的构成

旅行社的成本费用主要由营业成本、营业费用、管理费用和财务费用构成。

1）营业成本

旅行社的营业成本是指在经营过程中发生的各项代收代付费用，包括房费、餐费、交通费、文娱费、行李托运费、票务费、门票费、专业活动费、签证费、陪同费、劳务费、宣传费、机场建设费等。

2）营业费用

旅行社的营业费用是指旅行社各营业部门在经营中发生的各项费用，包括运输费、装卸费、包装费、保管费、保险费、燃料费、展览会、广告宣传费、邮电费、水电费、差旅费、洗涤费、物料消耗费、折旧费、修理费、低值易耗品摊销、营业部门人员的工资、福利费、工作餐费、服装费和其他营业费用。

3）管理费用

管理费用是指旅行社的管理部门为组织和管理企业经营活动而发生的各种费用，包括企业行政管理部门在企业经营管理中发生的或者应由企业统一负担的各种费用。包括公司经费、工会经费、职工教育经费、劳动保险费、待业保险费、劳动保护费、外事费、租赁费、咨询费、审计费、诉讼费、绿化费、土地使用费、技术转让费、研究开发费、税费、燃料费、水电费、折旧费、修理费、无形资产费、低值易耗品摊销费、交际应酬费、坏账损失、存货盘亏、上级管理费及其他管理费用。

4）财务费用

财务费用是指旅行社经营过程中发生的一般财务费用，包括净利息支出、汇兑净损失、金融机构手续费、加息及筹资发生的其他费用。

9.2.2　旅行社成本费用的核算

旅行社成本费用核算可以根据旅行社的经营规模和范围分别实行单团核算和部门批量核算。

1）单团核算

单团核算是指旅行社以接待的每一个旅游团（者）为核算对象进行经营盈亏的核算。单团核算有利于考核每个团队的经济效益，进行各项费用的清算、考核及降低成本。但是，单团核算的工作量较大，一般适用于业务量较小的旅行社。

2）部门批量核算

部门批量核算是指旅行社的业务部门在规定期限内，以接待的旅游团（者）的批量为核算对象进行的核算。按部门批量核算虽然不像单团核算那样详细，但它能从不同的侧面反映出旅行社经营的盈亏状况，为开拓市场、改善经营管理提供依据。这种核算方法适用于业务量较大的旅行社。

9.2.3　旅行社成本费用的分析

成本是影响旅行社经济效益的一个重要因素。在营业量一定的前提下，成本费用越低，经济效益就越高。对成本费用的分析可以按核算的要求实行单团成本分析和部门批量成本分析。

1）单团成本分析

单团成本分析的前提是实行单团成本核算。为了达到控制成本、提高旅行社经济效益的目的，应采取以下步骤进行分析：

①在综合分析市场状况和旅行社自身经营状况的基础上编制成本计划，制订出一套分等级的计划成本，并以此作为衡量旅行社经济效益的标准。

②将单团的实际成本与计划成本进行对比，找出差异。对差异较大的旅游团要逐项进行分析，找出成本上升或下降的原因并加以改进或发扬。

③加强信息反馈，把在成本分析中发现的差异及其原因及时反馈到有关领导和部门，以便加强对成本的控制。

2）部门批量成本分析

接待业务量较大的旅行社应实行部门批量成本分析和核算，将不同部门接待的旅游团作为成本核算的对象，进行成本的归集和分配，核算出各个部门接待一定批量旅游者的成本水平和经济效益。旅行社在进行成本分析和核算时应采取以下步骤：

①编制各部门接待一定批量旅游者的计划成本及计划成本降低额，核算出实际成本及实际降低额。

②从部门接待旅游者数量变动、产品结构变动、成本变动3个方面进行因素替代分析，找出各因素的影响程度。

③将在成本分析中得到的信息反馈给有关部门和领导，采取措施扭转不利因素影响，加强对成本的控制。

旅行社对费用的分析主要采用比较分析法，即将计划费用指标与实际费用发生额进行对比，找出费用上升的原因，按照变动费用和固定费用与业务量的关系，逐项分析其变动是否合理，如不合理要及时采取措施加以改进。

【小思考 9.1】

"一团一清"的结算方法有哪些益处？

旅行社采用"一团一清"的结算方法，可以使旅行社尽快收回欠款，减少坏账损失，还有利于对该旅游团的经济效益进行分析。

9.2.4　旅行社成本费用的控制

成本费用控制是指旅行社在经营过程中，根据事先制定的成本费用目标，按照一定的原则，采用专门的方法对旅行社日常发生的各项经营活动进行严格的管理和监督，把各项成本费用控制在一定的范围之内的成本费用管理方法。旅行社通过对产品设计、产品开发、旅游服务采购、产品销售与促销和旅游接待等方面成本和费用的形成过程进行监督和分析，及时纠正所发生的偏差，把经营成本限制在目标决策范围之内，以保证目标成本的实现。旅行社成本费用控制的内容主要包括3个方面。

1）制定成本费用标准

旅行社在经营过程中需要付出大量的成本费用，以获得预期的经营收入。如果成本费用过高，会使旅行社的经营利润大幅度下降，甚至造成亏损。因此，旅行社管理者必须根据本企业的实际情况和经营目标，参照其他旅行社的成本费用水平，制定出本旅行社的成本费用标准。这是旅行社成本控制的首要步骤。

旅行社制定成本费用标准的方法主要有分解法、定额法和预算法。

（1）分解法

分解法是指将目标成本费用和成本费用降低目标按成本费用项目进行分解。明确各成本费用项目应达到的目标和降低的幅度。在此基础上，把各成本费用项目指标按部门进行归口分解。然后，各部门再把成本费用指标落实到各个岗位或个人，再由各个岗位或个人分别制定各项成本费用支出的目标和措施，对分解指标进行修订。各项修订后的指标要以实现目标成本费用为标准，进行综合平衡，经过综合平衡以后，即可形成各项成本费用开支的标准。

（2）定额法

定额法是指旅行社首先确定各种经营成本或费用的合理定额，并以此为依据制订成本费用标准。凡是能够直接确定定额的成本或费用，都应制定标准成本费用。不能直接确定定额的成本费用，也要比照本行业的平均水平确定成本费用开支的标准限额，用以控制盲目的成本费用开支。

（3）预算法

预算法是指旅行社在把经营费用划分为同销售收入成比例增加的变动费用、不成比例增加的半固定成本费用或半变动成本费用以及与销售收入增减无关的固定费用的基础上，按照各部门的业务量分别制定预算，并以此作为费用控制的标准。各部门的业务量不同，其费用预算也不一样。旅行社可据此对业务量不同的各个部门制订弹性费用预算。

2）日常控制

旅行社应当在日常经营管理中，按照预先制定的成本费用标准，严格控制各项消耗和支出，并根据已发生的误差及时进行调整，以指导当前的经营活动。旅行社成本费用的日常控制主要包括建立成本控制信息系统、实行责任成本制和进行重点控制3项措施，并通过这些措施对旅行社经营管理的成本费用实行全过程的、全面的和全员的控制。

（1）建立成本控制信息系统

旅行社应该通过建立成本费用控制信息系统对经营活动过程中产生的成本费用进行控制。成本控制信息系统主要包括3个部分：成本指标、标准、定额等输入系统；核算、控制、反馈系统；分析预测系统。这3个系统构成一个整体，就会发挥提供、传递与反馈成本费用信息的作用，并成为旅行社成本控制的有效手段。

（2）实行责任成本制

为了加强成本控制，旅行社应实行责任成本制度，即把负有成本责任的部门作为成本责任中心，使其对可控成本负完全责任。通过责任成本制度，可以把经济责任落实到旅行社内部各个部门，推动各部门控制好所负责的成本。

（3）进行重点控制

旅行社管理者应在日常成本费用控制中对占成本比重较大的部门或岗位、成本降低目标较大的部门或岗位和目标成本实现较难的部门或岗位进行重点控制。按照确定的标准，对这些部门或岗位的成本费用进行检查和监督，以降低成本费用，提高经营利润。

3）检查与考核

旅行社管理者应定期对各部门成本费用控制情况及整个旅行社的成本费用控制情况进行检查和考核。在检查与考核过程中，旅行社管理者应着重做好以下几项工作：

①检查成本计划的完成情况，查找和分析产生成本差异的原因。

②评价各部门和个人在完成成本计划过程中的成绩和缺点，给予应有的奖励或惩罚。

③总结经验，找出缺点，提出办法，为进一步降低经营成本提供资料。

成本控制的这3项内容是紧密联系、循环往复的，每经历一次循环，成本控制标准都应有所改善，成本控制手段都应更加科学。

9.3 旅行社营业收入与利润管理

作为以营利为目的的旅游企业，旅行社通过向旅游者提供各种旅游服务获得其所预期的营业收入和利润。利润来源于旅行社的营业收入，只有营业收入增加了，利润才可能增加。同时，利润又是旅行社在一定时期内的经营成果，利润的多寡反映出旅行社经营水平的高低。因此，旅行社管理者必须重视对营业收入和利润的管理。

9.3.1 旅行社营业收入管理

1）旅行社营业收入的构成

旅行社的营业收入是指旅行社在一定时期内，由于向旅游者提供服务而获得的全部收入。旅行社的营业收入主要由5个部分构成。

（1）综合服务费收入

综合服务费收入是指为旅游者提供综合服务所获得的收入，包括导游费、餐饮费、市内交通费、全程陪同费、组团费和接团手续费等。

（2）房费收入

房费收入是指旅行社为旅游者代订饭店的住房后，按照旅游者实际住房等级和过夜天数收取的食宿费用。

（3）城市间交通费收入

城市间交通费收入是指旅游者在旅游客源地与旅游目的地之间以及在旅游目的地各城市或地区之间乘坐各种交通工具所支付的费用而形成的旅行社营业收入。

（4）专项附加费收入

专项附加费收入主要是指旅行社向旅游者收取的汽车超公里费、风味餐费、特殊游览门票费、专业活动费、保险费以及一些不可预见费等收入。

（5）单项服务收入

单项服务收入主要是指旅行社接待零散旅游者和委托代办事项所取得的服务收入，代理代售国际联运客票和国内客票的手续费收入以及代办签证收费等收入。

2）旅行社营业收入的控制

在旅行社的营业收入中，代收代支的款项占有很大比重，这是旅行社在业务经营方面区别于其他旅游企业的一个重要特点。旅行社在核算其营业收入时应根据这一特点，加强管理，准确地对其进行确认和时间上的界定。

确认营业收入的原则如下。

①根据国家有关规定，旅行社在确认营业收入时应实行权责发生制。根据权责发生制，旅行社在符合以下两种条件时，可确认其获得了营业收入。

A. 旅行社已经向旅游者提供了合同上规定的服务。

B. 旅行社已经从旅游者或者组团旅行社处收到价款或取得了收取价款权利的证据。

②界定营业收入实现时间的原则。由于旅行社经营的旅游产品不同，其营业收入实现的时间也各不相同。根据有关规定，对旅行社营业收入实现时间的界定原则为：

A. 入境旅游。旅行社组织境外旅游者到境内旅游，以旅游者离境或离开本地的时间作为确认其营业收入实现的时间。

B. 国内旅游。旅行社组织国内旅游者在国内旅游，接团旅行社应以旅游者离开本地的时间、组团旅行社应以旅游者旅行结束返回原出发地的时间作为确认其营业收入实现的时间。

C. 出境旅游。旅行社组织中国公民到境外旅游，以旅游者旅行结束返回原出发地的时间作为确认其营业收入实现的时间。

【补充阅读资料 9.1】

"拖欠款"——困扰旅行社的难题

目前，旅行社之间相互欠款已成为中国旅行社行业的老大难问题，不少旅行社因此而陷入流动资金短缺甚至亏损的境地。在目前的买方市场条件下，目的地旅行社无法做到"先付款，后接待"，也不能一概拒绝中间商的延期付款要求。虽然信用条件宽能够使旅行社获得较多的客源，但是却会导致更大的坏账风险，一旦对方赖账或破产，则会使被拖欠的旅行社蒙受重大的经济损失。因此，旅行社可以对不同信誉、不同合作时间、不同送客量的旅行社采取不同的信用政策，积极预防坏账的风险。

9.3.2 旅行社利润管理

1）旅行社利润的构成

利润是旅行社在一定时期内经营活动的最终财务成果，是旅行社经营活动的效率和效益的最终体现。它不仅是反映旅行社经营状况的一个基本指标，也是考核、衡量旅行社经营成果与经济效益最重要的标准。旅行社的利润由营业利润、投资净收益和营业外收支净额构成，它是旅行社在一定时期内经营的最终成果。旅行社通过对利润指标的考核和比较，能够综合地反映出企业在这段时期内取得的经济效益。

（1）营业利润

旅行社营业利润是指营业收入扣除营业成本、营业费用、营业税金、管理费用和财务费用后的净额。

（2）投资净收益

旅行社投资净收益是指投资收益扣除投资损失后的数额。投资收益包括对外投资分得的利润、取得的股利、债券利息、投资到期收回或中途转让所取得的款项高于投出资产账面净值的差额。投资损失是投资不当而产生的投资亏损额或指投资到期收回或中途转让取得的款项低于投出资产账面净值的差额。

（3）营业外收支净额

旅行社营业外收支净额是指营业外收入减营业外支出后的差额。营业外收入包括固定资产盘盈和变卖的净收益、罚款净收入、确实无法支付而按规定程度批准后转作营业外收入的应付账款、礼品折价和其他收入等。营业外支出包括固定资产盘亏、毁损和报废的净损失、非常损失、培训费、赔偿费、违约金、罚息以及公益性捐赠等。

2）旅行社利润的分析

利润分析是指旅行社根据期初的利润计划对本期内所实现的利润进行的评价，它主要包括利润总额分析、利润总额构成因素分析和营业利润分析 3 个方面的内容。

（1）利润总额分析

利润总额分析是指旅行社运用比较分析法，将本期的利润总额同上期的利润总额或本期的计划利润指标进行对比，分析其增减变动情况。

本期利润比上期利润的增减情况的计算公式为：

本期利润比上期利润的增减额 = 本期利润总额 − 上期利润总额

$$利润增减率 = \frac{利润增减额}{上一期利润总额} \times 100\%$$

本期计划利润完成情况的计算公式为：

$$完成计划百分比 = \frac{本期实际利润总额}{本期计划利润总额} \times 100\%$$

超额或未完成计划百分比 = 完成计划百分比 -100%

（2）利润总额构成因素分析

旅行社在分析其利润总额增长情况后，还应对利润的构成因素进行分析，以便发现导致本期利润变化的主要因素，并采取相应的措施。如果发现某项因素的增长比例或绝对额与上期相差较大，则应对其发生的原因进行深入的分析。

（3）营业利润分析

营业利润分析是指旅行社通过对利润计划指标与实际结果进行对比，运用因素分析法找出影响营业利润实现的因素，以便采取措施，加强管理，为进一步增加营业利润指明方向。在营业收入一定的情况下，影响营业利润高低的因素是营业成本、营业费用、营业税金、管理费用和财务费用。尽可能降低成本费用，特别是严格控制费用的支出是增加营业利润的有效途径。

3）旅行社利润的控制

利润控制是旅行社财务管理的一项重要任务，控制主要内容是确定目标利润和进行利润分配。

（1）确定目标利润

旅行社应在每一个营业期之初确定将在本营业期内获得多少利润，即确定其目标利润，以便采取各种合理的、可行的方法努力实现这个目标。在营业期结束时将实际完成的利润同目标利润进行分析对比，以加强对利润的管理。

旅行社计算目标利润的公式为：

目标利润 = 预计营业收入 − 目标营业成本 − 预计营业税金 − 预计费用

旅行社在确定了目标利润之后，可以运用各种方法来测算出为实现目标利润所应完成的销售量及所产生的各种成本和费用。成本—业务量—利润分析法（简称量、本、利法）是进行这种测算的一种有效的方法。量、本、利法将成本分解为固定成本和变动成本，并根据由此获得的信息，预测出旅行社的保本销售量和为完成目标利润而需增加的销售量。

量、本、利分析法的计算公式为：

$$保本销售量 = \frac{固定成本费用总额}{单位销售价格 \times (1-税率) - 单位变动成本}$$

$$实现目标利润的销售量 = \frac{固定成本费用总额 + 目标利润}{单位销售价格} \times (1-税率) - 单位变动成本$$

$$实现目标利润的销售收入 = \frac{固定成本费用总额 - 目标利润}{1-税率 - \dfrac{单位变动成本}{单位销售价格}}$$

对于产品单一、售价和成本稳定的旅行社，使用量、本、利分析法能够作出比较准确的预测。但是，对于多数旅行社来说，其产品、成本和售价因受市场供求关系、同行之间的竞争激烈程度以及其产品的规格、内容和档次等因素的影响，使用量、本、利分析法存在着一定的难度。旅行社可以参考上期的平均成本和营业收入，按照上述的公式进行估算。

（2）利润分配

利润分配是旅行社利润管理的另一重要内容。由于旅行社的经营体制不同，利润分配的方式也存在一定的差异。目前，我国旅行社大致可以分为股份制旅行社和非股份制旅行社两类，其利润分配办法各不相同。

根据国家有关规定，股份制旅行社在依法向国家交纳所得税后，应首先提取公益金，然后按照以下顺序分配所剩余的利润：支付优先股股利；按公司章程或股东会议决议提取盈余公积金；支付普通股股利。

非股份制旅行社应在依法向国家交纳所得税金后，按照下列程序分配税后利润：支付被没收的财务损失和各项税收的滞纳金、罚款；弥补旅行社以前年度的亏损，根据国家有关规定，旅行社发生亏损，可用下一年度的利润弥补，延续 5 年未弥补的亏损，可用所得税后的利润弥补；提取法定盈余公积金；提取公益金；向投资者分配利润，旅行社以前年度未分配的利润可以并入本年度利润一并分配。

根据国家有关规定，旅行社提取的法定盈余公积金应为税后利润的 10%。法定盈余公积金已达旅行社注册资金的 50% 后，可不再提取。旅行社提取的盈余公积金用于弥补亏损或按规定转增资本金。旅行社提取的公益金主要用于职工集体福利设施支出。

9.4 旅行社会计核算

旅行社会计核算是以货币为主要计量单位，并运用专门的方法对旅行社经营过程及其结果进行连续、系统、全面、综合的核算和监督。通过会计核算，旅行社的经营管理者可以检查旅行社的一切经营活动及其目标的实现与否，并可以对未来的经营活动进行预测、决策和计划。旅行社的会计核算包括业务核算和业务结算两项内容。

9.4.1 旅行社业务核算

旅行社经营业务内容大体分为组团招徕和导游接待，它们的业务核算各有不同的特点。因此，旅行社业务核算又主要分为组团业务核算和接待业务核算两大类。有的旅行社以一种业务为主，比如组团社以组团业务为主，故核算也以组团业务核算为主。接团社以地接业务为主，故以接待业务核算为主。有的旅行社两种业务都有，故对两种业务的核算兼而有之。

1）组团业务核算

组团业务是组团社的主要经营活动。组团业务核算内容包括审核报价、组团收入的核算和组团成本的核算等。

（1）报价的审核

旅行社组团业务的报价是旅行社为旅游者提供服务的收费价格标准。目前旅游行业竞争日趋激烈，由于旅游景点、旅游天数、提供的膳食标准、住宿、交通工具的不同，其收费标准不同，因此，依据旅游服务对象的接受程度和上述因素综合制定合理的旅游等级和旅游价格显得尤为重要。科学合理的报价既可以防止营私舞弊，又可以提高旅行社的竞争能力。

旅行社的财务部门应对经办人填制的对外报价单（表 9.1）进行审核。审核的方法是结合旅游服务对象的活动日程、时间安排、价格等级等实际情况对经办人填制的报价单进行审核。审核的主要内容有报价单是否填写完整、各项定价是否合理、并对成本费用和收入进行预算，在具有可行性的情况下认可或提出新的收费价格。下面是一份国际旅行社的旅游报价单。

表 9.1　旅游报价单

年　月　日									
旅游团代号：			价格等级：				旅游线路：		
日期	天数	服务费	交通费	住宿费	餐费	门票	其他	合计	
每人总包价：人民币　　元（折合　　美元，含全免　　人）									
备　注：									
负责人：		审核人：		部门：			填表人：		

（2）组团营业收入的核算

组团社通过招徕旅游者和组织旅游者进行旅游活动获得的收入称之为组团营业收入。它主要是指组团外联收入，即组团社自组外联，收取旅游服务对象的用餐、住宿、交通、门票费以及翻译导游、文娱活动等的收入。另外，不属于组团外联收入的其他各项收入归类为其他服务收入。

财务部门在核算组团营业收入时，首先要对组团营业收入进行确认和计算，依《企业会计准则》的规定，组团营业收入的确认要依据下面两个原则：一是劳务已完成或其完成程度能够可靠地计量；二是与交易相关的经济利益能够流入企业。也就是说，组团社必须在同时满足上述两个条件时才能确认收入。如果旅游者没有离境或旅游接待任务没有完成或旅行社没有取得价款或收取价款的凭据，此时，组团社不能确认营业收入。

组团社营业收入主要通过"营业收入"账户进行核算。组团社实现收入时，借记"银行存款""应收账款"等科目，贷记"营业收入"科目。该账户期末余额转入"本年利润"账户，借记"营业收入"科目，贷记"本年利润"科目，结转后该账户无余额。"营业收入"账户应按收入类别分设明细账户，进行明细分类核算。如可设置组团外联收入、其他收入等二级账户。

【案例 9.2】

2019 年 2 月 1 日，某国际旅行社收到中国银行通知，美国某某旅游团 50 000 美元的旅游费已到账。当日的市场汇率为 1 美元＝6.727 8 元人民币。接到银行通知，收到旅游费用时账目如下：

借：银行存款——美元户（50 000 美元）336 390 元（人民币）

　　贷：应收账款（预收账款）——某某旅游团

　　　　　　（50 000×6.727 8）336 390 元（人民币）

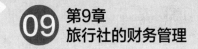

【案例 9.3】

2019 年 2 月 20 日，某某旅游团的旅游活动结束，并于当日离境。此时，财务部门审核有关结算通知单，确认收入：

借：应收账款（预收账款）——某某旅游团

（50 000 × 6.727 8）336 390 元（人民币）

贷：营业收入——组团外联收入

336 390 元（人民币）

（3）组团营业成本的核算

组团营业成本主要包括组团成本和其他服务成本。组团外联成本是指由组团社自组外联接待包价旅游者按规定开支的房费、餐费、旅游交通费、陪同费、文杂费和其他费用。其他服务成本是指不属于组团成本的其他各项成本。

旅行社经营业务的特点决定了其各项成本费用的结算期多数不能和与其相关的营业收入同时登记入账。因此，按照权责发生制原则和配比原则，旅行社的营业成本大多采用按计划成本预提结转。组团社在核算其组团营业成本时，应按照合同上双方同意的价格进行核算，同时，还应根据接待计划和全程式陪同填写的各地支出情况，预先逐团列支，待各地接团社将结算单寄到后，再分别按实际成本进行结转。

组团社的营业成本的内容基本与营业收入的内容相对应而发生，它通过"营业成本""应付账款""预提"等账户进行核算。"营业成本"总分类账下，按营业成本的具体内容设置"组团成本""其他服务成本"等明细分类账户，进行明细分类核算。对于结转的实际成本，借记"营业成本"科目，贷记"银行存款""应付账款"等科目；对于结转的计划成本，月末按估计数或计划数预提计入营业成本，借记"营业成本"科目，贷记"预提费用"科目。收到结算清单后，经审核无误如数拨付款项时，借记"预提费用"科目，贷记"银行存款"科目。

【案例 9.4】

月末，某国际旅行社根据收费标准计算得出某某国际旅游团的计划成本为 300 000 万元。结转营业成本时：

借：营业成本——组团外联成本　　　　　300 000

贷：预提费用——某某国际旅游团　　　300 000

【案例 9.5】

上例中的旅行社在下月收到接团社转来的某某国际旅游团的实际费用开支为 350 000 万元。审核无误并开出转账支票时：

借：营业成本——组团外联成本　　　　　50 000

预提费用——某某国际旅游团　　　　300 000

贷：银行存款　　　　　　　　　　350 000

2）接待业务核算

接待业务是指接团社按照旅游活动计划提供导游、住宿、用餐、交通、购物、娱乐等一条龙服务的行为。接待业务核算的内容有旅行社结算通知单（表9.2）的审核、接待收入和成本费用的核算等。接待业务在旅行社的经营业务活动中起着十分重要的作用，旅行社经营效益的好坏和经营业绩指标的高低，接待业务是其重要影响因素之一。

表 9.2　旅行社结算通知单

年　月　日								
组团社名称：		旅游团名称：		计划编号：			价格等级：	
日期	天数	服务费	交通费	住宿费	餐费	门票	其他	合计
总　计：　　　　元（共计　　人，含全免　　人）								
备　注：								
负责人：		审核人：		部门：			填表人：	

（1）结算通知单的审核

结算通知单是接团社向组团社收取接待费用的凭证，由旅游服务对象的全程陪同填写并由接待的地方陪同导游员签字。结算通知单转交给财务部门后，由财务部门根据接待计划、变更通知等有关资料，对结算清单的内容进行逐项审核。重点审核结算通知单各项与接待计划和变更通知是否一致；各项费用计算是否正确；各项填写是否齐全；有无陪同人员的签字等。经审核无误后，交到组团社以收取接待费用。

（2）接待收入核算

接待业务收入是指接团社向组团社或旅游服务对象收取的接待费用，主要包括综合服务收入、劳务收入、票务收入、零星服务收入、一地游及加项收入、其他服务收入等。综合服务收入是指接团社向旅游服务对象收取的包括市内交通费、导游服务费、一般景点门票费等在内的包价费用收入。劳务收入是指非组团社为组团社提供境内全程导游翻译人员所得的收入；票务收入是指旅行社代办国际联运客票和国内客票的手续费收入；零星服务收入是指各旅行接待零星旅游对象和承办委托事项所得的收入；一地游及加项收入是指接团社向旅游服务对象收取的按其要求增加的计划外当地旅游项目的费用；其他服务收入是指不属于以上各项的其他服务收入。

接待收入的确认也应符合我国《企业会计准则》规定的收入确认原则，也必须同时满足旅游服务对象已离开本市和旅行社已取得价款或已取得价款的凭据两个条件。否则，不能确认接待收入。

接团社接待收入主要通过"营业收入""应收账款"等账户进行核算。接团社实现收入时，借记"银行存款""应收账款"等科目，贷记"营业收入"科目。该账户期末余额转入"本年利润"账户，借记"营业收入"科目，贷记"本年利润"科目，结转后该账户无余额。"营业收入"总分类账户下应按收入类别分设"综合服务收入""劳务收入""票务收入""零星服务收入""一地游及加项收入""其他服务收入"6个明细账户，进行明细分类核算。

【案例 9.6】

某旅行社为某某国际旅行社承办接待业务。1月份的"结算通知单"注明房费收入为100 000万元。对此，双方无异议。清单已寄出，款项尚未收到。此时，应根据"结算通知单"确认接待收入。

借：应收账款——某某国际旅行社　　　　　　　　100 000

　　贷：营业收入——综合服务收入（房费）　　　　100 000

【案例 9.7】

上述旅行社接到银行通知，某某国际旅行社拨付的100 000万元房费收入已到账：

借：银行存款　　　　　　　　　　　　　　　　　100 000

　　贷：应收账款——某某国际旅行社　　　　　　　100 000

（3）接待成本核算

接待成本主要是接团社因接待业务而应付给饭店、餐馆、交通部门、旅游景点的房费、餐费、交通费以及门票费等。接团社的接待成本的内容基本与其接待收入的内容相对应而发生。它通过"营业成本""应付账款""预提费用"等账户进行核算。在"营业成本"总分类账下，按营业成本的具体内容设置"综合服务成本""劳务成本""零星服务成本""票务成本""一地游及加项成本""其他服务成本"等明细分类账户，进行明细分类核算。

"营业成本"账户属于损益类账户。其核算内容按权责发生制原则和配比原则要求，在结转营业收入的同时，对于结转的实际成本，借记"营业成本"科目，"银行存款""应付账款"等科目。对结转的计划成本，月末按估计数或计划数预提计入营业成本，借记"营业成本"科目，贷记"预提费用"科目。寄出结算清单后，如数收到拨付款项时，借记"预提费用"科目，贷记"银行存款"科目。此外，在核算接待成本费用时，还应坚持"分团核算，一团一清"的原则，以便对每笔业务经营成果进行考核。

9.4.2　旅行社结算业务

旅行社结算业务分为国际货币结算和国内计价结算。

1）国际结算业务

旅行社的国际结算方式一般采用汇付法，即汇款结算的方式。它是指付款方通过银行使用各种结算工作，将款项汇交收款方的一种结算方法，主要包括电汇、信汇和票汇3种。此外，旅行社还可以使用信用证、旅行支票、信用卡等国际结算方式。

2）国内结算业务

在我国旅行社的入境旅游团队接待业务中组团社与接团社之间，接团社与饭店、交通部门等旅游企业之间的结算方式不划归在国内结算。它一般采用银行转账的形式，又称为拨款。对国内计价结算部分，旅行社要按规定及双方签订的协议价格进行结算，具体结算办法每年确定一次。国内旅行社多采用以旅行团费用结算表为准的方式进行结算。

9.5　旅行社业务往来核算

在社会主义市场经济条件下，竞争的压力迫使许多企业提供商业信用业务以稳定自己的销售渠道。商品与劳务的赊销与赊购已成为当代经济的一个基本特征。旅行社在与其他旅行社、饭店、餐馆、交通部门、旅游景点及其他社会服务部门之间的日常经济交往中，往往也需要采取延期付款或延期收款的方式进行销售和提供劳务的活动。这种商业信用是资金借贷方式的一种，在旅行社的会计业务中这种借贷关系也称为业务往来。旅行社的业务往来由应收账款（赊销的结果）和应付账款（赊购的结果）组成。

9.5.1　应收账款

应收账款是指旅行社业务经营中发生的应当收回而尚未收回的被商品赊购单位、劳务接受单位以及其他单位暂时占用的资金。在国内旅游市场上，应收账款主要发生在组团社与接团社、接团社与饭店、餐馆、交通部门、旅游景点及其他社会服务部门之间。在国际旅游市场上，还存在着组团社与客源地组团社之间的应收账款的业务往来。

1）应收账款产生的原因

（1）主观原因

在社会主义市场经济条件下，商业竞争压力是应收账款形成的主观上的原因。旅行社销售商品、提供劳务时可以采取两种基本方式：现销方式和赊销方式。在竞争激烈的旅游市场上，单纯地依赖现销方式往往难以适应旅行社发展的需要。而适度地采用赊销方式，则可以使旅行社在市场中处于有利的地位。这是因为在赊销方式下，旅行社在销售产品和提供劳务的同时，向购买方或劳务接受方提供了可以在一定期限内无偿使用的资金，其数额等同于商品的售价和劳务的供应价，这对于购买方或劳务接受方而言都具有极大的吸引力，同时，也能使旅行社更好地占领市场和保持市场份额。

（2）客观原因

商品销售、劳务提供与收款的时间差是应收账款产生的直接的客观上的原因。旅行社在同旅游中间商的业务往来中，往往存在着旅游活动的完成时间与旅游结算的时间不一致。

例如，接团社要等到旅游团队活动结束后，才根据"结算通知单"向组团社收取旅游拨款。又如，饭店、餐馆、交通部门、旅游景点及其他社会服务部门也是在完成接待任务后，定期向接团社催收住宿费、餐费和交通费等。

2）应收账款的成本

旅行社在采取赊销方式进行销售的同时，会因持有应收账款而付出一定的代价，即为应收账款的成本，主要包括3种成本。

（1）机会成本

应收账款的机会成本是指将资金投放在应收账款上所丧失的其他收入，如投资于有价证券便会有利息收入等。

（2）管理成本

管理成本，即旅行社对应收账款进行管理而耗费的成本支出，主要有对客户的资信调查费用、收账费用以及其他费用。

（3）坏账成本

应收账款基于商业信用而产生，存在无法收回的可能性，由此给旅行社带来的损失即为坏账成本。坏账成本一般与应收账款的数量成正比，即应收账款越多，坏账成本也就越高。

3）应收账款的管理政策

应收账款的存在一方面扩大了旅行社市场份额，增加了收入；一方面也增加了旅行社经营成本和风险。因此，加强对应收账款的管理，在旅行社整个流动资金管理中显得十分重要。旅行社应收账款的管理政策主要包括信用标准、信用条件和收账政策3个内容。

（1）信用标准

信用标准是客户获得商业信用所应具备的最低条件。通常，旅行社在制定或选择信用标准时应考虑3个基本因素。

①同行业竞争对手的情况。如果竞争对手很强，旅行社欲在竞争中取得或保持优势地位，就会采取相对较低的信用标准；反之，其信用标准可以相应严格一些。

②旅行社承担违约风险的能力。旅行承担违约风险能力的强弱，对其信用标准的选择也有着重要的影响。当旅行社有着较强的违约风险承担能力时，就可以以较低的信用标准争取客户、扩大销售；反之，则会选择较严格的信用标准以尽可能地降低违约风险的程度。

③客户的信用程度。旅行社在制定信用标准时，必须对客户的资信程度进行调查、分析，然后在此基础上判断客户的信用等级并决定是否给予客户信用优惠。客户的资信程度的高低，通常决定于5个方面，即客户的信用品质、偿付能力、资本、抵押品、经济状况。

（2）信用条件

信用标准是旅行社评价客户等级，决定是否给予信用的依据。一旦旅行社决定给予客户信用优惠时，就需要考虑具体的信用条件，因此，所谓信用条件就是旅行社接受客户信用订单时所提出的付款要求，主要包括信用期限、折扣期限和现金折扣等。信用条件的基本表现方式有："2/10，N/45"，意思是若客户能够在 10 日付款就可以享受 2% 的现金折扣，如放弃折扣优惠，则全部款项必须在 45 日付清。其中，45 天为信用期限，10 天为折扣期限，2% 为现金折扣率。

（3）收账政策

收账政策是指当客户违反信用条件、拖欠甚至拒付账款时，旅行社所采取的收账策略与措施。通常的步骤如下：当账款被客户拖欠或拒付时，旅行社应当首先分析现有的信用标准和信用审批制度是否存在纰漏，然后重新对违约客户的资信等级进行调查、评价。信用品质恶劣的客户应当从信用名单中排除，对其所拖欠的款项可先通过信函、电信或派工作人员前往等方式进行催收，态度可以逐渐加以强硬，并提出警告。当这些措施无效时，可以通过法院裁决。

4）应收账款的日常管理

对于已经发生的应收账款，旅行社还应进一步强化日常管理工作。旅行社应收账款的日常管理主要包括应收账款账龄分析、应收账款追踪分析评价、应收账款的回收等。一般来说，中间商拖欠应收账款的时间越长，旅行社收回的可能性就越小，账款催收的难度就越大，成为坏账的可能性也就越高。因此，要进行账龄分析，密切注意应收账款的回收情况，这是提高应收账款回收率的重要环节。

【案例 9.8】

账龄分析

下面是某某旅行社将其应收账款按时间长短顺序编制成的表格：

应收账款账龄	账户数量	金额（万元）	比重（%）
信用期内（平均为 3 个月）	100	60	60
超过信用期 1 个月内	50	10	10
超过信用期 2 个月内	20	6	6
超过信用期 3 个月内	10	4	4
超过信用期 4 个月内	15	7	7
超过信用期 5 个月内	12	5	5
超过信用期 6 个月内	8	2	2
超过信用期 6 个月以上	16	6	6
应收账款余额总计	—	100	100

［分析提示］

通过对上面表格的账龄分析，发现多数旅游中间商（60%）所欠款项尚在信用期内，超过信用期 6 个月以上的只是极少数（6%），由此可以认为旅行社的应收账款回收情况是比较令人满意的。

5）应收账款的核算

应收账款应于收入实现时予以确认。旅行社应收国外旅行社、组团社、旅游对象的款项全部通过"应收账款"账户进行核算。旅行社销售商品、提供劳务发生应收款项时，借记"应收账款"科目，贷记"营业收入"等科目。收到账款时，在旅行社提供商业折扣的情形下，因为商业折扣是直接在商品或劳务标价上予以扣除，所以有没有商业折扣情形的会计核算是一样的，即借记"银行存款"等科目，贷记"应收账款"科目。如果存在现金折扣，则借记"银行存款""财务费用"等科目，贷记"应收账款"科目。

9.5.2 应付账款

旅行社的应付账款是指旅行社在经营活动中向饭店、餐馆、交通部门、旅游景点及其他社会服务部门采购或接受各种旅游服务产品时，因赊购而出现的短期负债。

1）应付账款的类型

旅行社的应付账款主要包括旅行社应付旅游住宿单位的住宿费、应付餐馆等饮食单位的餐费、应付旅游景点门票费、应付交通部门交通费、应付接团社综合服务费等。这些应付账款的产生是因为饭店、餐馆、交通部门、旅游景点及其他社会服务部门向旅行社提供了商业信用。

（1）住宿费

旅行社在饭店、旅馆、招待所等旅游住宿单位安排旅游者住宿时，通常采取"先住宿，后付款"的结算方式。同时，旅游目的地的旅游住宿企业大多数情形下处于卖方市场，它们往往以赊销的方式向拥有旅游客源的旅行社提供商业信用，吸引更多的客源。住宿费由旅游住宿企业定期向旅行社结算。

（2）餐费

为了招徕更多的食客，多数饮食单位都会同旅行社签订定点接待合同，具体约定了接待费用的结算方式。日常接待就餐由陪同人员签字即可，饮食单位定期凭陪同人员签字的餐费单或用餐凭证向旅行社结算。

（3）门票费

有些旅游景点同旅行社签订协议，规定旅行社的陪同人员在带领旅游者前往游览时，无需立即购门票。旅游景点凭陪同人员提供的结算凭证定期向旅行社结算门票费用。

（4）交通费

目前，航空公司、铁路运输公司等交通部门尚未向旅行社提供任何商业信用。但是，一些公路汽车运输公司则希望同旅行社签订协议，通过"先坐车，后付款"的结算方式吸引他们租用其车辆旅游。因此，旅行社与汽车公司也会发生往来应付款项。

（5）综合服务费

无论是入境旅游、出境旅游还是国内旅游，目前我国旅游行业的通行做法是：由旅游目的地的接团社先提供接待服务，当旅游者离开后，再按照合同或协议与组团社进行结算。组团社与接团社之间产生了商业信用，对于组团社来说，这种商业信用就是应付账款。

2）应付账款的管理

应付账款属于商业信用的范畴。旅游服务企业通过向旅行社提供商业信用，使旅行社购买其服务产品。这种商业信用，一方面，解决了旅行社资金周转问题，有利于旅行社的经营；另一方面，旅游服务企业通过向旅行社提供商业信用会带来更多的经济效益，有利于其自身的发展。所以，只要运用得当，商业信用对购销双方都有好处。

然而，应付账款作为旅行社的负债，如果旅行社处理不当，也会给其旅游服务企业带来各种不利。因此，财务部门加强对应付账款的管理，也是旅行社的重要业务之一。一般情况下，旅行社对应付账款的管理应做好两个方面的工作。

（1）时间上的控制

旅行社对应付账款进行时间上的控制是管理应付账款的最常用的方法。旅行社在向其他旅游服务企业赊购服务时，双方通常都会约定一个具体的付款期限。如果旅游服务企业向旅行社提供了现金折扣，则旅行社就有了双重选择。此时，旅行社就会选择更有利于提高经济效益的付款方式，但最迟不应超出信用期限。

（2）规模上的控制

旅行社管理应付账款的另一个重要方法就是控制其欠款的规模。尽管旅行社在经营活动中利用其他旅游服务企业提供的商业信用可以给其带来节省资金占用时间、减少经营成本等好处。但是，如果旅行社不将应付账款控制在适当的规模，则可能会产生流动比率过低、还款负担重、失去商业信用等弊病。因此，旅行社在管理应付账款时，还应该设法控制其规模。如果发现一定时期内应付账款在流动负债中所占的比重过大，旅行社就立即偿付一部分。

3）应付账款的核算

旅行社应设置"应付账款"总分类账。其发生的各种应付未付款项都要通过"应付账款"科目进行核算，"应付账款"总账科目下应根据各债权单位设置明细科目进行明细分类核算。如旅行社收到"结算通知单"，延期付款时，借记"营业成本"等科目，贷记"应付账款"科目；付款时，借记"应付账款"科目，贷记"银行存款"等科目。

【本章小结】

本章从旅行社财务管理的内容出发，着重分析了旅行社资产管理、成本费用管理、旅行社营业收入与利润管理。旅行社资产管理包括流动资产和固定资产管理；成本费用管理主要是对旅行社成本费用进行分析和控制；营业收入与利润管理包括营业收入的构成、目标利润的确定和利润的分配等内容。

【复习思考题】

1. 旅行社的成本和费用包括哪些内容？
2. 旅行社的利润是由哪些部分构成？
3. 旅行社常用的固定资产折旧方法有哪几种？如何计算？

4. 什么是账龄分析？怎样进行账龄分析？

5. 什么是组团业务核算和接待业务核算？它们的主要内容是哪些？

【实训】

1. 走访当地一家知名旅行社，了解其财务部在旅行社经营管理中的作用。

2. 分别走访当地一家大型旅行社和一家小型旅行社，请他们的财务人员谈谈财务管理和旅行社经营决策的关系。

【案例分析】

如何计算旅游车的折旧费用

某旅行社出资 58 万元购买了 1 辆 32 人座的旅游大客车，预计该旅游车的使用里程是 30 万千米。2020 年该车共行驶了 5.2 万千米。请运用工作量计算法计算：应该提取该旅游车的折旧费用是多少（净残值率 5%）？

第 **10** 章
我国旅行社业的
发展趋势

【本章导读】

本章重点介绍了入世后我国旅行社市场的开放情况；入世后我国旅行社业面临的机遇与挑战；信息技术在旅游行业的应用对我国旅行社业发展的影响；我国旅行社业的发展趋势以及跨国经营的现实选择和采取的主要措施。

10.1 旅行社市场的开放

我国旅行社市场的开放是包括旅游在内的世界服务贸易发展的必然结果，是我国加入世界贸易组织（WTO）的直接产物。

10.1.1 "入世"与我国旅行社市场的开放

世界贸易组织（以下简称"世贸组织"）成立于 1995 年 1 月 1 日，其前身是关税和贸易总协定，现有成员 149 个。在世界贸易组织创立以前，我国政府就已经开始为"复关"而努力。所谓复关，就是恢复中国在《关贸总协定》中的缔约国地位。《关贸总协定》是《关税及贸易总协定》的简称，它是 1947 年在日内瓦通过的 123 项关税减让协议的总称。世贸组织的根本宗旨是减少关税壁垒，促进国际贸易的发展。随着世界上多数国家的参与和介入，世贸组织已成为调整国际经济贸易交往的中心组织，其成员国间的贸易额占世界贸易总量的 90%。

根据《服务贸易总协定》的有关规定，服务贸易是指一国劳动力向其他国家消费者提供服务并获得外汇报酬的活动，主要包括旅游、运输、金融、保险、通信、建筑和专业咨询等劳务形式的跨国境贸易活动，其中的"旅游和旅行相关服务"包括饭店、餐馆、旅行社和导游等方面的内容。《服务贸易总协定》确定的服务贸易，其主要形式包括：从一方进入另一方境内提供服务，如外国饭店管理公司进入我国管理饭店；在一方境内向任何一方消费者提供服务，如我国旅行社在我国境内接待各国旅游者；一方在另一方设立服务机构并提供服务，如我国旅行社在国外开办分公司；一方的自然人在另一方境内提供服务，如我国公民在国外担任导游。《服务贸易总协定》主要包括市场准入、透明度原则、最惠国待遇、国民待遇和承认原则等内容，其根本宗旨是减少服务贸易壁垒，促进国际服务贸易的发展。

1991 年，我国服务贸易代表团提交了初步承诺单，表明我国服务贸易的进入条件、限制和待遇。对于旅行社和导游方面的开放要求，国家旅游局 1993 年决定采取有限度开放的政策，即外国企业可在我国旅游度假区内开办合资旅行社，这些旅行社可以聘用外籍导游人员。与此同时，国家旅游局对合资旅行社的设立条件也作出了相应的规定，其主要内容包括：旅游度假区开发建设具有一定的规模，区内已建成投产项目的投资总额累计超过 1 亿美元；中外合资双方都具有一定的实力；注册资本不少于 100 万美元的，中方企业的投资比例不低于 51%；缴纳营业保证金 10 万美元；合资期限不超过 20 年。

《服务贸易总协定》中涉及的服务业共分 11 个服务部门，加上"其他"共 12 大类。旅游业是其中一大类，称"旅游及相关服务"，其中又分为若干类：A.饭店、餐馆及送餐；B.旅行社；C.导游服务；D.其他。在中国政府与各国谈判以后提交给旅游部门的承诺表中，只有 A，B 两类，没有"导游服务"和"其他"。同时，A 类，即饭店、餐馆类中，没有送餐，但是有"公寓楼"。B 类，即旅行社类：①跨境交付——没有限制。②境外消费——没有限制。③商业存在——符合条件的外国旅行服务经营者可以在中国开办中外合资、合作经营旅行社。不迟于 2003 年 1 月 1 日，允许外资控股。不迟于 2010 年 12 月 31 日，允许设立外商独资旅行社。不迟于 2010 年 12 月 31 日，取消对合资旅行社设立分支机构的限制。中外合资旅行社不能经营中国公民出境旅游。

我国加入世贸组织 18 年来，外资旅行社设立的条件和要求发生了巨大变化，完全采用了国民待遇，在《旅行社条例》里有了明确的规定，我国旅游行业在市场对外开放方面又有新的举措，北京市旅游委已正式向国家文旅部报送《关于申请在京外商独资旅行社经营中国公民出境游业务的请示》，目前正在等待批复。这意味着一旦请示获批，拥有丰富国际旅游资源的外资旅行社将可以争夺中国人出境游市场。国内旅行社在出境游行业上，或将遇到更大的竞争。随着国际贸易自由化进程的加速发展，在世界旅游发达国家旅行社跨国经营的需求和我国旅行社进一步开发国际旅游客源市场需求的共同作用下，我国旅行社市场的全国开放已成为必然的发展趋势。

10.1.2　市场开放对我国旅行社业的影响

1）市场开放的压力

"入世"标志着我国与他国之间旅游市场更大的相互开放和旅游企业的平等竞争。我国的旅游企业走出去，同时国外的旅游企业走进来，我国旅行社的服务质量、管理水平、员工素质等都将受到市场的考验。预计一旦开放旅游服务贸易，我国旅行社的市场份额格局将有较大的变动和重组，市场地位将受到冲击和挑战。

（1）入境旅游市场

我国旅行社入境旅游接待业务起步较早，已形成了较高的接待水平。但应看到，我国旅游业最初的开放效应已基本完成，国际客源市场大幅度增长的情况不断减少，旅游市场竞争正日渐加剧。我国除少数实力强大的旅行社外，大多数旅行社的促销投入少，自组能力弱，国际业务形式以接团为主。而合（外）资旅行社在吸引国际游客方面有不可低估的竞争力，它们往往具有较高的国际知名度，拥有全球化的营销网络，服务质量标准化，运作高效。合（外）资旅行社进入我国市场后，形成境外组团、境内接团的一条龙服务，不仅分走大部分外联利润，而且分走相当的接待利润。

（2）出境旅游市场

随着国人的收入水平提高、消费升级和旅游目的地选择的多元化，中国的出境游市场近年来发展迅速，每年选择出国出境游的人数连续多年快速增长。国家文旅部统计数据显示，2017 年我国出境游约为 1.3 亿人次，按可比口径年均增长 9.17%；中国游客境外消费总额达 2 580 亿美元，同比增长 5%，人均境外消费达 2 600 美元，连续多年成为世界第一大出境旅游消费国。中国旅游研究院和携程发布的《2017 出境旅游大数据报告》显示，2017 年中国公民出境旅游突破 1.3 亿人次，花费达 1 152.9 亿美元，保持世界第一大出境旅游客源国地位。目前，出境旅游呈现"消费升级、品质旅游"的特征与趋势。选择升级型、个性化的旅游产品，深度体验目的地的游客占比提升。出国目的也从观光购物转向享受海外优质生活环境和服务。

面对如此庞大的出境旅游市场，如果开放（即便是部分开放）外资旅行社可以经营出境旅游市场，外国旅游企业来华招揽中国人出境旅行的优势更大。

（3）国内旅游市场

国内旅游市场将仍是我国旅行社大有可为的领域。首先，我国旅行社经营国内旅游的人缘、地缘优势是外国旅行社难以比拟的。其次，文化认同感也将使中国公民更愿意选择本国的旅行社代理其国内旅游业务。但要看到，服务质量、产品创新的竞争将更多地影响游客的取舍。我国旅行社的旅游新产品开发能力弱，对于特种旅游、半包价旅游的经营比较滞后，为外国旅行社跻身国内市场留下了很大空隙。

2）市场开放的优势

（1）以市场换技术

与其他行业不同，旅行社业的资金占用低，旅行社行业的对外开放主要不是为了引入资金，而是引入技术、信息等资源。市场的开放对我国旅行社业技术进步的促进作用主要表现在：

①促进旅行社经营管理水平的提高。旅行社市场在不开放的情况下，主要的问题是在各种保护条件下形成惰性，在封闭条件下形成落后。长期以来的市场混乱、不当竞争等局面，仅靠行政力量难以很快扭转。而旅行社市场的开放，可以引入一种外来的竞争机制和约束机制，促进旅行社经营管理水平的提高。

②体制的触动。在国内改革阻力比较大，改革推进比较困难的情况下，市场的开放能使固有体制实现一定的突破。

③先进技术和管理经验的引进。国际预订、网络技术等先进的软件技术和先进的管理经验可望通过外国旅行社的进入而引入我国。

④在竞争的压力下，促进旅行社开发新产品，寻找新市场，实现经营的创新。

⑤使旅行社的运作向国际标准靠拢。中国旅游市场进一步与国际接轨，将促进旅行社适应新的竞争形势，按国际惯例、国际服务贸易程序和国际标准组织经营，走上标准化的轨道。

（2）以开放换信息

首先，《服务贸易总协定》的"透明度原则"可以使中国在向世界公开自身服务业政策、规定的同时，全面了解世界旅游服务业的相关信息，从而有利于我国旅行社学习先进经验，并制定正确的市场战略。其次，加入《服务贸易总协定》还有利于我国旅行社在旅游服务贸易的涉外争端中，利用多边争端程序公正地解决问题，维护自身利益。

（3）海外经营的扩展

中国的旅行社获得与国际同行业平等的竞争地位，海外发展的机遇将会增加。一些有海外组团优势的旅行社已在境外设立合资或独资旅游公司，经营来华旅游业务及中国公民出境旅游在海外的接待工作，通过跨国经营实现综合效益的提高。

10.1.3 我国旅行社业面临市场开放的对策

中国已经加入世贸组织，目前旅行社界最关心的问题是如何承受市场份额重新分配带来的压力，如何主动适应新的市场竞争形势，积极迎战。对此，政府、行业、企业三方面应共同配合，通过有效的途径促进我国旅行社业的平稳开放和总体水平的提高。

1）充分发挥行业组织的作用，保护国内市场

在开放性市场竞争中，行业组织能在保护国内产业、支持国内企业增强国际竞争力方面起到重要的作用。首先，当行业或行业中企业的利益受到外国公司侵害时，行业协会能积极帮助企业进行国际诉讼，公正地解决纠纷。其次，行业组织能协调国内企业保护市场和开拓国际市场的行动。由行业协会出面协商，能促使国内企业在自愿的基础上开展生产、销售、价格、市场开拓方面的联合行动，以发挥集团军的优势。尤其是在开拓国际市场时，行业组织能协调商品的对外报价，维护行业利益，同时也能在国际市场情报收集、国际市场分析、联合促销等方面发挥作用。

2）改善旅行社经营管理，增强旅行社竞争力

我国旅行社业正处在改革发展的进程中，旅行社自我改进与完善的空间十分广阔。借鉴国际经验，我国旅行社可从3个方面做出努力。

（1）正确定位，形成垂直分工体系

目前，我国旅行社主要采用水平分工，同类旅行社之间分工不明，导致过度竞争。今后旅行社的改革方向之一，是根据各自的实力和特色选准定位，按"大旅行社成为旅游批发商，中型旅行社着重专业化经营，小旅行社成为旅游代理商"的分工模式，构建旅行社业的垂直分工体系，这样才能充分发挥旅行社的个体优势，有利于有效竞争模式的形成。

（2）促进旅行社一体化发展

旅行社一体化的目的，是通过对各种资源、要素的优化组合和有效的战略决策来实现规模经济及企业利润的最大化。旅行社一体化有两种形式：集团化经营和组建旅行社联合体。其中，后者是一种较前者更易实现的，介于市场交换关系和企业内部等级关系之间的企业联合形式，包括长期合同、少量非控股性投资、共用信息系统、联合采购、共同推出线路、共同开发市场、共用销售渠道、合作研究、管理者之间的非正式协商等。

（3）科学制定旅行社内部经营管理战略

这部分的内容很多，包括创立旅行社的知名品牌，大力开发国内旅游市场，重视新技术的应用，加强产品开发，培育人才、留住人才等。

【补充阅读资料 10.1】

［2016 年 2 月 6 日］国家旅游局就首届世界旅游发展大会召开新闻发布会

2016-02-06　14：42：00　来源：国家旅游局

首届世界旅游发展大会将于今年 5 月 18 日至 21 日在北京举行。会议将邀请世界 143 个国家的旅游部长、部分国家政要、联合国等国际和地区性组织负责人以及国外旅游界专家学者来华出席大会，国内外参会总人数预计达 850 人。据介绍，本次大会规格高，代表性广泛，是世界旅游发展领域在中国举办的一次顶级盛会，在全球尚属首次。

此次大会由中国政府和联合国世界旅游组织共同主办，由中国国家旅游局和北京市人民政府共同承办，以"旅游促进和平与发展"为主题，会议期间将举办大会开幕式、高峰论坛等主要活动。第七届 20 国集团旅游部长会议（T20）和 T20 旅游部门高官会也将同期举办。

国家旅游局旅游促进与国际合作司长张利忠在 2 月 6 日的新闻发布会上表示，当前世界经济复苏乏力，而旅游业发展逆势而上。据世界旅游业理事会（WTTC）测算，目前全球旅游业已连续 6 年实现增长，旅游业对全球 GDP 的综合贡献占全球 GDP 总量的 10%，创造就业占全球就业总量的 9.5%。与此同时，我国旅游业发展取得了巨大成就，国际影响力日益增强，旅游大国的地位和作用更加突出，中国旅游对世界的影响力与日俱增。在此形势下举办大会，体现了各国加强旅游国际合作，携手推进世界经济可持续发展的共同期盼。通过举办大会，可充分展示中国发展成就，进一步塑造"美丽中国"旅游形象，宣传中国的旅游资源，并借鉴各国发展旅游业的成功经验和做法。同时，各国能实地了解中国的旅游业发展现状，加强各国旅游业发展目标对接，拓展旅游务实合作，共享发展机遇，合力提振世界经济。

据介绍，中方希望通过举办首届世界旅游发展大会推进五大目标：一是以世界旅游发展大会为平台，展示中国旅游业发展新成就，介绍中国政府发展旅游业的理念、政策主张，积极借鉴世界旅游发展的成功经验和做法，促进中国旅游业提质增效、转型升级。二是与各国广泛探讨旅游促进可持续发展的新方式、新方法，推动落实联合国《2030 年可持续发展议程》。三是积极推进国际旅游合作，加强互联互通，深入推动旅游区域合作一体化，促进全球旅游业均衡发展。四是探讨如何更有效发挥旅游业作用，促进就业，改善目的地居民生活水平，推动世界扶贫减贫事业取得新成果。五是聚焦大会主题，平等对话，凝聚共识，发表会议成果文件《北京宣言》。

发布会上，北京市旅游发展委员会党组副书记、副主任于德斌介绍了首届世界旅游发展大会北京市的准备工作情况。他表示，北京市会积极做好世旅大会的服务保障工作，同期筹办好 2016 北京国际旅游博览会，并借世界旅游发展大会契机，推介、宣传好北京旅游资源。

据介绍，首届世界旅游发展大会的前期预热活动已经启动，目前已邀请知名词曲作家创作了大会主题曲；联合蚂蜂窝旅行网，启动了"中国游客最向往的世界旅游目的地"评选活动；还将举办世界旅游知识大赛等更多活动，为大会举办营造良好气氛。

对于紧锣密鼓筹备中的首届世界旅游发展大会，中国智库秘书长、委员石培华表示这是中国乃至世界旅游业的一件大事。举办首届世界旅游发展大会，是中国旅游崛起的标志、中国高度重视发展旅游业的标志、中国作为负责任大国促进世界旅游发展的担当、中国与世界分享发展机遇的重要平台。他说，中国国内旅游、出境旅游人次和国内旅游消费、境外旅游消费均已成为世界第一，是世界旅游发展的重要发动机。

10.2 旅行社信息技术的运用

10.2.1 信息技术在旅游业中的应用

1）信息与旅游业的关系

所谓旅游业，是为旅游者的旅游活动提供服务的各个部门的集合。旅游业属于服务业范畴，旅游产品具有服务产品的一般特性，如无形性、生产与消费同时进行等特点。这些特点使有关旅游产品的信息在产品销售的过程中发挥着重要的作用。有人称旅游产品为"信心产品"，认为旅游者在接受服务之前不可能感知到旅游产品的具体性质和质量水平，产品能否成功销售完全取决于相关信息在制定购买决策的旅游者心中建立起来的信心。

旅游业又具有不同于其他服务行业的特性，如旅游服务供应商与消费者之间在空间上存在着较远的距离，在服务种类上存在着数量上的差距。这些特点决定了旅游中间商存在的必要性。根据旅游活动的定义，旅游者要到与长住地之间存在一定距离的目的地消费旅游产品，这样在传统的旅游购买决策制定过程中要依赖于中间商获得有关目的地旅游产品的信息。同时，旅游产品是一项混合产品，旅游者的一次旅行过程涉及多种服务的购买，各类型的供应商规模不同、性质不同、提供的服务特性各异，庞大的信息搜寻成本迫使旅游者利用中间商进行信息搜寻以降低交易费用。

可以认为，信息在旅游产品的市场销售过程中起着不可或缺的作用，而信息的这种作用与旅游市场供求在空间上与种类上的差距共同决定了旅游中间商的存在。

2）信息技术的应用对旅游业结构的影响

在信息沟通的过程中，有些沟通是经常性地、结构化地进行的，如旅游服务供应商和中间商之间的信息沟通，这种长久关系的建立导致了沟通机制的自动化。在西方发达国家，随着信息技术的发展，旅游业信息沟通的自动化表现为计算机预订系统（CRS）和全球分销系统（GDS）的建立。

CRS 最早是航空公司的订票系统，由各大航空公司独自开发，后来考虑到旅行代理商的应用成本和航空公司自身的维护费用，各个航空公司的 CRS 开始合并，并在 20 世纪 70 年代末、80 年代初得益于民用航空业管理体制的变革得到迅速发展，并在发展过程中增加了连锁饭店产品和旅行社产品的内容。CRS 创建了一个新的旅游营销与分销系统，被誉为旅游业电子时代的始创者。

GDS 的出现始于 20 世纪 80 年代中期，是 CRS 不断进行横向一体化（与其他航空公司）

和纵向一体化（与供应商）的结果。为了避免信息系统的重复开发，航空公司、饭店等旅游供应商通过开发界面将其 CRS 接入了 GDS。GDS 建立了全球的传播标准和新的旅游电子分销渠道。GDS 之间继续进行一体化，导致了几家独立的 GDS 企业的出现。此时，GDS 的性质已经从工具转变成了经济实体，以电子旅游超市或其法人团体的战略业务单元的面目出现。

可以认为，信息技术的应用导致了新部门的产生，促使旅游业的结构发生了变化，GDS 作为中介组织在旅游市场上的出现就是一个例证。但是，信息技术在创造新部门的同时，也对现有的部门产生了威胁。互联网和 3W 技术的出现与应用对旅游中介组织来说威胁与机会并存。

互联网和 3W 技术的出现与应用使旅游市场上的信息沟通方式发生了革命性的变化，产品信息可以快速地、低成本地、大量地抵达消费者处，并能够使消费者方便地与企业进行互动。旅游中间商的存在受到了威胁，CRS 和 GDS 等原有的信息基础设施的前途面临着挑战。信息技术的进步为取消现有旅游中介组织提供了可能性，旅游中间商等中介组织不得不进行相应改变，在业务流程中加强对新技术的运用。

互联网对现有中介组织的威胁并不意味着旅游市场上不需要中介组织。事实上，互联网的出现增加了市场上信息的数量与复杂性。在互联网上进行信息发布缺少相应的规则限制，人人有权发言，人人都淹没到信息的海洋中。对消费者来讲，面对的产品信息更加庞杂混乱，常常处于无从下手的状态。经过近 10 年的发展，旅游业中对于互联网的应用已经模型初具，主要包括旅游网站的建设、旅游供应商自行开展"网上营销"和中介组织利用互联网开展业务等方面。其中，旅游网站的出现即是增加了旅游业中介组织的成员。

3）信息技术的应用与旅游营销系统的建设

旅游业可以被理解为旅游市场上供给方的集合，既包括旅游服务供应商，也包括旅游中间商和其他中介组织。旅游产品价值的实现依赖于产品的销售，而销售的效果取决于营销系统的效率。由于旅游市场上供求双方之间存在着空间距离，而各个旅游供应商的产品要经过与其他部门产品的组合才能出售，因此，以旅游目的地为基础的旅游营销系统的建设对于旅游业的发展具有重要意义。

信息技术的应用对旅游营销系统的建设产生了一定的影响，在增加了营销系统成员的同时，也为系统的有效运转提供了技术保障。如上所述，CRS 和 GDS 都是旅游营销系统的组成部分，负责旅游产品的分销。互联网的出现为旅游营销系统的建设提供了功能更加强大的工具，使旅游信息可以直达消费者处。旅游中介机构与供应商的合作和供应商之间的合作可以通过运用基于互联网的外联网得以实现。另外，互联网的效率使旅游企业开展个性化的营销和大规模定制成为可能。

【补充阅读资料 10.2】
文化和旅游信息化发展典型案例公布
2020-06-15　10：37　来源：中国旅游报

文化和旅游部科技教育司近日发布《2020 年度文化和旅游信息化发展典型案例名单》，

58 个案例入选 2020 年度典型案例。

典型案例的遴选和推广旨在落实《国家信息化发展战略纲要》《"十三五"国家信息化规划》有关任务举措，促进科技成果向生产力转化，推动文化和旅游高质量发展。此次遴选出的典型案例主要是云计算、物联网、移动互联网、大数据、人工智能等相关信息技术在文化和旅游领域创新应用的案例。

2020 年度典型案例包括北京市文化和旅游局"以信用为基础的旅游行业新型监管平台"、天津图书馆"天津图书馆数字体验区"、河北旅游创新发展中心"河北省旅游云项目"、苏州市文化广电和旅游局"苏州旅游总入口"、浙江省文化和旅游信息中心"诗画浙江文化和旅游信息服务平台项目"、文化和旅游部信息中心"文化和旅游部综合监测与应急指挥平台"、中国艺术研究院（中国非物质文化遗产保护中心）"中国非物质文化遗产网·中国非物质文化遗产数字博物馆"、国家图书馆"公共数字文化工程'文旅 e 家'移动应用程序"、故宫博物院"'玩转故宫'小程序"、中国国家博物馆"中国国家博物馆预约服务系统"、中国旅游报社"文旅产业指数实验室"、文化和旅游部旅游质量监督管理所"12301 全国旅游投诉举报平台"等。

10.2.2 信息技术在旅行社中的应用

信息技术在旅行社中普及的原因与其在旅游业中普及的原因一样，而旅行社行业对信息的依赖程度比旅游业其他部门有过之而无不及。与航空公司相比，旅行社应用信息技术的进程迟缓了许多。第二次世界大战后不久，西方许多航空公司便逐步实现了预订系统的自动化，并在发展中不断完善。但旅行社行业直到 20 世纪 70 年代中叶，才拥有自己唯一的一种自动化设备——终端售票机，并由此开始了旅行社应用信息技术的进程。20 世纪 80 年代中期，信息技术对旅行社发展的作用开始为人们广泛关注，越来越多的旅行社进行了艰难的探索，寻求适合自身业务特点和需要的信息技术系统，由此使信息技术在旅行社行业逐步普及，而且适应性越来越强。

信息技术在我国旅行社的应用始于 20 世纪 80 年代初期。1981 年，中国国际旅行社总社开始使用微型计算机，主要用于旅游客流控制，即在饭店供应紧张的情况下防止超订，同时也用于财务管理和数据统计处理等方面。近年来，随着信息技术和我国旅游业的进一步发展，越来越多的旅行社开始将信息技术运用于旅行社的经营管理。信息技术在旅行社中的应用主要体现在 3 个方面。

1）旅游信息的在线交流

受信息技术发展的影响，旅游业将变成一个受信息驱动的产业，因此，旅游信息和交流系统是企业战略制胜的关键因素。信息的管理将代表一个旅游企业的核心能力。信息在旅游功能系统中虽然不是直接创造经济效益的环节，但对开发旅游市场实际上是至关重要的。对于旅游者来说，在旅游以前需要了解旅游目的地的信息，既要看目的地的旅游特色、风俗习惯、安全状况，还要考虑交通、时间和预算。随着旅游市场的日益成熟，旅游者的要求日趋多样，客观上使得这种信息的提供越来越重要，也越来越困难。如果旅游信息易于获得，就可以降低在策划和组织旅游线路时所需的费用，从而使得旅游市场交易容易达成。因此，关于旅游信息获取的难易程度将成为衡量当地旅游业是否成功以及游客是否满意的一个重要因素。旅行社既要利用信息资源、信息优势为游客提供便利，又要尽量使所提供的服务信息明晰化，使顾客产生信任感并能充分行使选择权。

（1）网上旅游信息的发布与获取

网上发布和检索获取的旅游信息内容主要有景点、饭店、旅游线路、旅游常识、旅行方式、旅游注意事项、旅游新闻、旅游目的地天气情况、环境情况、风土人情及旅游观感等，与旅游相关的产品和服务信息，以及各种优惠、折扣、航空、饭店服务信息等。

旅游信息发布的主要形式有网上建立 Web 站点，在 3W 上发布信息，也可通过电子刊物、E-mail、BBS、Usenet，以及各类 App、公众号、抖音、微博、微信、QQ、快手等媒介进行旅游信息发布。值得注意的是，网上发布的旅游信息不仅数量要大，准确性和时效性要强，而且还要组织得非常好，才能收到预期的效果。主要做法是：在综合性导航台、搜索引擎中注册网址。对于旅游网站来说访问量是基础和关键，因为任何交易都是要有一定数量的消费群体做基础的，而在消费群体中只有一定百分比的访问者才会成为交易客户。因此，消费群体的基数越大，产生的交易量就会越大。这就要求旅游中介服务网站与访问量的网站合作，将访问量吸引到自己的网站上来。国外许多旅游网站都不惜投入巨资，用以买断在访问率高的著名导航台或搜索引擎上的旅游服务的独家链接合作。同时，还有一种有效的方法是在相关网站中设置图标广告链接，即交换链接页面。相互交叉是基本的思路和旅游网站信息发布的特点。鉴于旅游消费者的分布十分广泛，所以一个旅游网站与相关网站进行有效的链接，旅游广告就可以散布到各个领域，与相关网站合作共同拓展市场，形成紧密合作的战略伙伴。特别是服务功能方面能够互补的网站之间的相互链接是一种有效的办法。但不管用什么方式，都要先做到使自己的网站或主页有特色，关键是根据旅游消费者的特点进行建设。

（2）网上旅游信息的双向互动

传统的媒体广告和产品目录等只能提供单向的信息输送，消费者常处于被动地位。营销者也常因无法及时获得消费者的反馈信息而不能对产品及营销方式等做出调整。而互联网的旅游信息在汇集、传播与交流方面均是双向互动的，广告主和公众双方都获得了在信息交流中的主动性。对旅行社来说，它可以把广告的主页改到自己的旅游网站上，或者有选择地加到与本行业或产品最为相关的其他站点上。对旅游消费者来说，则摆脱了众多无关广告的纠缠，他们可以通过旅游网站检索产品或是直接访问感兴趣的 App，如携程、去哪儿、飞猪、缤客、安可达等。同时，网络广告发布后能够很容易地统计出每条广告被多少用户看过，以及这些用户浏览广告的时间分布、地理分布，从而有利于广告效果的评价。也可以通过网上调查和网上投票等在线形式，捕捉消费者的信息，进行市场分析。我们知道，顾客的需求就是商家所有行为的向导，了解顾客的新需求是商家经营活动的最重要内容。传统的市场调查、客户拜访、售后服务都是为了了解市场的动态及消费者的最新需求。时至今日，旅游行为的个性化已是旅游发展的大趋势，要求也日益提高。而互联网对商家来说是一个与消费者充分对话的平台，网络广告可以根据更细微的个人差别将顾客进行分类，传递订制广告。潜在的顾客还可以借助网络与销售商交流，了解自己感兴趣的产品和服务并提出问题。营销人员可以根据顾客的信息改进已有的旅游产品或订制新产品。使用同一旅游产品的消费者可以在专门设计的网络场所表达自己对某种产品的看法，交流产品的使用心得和经验。这样，利用网络高度互动性的新型营销方法，营销者可以在从市场调研、产品设计、生产到最终服务的一系列过程中一直和消费才保持密切联系，共同创造新的市场需求。

这种新的互动手段更强调以消费者为中心，甚至让消费者积极参与生产全过程，以生产更符合消费者需要的产品和服务，其中有代表性的是让旅游者自行编制旅游计划。游客通过检索相应的旅游信息系统的数据库中的要素，在了解了旅游接待地的基本状况之后，可以根据个人的各项先决条件，如时间、经费预算、交通及感兴趣的旅游项目等，逐项进行选择，相应的旅游信息系统即可自动生成一个由游客自主制订的旅游计划。在旅游计划基本确定之后予以确认，计算机将自动按照此计划进行模拟演示，展现出其行动的路线和所见到的对象。这样，旅游者在行动之前就能够了解此次旅游的全过程，对不满意的地方还要进行变更，然后再演示，直至满意为止。因为一条科学的旅游线路的编制必须熟悉旅游接待地的行、住、食、游、购、娱等方面的情况，必须具有旅游所需要的多种学科的知识，多数旅游者与旅游供给双方的各种因素及相互关系，对旅游景区、景点按照性质进行分类，筛选出最佳路线。如果旅游者的选择出现了不适当的情况，系统还会自动给予必要的提示，以保证旅游计划的科学性与合理性。

（3）互联网的旅游信息系统

互联网的旅游信息系统一般是由旅游目的地信息系统、旅游服务信息系统、旅游管理信息系统、旅游咨询信息系统等组成。旅游目的地信息系统包括景区历史文化背景、景点介绍、交通状况、气象等。旅游服务信息系统主要包括客房预订系统及票务预订系统，通过与当地的饭店管理系统及交通售票系统相连来实现。旅游管理信息系统主要提供专业分析工具，为旅游规划管理人员提供决策依据。旅游咨询信息系统是一种宣传、促销的手段，并解答游客的问题。在过去，人们事先无法与自己在旅途中所订购的旅游产品见面，在花钱之前有一定的盲目性，而且所见到的介绍与宣传资料往往也显得陈旧被动，不太能满足旅游者的需求。对于那些自助旅游者而言，到达一个新的地方时，一切都很陌生，交通、食宿、游览均充满未知因素。随着世界旅游市场竞争的不断加剧，特别是随着世界旅游的市场格局逐步从以团体旅游为主转化为以散客旅游为主，旅游者对旅游信息提出了前所未有的要求，传统的信息传播方式越来越无法满足旅游者对旅游目的地信息全面、系统、快捷、准确和动态的要求。现在依托在互联网之上的旅游信息系统改变了一切，其中的旅游目的地信息系统是近年来迅速发展起来的一种新的旅游信息传播方式，它采用计算机网络技术，将旅游目的地的各类旅游信息按照一定的规则储存于数据库内，并通过与相关部门的计算机联网实现旅游信息与旅游业发展动态同步变化，从而为旅游者的旅游决策和实际旅程提供了一条更方便、更快捷和更准确的信息渠道，同时也为旅游经营者提供了一种更为有效的信息传播、展示目的地形象魅力、广泛招徕旅游者的途径。旅游目的地信息系统出现在网络上，获取其有关旅游信息会简单得像看一张地图，当前往一个新的旅游目的地之前，旅游者可以预先在其数字化环境中"热身"一段时间。在这方面比较有名的是美国的旧金山市，如果旅游者想在该市的某一个地方找一个旅馆住下，只需通过网络登录旧金山旅馆网址，用鼠标点击旧金山电子地图的相应部位，屏幕上就会为你显示这一地区所有不同风格、不同档次的旅馆名单。选择某一旅馆时，旅游者就会看到图文并茂的资料，进一步可确定其在城市中的准确位置、是否有空房等信息。旅游者甚至可以从屏幕上走进某些旅馆，动态地观察室内及周边环境。同时，旅游者还可以查找饭店菜单、旅馆其他设备，通过这种方式决定自己的消费选择。

2）旅游产品与服务的在线订购

借助旅游信息技术，客户可以与旅行社在网上实时洽谈业务。借助在线旅游产品预订的终端系统，旅游者可以在线完成咨询，报名参加旅行社组织的旅游团队和交费，也可以预订目的地酒店和往返交通票。目前，在线交易一般是用信用卡来支付，这样可以避免恶意订购。旅行社组团与接待管理系统能够进行实时反应，根据团队的不同类别，进行排线、对价、报价、确认、下达接待计划等操作。系统能编排出各种复杂的旅游线路，并根据季节、人数、服务等级、客人分类的不同组合，计算出多种不同的价格。在完成排线、讲价、报价并得到团队确认预订后，能根据程序迅速、准确地自动进行接待处理，如订票、订房、订车、订餐处理、导游安排、客人名单编报、财务结算等各种操作。对于典型的散客业务，系统能够实现订票、订车、订房、订餐、观光游览等项目的独立预订。网上的拼团中心系统，在各个旅行社间可相互调剂有同类预订要求的散客，拼成散客团。

网上订票能够将售票窗口延伸至每台联网计算机，世界各地的用户白天黑夜都能上网订票。网上订票能为用户提供任选航班、任选座位、优惠票价、任选全包旅行等增值服务。在互联网上顾客可以查找航班号与时刻表，可以根据自己的偏好，如最短航程、最少起降、最低票价等来确定航班，甚至在网页上调看航班的座位图，大大地方便了客户。计算机预订系统的发展，极大地促进了旅行代理业的发展，网络售票广泛开展起来。同时也使得旅行代理商成为航空公司计算机预订系统举足轻重的用户。

旅游市场在激烈的竞争中，除了服务质量、旅游特色等因素之外，价格就是最重要的因素。旅游预订服务的关键是优惠。机票形式多样的打折和优惠、饭店按照淡旺季程度浮动价格等，目的均是想把消费者吸引过来。而有了在线实时预订系统之后，优惠信息的传播速度加快了，覆盖的受众范围增大了，这成为旅游在线销售有市场的重要原因。不仅如此，网络汇集信息的能力和高度实时交互的能力，也使网上销售更有吸引力。这是因为，在线旅行社可以将航空公司、饭店一定条件下给出的众多的折扣和优惠信息加以汇集并使之有序化，并根据飞机票、饭店价格变动的影响及消费者的需求，运筹应该怎样安排处理。指导消费者制订最佳的旅游计划，为客户挑选性能、价格最优的旅游线路和飞机、饭店进行预订。

3）企业运作的在线管理

根据旅游工作的特点，旅行社的在线信息管理系统一般由前后台两个子系统组成。前台子系统为销售业务人员使用，可实现收客处理、预订客人处理、订金处理、收费处理等功能。系统还配有对客户开放和对内部工作人员开放的两套管理操作程序，既做到了有关内部资料的保密，又使客户了解旅游线路的安排、住宿、餐饮、门票以及该旅游线路的景点情况等，而且还提供了标准、经济、豪华等几方面的报价。后台子系统主要为计划管理部门使用，可实现新旅游线路制定、编排新旅行团计划、审核前台收客情况、前台收客流量控制等功能，操作简便，令管理人员一目了然。

旅游线路安排是否合理和报价是否合适是客户能否接受的主要依据。过去业务人员报价工作的时间主要花在费用计算上，计算时要翻阅各种标准，参看各饭店各旅行社提供的报价，而且还要随季节变化掌握最新报价，应付名目繁多的标准、价格和随时变动的最新信息。而网上的实时动态联系改变了这方面的情况，如房费计算，计算机将根据指定的旅行线路和确定的地区，在网上搜索列出该地区各个饭店由各个旅行社所给的房价。业务人员选择饭店时，可让计算机自动比较哪家旅行给的价格合适，以决定选择哪家旅行社的报价。而像交通费中有固定标准的费用，如飞机票、火车票，可以将标准输入计算机，用时只要选择班次和等级，计算机即可自行计算，不用每次查表。以上各类工作，都提供人工和计算机自动两种选择模式，可视需要而定。计算机最后可在将分类计算的费用合计后，再算出人均费用，还可按币种进行折算，最后让旅行社选择一个满意的报价。

管理系统为旅行社内部进行业务管理的协调部门提供了多种查询手段，使用户能随时查询到各部门当前的业务情况，如接待计划、车辆安排、饭店预订、餐馆预订等，同时还能进行签证处理、保险登记等工作。导游管理系统为旅行社安排全陪、地陪，它的核心内容就是旅行社导游控制表。使用计算机进行控制，将帮助管理者合理、准确地安排每位导游员。该系统还可提供一系列导游任务单及导游管理资料，如导游员的通信地址、语种等档案资料，还能随时输入、更新资料。有了这个系统，管理者就能随时了解到某个全陪或地陪在某地带某个旅行团的情况。这样，导游员的管理就能达到合理化、科学化，从而使管理者能够有条不紊地为每个团队配置全陪、地陪，使每位导游员都能充分地发挥作用，进一步提高了团队操作的效率和准确性，避免了不必要的混乱和麻烦。车务管理系统可提供车辆档案与车辆调度使用等功能，既可完成对车辆的养护管理，为车辆使用提供保障，又可实现车辆预订、调度等功能，进行司机上岗控制，安排送客与接客的车辆衔接，提高车辆使用效率。

交通票务系统能够准确、快捷地为管理者提供全社旅行团的票务需求情况，系统具有提供订票单、出票单、客人名单、订票确认、交通变更等功能。通过这套管理系统，可以使票务工作者清楚地了解到某个团队需要在哪天哪个班次出票，以及订票是否被确认。在使用时，操作团队的人员只需在计算机中输入某个团队的订票单，票务工作人员就可在计算机中知道该团队所需机车票的时间、班次、人数、出发地和到达地，这样就能准确、迅速地为这个团队进行出票，以确保这个团队在交通方面的顺利出行。

【补充阅读资料 10.3】

"互联网 + 旅游目的地" 的新机遇

2016-04-06 14：56：00 来源：中国旅游报

1. 互联网对旅游客源端的深刻影响

随着互联网的日益普及，互联网对经济社会产生的影响，深刻改变了现代人的生活方式。随着中国城镇化率的不断提高（2014 年底，中国城镇化率为 54.77%，即 14 亿中国人中有 7.6 亿人已居住在城市），中国网民数量会持续增加，互联网将更加深刻地影响更多人的工作和生活方式。

互联网在深刻影响生产和生活方式的同时，也孕育了一批在思想、行为、习惯、偏好等方面完全不同于传统旅游者（以"50 后"、"60 后"、"70 后"为主体）的新群体——"互联网新一代旅游者"（伴随互联网成长的"80 后"、"90 后"、"00 后"）。

"80 后"旅游者：年龄在 27 ~ 36 岁，大多数已经成为企事业单位的业务骨干或中层干部，绝大多数具有高中或大学文化教育程度。95% 以上使用移动智能终端，75% 使用微信、微博等社交媒体，精神上追求独立自主，注重物质、文化与精神享受，消费上重视品牌、品质、体验与舒适。"80 后"是第一代"互联网原住民"，是互联网消费的主力军。著名财经作家吴晓波曾经发表题为《把世界交给 80 后》的主题演讲，"未来 5 ~ 10 年，中国商业世界会被'80 后'颠覆掉"；世界旅游城市联合会发布的《2014 年中国公民出境（城市）旅游消费市场调查报告》显示，35 岁以下的内地游客数量超过 67.5%，"80 后"成为中国主要的出境游人群。时至今日，"80 后"不仅已经成为社会的核心层，也已经成为旅游消费的主力军，并将引领与主导当前及今后一段时期的旅游市场。

"90 后"旅游者：年龄在 17 ~ 26 岁，以高中生、大学生、研究生以及刚开始工作的白领为主。"90 后"个性张扬，大多喜欢使用 QQ、微信、微博等互联网端口的时尚社交媒体，爱晒、爱拍照、爱吐槽、爱跟风，喜欢时尚、潮流、个性化的新模式，享受活在当下的快意。"90 后"引领了音乐、互联网、数码产品的流行风尚，且"90 后"推崇"超前消费"，虽然收入微薄或还没有收入，但因为家长的经济实力，其消费能力、市场地位却不容小视。

"00 后"旅游者：年龄在 7 ~ 16 岁，基本上是小学生或初中生，常以自我为中心，缺乏品牌与忠诚意识，是非理性、非秩序的感性人群，偏好"萌物"，对新鲜事物有天然的接受想法，注重游乐体验上情感的共鸣。虽然"00 后"还未到独立出游的年纪，但由于"00 后"是中国"421"家庭模式下的中心，很大程度上影响着父母和家庭的旅游决定，因此成为带动国内亲子游市场的重要力量。

2. "互联网 + 旅游渠道"的全新格局

互联网渗透到旅游行业，同时对旅游媒介渠道、旅游销售渠道产生深刻的影响，传统媒体（媒介渠道）受到了巨大的冲击，陆续有报纸停刊，一些杂志难以度日，取而代之的是自媒体、微博大 V、微信大号等。以旅游信息化和智慧旅游起步最早、应用最广的浙江省为例，网络营销已经成为浙江旅游营销的主战场，"三微"（微博、微信、微电影）营销已经成为浙江旅游网络营销的标准配置。2012 年 3 月 21 日，绍兴市文化旅游集团推出的中国第一部旅游微电影——"樱为爱情"，短短 1 个月时间网络点击量超过千万，宛委山樱花节期间，绍兴市文化旅游集团下属各景区购票人数与门票收入同比分别增长 175.26% 和 95.93%，创历史新高。在游客量激增的同时，还带动了全市各大景区及宾馆酒店的销售，过夜游客明显增多并出现了一房难求的局面。

组团社 + 地接社，是团队旅游时代传统的销售渠道，进入互联网 + 散客旅游时代，网络成为旅游销售的主要渠道。一大批旅游网站迅速崛起，OTA 类的携程、去哪儿、途牛、驴妈妈、同程，攻略社区类的猫途鹰、蚂蜂窝、穷游网，工具类的在路上、面包旅行等，成为旅游资讯与旅游销售的主力军。

3."互联网＋旅游目的地"的新机遇

（1）互联网＋景区

旅游景区是大多数旅游目的地的核心引客要素，互联网的迅猛发展正在引领旅游景区新一轮的"互联网革命"。以故宫为例，在单霁翔调任故宫博物院院长后，故宫开始了全新的"故宫 Style"，自主研发并上线了 7 款"萌萌哒"App：《胤禛美人图》《紫禁城祥瑞》《皇帝的一天》《韩熙载夜宴图》《每日故宫》《故宫陶瓷馆》和《清代皇帝服饰》，游客通过 App 可提前了解到紫禁城里那些"不知道的事儿"。此外，故宫还开通了"故宫淘宝店——来自故宫的礼物"，专门销售自主研发的 7 000 余种故宫文创商品，如顶戴花翎官帽防晒伞、容嬷嬷针线盒、御前侍卫手机座、黄袍加身 T 恤等。2014 年实现销售收入 9 亿元，2015 年上半年实现销售收入超过 7 亿元。萌萌哒 App、文创的故宫礼物、剪刀手的皇帝，让古老的故宫变得年轻和时尚，重新获得"互联网一代"游客的青睐与追捧。

乌镇是"互联网＋景区"的又一典范。过去的乌镇只是江南六大古镇之一，借助 2014 年首届世界互联网大会在乌镇的举办，乌镇全域实现了二维码电子门票通关、Wi-Fi 全覆盖、手机支付宝和微信支付等，互联网深入到乌镇的每一个角落。通过深度拥抱互联网，乌镇成功实现了弯道超车，一跃成为中国古镇旅游的领头羊。

（2）互联网＋酒店

以互联网思维开发酒店，以互联网技术武装酒店，以互联网模式运营酒店，将成为"互联网＋"时代酒店创新发展的新路子。以上海景域国际旅游运营集团投资开发的安吉帐篷客度假酒店为例，2014 年 10 月 18 日开业的首家帐篷客酒店落户于浙江湖州安吉溪龙乡万亩白茶园，帐篷客秉承"用户至上，以人为本，产品为王"的互联网思维，以驴妈妈旅游网的大数据分析为支撑，在充分研究用户需求的基础上，有针对性地进行规划设计和建设运营。针对高端度假客群对私密性和回归自然的需求，酒店选址在隐蔽的万亩白茶园里，视野范围内看不到诸如电线杆、高压线、高速公路等现代人工设施；每个帐篷客房都独立分散，客人可以不受干扰地独享绿色与清净；发现度假客群中相当比例是带着小孩的家庭，酒店专门配置了 0～3 岁、4～10 岁年龄段的儿童乐园。在互联网思维下，酒店不仅仅是酒店，更是度假生活的入口。帐篷客在提供高品质酒店产品和服务的基础上，为住店客人提供了丰富多彩的度假活动（骑行、垂钓、瑜伽、茶道、乒乓、爬山、跑步、篝火、烧烤等），并准备了爆款的土特产品——"篷友三宝"（安吉白茶、土猪腊肉、安吉竹笋）供客人购买。在营销方面，帐篷客将营销重点放在互联网营销，鼓励每个来帐篷客酒店参观与住宿的客人发送关于帐篷客的微信，通过微信朋友圈的分享，对住店客房的朋友进行二次营销。

安吉帐篷客酒店，创造了"互联网＋酒店"新模式，引领了"无景点旅游"新潮流，人们因为帐篷客而选择他们的度假地。帐篷客平均房价虽然高达 3 000 元/天，但开业 1 年多来平均入住率超过 90%，周末和节假日都是满房且需要提前 1～2 个月预订，先后接待了 100 多批参观考察者。安吉帐篷客的开业运营，也带动安吉白茶从几百元 1 斤提升到几千元 1 斤，并促进了安吉全域旅游的发展。在第一家帐篷客成功运营的基础上，景域集团旗下第二家帐篷客酒店落户苏州阳澄湖亲密岛，并将于 2016 年年底开业。

（3）互联网＋交通

互联网＋传统出租车，短短 3 年时间诞生了市值 1 000 亿元的互联网公司新巨头——滴滴快的，彻底改变了城市出租车市场的格局。互联网正在渗透到旅游目的地，并将对旅游目的地的交通格局产生深刻影响，笔者前不久到海口出差时的经历也可作为一个实例。在海口，笔者发现正规出租车总体陈旧、脏乱，而且普遍存在打车难且不打表的现象（即使通过滴滴打车软件叫来的出租车，依然是不打表要议价）。经海口当地的朋友推荐，笔者下载神州专车 App，体验后发现神州专车不仅车况优良（都是中高端崭新的轿车或商务车），而且服务安心和贴心（驾驶员身着标准工作装，态度诚恳，彬彬有礼；车内免费提供纸巾、矿泉水、充电器、雨具等物品），乘车费用由电脑自动计价通过手机支付（在充值金额中自动扣除），真正实现"叫车即来，下车即走，乘车舒适，安全便捷"。神州租车的出现，不仅解决了海口出租车市场经常发生的欺生、宰客、黑车问题，而且改变了很多海口市民的出行习惯（上下班出行或接送客人也选择神州专车而不选择自己开车）。

根据资料显示，神州专车于 2015 年 1 月上线，一经推出就备受中高端客户青睐，App 用户留存率达 66.7%，高居行业首位。10.7% 的专车服务活跃用户覆盖率稳居国内专车市场前三名，现已在全国 60 多个大城市同步上线。除了神州专车，滴滴快的、Uber（优步）、嘀嗒拼车等公司也在众多旅游城市布局，并从早期单一的出租车服务发展至出租车、专车、顺风车、代驾、试驾、大巴等全业态一站式的出行平台。

（4）互联网＋营销

如何通过创新的网络营销让旅游目的地树立鲜明的形象？以广东惠州为例，惠州旅游在长三角地区的知名度和影响力较低，甚至会有很多游客将（广东）惠州与（福建）惠安画上等号。惠州市旅游局重点强化微信营销，自办了"最美惠州""惠州旅游"等多个微信公众号，全国人大代表、惠州市旅游局局长黄细花还用自己的名字开设了微信公众号，定期发送惠州旅游资讯，并持续与外力外脑合作营销宣传惠州旅游，如与浙江旅游微信分享汇合作植入惠州旅游微信内容，浙江旅游创作的《全中国哪个城市敢和这里比幸福？》迅速提高了浙江人民对惠州旅游的认知和向往；与驴妈妈旅游网合作开展"驴妈妈牵手龟宝宝"网络营销活动，可亲的"驴妈妈"与可爱的"龟宝宝"在惠州海龟湾成功牵手，将中国 18 000 千米海岸线上唯一的海龟自然保护区和惠州——"一个海龟选择的城市"品牌形象在网络上迅速推广出去。

旅游目的地拥抱互联网，是大势所趋，是时代必然。谁拥抱得越早，谁拥抱得越深，谁就越有可能在"互联网＋旅游目的地"的浪潮中勇立潮头。（作者单位：上海景域国际旅游运营集团）

【补充阅读资料 10.4】
"旅游＋"是实现全域旅游的重要路径

2016-05-13　07:06:00　来源：中国旅游报

推进全域旅游，需要大力推进"旅游＋"，通过"旅游＋"产生适应全域旅游特征的旅游形态，＋出新的全域旅游生活形态，形成新型的研学、养老、休闲和健身等模式。

特约评论员石培华

全域旅游不仅要从空间，更需要从产业角度来认识理解。全域旅游的核心不在于空间上的各种"全"，更重要的意义在于要从封闭的旅游自循环向开放的"旅游＋"融合发展方式转变，改变以单一旅游形态为主导的旅游产业结构，构建起以旅游为平台的复合型旅游产业结构，推动旅游产业由"小旅游"向"大旅游"转型。各地实践表明，全域旅游正在成为各级党委、政府统筹推进旅游发展的重要抓手，正在成为企业参与旅游综合发展的重要平台，正在成为社会广泛参与，"大众创业、万众创新"的重要舞台，正在成为居民和游客提升生活质量的重要载体。

全域旅游是发展战略、发展模式，"旅游＋"是实现全域旅游的重要方法和路径，跨界融合是这个时代的本质特征，"旅游＋"是"互联网＋"思维在一个行业的具体应用和实践，是时代特征的具体产业体现，是时代语言的行业表达。经过30多年的快速发展，我国旅游业已经发生了脱胎换骨的变化，已经具有巨大的能量和越来越综合的功能。具有"搭建平台、构建渠道、促进共享、提升价值、提升效率"等综合功能。发展全域旅游，需要大力推进"旅游＋"，通过"旅游＋"产生适应全域旅游特征的旅游形态，＋出新的全域旅游生活形态，形成新型的研学、养老、休闲和健身等模式。旅游可以发挥巨大的市场力量，发挥拉动能力、渗透能力、融合能力和整合能力，发挥催化、优化、集成、放大作用。

推进全域旅游的一个核心就是推进"旅游＋"，加大旅游与农业、林业、工业、商贸、金融、文化、体育、医药等产业的融合力度，形成综合新产能。通过完善提升旅游产业要素，增加旅游综合消费，摆脱过度依赖门票经济，实现从门票经济向产业经济转变，实现旅游从封闭的旅游自循环向开放的"旅游＋"融合发展转变，形成旅游新产能。"旅游＋"是全域旅游转型升级的创新空间和主攻方向，是旅游投资、旅游消费的新热点、新亮点，是拓展旅游发展的新空间，也是产品业态创新的主攻方向，是旅游转型升级的新动力，是整合资源的纽带。

培育旅游大产业，关键是要做好做足"旅游＋"这篇大文章。乡村旅游、农牧旅游、水利旅游、工业旅游、林业旅游、商务旅游、研学旅游、医疗旅游、养老旅游、健康旅游、休闲度假、文化旅游等增长点，是"旅游＋"的重点领域。"旅游＋"是大众创业、万众创新最活跃的领域之一。"旅游＋"催生新的经济形态，并为"大众创业、万众创新"提供条件。成功的涉旅企业，其创业传奇大都与"旅游＋"有关。"旅游＋"正在成为不可阻挡的发展趋势和时代潮流，对经济社会发展产生日益深远影响，迎接一个新时代到来。在推进全域旅游发展中，通过"旅游＋"不断创造价值、放大价值的"＋"，不断发生化学反应，"＋"出新的价值、新的惊喜，产生"1+1>2"的效果。"旅游＋"的核心是促进人的发展，实质是通过人来实现"＋"，又通过"＋"更好地服务人。

以"旅游＋"推进全域旅游创新发展，加快培育旅游新产品、新业态，推进旅游＋新的生活方式，包括旅游＋研学、旅游＋交通、旅游＋休闲度假、旅游＋新型养老、旅游＋健康养生、旅游＋购物等，大力培育全域旅游的新产品新业态。大力发展自驾车房车旅游，制定服务规范，在高速路服务区设立自驾车房车驿站、电动汽车电桩等设施，完善道路标识、医疗救助、安全救援等服务功能，推动符合条件的旅居挂车上路通行。鼓励开发温泉、滑雪、滨海、海岛、山地、养生等休闲度假旅游产品。重点依托现有旅游设施和旅游资源，建设一批高水平旅游度假产品和满足多层次多样化休闲度假需求的国民度假地。加大对乡村养老旅游项目的支持，大力推动乡村养老旅游发展，鼓励民间资本依法使用农民集体所有的土地举办非营利性乡村养老机构。建设一批研学旅行基地，依托自然和文化遗产资源、红色旅游景点景区、大型公共设施、知名院校、科研机构、工矿企业、大型农场开展研学旅行活动，旅行社和研学旅行场所应在内容设计、导游配备、安全设施与防护等方面结合青少年特点，寓教于游。推出一批以中医药文化传播为主题，集中医药康复理疗、养生保健、文化体验于一体的中医药健康旅游示范产品。鼓励建设中医药健康旅游产业示范园区，推动中医药产业与旅游市场深度结合，在业态创新、机制改革、集群发展方面先行先试。

通过大力推进全域旅游，构建开放的旅游体系，着力完善旅游要素，建成一批特色鲜明、文化浓郁、管理精致的主题酒店，培育旅行社，开发一批特色旅游线路产品。要开发一批风味独特的地方小吃和特色餐饮，建成一批具有浓郁地方特色的餐馆餐厅和美食一条街。要将名特优工农业产品和工艺品开发包装成特色旅游商品，建成一批前店后厂的旅游购物街区。要建成一批布局合理的休闲娱乐场所，培育一批参与性体验性强、游客喜欢的旅游娱乐演出项目。有条件的应成立专门的旅游车船公司，满足游客交通旅行需求。

推进全域旅游，通过"旅游+"大力发展会奖旅游、文化旅游、婚恋旅游、体育健身旅游等新业态，培育特色旅游基地。大力推进旅游业与第一产业融合发展，注入旅游休闲功能，形成一批乡村旅游度假区、水利风景区、国家农业公园、休闲渔业旅游区、森林公园、生态旅游区、乡村旅游区、养生养老中心、研学旅游基地、房车自驾车营地等，实现多业态融合发展，大力发展生态旅游，将旅游业发展与生态文明建设相结合。推进旅游业与第二产业融合，因地制宜发展邮轮、游艇、大型游船、房车、小飞机、景区索道、游乐设施、户外用品、旅游用品、垂钓钓具、滑雪、潜水、露营、探险等各类户外用品等旅游装备制造业，建成集研发、生产、展示、销售、体验于一体的旅游休闲装备产业基地或产业园区。实施全域旅游战略，推进"旅游+"，就是推动旅游与新型工业化、信息化、新型城镇化、农业现代化及民航交通、体育等行业的融合发展，创新旅游发展新领域，拓展旅游发展新空间。

10.3 旅行社的跨国经营

10.3.1 跨国经营是国际旅游业发展的大趋势

已有的研究成果表明，旅游产品的特点是为旅游企业的跨国经营提供了市场条件，跨国公司投资自由化为旅游企业跨国经营提供了货币资本条件，国际服务贸易自由化为旅游企业跨国经营提供了宏观经济条件，加之跨国公司理论和实践的推动作用，以及发达国家旅游企业跨国经营对发展中国家的示范效应，使旅游企业跨国经营已经成为国际旅游业发展的大趋势。

对发达国家来说，跨国经营已经成为旅游产业的增长之源。而对发展中国家而言，接受境外旅游企业，特别是发达国家旅游企业的跨国经营也已成为发展中国家旅游发展的必由之路。事实上，发达国家的资本与客源市场已经成为发展中国家旅游业的增长支撑点。不仅如此，发展中国家的旅游企业也只有通过积极地寻求国际合作，才有可能减少全球服务贸易游戏规则的不平等性，为本国旅游业的可持续发展寻求良好的国际环境。

我国"入世"以来，旅游市场已逐渐全面开放。外国旅游企业进入中国旅游市场，必然要分割中国的旅游市场，从而造成我国旅游市场和旅游收益的净损失。在这种情况下，我国的旅游企业只有充分运用世贸组织确定的一系列有关服务贸易的规定，针对不同的市场采取不同形式的跨国经营，才能通过国际市场份额的增加，弥补国内市场和收益的损失，并不断提高我国旅游企业的国际竞争力，形成国际旅游分工和合作的良性态势。

10.3.2　旅行社跨国经营的表现形式

由于旅游产品具有生产与消费的同一性，因此，只要旅游者有跨国消费的需求，就有旅行社的跨国经营。对一个具体的旅行社而言，由于它在国际旅游者消费环节中所处的位置不同，到客源国或目的地国直接从事经营活动是否主动，跨国经营过程中选择的主导因素不同，从而在发展过程中表现为从初级到高级的 7 种不同表现形式。

1）旅行社跨国经营表现形式 I

如图 10.1 所示，只要 A 国的某一旅行社开始接待 B 国的旅游者，我们就可以认为该旅行社已经开始涉足跨国经营了。不过跨国经营的形式还是初级的、被动的，只有当 B 国的旅游者经由 B 国的旅行社组团来访或散客以及商务旅游者主动来访问时，A 国的旅行社才能实现跨国经营。在现实中表现为一国的旅行社既无外联权，也不参与某一国际旅游预订网络，更不主动到国外推销自己的产品，只是坐店经营，或成为境外旅游经营商的境内接待组织。

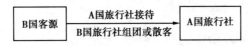

图 10.1　通过客源国旅行社开展跨国旅游业务

形式 I 是多数发展中国家旅行社进行跨国经营的必经阶段，它们通过这一阶段的经验积累，为进行更高一级形式的跨国经营做好管理模式、人力资源和营销方法等方面的准备。

2）旅行社跨国经营表现形式 II

如果 A 国的某一旅行社不仅仅是等客上门，而是主动通过除设立代表处或分公司之外的各种营销组合，到 B 国境内从事招徕工作，让 B 国的旅游者在未跨出国境以前就可以确定消费其旅游产品，并能够对其服务质量有一相应的预期，在此情况下，我们可以说 A 国旅行社的跨国经营实现了从形式 I 到形式 II 的过渡（图 10.2）。

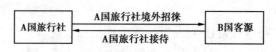

图 10.2　旅行社自主开展跨国旅游业务

与形式 I 相比，形式 II 体现了更多的主动性，它可以通过境外的报纸、广播、电视、互联网和旅游交易会等各种媒体促销自己的产品，也可能会加入某一国际旅游预订网络组织，让境外旅游者可以事先预订自己的产品。但是这些主动的营销工作并不是战略性的系统工作，而且由于对境外旅游者的消费特征不熟悉，可能会导致经营效率低下。

3）旅行社跨国经营表现形式III

如果 A 国旅行社既没有在 B 国境内设立分公司，也没有资金进入境外旅行社的边界以内，与境外旅游市场的联结方式是设立代表处或办事处。这种办事处不是独立的法人，不能在 B 国境内独立开展旅游招徕和接待业务，它仅仅表明该企业的存在，并通过它做一些市场宣传推广工作。办事处或代表处可以是 A 国某一家旅行社独自设立的，也可以是若干家旅行社联合设立的，还可以是国家旅游主管部门或行业协会的派出机构，如各国旅游局驻国外各中心城市的代表处，以及香港旅游协会在世界各地的办事处等。由于其运作资金部分来自政府主管部门和或行业协会向各旅行社收取的市场拓展费用，因此，也把这种形式看作旅行社跨国经营的形式之一（图 10.3）。

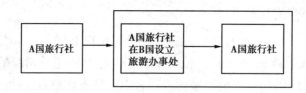

图 10.3　旅行社独立开展跨国旅游业务

在旅行社准备进入但旅游市场尚未开放的情形下，这种形式的过渡作用显得尤为重要。因为它可以充当旅行社全球化战略的预警系统和信息收集装置，并且一旦决定撤出其所在的旅游市场，也不会有太多的成本沉淀。

4）旅行社跨国经营表现形式IV

A 国旅行社主动与 B 国的某一家或数家旅行社合作，从事境外旅游者的招徕、组团接待工作。但这种合作形式是通过双方签订合同来完成的。换句话说，它们之间的关系仍然是一种市场交易关系，A 国旅行社并没有进入其合作伙伴的企业边界，只是由于合约的存在和制度运行的本身惯性使他们彼此维持着一种市场交易关系，这种市场交易关系可能是长期的。尽管如此，由于合作双方分处两个国家，执行合约的监督成本和出现违约后的索赔成本仍然是相当高的，这种过高的交易成本可能会阻碍这种合作关系的长期存在。为降低交易成本，取得更大的市场份额，旅行社的跨国经营形式必然会向更高一级的形式过渡（图 10.4）。

图 10.4　旅行社合作开展跨国旅游业务

5）旅行社跨国经营表现形式 V

为防止从事跨国经营可能遭遇的市场风险，一个现实的选择就是通过进入境外旅行社的边界，变可控程度较低的市场交易为可控程度较高的组织内部的管理交易，这时旅行社的跨国经营演化为初步成熟的表现形式 V（图 10.5）。

图 10.5　旅行社合资开展跨国旅游业务

在这种初步成熟的形式里，旅行社不是直接选择在境外设立独资的分支机构，而是选择合资的方式。其中除了资金和生产成本方面的原因外，我们还必须看到文化差异的影响。在这一时期，A 国旅行社对 B 国旅游者的消费模式、旅游法律环境、市场结构以及旅行社从业人员的行为特征等直接影响企业经营绩效的因素尚未完全掌握，如果不是通过合资的方式来学习和积累这方面的经验，而是贸然投入大量的资金开设分支机构，可能会产生投资失败的后果。当然，也不排除一些资本雄厚、品牌发育成熟的旅行社出于某种战略考虑而越过这一形式直接进入下一级的跨国经营形式。

6）旅行社跨国经营表现形式 VI

旅行社跨国经营表现形式 VI 意味着 A 国旅行社在 B 国直接投资开办自己的分支机构。这些分支机构可能是旅行社，其主要任务是招徕 B 国的旅游者购买 A 国旅行社的产品；也可能是饭店、景区、餐饮和娱乐等在当地服务的旅行社，它们为 A 国旅游者到 B 国旅游时提供住宿、游览、旅行、康乐等环节的高附加值服务，从而提高自己的旅游收益和企业利润。

当旅行社的跨国经营进入形式 VI 以后，从事跨国经营的旅行社就非常有可能获取本国居民出国旅游的绝大多数利润。对于被进入的特别是相对欠发达的旅游接待国度来说，它们的景区与线路将成为跨国经营的旅行社的"飞地"。正是在这个意义上，一些发展中国家的旅游经济学家反对过早地开放本国的旅游服务市场。他们认为发达国家旅行社的跨国经营活动将使得客源国与目的地之间的关系变成一种后殖民色彩的"中心—外围"关系（图 10.6）。

图 10.6　旅行社直接投资开展跨国旅游业务

7）旅行社跨国经营表现形式Ⅶ

旅行社跨国经营的形式Ⅶ与形式Ⅵ类似，不同的是：A国旅行社在开展跨国经营业务时，不再仅仅使用直接投资一种手段，而是综合运用直接投资、合资、租赁、并购以及非资本维度的管理合同、特许经营、联号扩张、集团化发展等多种现代商业运作工具，全方位、大规模、高速度地拓展自己在全球旅游市场上的份额。特别是管理合同输出、特许加盟、联号发展等现代商业创新制度的综合运用，促使旅行社的跨国经营进入一个新的发展阶段：资金规模不再是唯一决定性的因素，技术、制度、市场与管理的创新成了旅行社从事跨国经营活动的根本推动力量（图 10.7）。

图 10.7　旅行社运用组合方式开展跨国旅游业务

10.3.3　我国旅行社业跨国经营的基本战略

1）企业集团主导战略

要应对入世的挑战，我国旅行社业必须改变"弱、小、散、差"的局面，向规模化经营转变，实施大集团发展战略。我国旅行社业集团化发展的根本途径应该是：以市场为导向，以资本为联结纽带，学习和借鉴国外旅行社业资本运作的经验，通过兼并、购买、参股、控股等方式组建大型集团；要理顺产权关系，优化资源配置，实现低成本、高效率的扩张。我国旅行社业通过组建和发展大型集团，综合运用内部管理型和外部交易型战略，可以从整体上培育和提升竞争力，从而夯实跨国经营的基础。

在旅行社跨国经营战略的实施过程中，没有大型旅行社集团作为市场主体，我国将永远不可能进入跨国经营的高级形式和成熟阶段。在与国际旅行社集团竞争中，也只有实现了集团化发展的旅行社业，才能一方面通过垄断竞争态势提高国内旅游市场的厂商结构壁垒；另一方面，增强在国内旅游市场和国际旅游市场的竞争力。

树立企业集团主导观的更深层的含义是旅游市场发展中的企业主导观。在我国旅游业发展的初期阶段，由于市场化的旅游企业缺位，以"政府主导"作为我们发展入境旅游的指导方针和战略思想，在市场化进程日渐成熟的今天，我们必须树立"政府推动，企业主导"的观念，在激烈竞争的国际旅游市场上，只有经过市场洗礼生存下来的旅行社才是最具有生命力的旅行社。

2）市场开放战略

我国旅行社业进行跨国经营的根本目的，就是要充分利用入世后带来的各种机遇，通过不断开拓新的国际市场，积极参与国际竞争，使企业获得更大的生存与发展空间。随着中国公民出境旅游的迅猛发展，我国旅行社业在国际市场竞争中的地位将向有利的态势转变。只要充分发挥人际关系优势和文化认同优势，完全可以在国际市场竞争中取胜。在国家有关政府部门的支持下，我国旅行社业特别是一些大型旅行社集团，应积极进行跨国经营的试点工作，在发展初期，可以选择"新、马、泰"，中国香港，韩国等周边国家和地区进行。在这些地方，不仅中国出境游客比重较大，自身的比较竞争力较强，而且设立和迁移也较方便灵活，风险较小，在取得经验后可以此作为进军全球市场的桥头堡，向更加广阔的国际市场扩张。

3）政府扶持战略

我国旅游跨国经营过程中的企业主导作用的同时，并不意味着否定或不重视政府的作用。相反，越是市场经济，越是需要政府在产权保护、公共产品供给和政策调控等方面发挥应有的作用。这里只是强调政府不应直接介入，而是通过政策导向、人力资源培训、国际市场信息披露、在服务贸易总协定的框架内为本国旅行社业争取有利的制度生长空间，在国际旅游商务往来中为跨国经营的旅行社业提供人员和财产方面的法律和行政援助等方式和手段，来推动和扶持本国旅行社业在国际旅游市场上的成长。在政府扶持方面，国家应积极鼓励更多的旅行社与大型旅行社集团和高科技企业合作，通过海外上市，使之成为国际性和公众性的跨国公司，从而达到快速国际化的战略目标。

4）管理体制与管理模式创新战略

在目前的情况下，我国旅游业和旅行社业尚处于市场化进程之中。转轨时期的体制滞后与企业管理模式陈旧等一系列问题都在严重制约着我国旅行社业跨国经营的发展进程。我国旅游业管理体制和企业管理模式必须以创新精神为导向来优化旅行社业集团运行中的制度环境和市场环境。打破旅行社业部门所有制，让所有半事业、半企业化的接待机构完全走向市场，为旅游市场主体营造一个公平、公正、公开的竞争环境。尽可能简化跨国旅行社在对外旅游商务活动中人、财、物和信息的跨国境流动手续。这一切都是为了旅行社集团能在市场经济体制里自由生长，也是为了尽可能降低旅行社集团跨国经营过程中所产生的交易费用。

5）增强法治观念

世界上绝大多数国家实行的是市场经济体制，市场经济是法治经济，需要严格按市场规律办事，需要保证市场公平有序的竞争。由于我国长期以来实行的是计划经济体制，不少旅行社业的市场观念特别是法治观念淡薄，在一些旅行社，违法经营、以次充好、坑蒙拐骗、不讲信誉等现象时有发生，使企业甚至整个行业的形象受到极大损害。我国的旅游市场将进一步开放，必须在公平竞争的法则下与国外旅行社业进行竞争。谁违反了游戏规则，谁就将付出沉重的代价。

【补充阅读资料 10.5】
2019 中国旅游集团 20 强名单出炉

2019-12-17　08：50　来源：人民网－旅游频道

人民网北京 12 月 17 日电（记者 连品洁）以"科技新动能，发展高质量"为主题的"2019

中国旅游集团发展论坛"近日在京举办，本次论坛由中国旅游研究院、中国旅游协会联合主办，论坛上发布了《中国旅游集团发展报告2019》和2019年中国旅游集团20强名单。

文化和旅游部部长雒树刚介绍了今年国内旅游市场的整体发展情况，并为论坛作专题讲话。他表示，今年的中央经济工作会议明确提出，要推动旅游业高质量发展。旅游业实现高质量发展是客观需要，具备独特优势，有现实需求。旅游业作为新兴产业、朝阳产业，要实现高质量发展离不开科技创新，科技创新有助于旅游服务便利化、旅游管理智慧化、旅游业态多元化。他提出，旅游企业是现代旅游产业体系的核心，是推动旅游业强起来的支撑，旅游业要实现高质量发展需要政府部门加强服务、引导管理、创造良好的发展环境，更需要广大旅游企业发挥主体作用，要把握好三个角色，即旅游业高质量发展的引领者，旅游与科技融合的推动者，以及产、学、研、用相结合的实践者。

中国旅游研究院院长戴斌作总结发言时表示，数字化时代的旅游集团要努力从科学、文化、经济、社会和政治视角，全方位把握全面建成小康社会，全面把握人民的美好新生活。旅游集团要加快构建科技作为内在驱动力和原发力量的组织机制，培育具有技术创新能力的市场主体。"同时，要让更多发明家、投资家和不同市场主体进来，联手加速创新速度转化，在竞合中获得更高阶发展。"

据了解，2019年中国旅游集团20强分别是中国旅游集团、华侨城集团、首都旅游集团、中青旅、美团点评、众信旅游集团、凯撒集团、山西文旅集团、大连海昌集团、锦江集团、携程旅游集团、复星旅游文化集团、景域（驴妈妈）集团、春秋集团、南京旅游集团、同程旅游集团、途牛旅游集团、浙江旅游集团、祥源控股集团、开元旅业集团、安徽旅游集团、黄山旅游集团、福建旅游集团、山东文旅集团、湖北文旅集团、岭南集团。其中，山西文旅集团、复星旅游文化集团、南京旅游集团、途牛旅游集团为今年新入选的旅游集团。此次共有6家省级旅游集团入选20强名单，分别是山西文旅集团、浙江旅游集团、安徽旅游集团、福建旅游集团、山东文旅集团、湖北文旅集团。

【本章小结】

中国加入WTO后，旅游市场的开放就成为必然。本章重点分析了旅游市场的开放对我国旅行社业的影响。信息技术的应用对旅游业结构的影响。我国旅游市场与国际接轨后，跨国经营成为国际旅游业发展的大趋势。本章就旅行社跨国经营的表现形式、我国旅行社业跨国经营的基本战略等内容进行了阐述。

【复习思考题】

1. 旅行社市场的开放对我国旅行社业带来了哪些机遇？
2. 信息技术的应用对旅行社业将产生怎样的影响？
3. 什么是旅游信息的在线交流和旅游产品的在线订购？
4. 旅行社跨国经营的表现形式有哪几种？各有何特点？
5. 我国旅行社开展跨国经营有哪些有利和不利的条件？

【实训】

1. 打开携程旅行官网，看看它由哪些部分组成？各有什么特点？

2. 实地调查当地几家旅行社，了解他们对信息技术的运用情况，并写出调查报告。

【案例分析】

安徽加快推进旅游在线营销"宣城模式"

2015-11-23　14：38：00　来源：中国旅游之声

为深入推进"旅游＋互联网"在线营销战略，合力开拓休闲旅游经济"蓝海"，安徽宣城近年来在"旅游＋互联网"上狠下工夫，推动"线上线下"深度融合，大力推进营销模式创新和业态创新。

2015年，"同程网宣城旅游旗舰店"正式上线，为宣城旅游及全市旅游企业打造了直观、便利、高效的旅游产品推广和营销宣传平台。该"旗舰店"现已实现旅游产品预定和支付功能，并接入"宣城旅游"官方微信平台，其后台数据能实时反映门票、住宿、线路等产品的销量情况，为产品研发及智慧营销提供科学依据。为做好旅游企业入驻"旗舰店"工作，加快推进全市旅游产品网络在线销售，宣城市旅委把旗舰店建设工作纳入了年度考核范畴。

自2014年以来，宣城围绕"山水诗乡，多彩宣城"城市品牌，创新营销理念，突出网络在线营销及微博、微信新媒体"e"营销，实现了网络营销新突破。在宣城市旅委的协调配合下，同程旅游先后联手太极洞、龙川、紫园等多个景区开展多场"1元门票游宣城"营销活动。绩溪旅游企业借助"聚划算""众筹"，推出"聚土地""心愿众筹"活动，在安徽省内乃至全国产生较大影响。

接下来，宣城旅游委将进一步整合休闲旅游线上、线下资源优势与旅游管理部门、门户网站的平台优势，以旅游目的地市场营销、"线上销售，线下服务""智慧旅游"为抓手，扩大在线旅游合作深度和广度，突出加大休闲度假旅游产品研发推介，建立地市旅游管理部门、旅游门户网站旅游目的地营销新模式，实现"合作、创新、共赢"的旅游业发展新常态。同程网也将会把更多的合作资源落实到宣城，探索总结更多的"新经验"，使旅游目的地营销的"宣城模式"成为业内发展的新模板。（安徽省旅游局供稿）

从本案例分析旅游业发展趋势。

附　录

附录1　中华人民共和国旅游法（全文）

（2013 年 4 月 25 日第十二届全国人民代表大会常务委员会第二次会议通过 2013 年 4 月 25 日中华人民共和国主席令第 3 号公布　根据 2016 年 11 月 7 日第十二届全国人民代表大会常务委员会第二十四次会议通过 2016 年 11 月 7 日中华人民共和国主席令第 57 号公布自公布之日起施行的《全国人民代表大会常务委员会关于修改〈中华人民共和国对外贸易法〉等十二部法律的决定》修订）

第一章　总　则

第一条　为保障旅游者和旅游经营者的合法权益，规范旅游市场秩序，保护和合理利用旅游资源，促进旅游业持续健康发展，制定本法。

第二条　在中华人民共和国境内的和在中华人民共和国境内组织到境外的游览、度假、休闲等形式的旅游活动以及为旅游活动提供相关服务的经营活动，适用本法。

第三条　国家发展旅游事业，完善旅游公共服务，依法保护旅游者在旅游活动中的权利。

第四条　旅游业发展应当遵循社会效益、经济效益和生态效益相统一的原则。国家鼓励各类市场主体在有效保护旅游资源的前提下，依法合理利用旅游资源。利用公共资源建设的游览场所应当体现公益性质。

第五条　国家倡导健康、文明、环保的旅游方式，支持和鼓励各类社会机构开展旅游公益宣传，对促进旅游业发展做出突出贡献的单位和个人给予奖励。

第六条　国家建立健全旅游服务标准和市场规则，禁止行业垄断和地区垄断。旅游经营者应当诚信经营，公平竞争，承担社会责任，为旅游者提供安全、健康、卫生、方便的旅游服务。

第七条　国务院建立健全旅游综合协调机制，对旅游业发展进行综合协调。

县级以上地方人民政府应当加强对旅游工作的组织和领导，明确相关部门或者机构，对本行政区域的旅游业发展和监督管理进行统筹协调。

第八条　依法成立的旅游行业组织，实行自律管理。

第二章　旅游者

第九条　旅游者有权自主选择旅游产品和服务，有权拒绝旅游经营者的强制交易行为。

旅游者有权知悉其购买的旅游产品和服务的真实情况。

旅游者有权要求旅游经营者按照约定提供产品和服务。

第十条　旅游者的人格尊严、民族风俗习惯和宗教信仰应当得到尊重。

第十一条　残疾人、老年人、未成年人等旅游者在旅游活动中依照法律、法规和有关规定享受便利和优惠。

第十二条　旅游者在人身、财产安全遇有危险时，有请求救助和保护的权利。

旅游者人身、财产受到侵害的，有依法获得赔偿的权利。

第十三条　旅游者在旅游活动中应当遵守社会公共秩序和社会公德，尊重当地的风俗习惯、文化传统和宗教信仰，爱护旅游资源，保护生态环境，遵守旅游文明行为规范。

第十四条　旅游者在旅游活动中或者在解决纠纷时，不得损害当地居民的合法权益，不得干扰他人的旅游活动，不得损害旅游经营者和旅游从业人员的合法权益。

第十五条　旅游者购买、接受旅游服务时，应当向旅游经营者如实告知与旅游活动相关的个人健康信息，遵守旅游活动中的安全警示规定。

旅游者对国家应对重大突发事件暂时限制旅游活动的措施以及有关部门、机构或者旅游经营者采取的安全防范和应急处置措施，应当予以配合。

旅游者违反安全警示规定，或者对国家应对重大突发事件暂时限制旅游活动的措施、安全防范和应急处置措施不予配合的，依法承担相应责任。

第十六条　出境旅游者不得在境外非法滞留，随团出境的旅游者不得擅自分团、脱团。

入境旅游者不得在境内非法滞留，随团入境的旅游者不得擅自分团、脱团。

第三章　旅游规划和促进

第十七条　国务院和县级以上地方人民政府应当将旅游业发展纳入国民经济和社会发展规划。

国务院和省、自治区、直辖市人民政府以及旅游资源丰富的设区的市和县级人民政府，应当按照国民经济和社会发展规划的要求，组织编制旅游发展规划。对跨行政区域且适宜进行整体利用的旅游资源进行利用时，应当由上级人民政府组织编制或者由相关地方人民政府协商编制统一的旅游发展规划。

第十八条　旅游发展规划应当包括旅游业发展的总体要求和发展目标，旅游资源保护和利用的要求和措施，以及旅游产品开发、旅游服务质量提升、旅游文化建设、旅游形象推广、旅游基础设施和公共服务设施建设的要求和促进措施等内容。

根据旅游发展规划，县级以上地方人民政府可以编制重点旅游资源开发利用的专项规划，对特定区域内的旅游项目、设施和服务功能配套提出专门要求。

第十九条　旅游发展规划应当与土地利用总体规划、城乡规划、环境保护规划以及其他自然资源和文物等人文资源的保护和利用规划相衔接。

第二十条　各级人民政府编制土地利用总体规划、城乡规划，应当充分考虑相关旅游项目、设施的空间布局和建设用地要求。规划和建设交通、通信、供水、供电、环保等基础设施和公共服务设施，应当兼顾旅游业发展的需要。

第二十一条　对自然资源和文物等人文资源进行旅游利用，必须严格遵守有关法律、法规的规定，符合资源、生态保护和文物安全的要求，尊重和维护当地传统文化和习俗，维护资源的区域整体性、文化代表性和地域特殊性，并考虑军事设施保护的需要。有关主管部门应当加强对资源保护和旅游利用状况的监督检查。

第二十二条　各级人民政府应当组织对本级政府编制的旅游发展规划的执行情况进行评估，并向社会公布。

第二十三条　国务院和县级以上地方人民政府应当制定并组织实施有利于旅游业持续健康发展的产业政策，推进旅游休闲体系建设，采取措施推动区域旅游合作，鼓励跨区域旅游线路和产品开发，促进旅游与工业、农业、商业、文化、卫生、体育、科教等领域的融合，扶持少数民族地区、革命老区、边远地区和贫困地区旅游业发展。

第二十四条　国务院和县级以上地方人民政府应当根据实际情况安排资金，加强旅游基础设施建设、旅游公共服务和旅游形象推广。

第二十五条　国家制定并实施旅游形象推广战略。国务院旅游主管部门统筹组织国家旅游形象的境外推广工作，建立旅游形象推广机构和网络，开展旅游国际合作与交流。

县级以上地方人民政府统筹组织本地的旅游形象推广工作。

第二十六条　国务院旅游主管部门和县级以上地方人民政府应当根据需要建立旅游公共信息和咨询平台，无偿向旅游者提供旅游景区、线路、交通、气象、住宿、安全、医疗急救等必要信息和咨询服务。设区的市和县级人民政府有关部门应当根据需要在交通枢纽、商业中心和旅游者集中场所设置旅游咨询中心，在景区和通往主要景区的道路设置旅游指示标识。

旅游资源丰富的设区的市和县级人民政府可以根据本地的实际情况，建立旅游客运专线或者游客中转站，为旅游者在城市及周边旅游提供服务。

第二十七条　国家鼓励和支持发展旅游职业教育和培训，提高旅游从业人员素质。

第四章　旅游经营

第二十八条　设立旅行社，招徕、组织、接待旅游者，为其提供旅游服务，应当具备下列条件，取得旅游主管部门的许可，依法办理工商登记：

（一）有固定的经营场所；

（二）有必要的营业设施；

（三）有符合规定的注册资本；

（四）有必要的经营管理人员和导游；

（五）法律、行政法规规定的其他条件。

第二十九条　旅行社可以经营下列业务：

（一）境内旅游；

（二）出境旅游；

（三）边境旅游；

（四）入境旅游；

（五）其他旅游业务。

旅行社经营前款第二项和第三项业务，应当取得相应的业务经营许可，具体条件由国务院规定。

第三十条　旅行社不得出租、出借旅行社业务经营许可证，或者以其他形式非法转让旅行社业务经营许可。

第三十一条 旅行社应当按照规定交纳旅游服务质量保证金，用于旅游者权益损害赔偿和垫付旅游者人身安全遇有危险时紧急救助的费用。

第三十二条 旅行社为招徕、组织旅游者发布信息，必须真实、准确，不得进行虚假宣传，误导旅游者。

第三十三条 旅行社及其从业人员组织、接待旅游者，不得安排参观或者参与违反我国法律、法规和社会公德的项目或者活动。

第三十四条 旅行社组织旅游活动应当向合格的供应商订购产品和服务。

第三十五条 旅行社不得以不合理的低价组织旅游活动，诱骗旅游者，并通过安排购物或者另行付费旅游项目获取回扣等不正当利益。

旅行社组织、接待旅游者，不得指定具体购物场所，不得安排另行付费旅游项目。但是，经双方协商一致或者旅游者要求，且不影响其他旅游者行程安排的除外。

发生违反前两款规定情形的，旅游者有权在旅游行程结束后三十日内，要求旅行社为其办理退货并先行垫付退货货款，或者退还另行付费旅游项目的费用。

第三十六条 旅行社组织团队出境旅游或者组织、接待团队入境旅游，应当按照规定安排领队或者导游全程陪同。

第三十七条 参加导游资格考试成绩合格，与旅行社订立劳动合同或者在相关旅游行业组织注册的人员，可以申请取得导游证。

第三十八条 旅行社应当与其聘用的导游依法订立劳动合同，支付劳动报酬，缴纳社会保险费用。

旅行社临时聘用导游为旅游者提供服务的，应当全额向导游支付本法第六十条第三款规定的导游服务费用。

旅行社安排导游为团队旅游提供服务的，不得要求导游垫付或者向导游收取任何费用。

第三十九条 从事领队业务，应当取得导游证，具有相应的学历、语言能力和旅游从业经历，并与委派其从事领队业务的取得出境旅游业务经营许可的旅行社订立劳动合同。

第四十条 导游和领队为旅游者提供服务必须接受旅行社委派，不得私自承揽导游和领队业务。

第四十一条 导游和领队从事业务活动，应当佩戴导游证，遵守职业道德，尊重旅游者的风俗习惯和宗教信仰，应当向旅游者告知和解释旅游文明行为规范，引导旅游者健康、文明旅游，劝阻旅游者违反社会公德的行为。

导游和领队应当严格执行旅游行程安排，不得擅自变更旅游行程或者中止服务活动，不得向旅游者索取小费，不得诱导、欺骗、强迫或者变相强迫旅游者购物或者参加另行付费旅游项目。

第四十二条 景区开放应当具备下列条件，并听取旅游主管部门的意见：

（一）有必要的旅游配套服务和辅助设施；

（二）有必要的安全设施及制度，经过安全风险评估，满足安全条件；

（三）有必要的环境保护设施和生态保护措施；

（四）法律、行政法规规定的其他条件。

第四十三条　利用公共资源建设的景区的门票以及景区内的游览场所、交通工具等另行收费项目，实行政府定价或者政府指导价，严格控制价格上涨。拟收费或者提高价格的，应当举行听证会，征求旅游者、经营者和有关方面的意见，论证其必要性、可行性。

利用公共资源建设的景区，不得通过增加另行收费项目等方式变相涨价；另行收费项目已收回投资成本的，应当相应降低价格或者取消收费。

公益性的城市公园、博物馆、纪念馆等，除重点文物保护单位和珍贵文物收藏单位外，应当逐步免费开放。

第四十四条　景区应当在醒目位置公示门票价格、另行收费项目的价格及团体收费价格。景区提高门票价格应当提前六个月公布。

将不同景区的门票或者同一景区内不同游览场所的门票合并出售的，合并后的价格不得高于各单项门票的价格之和，且旅游者有权选择购买其中的单项票。

景区内的核心游览项目因故暂停向旅游者开放或者停止提供服务的，应当公示并相应减少收费。

第四十五条　景区接待旅游者不得超过景区主管部门核定的最大承载量。景区应当公布景区主管部门核定的最大承载量，制定和实施旅游者流量控制方案，并可以采取门票预约等方式，对景区接待旅游者的数量进行控制。

旅游者数量可能达到最大承载量时，景区应当提前公告并同时向当地人民政府报告，景区和当地人民政府应当及时采取疏导、分流等措施。

第四十六条　城镇和乡村居民利用自有住宅或者其他条件依法从事旅游经营，其管理办法由省、自治区、直辖市制定。

第四十七条　经营高空、高速、水上、潜水、探险等高风险旅游项目，应当按照国家有关规定取得经营许可。

第四十八条　通过网络经营旅行社业务的，应当依法取得旅行社业务经营许可，并在其网站主页的显著位置标明其业务经营许可证信息。

发布旅游经营信息的网站，应当保证其信息真实、准确。

第四十九条　为旅游者提供交通、住宿、餐饮、娱乐等服务的经营者，应当符合法律、法规规定的要求，按照合同约定履行义务。

第五十条　旅游经营者应当保证其提供的商品和服务符合保障人身、财产安全的要求。

旅游经营者取得相关质量标准等级的，其设施和服务不得低于相应标准；未取得质量标准等级的，不得使用相关质量等级的称谓和标识。

第五十一条　旅游经营者销售、购买商品或者服务，不得给予或者收受贿赂。

第五十二条　旅游经营者对其在经营活动中知悉的旅游者个人信息，应当予以保密。

第五十三条　从事道路旅游客运的经营者应当遵守道路客运安全管理的各项制度，并在车辆显著位置明示道路旅游客运专用标识，在车厢内显著位置公示经营者和驾驶人信息、道路运输管理机构监督电话等事项。

第五十四条　景区、住宿经营者将其部分经营项目或者场地交由他人从事住宿、餐饮、购物、游览、娱乐、旅游交通等经营的，应当对实际经营者的经营行为给旅游者造成的损害承担连带责任。

第五十五条　旅游经营者组织、接待出入境旅游，发现旅游者从事违法活动或者有违反本法第十六条规定情形的，应当及时向公安机关、旅游主管部门或者我国驻外机构报告。

第五十六条　国家根据旅游活动的风险程度，对旅行社、住宿、旅游交通以及本法第四十七条规定的高风险旅游项目等经营者实施责任保险制度。

第五章　旅游服务合同

第五十七条　旅行社组织和安排旅游活动，应当与旅游者订立合同。

第五十八条　包价旅游合同应当采用书面形式，包括下列内容：

（一）旅行社、旅游者的基本信息；

（二）旅游行程安排；

（三）旅游团成团的最低人数；

（四）交通、住宿、餐饮等旅游服务安排和标准；

（五）游览、娱乐等项目的具体内容和时间；

（六）自由活动时间安排；

（七）旅游费用及其交纳的期限和方式；

（八）违约责任和解决纠纷的方式；

（九）法律、法规规定和双方约定的其他事项。

订立包价旅游合同时，旅行社应当向旅游者详细说明前款第二项至第八项所载内容。

第五十九条　旅行社应当在旅游行程开始前向旅游者提供旅游行程单。旅游行程单是包价旅游合同的组成部分。

第六十条　旅行社委托其他旅行社代理销售包价旅游产品并与旅游者订立包价旅游合同的，应当在包价旅游合同中载明委托社和代理社的基本信息。

旅行社依照本法规定将包价旅游合同中的接待业务委托给地接社履行的，应当在包价旅游合同中载明地接社的基本信息。

安排导游为旅游者提供服务的，应当在包价旅游合同中载明导游服务费用。

第六十一条　旅行社应当提示参加团队旅游的旅游者按照规定投保人身意外伤害保险。

第六十二条　订立包价旅游合同时，旅行社应当向旅游者告知下列事项：

（一）旅游者不适合参加旅游活动的情形；

（二）旅游活动中的安全注意事项；

（三）旅行社依法可以减免责任的信息；

（四）旅游者应当注意的旅游目的地相关法律、法规和风俗习惯、宗教禁忌，依照中国法律不宜参加的活动等；

（五）法律、法规规定的其他应当告知的事项。

在包价旅游合同履行中，遇有前款规定事项的，旅行社也应当告知旅游者。

第六十三条　旅行社招徕旅游者组团旅游，因未达到约定人数不能出团的，组团社可以解除合同。但是，境内旅游应当至少提前七日通知旅游者，出境旅游应当至少提前三十日通知旅游者。

因未达到约定人数不能出团的，组团社经征得旅游者书面同意，可以委托其他旅行社履行合同。组团社对旅游者承担责任，受委托的旅行社对组团社承担责任。旅游者不同意的，可以解除合同。

因未达到约定的成团人数解除合同的，组团社应当向旅游者退还已收取的全部费用。

第六十四条　旅游行程开始前，旅游者可以将包价旅游合同中自身的权利义务转让给第三人，旅行社没有正当理由的不得拒绝，因此增加的费用由旅游者和第三人承担。

第六十五条　旅游行程结束前，旅游者解除合同的，组团社应当在扣除必要的费用后，将余款退还旅游者。

第六十六条　旅游者有下列情形之一的，旅行社可以解除合同：

（一）患有传染病等疾病，可能危害其他旅游者健康和安全的；

（二）携带危害公共安全的物品且不同意交有关部门处理的；

（三）从事违法或者违反社会公德的活动的；

（四）从事严重影响其他旅游者权益的活动，且不听劝阻、不能制止的；

（五）法律规定的其他情形。

因前款规定情形解除合同的，组团社应当在扣除必要的费用后，将余款退还旅游者；给旅行社造成损失的，旅游者应当依法承担赔偿责任。

第六十七条　因不可抗力或者旅行社、履行辅助人已尽合理注意义务仍不能避免的事件，影响旅游行程的，按照下列情形处理：

（一）合同不能继续履行的，旅行社和旅游者均可以解除合同。合同不能完全履行的，旅行社经向旅游者作出说明，可以在合理范围内变更合同；旅游者不同意变更的，可以解除合同。

（二）合同解除的，组团社应当在扣除已向地接社或者履行辅助人支付且不可退还的费用后，将余款退还旅游者；合同变更的，因此增加的费用由旅游者承担，减少的费用退还旅游者。

（三）危及旅游者人身、财产安全的，旅行社应当采取相应的安全措施，因此支出的费用，由旅行社与旅游者分担。

（四）造成旅游者滞留的，旅行社应当采取相应的安置措施。因此增加的食宿费用，由旅游者承担；增加的返程费用，由旅行社与旅游者分担。

第六十八条　旅游行程中解除合同的，旅行社应当协助旅游者返回出发地或者旅游者指定的合理地点。由于旅行社或者履行辅助人的原因导致合同解除的，返程费用由旅行社承担。

第六十九条　旅行社应当按照包价旅游合同的约定履行义务，不得擅自变更旅游行程安排。

经旅游者同意，旅行社将包价旅游合同中的接待业务委托给其他具有相应资质的地接社履行的，应当与地接社订立书面委托合同，约定双方的权利和义务，向地接社提供与旅游者订立的包价旅游合同的副本，并向地接社支付不低于接待和服务成本的费用。地接社应当按照包价旅游合同和委托合同提供服务。

第七十条　旅行社不履行包价旅游合同义务或者履行合同义务不符合约定的，应当依法承担继续履行、采取补救措施或者赔偿损失等违约责任；造成旅游者人身损害、财产损失的，应当依法承担赔偿责任。旅行社具备履行条件，经旅游者要求仍拒绝履行合同，造成旅游者人身损害、滞留等严重后果的，旅游者还可以要求旅行社支付旅游费用一倍以上三倍以下的赔偿金。

由于旅游者自身原因导致包价旅游合同不能履行或者不能按照约定履行，或者造成旅游者人身损害、财产损失的，旅行社不承担责任。

在旅游者自行安排活动期间，旅行社未尽到安全提示、救助义务的，应当对旅游者的人身损害、财产损失承担相应责任。

第七十一条　由于地接社、履行辅助人的原因导致违约的，由组团社承担责任；组团社承担责任后可以向地接社、履行辅助人追偿。

由于地接社、履行辅助人的原因造成旅游者人身损害、财产损失的，旅游者可以要求地接社、履行辅助人承担赔偿责任，也可以要求组团社承担赔偿责任；组团社承担责任后可以向地接社、履行辅助人追偿。但是，由于公共交通经营者的原因造成旅游者人身损害、财产损失的，由公共交通经营者依法承担赔偿责任，旅行社应当协助旅游者向公共交通经营者索赔。

第七十二条　旅游者在旅游活动中或者在解决纠纷时，损害旅行社、履行辅助人、旅游从业人员或者其他旅游者的合法权益的，依法承担赔偿责任。

第七十三条　旅行社根据旅游者的具体要求安排旅游行程，与旅游者订立包价旅游合同的，旅游者请求变更旅游行程安排，因此增加的费用由旅游者承担，减少的费用退还旅游者。

第七十四条　旅行社接受旅游者的委托，为其代订交通、住宿、餐饮、游览、娱乐等旅游服务，收取代办费用的，应当亲自处理委托事务。因旅行社的过错给旅游者造成损失的，旅行社应当承担赔偿责任。

旅行社接受旅游者的委托，为其提供旅游行程设计、旅游信息咨询等服务的，应当保证设计合理、可行，信息及时、准确。

第七十五条　住宿经营者应当按照旅游服务合同的约定为团队旅游者提供住宿服务。住宿经营者未能按照旅游服务合同提供服务的，应当为旅游者提供不低于原定标准的住宿服务，因此增加的费用由住宿经营者承担；但由于不可抗力、政府因公共利益需要采取措施造成不能提供服务的，住宿经营者应当协助安排旅游者住宿。

第六章　旅游安全

第七十六条　县级以上人民政府统一负责旅游安全工作。县级以上人民政府有关部门依照法律、法规履行旅游安全监管职责。

第七十七条　国家建立旅游目的地安全风险提示制度。旅游目的地安全风险提示的级别划分和实施程序，由国务院旅游主管部门会同有关部门制定。

县级以上人民政府及其有关部门应当将旅游安全作为突发事件监测和评估的重要内容。

第七十八条　县级以上人民政府应当依法将旅游应急管理纳入政府应急管理体系，制定应急预案，建立旅游突发事件应对机制。

突发事件发生后，当地人民政府及其有关部门和机构应当采取措施开展救援，并协助旅游者返回出发地或者旅游者指定的合理地点。

第七十九条　旅游经营者应当严格执行安全生产管理和消防安全管理的法律、法规和国家标准、行业标准，具备相应的安全生产条件，制定旅游者安全保护制度和应急预案。

旅游经营者应当对直接为旅游者提供服务的从业人员开展经常性应急救助技能培训，对提供的产品和服务进行安全检验、监测和评估，采取必要措施防止危害发生。

旅游经营者组织、接待老年人、未成年人、残疾人等旅游者，应当采取相应的安全保障措施。

第八十条　旅游经营者应当就旅游活动中的下列事项，以明示的方式事先向旅游者作出说明或者警示：

（一）正确使用相关设施、设备的方法；

（二）必要的安全防范和应急措施；

（三）未向旅游者开放的经营、服务场所和设施、设备；

（四）不适宜参加相关活动的群体；

（五）可能危及旅游者人身、财产安全的其他情形。

第八十一条　突发事件或者旅游安全事故发生后，旅游经营者应当立即采取必要的救助和处置措施，依法履行报告义务，并对旅游者作出妥善安排。

第八十二条　旅游者在人身、财产安全遇有危险时，有权请求旅游经营者、当地政府和相关机构进行及时救助。

中国出境旅游者在境外陷于困境时，有权请求我国驻当地机构在其职责范围内给予协助和保护。

旅游者接受相关组织或者机构的救助后，应当支付应由个人承担的费用。

第七章　旅游监督管理

第八十三条　县级以上人民政府旅游主管部门和有关部门依照本法和有关法律、法规的规定，在各自职责范围内对旅游市场实施监督管理。

县级以上人民政府应当组织旅游主管部门、有关主管部门和工商行政管理、产品质量监督、交通等执法部门对相关旅游经营行为实施监督检查。

第八十四条　旅游主管部门履行监督管理职责，不得违反法律、行政法规的规定向监督管理对象收取费用。

旅游主管部门及其工作人员不得参与任何形式的旅游经营活动。

第八十五条　县级以上人民政府旅游主管部门有权对下列事项实施监督检查：

（一）经营旅行社业务以及从事导游、领队服务是否取得经营、执业许可；

（二）旅行社的经营行为；

（三）导游和领队等旅游从业人员的服务行为；

（四）法律、法规规定的其他事项。

旅游主管部门依照前款规定实施监督检查，可以对涉嫌违法的合同、票据、账簿以及其他资料进行查阅、复制。

第八十六条　旅游主管部门和有关部门依法实施监督检查，其监督检查人员不得少于二人，并应当出示合法证件。监督检查人员少于二人或者未出示合法证件的，被检查单位和个人有权拒绝。

监督检查人员对在监督检查中知悉的被检查单位的商业秘密和个人信息应当依法保密。

第八十七条　对依法实施的监督检查，有关单位和个人应当配合，如实说明情况并提供文件、资料，不得拒绝、阻碍和隐瞒。

第八十八条　县级以上人民政府旅游主管部门和有关部门，在履行监督检查职责中或者在处理举报、投诉时，发现违反本法规定行为的，应当依法及时作出处理；对不属于本部门职责范围的事项，应当及时书面通知并移交有关部门查处。

第八十九条　县级以上地方人民政府建立旅游违法行为查处信息的共享机制，对需要跨部门、跨地区联合查处的违法行为，应当进行督办。

旅游主管部门和有关部门应当按照各自职责，及时向社会公布监督检查的情况。

第九十条　依法成立的旅游行业组织依照法律、行政法规和章程的规定，制定行业经营规范和服务标准，对其会员的经营行为和服务质量进行自律管理，组织开展职业道德教育和业务培训，提高从业人员素质。

第八章　旅游纠纷处理

第九十一条　县级以上人民政府应当指定或者设立统一的旅游投诉受理机构。受理机构接到投诉，应当及时进行处理或者移交有关部门处理，并告知投诉者。

第九十二条　旅游者与旅游经营者发生纠纷，可以通过下列途径解决：

（一）双方协商；

（二）向消费者协会、旅游投诉受理机构或者有关调解组织申请调解；

（三）根据与旅游经营者达成的仲裁协议提请仲裁机构仲裁；

（四）向人民法院提起诉讼。

第九十三条　消费者协会、旅游投诉受理机构和有关调解组织在双方自愿的基础上，依法对旅游者与旅游经营者之间的纠纷进行调解。

第九十四条　旅游者与旅游经营者发生纠纷，旅游者一方人数众多并有共同请求的，可以推选代表人参加协商、调解、仲裁、诉讼活动。

第九章　法律责任

第九十五条　违反本法规定，未经许可经营旅行社业务的，由旅游主管部门或者工商行政管理部门责令改正，没收违法所得，并处一万元以上十万元以下罚款；违法所得十万元以上的，并处违法所得一倍以上五倍以下罚款；对有关责任人员，处二千元以上二万元以下罚款。

旅行社违反本法规定，未经许可经营本法第二十九条第一款第二项、第三项业务，或者出租、出借旅行社业务经营许可证，或者以其他方式非法转让旅行社业务经营许可的，除依照前款规定处罚外，并责令停业整顿；情节严重的，吊销旅行社业务经营许可证；对直接负责的主管人员，处二千元以上二万元以下罚款。

第九十六条　旅行社违反本法规定，有下列行为之一的，由旅游主管部门责令改正，没收违法所得，并处五千元以上五万元以下罚款；情节严重的，责令停业整顿或者吊销旅行社业务经营许可证；对直接负责的主管人员和其他直接责任人员，处二千元以上二万元以下罚款：

（一）未按照规定为出境或者入境团队旅游安排领队或者导游全程陪同的；

（二）安排未取得导游证的人员提供导游服务或者安排不具备领队条件的人员提供领队服务的；

（三）未向临时聘用的导游支付导游服务费用的；

（四）要求导游垫付或者向导游收取费用的。

第九十七条　旅行社违反本法规定，有下列行为之一的，由旅游主管部门或者有关部门责令改正，没收违法所得，并处五千元以上五万元以下罚款；违法所得五万元以上的，并处违法所得一倍以上五倍以下罚款；情节严重的，责令停业整顿或者吊销旅行社业务经营许可证；对直接负责的主管人员和其他直接责任人员，处二千元以上二万元以下罚款：

（一）进行虚假宣传，误导旅游者的；

（二）向不合格的供应商订购产品和服务的；

（三）未按照规定投保旅行社责任保险的。

第九十八条　旅行社违反本法第三十五条规定的，由旅游主管部门责令改正，没收违法所得，责令停业整顿，并处三万元以上三十万元以下罚款；违法所得三十万元以上的，并处违法所得一倍以上五倍以下罚款；情节严重的，吊销旅行社业务经营许可证；对直接负责的主管人员和其他直接责任人员，没收违法所得，处二千元以上二万元以下罚款，并暂扣或者吊销导游证。

第九十九条　旅行社未履行本法第五十五条规定的报告义务的，由旅游主管部门处五千元以上五万元以下罚款；情节严重的，责令停业整顿或者吊销旅行社业务经营许可证；对直接负责的主管人员和其他直接责任人员，处二千元以上二万元以下罚款，并暂扣或者吊销导游证。

第一百条　旅行社违反本法规定，有下列行为之一的，由旅游主管部门责令改正，处三万元以上三十万元以下罚款，并责令停业整顿；造成旅游者滞留等严重后果的，吊销旅行社业务经营许可证；对直接负责的主管人员和其他直接责任人员，处二千元以上二万元以下罚款，并暂扣或者吊销导游证：

（一）在旅游行程中擅自变更旅游行程安排，严重损害旅游者权益的；

（二）拒绝履行合同的；

（三）未征得旅游者书面同意，委托其他旅行社履行包价旅游合同的。

第一百零一条　旅行社违反本法规定，安排旅游者参观或者参与违反我国法律、法规和社会公德的项目或者活动的，由旅游主管部门责令改正，没收违法所得，责令停业整顿，并处二万元以上二十万元以下罚款；情节严重的，吊销旅行社业务经营许可证；对直接负责的主管人员和其他直接责任人员，处二千元以上二万元以下罚款，并暂扣或者吊销导游证。

第一百零二条　违反本法规定，未取得导游证或者不具备领队条件而从事导游、领队活动的，由旅游主管部门责令改正，没收违法所得，并处一千元以上一万元以下罚款，予以公告。

导游、领队违反本法规定，私自承揽业务的，由旅游主管部门责令改正，没收违法所得，处一千元以上一万元以下罚款，并暂扣或者吊销导游证。

导游、领队违反本法规定，向旅游者索取小费的，由旅游主管部门责令退还，处一千元以上一万元以下罚款；情节严重的，并暂扣或者吊销导游证。

第一百零三条　违反本法规定被吊销导游证的导游、领队和受到吊销旅行社业务经营许可证处罚的旅行社的有关管理人员，自处罚之日起未逾三年的，不得重新申请导游证或者从事旅行社业务。

第一百零四条　旅游经营者违反本法规定，给予或者收受贿赂的，由工商行政管理部门依照有关法律、法规的规定处罚；情节严重的，并由旅游主管部门吊销旅行社业务经营许可证。

第一百零五条　景区不符合本法规定的开放条件而接待旅游者的，由景区主管部门责令停业整顿直至符合开放条件，并处二万元以上二十万元以下罚款。

景区在旅游者数量可能达到最大承载量时，未依照本法规定公告或者未向当地人民政府报告，未及时采取疏导、分流等措施，或者超过最大承载量接待旅游者的，由景区主管部门责令改正，情节严重的，责令停业整顿一个月至六个月。

第一百零六条　景区违反本法规定，擅自提高门票或者另行收费项目的价格，或者有其他价格违法行为的，由有关主管部门依照有关法律、法规的规定处罚。

第一百零七条　旅游经营者违反有关安全生产管理和消防安全管理的法律、法规或者国家标准、行业标准的，由有关主管部门依照有关法律、法规的规定处罚。

第一百零八条　对违反本法规定的旅游经营者及其从业人员，旅游主管部门和有关部门应当记入信用档案，向社会公布。

第一百零九条　旅游主管部门和有关部门的工作人员在履行监督管理职责中，滥用职权、玩忽职守、徇私舞弊，尚不构成犯罪的，依法给予处分。

第一百一十条　违反本法规定，构成犯罪的，依法追究刑事责任。

第十章　附　则

第一百一十一条　本法下列用语的含义：

（一）旅游经营者，是指旅行社、景区以及为旅游者提供交通、住宿、餐饮、购物、娱乐等服务的经营者。

（二）景区，是指为旅游者提供游览服务、有明确的管理界限的场所或者区域。

（三）包价旅游合同，是指旅行社预先安排行程，提供或者通过履行辅助人提供交通、住宿、餐饮、游览、导游或者领队等两项以上旅游服务，旅游者以总价支付旅游费用的合同。

（四）组团社，是指与旅游者订立包价旅游合同的旅行社。

（五）地接社，是指接受组团社委托，在目的地接待旅游者的旅行社。

（六）履行辅助人，是指与旅行社存在合同关系，协助其履行包价旅游合同义务，实际提供相关服务的法人或者自然人。

第一百一十二条　本法自 2013 年 10 月 1 日起施行。

附录2　旅行社条例（全文）

（2009 年 2 月 20 日中华人民共和国国务院令第 550 号公布，自 2009 年 5 月 1 日起施行。根据 2016 年 2 月 6 日中华人民共和国国务院令第 666 号公布、自公布之日起施行的《国务院关于修改部分行政法规的决定》第一次修改，根据 2017 年 3 月 1 日中华人民共和国国务院令第 676 号公布、自公布之日起施行的《国务院关于修改和废止部分行政法规的决定》第二次修改）

第一章　总　则

第一条　为了加强对旅行社的管理，保障旅游者和旅行社的合法权益，维护旅游市场秩序，促进旅游业的健康发展，制定本条例。

第二条　本条例适用于中华人民共和国境内旅行社的设立及经营活动。

本条例所称旅行社，是指从事招徕、组织、接待旅游者等活动，为旅游者提供相关旅游服务，开展国内旅游业务、入境旅游业务或者出境旅游业务的企业法人。

第三条　国务院旅游行政主管部门负责全国旅行社的监督管理工作。

县级以上地方人民政府管理旅游工作的部门按照职责负责本行政区域内旅行社的监督管理工作。

县级以上各级人民政府工商、价格、商务、外汇等有关部门，应当按照职责分工，依法对旅行社进行监督管理。

第四条　旅行社在经营活动中应当遵循自愿、平等、公平、诚信的原则，提高服务质量，维护旅游者的合法权益。

第五条　旅行社行业组织应当按照章程为旅行社提供服务，发挥协调和自律作用，引导旅行社合法、公平竞争和诚信经营。

第二章　旅行社的设立

第六条　申请经营国内旅游业务和入境旅游业务的，应当取得企业法人资格，并且注册资本不少于 30 万元。

第七条　申请经营国内旅游业务和入境旅游业务的，应当向所在地省、自治区、直辖市旅游行政管理部门或者其委托的设区的市级旅游行政管理部门提出申请，并提交符合本条例第六条规定的相关证明文件。受理申请的旅游行政管理部门应当自受理申请之日起 20

个工作日内作出许可或者不予许可的决定。予以许可的，向申请人颁发旅行社业务经营许可证；不予许可的，书面通知申请人并说明理由。

第八条　旅行社取得经营许可满两年，且未因侵害旅游者合法权益受到行政机关罚款以上处罚的，可以申请经营出境旅游业务。

第九条　申请经营出境旅游业务的，应当向国务院旅游行政主管部门或者其委托的省、自治区、直辖市旅游行政管理部门提出申请，受理申请的旅游行政管理部门应当自受理申请之日起20个工作日内作出许可或者不予许可的决定。予以许可的，向申请人换发旅行社业务经营许可证；不予许可的，书面通知申请人并说明理由。

第十条　旅行社设立分社的，应当向分社所在地的工商行政管理部门办理设立登记，并自设立登记之日起3个工作日内向分社所在地的旅游行政管理部门备案。

旅行社分社的设立不受地域限制。分社的经营范围不得超出设立分社的旅行社的经营范围。

第十一条　旅行社设立专门招徕旅游者、提供旅游咨询的服务网点（以下简称旅行社服务网点）应当依法向工商行政管理部门办理设立登记手续，并向所在地的旅游行政管理部门备案。

旅行社服务网点应当接受旅行社的统一管理，不得从事招徕、咨询以外的活动。

第十二条　旅行社变更名称、经营场所、法定代表人等登记事项或者终止经营的，应当到工商行政管理部门办理相应的变更登记或者注销登记，并在登记办理完毕之日起10个工作日内，向原许可的旅游行政管理部门备案，换领或者交回旅行社业务经营许可证。

第十三条　旅行社应当自取得旅行社业务经营许可证之日起3个工作日内，在国务院旅游行政主管部门指定的银行开设专门的质量保证金账户，存入质量保证金，或者向作出许可的旅游行政管理部门提交依法取得的担保额度不低于相应质量保证金数额的银行担保。

经营国内旅游业务和入境旅游业务的旅行社，应当存入质量保证金20万元；经营出境旅游业务的旅行社，应当增存质量保证金120万元。

质量保证金的利息属于旅行社所有。

第十四条　旅行社每设立一个经营国内旅游业务和入境旅游业务的分社，应当向其质量保证金账户增存5万元；每设立一个经营出境旅游业务的分社，应当向其质量保证金账户增存30万元。

第十五条　有下列情形之一的，旅游行政管理部门可以使用旅行社的质量保证金：

（一）旅行社违反旅游合同约定，侵害旅游者合法权益，经旅游行政管理部门查证属实的；

（二）旅行社因解散、破产或者其他原因造成旅游者预交旅游费用损失的。

第十六条　人民法院判决、裁定及其他生效法律文书认定旅行社损害旅游者合法权益，旅行社拒绝或者无力赔偿的，人民法院可以从旅行社的质量保证金账户上划拨赔偿款。

第十七条　旅行社自交纳或者补足质量保证金之日起三年内未因侵害旅游者合法权益受到行政机关罚款以上处罚的，旅游行政管理部门应当将旅行社质量保证金的交存数额降低50%，并向社会公告。旅行社可凭省、自治区、直辖市旅游行政管理部门出具的凭证减少其质量保证金。

第十八条 旅行社在旅游行政管理部门使用质量保证金赔偿旅游者的损失，或者依法减少质量保证金后，因侵害旅游者合法权益受到行政机关罚款以上处罚的，应当在收到旅游行政管理部门补交质量保证金的通知之日起 5 个工作日内补足质量保证金。

第十九条 旅行社不再从事旅游业务的，凭旅游行政管理部门出具的凭证，向银行取回质量保证金。

第二十条 质量保证金存缴、使用的具体管理办法由国务院旅游行政主管部门和国务院财政部门会同有关部门另行制定。

第三章 外商投资旅行社

第二十一条 外商投资旅行社适用本章规定；本章没有规定的，适用本条例其他有关规定。

前款所称外商投资旅行社，包括中外合资经营旅行社、中外合作经营旅行社和外资旅行社。

第二十二条 外商投资企业申请经营旅行社业务，应当向所在地省、自治区、直辖市旅游行政管理部门提出申请，并提交符合本条例第六条规定条件的相关证明文件。省、自治区、直辖市旅游行政管理部门应当自受理申请之日起 30 个工作日内审查完毕。予以许可的，颁发旅行社业务经营许可证；不予许可的，书面通知申请人并说明理由。

设立外商投资旅行社，还应当遵守有关外商投资的法律、法规。

第二十三条 外商投资旅行社不得经营中国内地居民出国旅游业务以及赴香港特别行政区、澳门特别行政区和台湾地区旅游的业务，但是国务院决定或者我国签署的自由贸易协定和内地与香港、澳门关于建立更紧密经贸关系的安排另有规定的除外。

第四章 旅行社经营

第二十四条 旅行社向旅游者提供的旅游服务信息必须真实可靠，不得作虚假宣传。

第二十五条 经营出境旅游业务的旅行社不得组织旅游者到国务院旅游行政主管部门公布的中国公民出境旅游目的地之外的国家和地区旅游。

第二十六条 旅行社为旅游者安排或者介绍的旅游活动不得含有违反有关法律、法规规定的内容。

第二十七条 旅行社不得以低于旅游成本的报价招徕旅游者。未经旅游者同意，旅行社不得在旅游合同约定之外提供其他有偿服务。

第二十八条 旅行社为旅游者提供服务，应当与旅游者签订旅游合同并载明下列事项：

（一）旅行社的名称及其经营范围、地址、联系电话和旅行社业务经营许可证编号；

（二）旅行社经办人的姓名、联系电话；

（三）签约地点和日期；

（四）旅游行程的出发地、途经地和目的地；

（五）旅游行程中交通、住宿、餐饮服务安排及其标准；

（六）旅行社统一安排的游览项目的具体内容及时间；

（七）旅游者自由活动的时间和次数；

（八）旅游者应当交纳的旅游费用及交纳方式；

（九）旅行社安排的购物次数、停留时间及购物场所的名称；

（十）需要旅游者另行付费的游览项目及价格；

（十一）解除或者变更合同的条件和提前通知的期限；

（十二）违反合同的纠纷解决机制及应当承担的责任；

（十三）旅游服务监督、投诉电话；

（十四）双方协商一致的其他内容。

第二十九条　旅行社在与旅游者签订旅游合同时，应当对旅游合同的具体内容作出真实、准确、完整的说明。

旅行社和旅游者签订的旅游合同约定不明确或者对格式条款的理解发生争议的，应当按照通常理解予以解释；对格式条款有两种以上解释的，应当作出有利于旅游者的解释；格式条款和非格式条款不一致的，应当采用非格式条款。

第三十条　旅行社组织中国内地居民出境旅游的，应当为旅游团队安排领队全程陪同。

第三十一条　旅行社为接待旅游者委派的导游人员，应当持有国家规定的导游证。

取得出境旅游业务经营许可的旅行社为组织旅游者出境旅游委派的领队，应当取得导游证，具有相应的学历、语言能力和旅游从业经历，并与委派其从事领队业务的旅行社订立劳动合同。旅行社应当将本单位领队名单报所在地设区的市级旅游行政管理部门备案。

第三十二条　旅行社聘用导游人员、领队人员应当依法签订劳动合同，并向其支付不低于当地最低工资标准的报酬。

第三十三条　旅行社及其委派的导游人员和领队人员不得有下列行为：

（一）拒绝履行旅游合同约定的义务；

（二）非因不可抗力改变旅游合同安排的行程；

（三）欺骗、胁迫旅游者购物或者参加需要另行付费的游览项目。

第三十四条　旅行社不得要求导游人员和领队人员接待不支付接待和服务费用或者支付的费用低于接待和服务成本的旅游团队，不得要求导游人员和领队人员承担接待旅游团队的相关费用。

第三十五条　旅行社违反旅游合同约定，造成旅游者合法权益受到损害的，应当采取必要的补救措施，并及时报告旅游行政管理部门。

第三十六条　旅行社需要对旅游业务作出委托的，应当委托给具有相应资质的旅行社，征得旅游者的同意，并与接受委托的旅行社就接待旅游者的事宜签订委托合同，确定接待旅游者的各项服务安排及其标准，约定双方的权利、义务。

第三十七条　旅行社将旅游业务委托给其他旅行社的，应当向接受委托的旅行社支付不低于接待和服务成本的费用；接受委托的旅行社不得接待不支付或者不足额支付接待和服务费用的旅游团队。

接受委托的旅行社违约，造成旅游者合法权益受到损害的，作出委托的旅行社应当承担相应的赔偿责任。作出委托的旅行社赔偿后，可以向接受委托的旅行社追偿。

接受委托的旅行社故意或者重大过失造成旅游者合法权益损害的，应当承担连带责任。

第三十八条　旅行社应当投保旅行社责任险。旅行社责任险的具体方案由国务院旅游行政主管部门会同国务院保险监督管理机构另行制定。

第三十九条　旅行社对可能危及旅游者人身、财产安全的事项，应当向旅游者作出真实的说明和明确的警示，并采取防止危害发生的必要措施。

发生危及旅游者人身安全的情形的，旅行社及其委派的导游人员、领队人员应当采取必要的处置措施并及时报告旅游行政管理部门；在境外发生的，还应当及时报告中华人民共和国驻该国使领馆、相关驻外机构、当地警方。

第四十条　旅游者在境外滞留不归的，旅行社委派的领队人员应当及时向旅行社和中华人民共和国驻该国使领馆、相关驻外机构报告。旅行社接到报告后应当及时向旅游行政管理部门和公安机关报告，并协助提供非法滞留者的信息。

旅行社接待入境旅游发生旅游者非法滞留我国境内的，应当及时向旅游行政管理部门、公安机关和外事部门报告，并协助提供非法滞留者的信息。

第五章　监督检查

第四十一条　旅游、工商、价格、商务、外汇等有关部门应当依法加强对旅行社的监督管理，发现违法行为，应当及时予以处理。

第四十二条　旅游、工商、价格等行政管理部门应当及时向社会公告监督检查的情况。公告的内容包括旅行社业务经营许可证的颁发、变更、吊销、注销情况，旅行社的违法经营行为以及旅行社的诚信记录、旅游者投诉信息等。

第四十三条　旅行社损害旅游者合法权益的，旅游者可以向旅游行政管理部门、工商行政管理部门、价格主管部门、商务主管部门或者外汇管理部门投诉，接到投诉的部门应当按照其职责权限及时调查处理，并将调查处理的有关情况告知旅游者。

第四十四条　旅行社及其分社应当接受旅游行政管理部门对其旅游合同、服务质量、旅游安全、财务账簿等情况的监督检查，并按照国家有关规定向旅游行政管理部门报送经营和财务信息等统计资料。

第四十五条　旅游、工商、价格、商务、外汇等有关部门工作人员不得接受旅行社的任何馈赠，不得参加由旅行社支付费用的购物活动或者游览项目，不得通过旅行社为自己、亲友或者其他个人、组织牟取私利。

第六章　法律责任

第四十六条　违反本条例的规定，有下列情形之一的，由旅游行政管理部门或者工商行政管理部门责令改正，没收违法所得，违法所得 10 万元以上的，并处违法所得 1 倍以上 5 倍以下的罚款；违法所得不足 10 万元或者没有违法所得的，并处 10 万元以上 50 万元以下的罚款：

（一）未取得相应的旅行社业务经营许可，经营国内旅游业务、入境旅游业务、出境旅游业务的；

（二）分社超出设立分社的旅行社的经营范围经营旅游业务的；

（三）旅行社服务网点从事招徕、咨询以外的旅行社业务经营活动的。

第四十七条　旅行社转让、出租、出借旅行社业务经营许可证的，由旅游行政管理部门责令停业整顿 1 个月至 3 个月，并没收违法所得；情节严重的，吊销旅行社业务经营许可证。受让或者租借旅行社业务经营许可证的，由旅游行政管理部门责令停止非法经营，没收违法所得，并处 10 万元以上 50 万元以下的罚款。

第四十八条 违反本条例的规定，旅行社未在规定期限内向其质量保证金账户存入、增存、补足质量保证金或者提交相应的银行担保的，由旅游行政管理部门责令改正；拒不改正的，吊销旅行社业务经营许可证。

第四十九条 违反本条例的规定，旅行社不投保旅行社责任险的，由旅游行政管理部门责令改正；拒不改正的，吊销旅行社业务经营许可证。

第五十条 违反本条例的规定，旅行社有下列情形之一的，由旅游行政管理部门责令改正；拒不改正的，处 1 万元以下的罚款：

（一）变更名称、经营场所、法定代表人等登记事项或者终止经营，未在规定期限内向原许可的旅游行政管理部门备案，换领或者交回旅行社业务经营许可证的；

（二）设立分社未在规定期限内向分社所在地旅游行政管理部门备案的；

（三）不按照国家有关规定向旅游行政管理部门报送经营和财务信息等统计资料的。

第五十一条 违反本条例的规定，外商投资旅行社经营中国内地居民出国旅游业务以及赴香港特别行政区、澳门特别行政区和台湾地区旅游业务，或者经营出境旅游业务的旅行社组织旅游者到国务院旅游行政主管部门公布的中国公民出境旅游目的地之外的国家和地区旅游的，由旅游行政管理部门责令改正，没收违法所得，违法所得 10 万元以上的，并处违法所得 1 倍以上 5 倍以下的罚款；违法所得不足 10 万元或者没有违法所得的，并处 10 万元以上 50 万元以下的罚款；情节严重的，吊销旅行社业务经营许可证。

第五十二条 违反本条例的规定，旅行社为旅游者安排或者介绍的旅游活动含有违反有关法律、法规规定的内容的，由旅游行政管理部门责令改正，没收违法所得，并处 2 万元以上 10 万元以下的罚款；情节严重的，吊销旅行社业务经营许可证。

第五十三条 违反本条例的规定，旅行社向旅游者提供的旅游服务信息含有虚假内容或者作虚假宣传的，由工商行政管理部门依法给予处罚。

违反本条例的规定，旅行社以低于旅游成本的报价招徕旅游者的，由价格主管部门依法给予处罚。

第五十四条 违反本条例的规定，旅行社未经旅游者同意在旅游合同约定之外提供其他有偿服务的，由旅游行政管理部门责令改正，处 1 万元以上 5 万元以下的罚款。

第五十五条 违反本条例的规定，旅行社有下列情形之一的，由旅游行政管理部门责令改正，处 2 万元以上 10 万元以下的罚款；情节严重的，责令停业整顿 1 个月至 3 个月：

（一）未与旅游者签订旅游合同；

（二）与旅游者签订的旅游合同未载明本条例第二十八条规定的事项；

（三）未取得旅游者同意，将旅游业务委托给其他旅行社；

（四）将旅游业务委托给不具有相应资质的旅行社；

（五）未与接受委托的旅行社就接待旅游者的事宜签订委托合同。

第五十六条 违反本条例的规定，旅行社组织中国内地居民出境旅游，不为旅游团队安排领队全程陪同的，由旅游行政管理部门责令改正，处 1 万元以上 5 万元以下的罚款；拒不改正的，责令停业整顿1个月至3个月。

第五十七条　违反本条例的规定，旅行社委派的导游人员未持有国家规定的导游证或者委派的领队人员不具备规定的领队条件的，由旅游行政管理部门责令改正，对旅行社处2万元以上10万元以下的罚款。

第五十八条　违反本条例的规定，旅行社不向其聘用的导游人员、领队人员支付报酬，或者所支付的报酬低于当地最低工资标准的，按照《中华人民共和国劳动合同法》的有关规定处理。

第五十九条　违反本条例的规定，有下列情形之一的，对旅行社，由旅游行政管理部门或者工商行政管理部门责令改正，处10万元以上50万元以下的罚款；对导游人员、领队人员，由旅游行政管理部门责令改正，处1万元以上5万元以下的罚款；情节严重的，吊销旅行社业务经营许可证、导游证：

（一）拒不履行旅游合同约定的义务的；

（二）非因不可抗力改变旅游合同安排的行程的；

（三）欺骗、胁迫旅游者购物或者参加需要另行付费的游览项目的。

第六十条　违反本条例的规定，旅行社要求导游人员和领队人员接待不支付接待和服务费用、支付的费用低于接待和服务成本的旅游团队，或者要求导游人员和领队人员承担接待旅游团队的相关费用的，由旅游行政管理部门责令改正，处2万元以上10万元以下的罚款。

第六十一条　旅行社违反旅游合同约定，造成旅游者合法权益受到损害，不采取必要的补救措施的，由旅游行政管理部门或者工商行政管理部门责令改正，处1万元以上5万元以下的罚款；情节严重的，由旅游行政管理部门吊销旅行社业务经营许可证。

第六十二条　违反本条例的规定，有下列情形之一的，由旅游行政管理部门责令改正，停业整顿1个月至3个月；情节严重的，吊销旅行社业务经营许可证：

（一）旅行社不向接受委托的旅行社支付接待和服务费用的；

（二）旅行社向接受委托的旅行社支付的费用低于接待和服务成本的；

（三）接受委托的旅行社接待不支付或者不足额支付接待和服务费用的旅游团队的。

第六十三条　违反本条例的规定，旅行社及其委派的导游人员、领队人员有下列情形之一的，由旅游行政管理部门责令改正，对旅行社处2万元以上10万元以下的罚款；对导游人员、领队人员处4 000元以上2万元以下的罚款；情节严重的，责令旅行社停业整顿1个月至3个月，或者吊销旅行社业务经营许可证、导游证：

（一）发生危及旅游者人身安全的情形，未采取必要的处置措施并及时报告的；

（二）旅行社组织出境旅游的旅游者非法滞留境外，旅行社未及时报告并协助提供非法滞留者信息的；

（三）旅行社接待入境旅游的旅游者非法滞留境内，旅行社未及时报告并协助提供非法滞留者信息的。

第六十四条　因妨害国（边）境管理受到刑事处罚的，在刑罚执行完毕之日起五年内不得从事旅行社业务经营活动；旅行社被吊销旅行社业务经营许可的，其主要负责人在旅行社业务经营许可被吊销之日起五年内不得担任任何旅行社的主要负责人。

第六十五条　旅行社违反本条例的规定，损害旅游者合法权益的，应当承担相应的民事责任；构成犯罪的，依法追究刑事责任。

第六十六条　违反本条例的规定，旅游行政管理部门或者其他有关部门及其工作人员有下列情形之一的，对直接负责的主管人员和其他直接责任人员依法给予处分：

（一）发现违法行为不及时予以处理的；

（二）未及时公告对旅行社的监督检查情况的；

（三）未及时处理旅游者投诉并将调查处理的有关情况告知旅游者的；

（四）接受旅行社的馈赠的；

（五）参加由旅行社支付费用的购物活动或者游览项目的；

（六）通过旅行社为自己、亲友或者其他个人、组织牟取私利的。

第七章　附　则

第六十七条　香港特别行政区、澳门特别行政区和台湾地区的投资者在内地投资设立的旅行社，参照适用本条例。

第六十八条　本条例自 2009 年 5 月 1 日起施行。1996 年 10 月 15 日国务院发布的《旅行社管理条例》同时废止。

附录3　关于修改《旅行社条例实施细则》和废止《出境旅游领队人员管理办法》的决定

中华人民共和国国家旅游局令　第 42 号

《国家旅游局关于修改〈旅行社条例实施细则〉和废止〈出境旅游领队人员管理办法〉的决定》已经 2016 年 12 月 6 日国家旅游局第 17 次局长办公会议审议通过，现予公布，自公布之日起生效。

国家旅游局局长　李金早

2016 年 12 月 12 日

国家旅游局关于修改《旅行社条例实施细则》和废止《出境旅游领队人员管理办法》的决定

为依法推进简政放权、放管结合、优化服务改革，根据《全国人民代表大会常务委员会关于修改〈中华人民共和国对外贸易法〉等十二部法律的决定》、《国务院关于修改部分行政法规的决定》（国务院令第 666 号）、《国务院关于印发注册资本登记制度改革方案的通知》（国发〔2014〕7号）、《国务院关于取消和调整一批行政审批项目等事项的决定》（国发〔2014〕27号）、《国务院关于促进旅游业改革发展的若干意见》（国发〔2014〕31号）和《国务院关于取消和调整一批行政审批项目等事项的决定》（国发〔2014〕50号），国家旅游局决定对《旅行社条例实施细则》（国家旅游局令第30号）部分条款进行修改，并废止《出境旅游领队人员管理办法》（国家旅游局令第18号）。

一、对《旅行社条例实施细则》作出修改

（一）将第六条中的"《条例》第六条第（一）项规定"和第七条中的"《条例》第六条第（二）项规定"修改为"旅行社"。

（二）将第八条第一款修改为："申请设立旅行社，经营国内旅游业务和入境旅游业务的，应当向省、自治区、直辖市旅游行政管理部门（简称省级旅游行政管理部门，下同）提交下列文件：（一）设立申请书。内容包括申请设立的旅行社的中英文名称及英文缩写，设立地址，企业形式、出资人、出资额和出资方式，申请人、受理申请部门的全称、申请书名称和申请的时间；（二）法定代表人履历表及身份证明；（三）企业章程；（四）经营场所的证明；（五）营业设施、设备的证明或者说明；（六）工商行政管理部门出具的《企业法人营业执照》。"

增加两款作为第二款、第三款："旅游行政管理部门应当根据《条例》第六条规定的最低注册资本限额要求，通过查看企业章程、在企业信用信息公示系统查询等方式，对旅行社认缴的出资额进行审查。""旅行社经营国内旅游业务和入境旅游业务的，《企业法人营业执照》的经营范围不得包括边境旅游业务、出境旅游业务；包括相关业务的，旅游行政管理部门应当告知申请人变更经营范围；申请人不予变更的，依法不予受理行政许可申请。"

（三）将第十条第一款修改为："旅行社申请出境旅游业务的，应当向国务院旅游行政主管部门提交经营旅行社业务满两年、且连续两年未因侵害旅游者合法权益受到行政机关罚款以上处罚的承诺书和经工商行政管理部门变更经营范围的《企业法人营业执照》。"

删去第十条第二款中的"旅行社持旅行社业务经营许可证向工商行政管理部门办理经营范围变更登记"。

（四）将第十四条修改为："旅行社在银行存入质量保证金的，应当设立独立账户，存期由旅行社确定，但不得少于1年。账户存期届满1个月前，旅行社应当办理续存手续或者提交银行担保。"

（五）删去第十九条第一款第（一）项、第二十条中的"《条例》第六条第（一）项、第（二）项及"和第二十三条第一款第（一）项。

（六）将第二十一条第二款修改为："设立社可以在其所在地的省、自治区、直辖市行政区划内设立服务网点；设立社在其所在地的省、自治区、直辖市行政区划外设立分社的，可以在该分社所在地设区的市的行政区划内设立服务网点。分社不得设立服务网点。"

（七）增加七条，作为第三十一条至第三十六条和第五十九条。

（八）将第四十七条（修改后为第五十三条）第一款中的"3月底"修改为"4月15日"。

（九）删去第五十九条（修改后为第六十六条）第一款。

此外，对相关条文顺序做相应调整。

二、废止《出境旅游领队人员管理办法》（国家旅游局令第 18 号）

本决定自公布之日起施行。

《旅行社条例实施细则》根据本决定作相应修改，重新公布。

旅行社条例实施细则（修改后全文）

（2009 年 4 月 2 日国家旅游局第 4 次局长办公会议审议通过，国家旅游局令第 30 号公布，自 2009 年 5 月 3 日起施行。根据 2016 年 12 月 6 日国家旅游局第 17 次局长办公会议审议通过，2016 年 12 月 12 日国家旅游局令第 42 号公布施行的《国家旅游局关于修改〈旅行社条例实施细则〉和废止〈出境旅游领队人员管理办法〉的决定》修改）

第一章　总　则

第一条　根据《旅行社条例》（以下简称《条例》），制定本实施细则。

第二条　《条例》第二条所称招徕、组织、接待旅游者提供的相关旅游服务，主要包括：

（一）安排交通服务；

（二）安排住宿服务；

（三）安排餐饮服务；

（四）安排观光游览、休闲度假等服务；

（五）导游、领队服务；

（六）旅游咨询、旅游活动设计服务。

旅行社还可以接受委托，提供下列旅游服务：

（一）接受旅游者的委托，代订交通客票、代订住宿和代办出境、入境、签证手续等；

（二）接受机关、事业单位和社会团体的委托，为其差旅、考察、会议、展览等公务活动，代办交通、住宿、餐饮、会务等事务；

（三）接受企业委托，为其各类商务活动、奖励旅游等，代办交通、住宿、餐饮、会务、观光游览、休闲度假等事务；

（四）其他旅游服务。

前款所列出境、签证手续等服务，应当由具备出境旅游业务经营权的旅行社代办。

第三条　《条例》第二条所称国内旅游业务，是指旅行社招徕、组织和接待中国内地居民在境内旅游的业务。

《条例》第二条所称入境旅游业务，是指旅行社招徕、组织、接待外国旅游者来我国旅游，香港特别行政区、澳门特别行政区旅游者来内地旅游，台湾地区居民来大陆旅游，以及招徕、组织、接待在中国内地的外国人，在内地的香港特别行政区、澳门特别行政区居民和在大陆的台湾地区居民在境内旅游的业务。

《条例》第二条所称出境旅游业务，是指旅行社招徕、组织、接待中国内地居民出国旅游，赴香港特别行政区、澳门特别行政区和台湾地区旅游，以及招徕、组织、接待在中国内地的外国人、在内地的香港特别行政区、澳门特别行政区居民和在大陆的台湾地区居民出境旅游的业务。

第四条　对旅行社及其分支机构的监督管理，县级以上旅游行政管理部门应当按照《条例》、本细则的规定和职责，实行分级管理和属地管理。

第五条　鼓励旅行社实行服务质量等级制度；鼓励旅行社向专业化、网络化、品牌化发展。

第二章　旅行社的设立与变更

第六条　旅行社的经营场所应当符合下列要求：

（一）申请者拥有产权的营业用房，或者申请者租用的、租期不少于1年的营业用房；

（二）营业用房应当满足申请者业务经营的需要。

第七条　旅行社的营业设施应当至少包括下列设施、设备：

（一）2部以上的直线固定电话；

（二）传真机、复印机；

（三）具备与旅游行政管理部门及其他旅游经营者联网条件的计算机。

第八条　申请设立旅行社，经营国内旅游业务和入境旅游业务的，应当向省、自治区、直辖市旅游行政管理部门（简称省级旅游行政管理部门，下同）提交下列文件：

（一）设立申请书。内容包括申请设立的旅行社的中英文名称及英文缩写，设立地址，企业形式、出资人、出资额和出资方式，申请人、受理申请部门的全称、申请书名称和申请的时间；

（二）法定代表人履历表及身份证明；

（三）企业章程；

（四）经营场所的证明；

（五）营业设施、设备的证明或者说明；

（六）工商行政管理部门出具的《企业法人营业执照》。

旅游行政管理部门应当根据《条例》第六条规定的最低注册资本限额要求，通过查看企业章程、在企业信用信息公示系统查询等方式，对旅行社认缴的出资额进行审查。

旅行社经营国内旅游业务和入境旅游业务的，《企业法人营业执照》的经营范围不得包括边境旅游业务、出境旅游业务；包括相关业务的，旅游行政管理部门应当告知申请人变更经营范围；申请人不予变更的，依法不予受理行政许可申请。

省级旅游行政管理部门可以委托设区的市（含州、盟，下同）级旅游行政管理部门，受理当事人的申请并作出许可或者不予许可的决定。

第九条　受理申请的旅游行政管理部门可以对申请人的经营场所、营业设施、设备进行现场检查，或者委托下级旅游行政管理部门检查。

第十条　旅行社申请出境旅游业务的，应当向国务院旅游行政主管部门提交经营旅行社业务满两年、且连续两年未因侵害旅游者合法权益受到行政机关罚款以上处罚的承诺书和经工商行政管理部门变更经营范围的《企业法人营业执照》。

旅行社取得出境旅游经营业务许可的，由国务院旅游行政主管部门换发旅行社业务经营许可证。

国务院旅游行政主管部门可以委托省级旅游行政管理部门受理旅行社经营出境旅游业务的申请，并作出许可或者不予许可的决定。

旅行社申请经营边境旅游业务的，适用《边境旅游暂行管理办法》的规定。

旅行社申请经营赴台湾地区旅游业务的，适用《大陆居民赴台湾地区旅游管理办法》的规定。

第十一条　旅行社因业务经营需要，可以向原许可的旅游行政管理部门申请核发旅行社业务经营许可证副本。

旅行社业务经营许可证及副本，由国务院旅游行政主管部门制定统一样式，国务院旅游行政主管部门和省级旅游行政管理部门分别印制。

旅行社业务经营许可证及副本损毁或者遗失的，旅行社应当向原许可的旅游行政管理部门申请换发或者补发。

申请补发旅行社业务经营许可证及副本的，旅行社应当通过本省、自治区、直辖市范围内公开发行的报刊，或者省级以上旅游行政管理部门网站，刊登损毁或者遗失作废声明。

第十二条　旅行社名称、经营场所、出资人、法定代表人等登记事项变更的，应当在办理变更登记后，持已变更的《企业法人营业执照》向原许可的旅游行政管理部门备案。

旅行社终止经营的，应当在办理注销手续后，持工商行政管理部门出具的注销文件，向原许可的旅游行政管理部门备案。

外商投资旅行社的，适用《条例》第三章的规定。未经批准，旅行社不得引进外商投资。

第十三条　国务院旅游行政主管部门指定的作为旅行社存入质量保证金的商业银行，应当提交具有下列内容的书面承诺：

（一）同意与存入质量保证金的旅行社签订符合本实施细则第十五条规定的协议；

（二）当县级以上旅游行政管理部门或者人民法院依据《条例》规定，划拨质量保证金后3个工作日内，将划拨情况及其数额，通知旅行社所在地的省级旅游行政管理部门，并提供县级以上旅游行政管理部门出具的划拨文件或者人民法院生效法律文书的复印件；

（三）非因《条例》规定的情形，出现质量保证金减少时，承担补足义务。

旅行社应当在国务院旅游行政主管部门指定银行的范围内，选择存入质量保证金的银行。

第十四条　旅行社在银行存入质量保证金的，应当设立独立账户，存期由旅行社确定，但不得少于1年。账户存期届满1个月前，旅行社应当办理续存手续或者提交银行担保。

第十五条　旅行社存入、续存、增存质量保证金后7个工作日内，应当向作出许可的旅游行政管理部门提交存入、续存、增存质量保证金的证明文件，以及旅行社与银行达成的使用质量保证金的协议。

前款协议应当包含下列内容：

（一）旅行社与银行双方同意依照《条例》规定使用质量保证金；

（二）旅行社与银行双方承诺，除依照县级以上旅游行政管理部门出具的划拨质量保证金，或者省级以上旅游行政管理部门出具的降低、退还质量保证金的文件，以及人民法院做出的认定旅行社损害旅游者合法权益的生效法律文书外，任何单位和个人不得动用质量保证金。

第十六条　旅行社符合《条例》第十七条降低质量保证金数额规定条件的，原许可的旅游行政管理部门应当根据旅行社的要求，在 10 个工作日内向其出具降低质量保证金数额的文件。

第十七条　旅行社按照《条例》第十八条规定补足质量保证金后 7 个工作日内，应当向原许可的旅游行政管理部门提交补足的证明文件。

第三章　旅行社的分支机构

第十八条　旅行社分社（简称分社，下同）及旅行社服务网点（简称服务网点，下同），不具有法人资格，以设立分社、服务网点的旅行社（简称设立社，下同）的名义从事《条例》规定的经营活动，其经营活动的责任和后果，由设立社承担。

第十九条　设立社向分社所在地工商行政管理部门办理分社设立登记后，应当持下列文件向分社所在地与工商登记同级的旅游行政管理部门备案：

（一）分社的《营业执照》；

（二）分社经理的履历表和身份证明；

（三）增存质量保证金的证明文件。

没有同级的旅游行政管理部门的，向上一级旅游行政管理部门备案。

第二十条　分社的经营场所、营业设施、设备，应当符合本实施细则第六条、第七条规定的要求。

分社的名称中应当包含设立社名称、分社所在地地名和“分社”或者“分公司”字样。

第二十一条　服务网点是指旅行社设立的，为旅行社招徕旅游者，并以旅行社的名义与旅游者签订旅游合同的门市部等机构。

设立社可以在其所在地的省、自治区、直辖市行政区划内设立服务网点；设立社在其所在地的省、自治区、直辖市行政区划外设立分社的，可以在该分社所在地设区的市的行政区划内设立服务网点。分社不得设立服务网点。

设立社不得在前款规定的区域范围外，设立服务网点。

第二十二条　服务网点应当设在方便旅游者认识和出入的公众场所。

服务网点的名称、标牌应当包括设立社名称、服务网点所在地地名等，不得含有使消费者误解为是旅行社或者分社的内容，也不得作易使消费者误解的简称。

服务网点应当在设立社的经营范围内，招徕旅游者、提供旅游咨询服务。

第二十三条　设立社向服务网点所在地工商行政管理部门办理服务网点设立登记后，应当在 3 个工作日内，持下列文件向服务网点所在地与工商登记同级的旅游行政管理部门备案：

（一）服务网点的《营业执照》；

（二）服务网点经理的履历表和身份证明。

没有同级的旅游行政管理部门的，向上一级旅游行政管理部门备案。

第二十四条　分社、服务网点备案后，受理备案的旅游行政管理部门应当向旅行社颁发《旅行社分社备案登记证明》或者《旅行社服务网点备案登记证明》。

第二十五条　设立社应当与分社、服务网点的员工，订立劳动合同。

设立社应当加强对分社和服务网点的管理，对分社实行统一的人事、财务、招徕、接待制度规范，对服务网点实行统一管理、统一财务、统一招徕和统一咨询服务规范。

第四章　旅行社经营规范

第二十六条　旅行社及其分社、服务网点，应当将《旅行社业务经营许可证》、《旅行社分社备案登记证明》或者《旅行社服务网点备案登记证明》，与营业执照一起，悬挂在经营场所的显要位置。

第二十七条　旅行社业务经营许可证不得转让、出租或者出借。

旅行社的下列行为属于转让、出租或者出借旅行社业务经营许可证的行为：

（一）除招徕旅游者和符合本实施细则第四十条第一款规定的接待旅游者的情形外，准许或者默许其他企业、团体或者个人，以自己的名义从事旅行社业务经营活动的；

（二）准许其他企业、团体或者个人，以部门或者个人承包、挂靠的形式经营旅行社业务的。

第二十八条　旅行社设立的办事处、代表处或者联络处等办事机构，不得从事旅行社业务经营活动。

第二十九条　旅行社以互联网形式经营旅行社业务的，除符合法律、法规规定外，其网站首页应当载明旅行社的名称、法定代表人、许可证编号和业务经营范围，以及原许可的旅游行政管理部门的投诉电话。

第三十条　《条例》第二十六条规定的旅行社不得安排的活动，主要包括：

（一）含有损害国家利益和民族尊严内容的；

（二）含有民族、种族、宗教歧视内容的；

（三）含有淫秽、赌博、涉毒内容的；

（四）其他含有违反法律、法规规定内容的。

第三十一条　旅行社为组织旅游者出境旅游委派的领队，应当具备下列条件：

（一）取得导游证；

（二）具有大专以上学历；

（三）取得相关语言水平测试等级证书或通过外语语种导游资格考试，但为赴港澳台地区旅游委派的领队除外；

（四）具有两年以上旅行社业务经营、管理或者导游等相关从业经历；

（五）与委派其从事领队业务的取得出境旅游业务经营许可的旅行社订立劳动合同。

赴台旅游领队还应当符合《大陆居民赴台湾地区旅游管理办法》规定的要求。

第三十二条　旅行社应当将本单位领队信息及变更情况，报所在地设区的市级旅游行政管理部门备案。领队备案信息包括：身份信息、导游证号、学历、语种、语言等级（外语导游）、从业经历、所在旅行社、旅行社社会保险登记证号等。

第三十三条　领队从事领队业务，应当接受与其订立劳动合同的取得出境旅游业务许可的旅行社委派，并携带导游证、佩戴导游身份标识。

第三十四条　领队应当协助旅游者办理出入境手续，协调、监督境外地接社及从业人员履行合同，维护旅游者的合法权益。

第三十五条　不具备领队条件的，不得从事领队业务。

领队不得委托他人代为提供领队服务。

第三十六条　旅行社委派的领队，应当掌握相关旅游目的地国家（地区）语言或者英语。

第三十七条　《条例》第三十四条所规定的旅行社不得要求导游人员和领队人员承担接待旅游团队的相关费用，主要包括：

（一）垫付旅游接待费用；

（二）为接待旅游团队向旅行社支付费用；

（三）其他不合理费用。

第三十八条　旅行社招徕、组织、接待旅游者，其选择的交通、住宿、餐饮、景区等企业，应当符合具有合法经营资格和接待服务能力的要求。

第三十九条　在签订旅游合同时，旅行社不得要求旅游者必须参加旅行社安排的购物活动或者需要旅游者另行付费的旅游项目。

同一旅游团队中，旅行社不得由于下列因素，提出与其他旅游者不同的合同事项：

（一）旅游者拒绝参加旅行社安排的购物活动或者需要旅游者另行付费的旅游项目的；

（二）旅游者存在的年龄或者职业上的差异。但旅行社提供了与其他旅游者相比更多的服务，或者旅游者主动要求的除外。

第四十条　旅行社需要将在旅游目的地接待旅游者的业务作出委托的，应当按照《条例》第三十六条的规定，委托给旅游目的地的旅行社并签订委托接待合同。

旅行社对接待旅游者的业务作出委托的，应当按照《条例》第三十六条的规定，将旅游目的地接受委托的旅行社的名称、地址、联系人和联系电话，告知旅游者。

第四十一条　旅游行程开始前，当发生约定的解除旅游合同的情形时，经征得旅游者的同意，旅行社可以将旅游者推荐给其他旅行社组织、接待，并由旅游者与被推荐的旅行社签订旅游合同。

未经旅游者同意的，旅行社不得将旅游者转交给其他旅行社组织、接待。

第四十二条　旅行社及其委派的导游人员和领队人员的下列行为，属于擅自改变旅游合同安排行程：

（一）减少游览项目或者缩短游览时间的；

（二）增加或者变更旅游项目的；

（三）增加购物次数或者延长购物时间的；

（四）其他擅自改变旅游合同安排的行为。

第四十三条　在旅游行程中，当发生不可抗力、危及旅游者人身、财产安全，或者非旅行社责任造成的意外情形，旅行社不得不调整或者变更旅游合同约定的行程安排时，应当在事前向旅游者作出说明；确因客观情况无法在事前说明的，应当在事后作出说明。

第四十四条　在旅游行程中，旅游者有权拒绝参加旅行社在旅游合同之外安排的购物活动或者需要旅游者另行付费的旅游项目。

旅行社及其委派的导游人员和领队人员不得因旅游者拒绝参加旅行社安排的购物活动或者需要旅游者另行付费的旅游项目等情形，以任何借口、理由，拒绝继续履行合同、提供服务，或者以拒绝继续履行合同、提供服务相威胁。

第四十五条　旅行社及其委派的导游人员、领队人员，应当对其提供的服务可能危及旅游者人身、财物安全的事项，向旅游者作出真实的说明和明确的警示。

在旅游行程中的自由活动时间，旅游者应当选择自己能够控制风险的活动项目，并在自己能够控制风险的范围内活动。

第四十六条　为减少自然灾害等意外风险给旅游者带来的损害，旅行社在招徕、接待旅游者时，可以提示旅游者购买旅游意外保险。

鼓励旅行社依法取得保险代理资格，并接受保险公司的委托，为旅游者提供购买人身意外伤害保险的服务。

第四十七条　发生出境旅游者非法滞留境外或者入境旅游者非法滞留境内的，旅行社应当立即向所在地县级以上旅游行政管理部门、公安机关和外事部门报告。

第四十八条　在旅游行程中，旅行社及其委派的导游人员、领队人员应当提示旅游者遵守文明旅游公约和礼仪。

第四十九条　旅行社及其委派的导游人员、领队人员在经营、服务中享有下列权利：

（一）要求旅游者如实提供旅游所必需的个人信息，按时提交相关证明文件；

（二）要求旅游者遵守旅游合同约定的旅游行程安排，妥善保管随身物品；

（三）出现突发公共事件或者其他危急情形，以及旅行社因违反旅游合同约定采取补救措施时，要求旅游者配合处理防止扩大损失，以将损失降低到最低程度；

（四）拒绝旅游者提出的超出旅游合同约定的不合理要求；

（五）制止旅游者违背旅游目的地的法律、风俗习惯的言行。

第五十条　旅行社应当妥善保存《条例》规定的招徕、组织、接待旅游者的各类合同及相关文件、资料，以备县级以上旅游行政管理部门核查。

前款所称的合同及文件、资料的保存期，应当不少于两年。

旅行社不得向其他经营者或者个人，泄露旅游者因签订旅游合同提供的个人信息；超过保存期限的旅游者个人信息资料，应当妥善销毁。

第五章　监督检查

第五十一条　根据《条例》和本实施细则规定，受理旅行社申请或者备案的旅游行政管理部门，可以要求申请人或者旅行社，对申请设立旅行社、办理《条例》规定的备案时提交的证明文件、材料的原件，提供复印件并盖章确认，交由旅游行政管理部门留存。

第五十二条　县级以上旅游行政管理部门对旅行社及其分支机构实施监督检查时，可以进入其经营场所，查阅招徕、组织、接待旅游者的各类合同、相关文件、资料，以及财务账簿、交易记录和业务单据等材料，旅行社及其分支机构应当给予配合。

县级以上旅游行政管理部门对旅行社及其分支机构监督检查时，应当由两名以上持有旅游行政执法证件的执法人员进行。

不符合前款规定要求的，旅行社及其分支机构有权拒绝检查。

第五十三条　旅行社应当按年度将下列经营和财务信息等统计资料，在次年4月15日前，报送原许可的旅游行政管理部门：

（一）旅行社的基本情况，包括企业形式、出资人、员工人数、部门设置、分支机构、网络体系等；

（二）旅行社的经营情况，包括营业收入、利税等；

（三）旅行社组织接待情况，包括国内旅游、入境旅游、出境旅游的组织、接待人数等；

（四）旅行社安全、质量、信誉情况，包括投保旅行社责任保险、认证认可和奖惩等。

对前款资料中涉及旅行社商业秘密的内容，旅游行政管理部门应当予以保密。

第五十四条　《条例》第十七条、第四十二条规定的各项公告，县级以上旅游行政管理部门应当通过本部门或者上级旅游行政管理部门的政府网站向社会发布。

质量保证金存缴数额降低、旅行社业务经营许可证的颁发、变更和注销的，国务院旅游行政主管部门或者省级旅游行政管理部门应当在作出许可决定或者备案后 20 个工作日内向社会公告。

旅行社违法经营或者被吊销旅行社业务经营许可证的，由做出行政处罚决定的旅游行政管理部门，在处罚生效后 10 个工作日内向社会公告。

旅游者对旅行社的投诉信息，由处理投诉的旅游行政管理部门每季度向社会公告。

第五十五条　因下列情形之一，给旅游者的合法权益造成损害的，旅游者有权向县级以上旅游行政管理部门投诉：

（一）旅行社违反《条例》和本实施细则规定的；

（二）旅行社提供的服务，未达到旅游合同约定的服务标准或者档次的；

（三）旅行社破产或者其他原因造成旅游者预交旅游费用损失的。

划拨旅行社质量保证金的决定，应当由旅行社或者其分社所在地处理旅游者投诉的县级以上旅游行政管理部门作出。

第五十六条　县级以上旅游行政管理部门，可以在其法定权限内，委托符合法定条件的同级旅游质监执法机构实施监督检查。

第六章　法律责任

第五十七条　违反本实施细则第十二条第三款、第二十三条、第二十六条的规定，擅自引进外商投资、设立服务网点未在规定期限内备案，或者旅行社及其分社、服务网点未悬挂旅行社业务经营许可证、备案登记证明的，由县级以上旅游行政管理部门责令改正，可以处 1 万元以下的罚款。

第五十八条　违反本实施细则第二十二条第三款、第二十八条的规定，服务网点超出设立社经营范围招徕旅游者、提供旅游咨询服务，或者旅行社的办事处、联络处、代表处等从事旅行社业务经营活动的，由县级以上旅游行政管理部门依照《条例》第四十六条的规定处罚。

第五十九条　违反本实施细则第三十五条第二款的规定，领队委托他人代为提供领队服务，由县级以上旅游行政管理部门责令改正，可以处 1 万元以下的罚款。

第六十条　违反本实施细则第三十八条的规定，旅行社为接待旅游者选择的交通、住宿、餐饮、景区等企业，不具有合法经营资格或者接待服务能力的，由县级以上旅游行政管理部门责令改正，没收违法所得，处违法所得 3 倍以下但最高不超过 3 万元的罚款，没有违法所得的，处 1 万元以下的罚款。

第六十一条　违反本实施细则第三十九条的规定，要求旅游者必须参加旅行社安排的购物活动、需要旅游者另行付费的旅游项目，或者对同一旅游团队的旅游者提出与其他旅游者不同合同事项的，由县级以上旅游行政管理部门责令改正，处1万元以下的罚款。

第六十二条　违反本实施细则第四十条第二款的规定，旅行社未将旅游目的地接待旅行社的情况告知旅游者的，由县级以上旅游行政管理部门依照《条例》第五十五条的规定处罚。

第六十三条　违反本实施细则第四十一条第二款的规定，旅行社未经旅游者的同意，将旅游者转交给其他旅行社组织、接待的，由县级以上旅游行政管理部门依照《条例》第五十五条的规定处罚。

第六十四条　违反本实施细则第四十四条第二款的规定，旅行社及其导游人员和领队人员拒绝继续履行合同、提供服务，或者以拒绝继续履行合同、提供服务相威胁的，由县级以上旅游行政管理部门依照《条例》第五十九条的规定处罚。

第六十五条　违反本实施细则第五十条的规定，未妥善保存各类旅游合同及相关文件、资料，保存期不够两年，或者泄露旅游者个人信息的，由县级以上旅游行政管理部门责令改正，没收违法所得，处违法所得3倍以下但最高不超过3万元的罚款；没有违法所得的，处1万元以下的罚款。

第六十六条　对旅行社作出停业整顿行政处罚的，旅行社在停业整顿期间，不得招徕旅游者、签订旅游合同；停业整顿期间，不影响已签订的旅游合同的履行。

第七章　附　则

第六十七条　本实施细则由国务院旅游行政主管部门负责解释。

第六十八条　本实施细则自2009年5月3日起施行。2001年12月27日国家旅游局公布的《旅行社管理条例实施细则》同时废止。

参考文献

［1］王宁，伍建海，廖建华．旅行社经营管理实务［M］．北京：清华大学出版社，2020．

［2］张骏，葛益娟．旅行社经营管理［M］．3版．北京：旅游教育出版社，2018．

［3］方天海，黄邦姬．旅行社经营管理实务［M］．长沙：湖南大学出版社，2013．

［4］陈乾康，阙敏．旅行社计调与外联实务［M］．3版．北京：中国人民大学出版社，2015．

［5］梁智．旅行社运行与管理［M］．7版．大连：东北财经大学出版社，2020．

［6］朱美．旅行社业务与管理［M］．杭州：浙江大学出版社，2013．

［7］徐云松．旅行社业务［M］．2版．北京：高等教育出版社，2008．

［8］陈永发．旅行社经营管理［M］．3版．北京：高等教育出版社，2014．

［9］孙江虹，马宏丽．旅行社经营与管理［M］．镇江：江苏大学出版社，2014．

［10］吴敏良，魏敏．旅行社经营实务［M］．2版．上海：上海交通大学出版社，2010．

［11］李宏，杜江．旅行社经营与管理［M］．3版．天津：南开大学出版社，2016．